Bartholomaus Ziegenbalg, Wilhelm Germann

Genealogie der malabarishen Götter

Aus eigenen Schriften und Briefen der Heiden

Bartholoma

us Ziegenbalg, Wilhelm Germann

Genealogie der malabarishen Götter
Aus eigenen Schriften und Briefen der Heiden

ISBN/EAN: 9783741167591

Hergestellt in Europa, USA, Kanada, Australien, Japan

Cover: Foto ©ninafisch / pixelio.de

Manufactured and distributed by brebook publishing software (www.brebook.com)

Bartholoma

us Ziegenbalg, Wilhelm Germann

Genealogie der malabarishen Götter

Genealogy
OF THE
MALABAR GODS

FROM NATIVE WRITINGS AND LETTERS

BY

BARTHOLOMAEUS ZIEGENBALG,

First Protestant Missionary in India.

NOW FIRST PUBLISHED IN THE ORIGINAL TEXT
WITH NOTES AND EXPLANATIONS

BY THE

Rev. W. Germann, Ph. D.

SOLD BY

J. HIGGINBOTHAM.	A. DEICHERT.
MADRAS.	ERLANGEN.

Printed for the Editor

AT THE CHRISTIAN KNOWLEDGE SOCIETY'S PRESS, MADRAS.

1867.

Genealogie

DER

MALABARISHEN GÖTTER.

AUS EIGENEN SCHRIFTEN UND BRIEFEN DER HEIDEN
ZUSAMMENGETRAGEN UND VERFASST

VON

BARTHOLOMAEUS ZIEGENBALG,

weil. Propst an der Jerusalems-Kirche zu Trankebar.

ERSTER, UNGEÄNDERTER, NOTHDÜRFTIG ERWEITERTER ABDRUCK
BESORGT DURCH

Dr. Wilhelm Germann
VERB. DIV. MIN.

IN COMMISSION BEI

J. HIGGINBOTHAM, | A. DEICHERT,
MADRAS. | ERLANGEN.

Selbstverlag des Herausgebers.
CHRISTIAN KNOWLEDGE SOCIETY'S PRESSE, MADRAS.
1867.

SR. HOCHWOULGEBOREN

Herrn Landrath G. von Hagenow
Rittergutsbesitzer auf Langenfelde und Glewitz (Demmin)

MEINEM GNÄDIGEN HERRN UND VIELJÄHRIGEN WOHLTHÄTER

IN DANKBARER VEREHRUNG

GEWIDMET.

VORWORT.

Als vor fast 150 Jahren die vorliegende Arbeit zum ersten Male nach Europa gesandt wurde, hatte sie sich keiner günstigen Aufnahme zu erfreuen. A. H. Francke schrieb nach Trankebar zurück, an einen Druck der Genealogie der Malabarischen Götter* könne gar nicht gedacht werden, die Missionare seien ausgesandt das Heidenthum in Indien auszurotten, nicht aber den heidnischen Unsinn in Europa zu verbreiten. Wenn jetzt zum zweiten Male dieselbe Arbeit von Indien in die Heimath gesandt wird, und zwar als der erste grössere deutsche Druck, der in Indien ausgeführt ist, so wird jenes Bedenken wohl kaum wieder geltend gemacht werden, andere Vorurtheile aber werden sicherlich dem Lauf des Buches hinderlich entgegentreten.

Trotz eines bekannten Horazischen Dictums werden Bücher durch langes Liegen nicht immer druckfertiger. Unser gegenwärtiges Jahrhundert hat in der Indologie eine mit den grössten Erfolgen gekrönte neue Wissenschaft erstehen sehen, und Werke berühmter Gelehrter, die im ersten Decennium noch für classisch und unübertrefflich galten, liegen als werthlose Maculatur im Winkel. Sollte ein noch um ein Jahrhundert älteres Büchlein eines ungelehrten Missionars gleichem Geschick entronnen sein?—Aber während die Indologie eigentlich Erforschung des indischen Alterthums ist und es mit der Vergangenheit zu thun hat (Lassens Indische Alterthumskunde ist ja eine Zusammenfassung aller indischen Forschungen), wollte Ziegenbalg den nachkommenden Missionaren ein in der Gegenwart zum täglichen Gebrauch

---

* Der vollständige Titel ist im Manuscript: „Genealogia der Malabarischen Götter, darinnen umständlich berichtet wird, wie manche Götter diese Heiden glauben, woher sie ihren Ursprung deriviren, wie sie auf einander folgen, wie sie heissen und was vor mancherley Nahmen sie in den Poetischen Büchern führen, wie sie gestaltet und beschaffen seyn, was vor Aemmter und Verrichtungen sie haben, in welche Familien sie sich ausgebreitet haben, welche Erscheinungen von ihnen geglaubet werden, was vor Pagoden sie ihnen bauen, was vor Fast- und Fest-Tage sie ihnen zu Ehren halten, welche Opfer sie ihnen anthun, und was vor Bücher sie von ihnen geschrieben haben; Nebst ihren eigentlichen Figuren und einer ausführlichen Tabella, woraus die gantze Ordnung, Begriff und Innhalt dieses Buchs ersehen werden kan. Verfasset aus dieser Heiden eigenen Schrifften und Brieffen von den Königlichen Dänischen Missionariis in Ost-Indien zu Tranquebar." In seinem Tagebuch notirt Ziegenbalg den Anfang der Genealogie am 27. März 1713, die Vollendung am 31. Mai 1713. Sie sollte dem frommen Printzen Karl, dem Bruder des Königs von Dänemark, gewidmet werden. La Croix hat für seinen Indianischen Christenstaat das Manuscript benutzt.

nützliches Handbuch bieten. Unzweifelhaft dient die Erforschung der Vergangenheit dem Verständniss der Gegenwart, aber es ist nicht zu vergessen, dass das von europäischen Gelehrten erforschte Schriftenthum sanskritisch und daher viel mehr nordindisch ist, und wenn nun trotzdem im Englischen noch manche Mythologien erschienen sind, die sich fast nur mit dem indischen Heldenthum der Gegenwart beschäftigen und nur den Norden berücksichtigen, so wird dies ein Beweis sein, dass eine mehr südindisch gehaltene Mythologie ein dringendes praktisches Bedürfniss ist.

Durch langes Liegen nun ist der Werth dieser südindischen Mythologie allerdings nicht gestiegen, wohl aber auch nicht gesunken. Ihr Hauptreiz liegt doch darin, dass die gebildetsten Tamulen dem in ihren Schriften so wohlbewanderten Begründer der evangelischen Missionen des continentalen Indiens über ihr religiöses Denken und ihre täglichen Gebräuche Rede und Antwort stehen, und zwar in einer Periode, wo abendländisch christliche Anschauungen die Denkweise der Eingebornen noch wenig beeinflussten. Pflicht des Herausgebers wäre nun gewesen, aus eigner Erfahrung und Lectüre das, was das Buch Eigenthümliches und Abweichendes bietet, zu belegen und zu vermehren, statt dessen bin ich genöthigt, mich wegen zu kurzen Aufenthalts im Lande als zur Erfüllung der so gefassten Aufgabe unbefähigt zu bekennen, und muss einige Worte der Vertheidigung hinzufügen, warum ich dennoch mich der Aufgabe unterzogen und sie in etwas anderer Weise ausgeführt habe.

Mein seliger Lehrer Dr. Graul, dem ich so viel verdanke und dessen Unterweisung mir stets unvergesslich bleiben wird, wollte dies Werk herausgeben und hatte schon mehrfach darüber unterhandelt, da vereitelte sein viel beklagter Tod auch dies Unternehmen. Mir fiel als seinem letzten Schüler die Pflicht zu, so viel von seinen Plänen als möglich ins Werk setzen zu helfen. Während es mir bald gelungen, für eine Biographie des Verewigten aus dem ihm nächst gestandenen Kreise Herrn P. Hermann zu Wintersdorf zu gewinnen, waren alle Versuche, einen Herausgeber dieser Genealogie zu finden umsonst. Da wurde mir unerwartet freie Zeit zu schriftlichen Arbeiten dadurch gegeben, dass ich in Erwiderung eines definitiven und schweigenden Entlassungsgesuches, wodurch ich gemeint mein Urtheil über Handlungen der Missions-Verwaltung ausdrücken zu müssen, wegen unerhörter Sprache und, als milderndem Umstande, krankhafter Aufregung auf vier Monate vom Amte suspendirt wurde. Zu einer Gesundheitsreise hatte ich weder Bedürfniss, noch überflüssige Mittel; einer verhängten Strafe stets mich zu unterstellen, bin ich gelehrt und erzogen; weil ich demnach auch einen Theil meines Gehalts fortbezog, so gestaltete es sich nicht nur zur Ehrensache, sondern auch zur Gewissenspflicht, auf dem einzig mir offen gelassenen Wege für die theure Mission unserer Väter, in deren lehrreicher Geschichte ich lebe und webe, mit Zusammenraffung aller mir von Gott verliehenen körperlichen und geistigen Kraft zu wirken.

Weil ich früher bei Herausgabe der Biographie des sel. Miss. Job. Phil. Fabricius aus ungenügender Bekanntschaft mit seinen Werken und aus Furcht, parteiisch zu werden, die Vertheidigung dieses grossen Mannes ungenügend geführt, hatte ich zur Gutmachung meines Fehlers begonnen, einen Jahrgang seiner ungedruckten tamulischen Evangelienpredigten herauszugeben und in anderer Weise das Gedächtniss des Mannes aufzufrischen, um dessen ausgezeichnete Bibelübersetzung ein so langwieriger kostspieliger Kampf geführt wird auf Grund der unglückseligen dogmatischen Verirrung, welche die für das Volk Gottes Alten Bundes und schon gesammelte Christengemeinden geschriebenen heiligen Bücher das Werk der Missionare unter den Heiden thun lassen will, und daher die Sprache des Heiligen Geistes den Heiden mundgerecht machen muss. Dass doch wenigstens die lutherische Kirche treu zum Erbe der Väter stünde, zu der ungeänderten Fabricius'schen Bibelübersetzung und dem auf sie gegründeten Schatz alter Erbauungsbücher! die Aufrechterhaltung und Wiederherstellung des geschichtlichen Zusammenhangs sicherte ihr noch eine bedeutende Zukunft. So lange noch Werke wie Müllers Erquickungsstunden nicht völlig gedruckt, Walthers Kirchengeschichte und Dialog wider die Muhammedaner, Fabricius' Vorbereitungsbüchlein, Ziegenbalgs Verdammliches Heidenthum, Arnd's Paradiesgärtlein und wahres Christenthum, das 4. Buch von Thomas a Kempis, die Apocryphen nicht wieder aufgelegt sind, so lange noch Werke des berühmten Chr. Friedr. Schwartz (Kirchengeschichte, Commentar zur Offenbarung und zur Heilsordnung, Predigten) und anderer Väter ungedruckt nur der Zufälligkeit in einem zerstörungsreichen Lande ihre Erhaltung verdanken, und unsere Christen selbst das mangelhafteste Alte zu ihrer Erbauung lieber brauchen als Neueres : so lange müsste es tamulischen Missionaren schwer fallen, etwas Eignes derselben Art zu geben. Klopstock zwar giebt den Rath auf dem weiten Felde der Wissenschaft nicht Wege zu gehen, auf denen andre berühmt geworden sind, sondern solchen Weg zu meiden, als wäre er unten hohl und als kröchen oben Schlangen herum, aber er hat nicht für Missionare geschrieben, denen wissenschaftlicher Ruhm und eigne Ehre zu allerletzt stehen muss. Die römisch-katholische Kirche des Tamulenlandes, gepflanzt von geistesgewaltigen, hochbegabten Männern ist von ihrer Höhe gesunken und hat die zusammenhaltende Kraft verloren, weil sie nach den verheerenden Stürmen der französischen Revolution nicht mit aller Energie die verschütteten Minen wieder aufgegraben, sondern die reiche litterarische Hinterlassenschaft, welche zum Theil ein Gemeingut aller Confessionen sein würde, hat verkommen und vergehen lassen. Dies ist uns zur Warnung geschehen.

Was der Name Fabricius für den innern Aufbau der tamulisch-lutherischen Kirche, welcher vermittelt wird durch die erbauende und erbauliche Litteratur, das ist für feste äussere kirchliche Formen und die rechte Stellung zum heidnischen Volksthum der Vater aller protestantischen Kirchen des indischen Festlandes, der selige Propst Bartholomaeus Ziegenbalg. Den Beweis, dass Ziegenbalg der neugegründeten Kirche eine einheitliche Organisation zugedacht hatte und eifrig und nicht ohne Erfolg dafür thätig gewesen, glaube ich in meinem „Ziegenbalg und Plütschau, die Gründungsjahre der Trankebarschen Mission" geliefert zu haben. Ziegenbalg war eben seiner ganzen Persönlichkeit nach nicht zu einem Pietisten angelegt, obgleich ihu seine Lebensschicksale auf die Seite geführt hatten, und darum sind auch seine wissenschaftlichen Werke zurückgewiesen worden. Dies noch deutlicher zu machen und dadurch die in der genannten Schrift gegebene Skizze zu begründen, hielt ich die Herausgabe einer jener zurückgewiesenen Arbeiten, eben dieser Genealogie, für bestgeeignet. Ziegenbalgs Stellung zu solchen Fragen ist von grosser Bedeutung in unserer Missionsgeschichte, der wissenschaftliche Ruf unsers Patriarchen (Gründlers Namo unter der Vorrede ist nur ein Zeichen collegialer Freundschaft) wird durch Veröffentlichung eines so planvollen, von allen phantastischen Conjecturen freien Buches so etablirt, dass sogar ein reiner Abdruck ohne alle Zusätze am Ort gewesen wäre. Durch solche Erwägungen zur Inangriffnahme der Arbeit bestimmt, hat nun der Herausgeber geglaubt, alle Bedenklichkeiten überwinden und alle Sorgen und Mühen auf sich nehmen zu müssen; er ist Herausgeber und Verleger, Abschreiber und einziger Corrector geworden, in der Hoffnung, man werde freundliche Nachsicht üben, mit der Kürze der Zeit und ungewöhnlich schwierigen persönlichen Verhältnissen eines Anfängers in allen bezüglichen Studien die mancherlei Mängel entschuldigen und vielleicht, nachdem das Werk 150 Jahre vergebens des Drucks gewartet, das Sprüchlein anwendbar finden: das Beste ist der Feind des Guten.

Ein einfacher Missionar, noch dazu in meiner Lage, kann aber selten nur einer Idee dienen, er ist zur Wirksamkeit im practischen Leben berufen. Ich habe mich genöthigt gesehen gegen meine Neigung und gegen mein eignes Urtheil, so viel mir es eben möglich war, aus neueren Schriften vervollständigende und erweiternde Zusätze beizufügen und zu versuchen, dadurch dem Buch den Character eines mythologischen Handbuchs für Südindien zu erwerben. Dies war ja doch eigentlich Ziegenbalgs Absicht beim Schreiben des Buches, und wir haben im Deutschen jetzt noch nichts diesem Zweck Entsprechendes, das Material ist in so vielen theuern Werken zerstreut, es schien mir auch, Missionszöglinge und junge Missionare würden vom alten Ziegenbalg am liebsten sich einweisen lassen: so biete ich denn hiermit einen Versuch. Wie weit er mir gelungen, das zu beurtheilen steht mir nicht zu; ich habe nur Handlanger sein können und sein wollen, und selbständigen wissenschaftlichen Werth beanspruchen meine Zusätze durchaus nicht. Wenigstens ist doch Ziegenbalgs Werk einmal gedruckt, und wenn nun die in Südindien arbeitenden deutschen Missionare, Jeder aus seiner Um-

gebung, einzelne Beobachtungen sich dazu notirten, wie ich herzlich
gebeten haben will, so könnte dann eine geschicktere Hand, ich selbst
würde gern zurück stehen und meine Anrechte aufgeben, ein wohlver-
arbeitetes, einheitliches, vollständiges Ganze uns bieten.

Mir standen bei der Ausarbeitung meine lieben jungen Freunde im
Leipziger Missionshause vor Augen, mit denen ich einige sehr schöne,
anregende Monate verlebt hatte, darum habe ich auch von der gebotenen
Gelegenheit Gebrauch gemacht, die wichtigsten Namen wie im Ma-
nuscript auch tamulisch zu geben. Hoffentlich wird dies nicht vom
Buch zurückschrecken, denn es kann ohne Schaden überschlagen oder
auch mit Hülfe der angehängten Buchstabirtafel entziffert werden. Es
ist aber damit zugleich ein andrer Fortschritt erreicht: nachdem der
Einfluss des Sanscrit seit Ziegenbalgs Tagen in den indologischen
Schriften so allbeherrschend geworden, istes des leichtern und allgemeinern
Verständnisses halber unumgänglich nöthig, die bekanntern Namen in
Sanskritform zu geben. Auch ich musste den Versuch machen, so weit
es ohne Einfügung neuer Buchstaben ond allerlei Häkchen und Accente
möglich war. Es ist kaum nöthig zu sagen, dass in solchen Wörten *j*
den französischen Laut hat, *v* wie das deutsche *w*, und *ch* wie *tsch* gesprochen wird. Bei Umschreibung rein tamulischer oder zu sehr tamu-
linirter Namen ist mehr die Aussprache wiedergeben. Da so fast alle
Namen des Buches, die zudem in der vorliegenden Abschrift zum Ver-
zweifeln fehlerhaft waren, haben geändert werden müssen, und der
tamulische Corrector der Druckerei, wie ich leider zu spät gewahr ward,
die Probebogen nicht durchgesehen, so werden einzelne Inconsequenzen,
Versehen und nachfolgende Verbesserungen entschuldbar sein. Ein
Versehen ist es natürlich nicht, wenn z. B. nicht Parāparī, sondern
Parābaren geschrieben ist, als die in der Mission einmal gangbar ge-
wordene Schreibart dieses Gottesnamens, oder auch tam. *veguttuvam* für
sansk. *bahutva* etc., auch das wird nicht verwirren, dass das neutrische
m des Tamulischen oft beibehalten ist. Da es so schwierig ist, Namen
ohne Bedeutung zu behalten, habe ich mir erlaubt in Klammern, und so
deutlich vom Text geschieden, manche Namen aufzulösen oder zu
übersetzen, ein etwas gefährliches Unternehmen bei der oft bodenlosen
Etymologie der Purānās, der Grammatiken und Lexica. Leider hat die
unerwartet beschleunigte Abreise des Herausgebers den Druck eines
nahezu vollendeten und eigentlich nothwendigen Index verhindert.

Der Name des ehrwürdigen Verfassers hat diesem Unternehmen allsei-
tige Theilnahme zugewandt. Der hochwürdige Herr Lordbischof Dr.
Gell von Madras hat durch huldvolle Aufmunterung in Wort und That
die Entscheidung gegeben, und Herr Miss. Kennet, Secretair der Christian Knowledge Society, derselben Gesellschaft, welche Ziegenbalg seiner
Zeit so kräftig unterstützt hatte, wusste alle dem Druck entgegenstehen-
den Hindernisse zu beseitigen. Mein verehrter Patron, der Honorable
Justice Holloway versagte auch diesmal seine Theilnahme nicht. Herr
Director Dr. Kramer in Halle entsprach aufs bereitwilligste meinen

Bitten. Wohl sämmtliche in Südindien arbeitenden Missionare der drei deutschen Gesellschaften subscribirten auf Exemplare, und habe ich namentlich zu danken den Herren Miss. Mylius zu Naldupett, Miss. Gräter in Mangalore, Factor Hobusch in Trankebar, wie auch meinen theuern Freunden, den freischottischen Missionaren Millar und Stevenson. Die um südindische Litteratur vielfach verdiente Verlagsbuchhandlung von J. Higgenbotham in Madras zeichnete auf einmal 50 Exemplare.

Dürfte diese rege Theilnahme als ein Anzeichen genommen werden können, dass die höchsten und entscheidensten Kreise, nachdem Calcutta für Sanscrit-Litteratur vorangegangen, geneigt sind die Veröffentlichung der hauptsächlichsten tamulischen Werke, zur weitern Aufklärung über die religiöse und geistige Entwicklung und die Geschichte Südindiens, planmässig ins Werk zu setzen! Oder möchte man wenigstens bis dahin geringere Mittel nicht verschmähen und z. B. für die Universitätsprüfungen, statt relativ werthloser Uebersetzungen aus dem Sanscrit, altclassische tamulische Werke vorschreiben, und wir würden bald eine Reihe dieser Classiker mit Commentaren gedruckt haben. Dies wäre im Sinne Ziegenbalgs, der Jahrelang nur tamulisch gelesen und eine bedeutende tamulische Bibliothek gesammelt, und wäre eine Pflicht gegen das Volk, welches durch Einströmen abendländischer, immerhin christlich gefärbter Bildung, wenn nicht gleichzeitig der Zugang zu dem eigenen classischen Alterthum erleichtert und so eine volksmässige Fortbildung ermöglicht wird, sinken muss, weil jede Entnationalisirung als gegen die göttliche Weltordnung demoralisirt. Und darum muss der Missionar ein Glied des Volkes werden, muss dessen Denkweise und Litteratur mit allen ihren Schwächen und Vorzügen kennen lernen. Möchte auch dies Werk hierzu etwas helfen, möchte es auch dem Herausgeber, der hiermit von dem Lande seinen Abschied nimmt, dem er bis an sein letztes Ende zu dienen wünschte und hoffte, beschieden werden, hierfür irgendwie an seinem geringen Theile weiter wirken zu können. Dem unverkennbar fortschreitenden Herzerfreuenden Werke der Evangelisation Indiens, allen treuen Arbeitern in Kirchen und Schulen, die mir nahe gestanden, meine besten Segenswünsche zum Abschied!

MADRAS,
9. September 1867.

W. GERMANN.

Vorrede der Verfasser.

Geneigter Leser!

Nachdem wir bisher alle Jahre dem geliebten Europa aus dieser heidnischen Welt in Schriften einige Nova von der Beschaffenheit des hiesigen Heidenthums mitgetheilt haben, so sind wir auch in diesem Jahre bedacht gewesen, wie wir hierin fortfahren und die Gönner und Freunde in Europa mit einigen Nachrichten erfreuen möchten. Zu diesem Endzweck haben wir uns in den Nebenstunden die Mühe genommen und die Materie von den Göttern dieser Heiden erstlich in eine Tabelle gebracht, nachmals aber selbige ausgearbeitet und nach den Principiis dieser Heiden so ausgeführt, dass dem geneigten Leser hiemit eine vollkommene Götter-Genealogie dargeboten wird, dergleichen noch niemals ans Tageslicht wird gekommen sein.

Es werden Darinnen dieser Heiden Götter beschrieben nach Ursprung, Gestalt und Beschaffenheit, nach den vielfältigen Namen, die sie führen, nach ihren Familien, nach ihren Aemtern und Verrichtungen, nach ihren Erscheinungen, Eigenschaften und Wohnplätzen; dabey zugleich angeführt werden ihre Pagoden und was für Bediente und Heilige zugleich darinnen mit verehrt werden; ihre Bücher, die über solche Götter geschrieben, ihre Fast- und Festtage, wie auch ihre Opfer, die sie ihnen sowohl in als ausser den Pagoden bringen.

Zu desto besserer Ausführung dieser Genealogie haben wir in unserer Correspondenz mit diesen Heiden sonderlich dahin gesehen, dass wir in Briefen von allen solchen Materien schriftliche Nachricht einziehen möchten. Daher haben wir ihnen viele Fragen überschrieben, die sie uns ziemlich umständlich und nach der Wahrheit beantwortet haben. Aus ihren eingelaufenen Briefen sind denn allenthalben, in jedem Kapitel grosse Passagen mit angeführt, die theils zum Beweis, theils auch zu näherer Erläuterung dienen.

Denn wie man in der Generalbeschreibung dieses malabarischen (tamulischen) Heidenthums, die vor zwei Jahren verfertigt worden,* viele Stellen aus dieser Heiden eigenen Büchern angeführt und damit ihre Lehrsätze in Theologie und Philosophie sattsam bewiesen hat: also hat man jetzt ihre eigenen Briefe anführen und ihren Sinn und Meinung in solchen theologischen Sachen darthun wollen.

Es kommen durchgehends in diesem Buche viele malabarische Namen

---

* Trotz aller Bemühungen hat die Auffindung dieser Schrift bis jetzt nicht gelingen wollen.

und Wörter vor, die vielleicht dem geneigten Leser lästig sein werden; es haben es aber die Materien erfordert, dass man sie mit anführen müssen, welches sonderlich auch um derer willen geschehen, die etwa mit solchem Buche unter diesen Heiden nach Ostindien kommen und sich dies und jenes daraus befragen möchten, welche aber diese dabei zu beachten haben, dass solche Wörter und Namen, wenn man sie nicht recht ausspricht, von diesen Heiden nicht gleich verstanden werden können. Auch ist es überhaupt unmöglich, diese malabarische Sprache mit lateinischen Lettern recht wiederzugeben.

Man war anfänglich gesonnen, zugleich in jedem Kapitel zu zeigen, was diese Heiden noch an Tradition aus dem Worte Gottes hätten, und wie diese und jene Historien Alten Testaments, auch diese und jene schriftmässigen Glaubensartikel und göttlichen Wahrheiten durch List des Teufels von den Poeten verkehrt und verdreht worden. Allein weil solches ganz leicht von andern daselbst in Europa geschehen kann, so haben wir uns dessen begeben und sind beflissen gewesen, die Sachen selbst desto umständlicher und gründlicher darzustellen, damit andere daraus die gedachten Folgen mit desto leichterer Mühe ziehen können.

Die Figuren ihrer Götter in der rechten Gestalt zu bekommen, ist etwas schwer gewesen. Denn europäische Maler haben sie nicht malen können, weil sie nicht in die Pagoden zu ihrem Anschauen gelassen werden und malabarische Maler haben sich zu drei Jahren her dessen unter dem Vorgeben geweigert, dass es wider ihre Religion liefe, wenn sie ihre Götter nach ihrer Gestalt abmalen und den Christen zukommen lassen sollten, indem sie wohl wüssten, dass wir sie nicht verehren sondern auf das höchste verachten und beschimpfen würden. Wir verschrieben anderwärts her einen Brahmanen, der Profession hiervon macht, aber es wollte unser Anschlag mit ihm nicht von statten gehen.

Endlich erbot sich einer von selbst dazu und versprach uns aller Götter Figuren accurat mit ihren eigentlichen Farben und Gestalten abzumalen, nur aber möchten wir es verschwiegen halten, damit es ihm nicht bei seiner Nation und bei den Brahmanen Gefahr bringen möchte. Dieser nun ging in die Pagoden und malte uns innerhalb zwei Monaten alle Figuren ab, so viel als wir deren verlangten.[*] Es kam aber solches aus, da er denn deswegen viel leiden musste. Als der grosse Brahmane allhier ihn deswegen zur Rede stellte und hart bedrohte, sprach er zu ihm also: „Ich ging zweimal in die Pagode und bat Gott, dass er mir doch meinen und der meinigen Unterhalt ohne Mangel wolle zukommen lassen. Hierauf sprach Gott: gehe hin zu den Priestern und male ihnen mich und alle andern, die mit mir in Pagoden stehen, so wirst du Unterhalt für dich und die deinigen bekommen. Solches hab ich nun gethan und wahr befunden, was Gott mir in der Pagode gesagt." Hierauf haben sie ihn endlich frei ausgehen lassen, doch sind sie gar

[*] Das Exemplar mit den schönen colorirten Bildern befindet sich noch in der Bibliothek der Franckeschen Stiftungen zu Halle; in Indien würde ihr Abdruck, wenn auch nicht unausführbar, so doch sehr kostspielig gewesen sein.

übel zufrieden, dass die Figuren ihrer Götter in solcher Priester Hände gekommen, die ihr ganzes Götterwesen zu zerstören suchen. Was das Titelbild anlangt, so suchen wir darunter zweierlei vorzustellen: erstlich die Blindheit und Abgötterei dieser Heiden, und zum andern die Gnade Gottes, die ihnen jetzt zu ihrer Bekehrung widerfährt. Ihre Blindheit und Abgötterei wird vorgestellt durch eine Pagode, darinnen lauter Götzen stehen und durch die Anbetung und Opferung vor einem Götzenbilde unter einem Baum, ferner durch Anhörung lehrender Brahmanen: welcher Theil ganz verdunkelt und verfinstert ist. Die Gnade Gottes aber, die ihnen jetzt zu ihrer Bekehrung widerfährt, wird vorgestellt durch den Aufgang der Sonne, die ihre Strahlen mitten in die Finsterniss hineinwirft, in welcher zugleich eine Taube geflogen kömmt und das Evangelium herzubringt, und durch eine Disputation, die ein christlicher Lehrer in Gegenwart vieler Zuhörer mit einem Brahmanen hält: welcher Theil denn ganz mit Sonnenstrahlen beleuchtet ist.*

Hiernebst ist noch zu erinnern, dass wir ungern unsere Zeit in Untersuchung solcher heidnischen Thorheit zubringen, zumal weil darinnen viel unzüchtige und ärgerliche Historien mit vorkommen: gleichwohl aber, weil vorher solches noch niemals einer recht gründlich gethan, und wir unsern Nachkommen in allen Stücken gern fein viel voraus arbeiten wollen, so müssen wir uns solches gefallen lassen, zumal weil vielen in Europa ein Dienst damit geschieht, ob wir gleich sonst solche Arbeit mehr für eine Strafe und Plage, denn für ein Vergnügen halten. Es werden denn auch verständige Leute solche unsere Arbeit in Heu und Stoppeln nicht missbrauchen, noch sich dadurch zu einigem Bösen verleiten lassen, sondern sie vielmehr dazu anwenden, dass sie daraus erkennen lernen, welche grosse Gnade Gott ihnen vor diesen Heiden im Geistlichen erweise, und sich dahin bewegen lassen, dass sie mit diesen Heiden ein Mitleid haben und sie mit Rath und That bei angebotener Gelegenheit aus der Verworrenheit ihrer Götter und des heidnischen Wesens zu bringen suchen.

Unterdessen hat man die so gar deutliche Entdeckung dieses ostindischen Heidenthums mit für ein Kennzeichen anzusehen, dass Gott zu diesen Zeiten mit solchen Heiden etwas sonderliches vorhabe und bereit sei, sie in Gnaden zu ihrer Bekehrung heimzusuchen. Auch will Er sein Christenvolk, dem solches in Europa kund gemacht wird, dadurch versuchen, ob wohl einige sich des Zustandes dieser Heiden jammern lassen und auf Mittel bedacht sein wollen, wie ihnen das Wort der Seligkeit und die Mittel des Heils zu ihrer Bekehrung auf zulängliche Weise angetragen werden möchten.

Nun der allgemeine Weltheiland Christus Jesus, der sowohl für diese blinden Heiden gelitten und sein heiliges Blut vergossen hat, als für andere Völker in der Welt, wolle solches heidnische Land von seiner

---

* Der Herausgeber erinnert sich nicht dies Titelbild gesehen zu haben, wahrscheinlich ist die Beschreibung ein vollgenügender Ersatz.

heidnischen Blindheit befreien und es mit dem Lichte seines seligmachenden Evangeliums erleuchten! Er wolle die falschen Götter, die sie jetzt noch anbeten, zernichten und zerstören, damit Er allein als der König der Ehren von ihnen möge verehret werden! Er gebe Segen und Kraft zu dem Wort, das jetzt unter ihnen beides mündlich wie schriftlich zu ihrer Seligkeit verkündigt wird! Er lasse durch dasselbe nach und nach stets viele Seelen gewonnen und errettet werden! Er sammle sich selbst unter ihnen ein Volk des Eigenthums, das Ihm diene in Heiligkeit und Gerechtigkeit und sich allenthalben ausbreite! Dies ist unser tägliches Bitten und Flehen vor Gott, und solches suchen wir unter aller unserer Arbeit, in der Hoffnung, dass der Herr, dem wir dienen, unser Gebet erhören und alle unsere Arbeit segnen werde.

Hiermit verharren wir

Geschrieben in Ostindien,
auf der Küste Coromandel,
zu Tranquebar 1713, den
21. August.

des geneigten Lesers

zu Gebet und Liebe verbundene

BARTHOLOMAEUS ZIEGENBALG

M. JOHANN ERNST GRÜNDLER,

Königlich Dänische Missionarii.

TABELLE.

DIE GANZE GENEALOGIE DER MALABARISCHEN GÖTTER THEILT
SICH IN 4 HAUPTTHEILE:

A. ⸺ *Parābaravastu, das Ens (⸺) supremum oder das höchste göttliche Wesen, das betrachtet wird:*

I. Als ein immaterielles Wesen, das keine Gestalt hat und mit nichts verglichen werden kann, welches weder Anfang noch Ende hat und der Ursprung aller Dinge ist, aus welchem alles geflossen und in welches alles wiederum einfliessen wird, von welchem alle Götter abhängen und das da alles in allen und der einige Gott ist.

II. Als ein materielles Wesen, das sich in eine sichtbare Gestalt eingeführt, um materielle Dinge zu schaffen und um von materiellen Geschöpfen erkannt zu werden, da es denn in sich selbst die männliche und weibliche Kraft sein soll, und von diesen Heiden unter einem Bilde, das mit den 14 Welten bekleidet ist, vorgestellt und unter einer Figur, die verdeckter Weise beider Geschlechter Glieder abbildet und Linga (⸺) heisset, allenthalben in und ausser den Pagoden verehrt wird.

III. Als ein solches Wesen, das da in sich die männliche Kraft von der weiblichen geschieden hat und in äusserlicher Gestalt Mann und Weib geworden ist, bei welcher Ausgeburt der männlichen und weiblichen Kraft man zu betrachten hat:

1. ⸺ *Siva* (wachsend, glücklich),[*] der aus der männlichen Kraft entstanden ist und für den Vater aller Ausgeburten gehalten wird. Man schreibt ihm 5 Gesichter zu, welche die fünf grossen Herren und Götter ⸺ Panja Kartākkel genannt sein sollen, die da Brahmā, Vischnu, Rudra, Mahēsvara (der grosse Herr) und Sadāsiva (*sas sadā*, ewig) heissen, welche sich zusammen in eine Dreizahl verwandeln und Mummūrtigel genannt werden.

2. ⸺ *Sakti*, (Kraft, Energie) die aus der weiblichen Kraft entstanden ist und für die Mutter aller Ausgeburten gehalten wird. Von ihrer Linie kommen alle Göttinnen her, gleichwie von Siva's Linie alle Götter. Sie wird ⸺ Parāsakti genannt, welches so viel bedeutet als die allerhöchste Sakti, mit welchem Namen sie von den andern Göttinnen unterschieden wird, die zwar auch den Namen Sakti führen, aber alle von ihr entsprungen sind und von ihr abhängen, darunter

---

[*] Die Nennung Siva's schon an diesem Ort, wie überhaupt die hervortretende Stellung des Sivaismus in diesem Werk ist eine Folge und zugleich ein Beweis der dominirenden Stellung des Sivaismus im Süden.

sonderlich neun vornehme sind, die deshalb auch **Nava Sakti** genannt werden.

B. முமுர்த்திகள் *Mummurtigel die drei grössten Götter* (die drei Gestalten, mūrtti das griechische morphas), die von Siva entsprungen und in welchen Siva mitenthalten ist. Einige halten sie für eins und für das höchste Wesen selbst. Einige erwählen unter ihnen nur einen, den sie zum höchsten Gott setzen. Man hat unter diesen Mummūrtigel zu betrachten:

1. ஈசன் *Isvara* (Herr), unter welchem Siva mit verstanden wird und von welchem die grosse Religion, ஸைவமதம் Siva-matha (மடம் Schule, Kloster, dann Religionspartei) genannt, herkommt. Alle, die solcher Religion zugethan sind, halten Isvara für den höchsten Gott, dem zu Ehren sie allenthalben Pagoden aufgebaut haben und viele Feste halten. Sie erzählen von ihm 1008 Erscheinungen, nach welchen er 1008 unterschiedliche Namen bekommen und heisst an einem Orte so und an einem andern anders. Sein Paradies, da er residirt, heisst கைலாஸம் Kailāsa, die vornehmsten Bedienten, die stets um ihn sind und deren Figuren mit in seinen Pagoden stehen, heissen நந்திகேசுவரன் Nandikésvara, கணபதி ein Bhūta Kundōdara (Rundbauch), சண்டேசன் Tandēsvara, வைரவன் Dvārapālakas, பைரவன் Bhairava, அறுபத்துமூவர் Arupattumūver, d. i. 63 Personen, die Isvara mit Leib und Seel sichtbarer Weise in die Seligkeit aufgenommen haben soll (Tandēsvara ist einer aus ihrer Zahl). Bei der Familie Isvara's hat man zu beachten:
  1. Seine Weiber, deren zwei sind:
    a. பார்ப்பதி (பர்வதி) Berg, die Berggeborene) *Pārvati*, welche für die obengedachte Sakti anzusehen ist und in Isvara's Pagoden unter mancherlei Namen verehrt wird, auch ihre gewissen Fest- und Fasttage hat.
    b. கங்கை *Gangā* (vgl. das deutsche Gang), welche eine Göttin des Wassers ist und wie eine Sirene, halb Weib halb Fisch, abgebildet wird. Ihre Figur steht in keiner Pagode, sie wird aber dadurch verehrt, dass die Menschen sich allenthalben in Flüssen waschen und dabei ihre Anbetung thun. Unter dem Wort Ganga werden alle Flüsse verstanden, besonders aber der grosse Ganges, dessen Wasser für das allerheiligste zur Sündenreinigung gehalten wird. Diese Ganga hat acht Jungfrauen zu ihren Gespielinnen, welches gleichfalls 8 Flüsse sind als யமுனை Yamuna, ஸரஸ்வதி Sarasvati, ஸிந்து Sindhu d. i. Indus, நருமதை Nerbudda, காவேரி Gōdāvery, ஸ்கந்தி Kāvēry, மகேந்த்ர(?) Mannēry, கன்யா Kanya oder குமரி Kumari (Jungfrau, nahe bei Cap Comorin).*

* Gewöhnlich werden nur 7 heiligste Flüsse aufgezählt, an deren Spitze der Ganges selbst steht, es fallen dann fort der Indus und jener Mannēry, an dessen Statt vielleicht auch im Text தாம்ரவர்ணி Tāmrabarni, der heilige Fluss Tinnevelly's, zu setzen ist, eine Lesart, welche auch die Saiva Samaya Vināvidai von Foulkes an die Hand giebt.

2. Seine Söhne, deren eigentlich zwei sind als:
 a. விக்நேசுவரன் (விக்நம் Hinderniss, der alle Hindernisse Entfernende) *Vighnēsvara* der mit einem Elephanten-Rüssel abgebildet wird und viele Pagoden, auch viele Namen hat als கணபதி (கண gross, பதி Herr) Vināyaka, ஜேஷ்டபுத்ரி (das erlauchte Kind) Pülleiyâr, சேனைப் (பதி Herr, சேனை Schaar, Truppe sc. der Götter)Ganapati. Seine Figur steht überall an den Wegen, unter den Bäumen, in den Strassen. Er hat nicht nur allenthalben seine eigenen Pagoden, darinnen er täglich verehrt wird, sondern er steht auch zugleich fast in allen andern Pagoden und bekommt die ersten Opfer, weil alles, was guten Fortgang haben soll, in seinem Namen angefangen werden muss.*
 b. சுப்ரமணியன் (சுப்ரம் Weisse, Glanz, மணி Edelstein, also der Diamantgleiche) *Subhramanya*, welcher theils eigene Pagoden hat, theils in Isvara's Pagoden täglich mitverehrt wird. Er hat gleichfalls viele Namen und wird mit einem und auch mit 6 Gesichtern abgebildet, welche 6 Gesichter er angenommen hat, als er mit den 330,000,000 Göttern wider die grossen Riesen, அசுரர் Asuras genannt, in Krieg zog und dies ganze Riesengeschlecht ausrottete. Es werden ihm zwei Weiber zugeschrieben als வள்ளியம்மை Valliyammai und தேவயானை (தேவை Gottheit, யானை Elephant) Dēvayānai, welche beide in rechter Weibsgestalt abgebildet werden.†
II. விஷ்ணு Vischnu (Beschützer), von welchem die andere grosse Religion விஷ்ணுமதம்Vischnu-matha, herkommt. Alle,die solcher Religion zugethan sind, halten Vischnu für den höchsten Gott, der alles schaffe, regiere, erhalte und erlöse. Wegen seiner Erscheinungen und Wunder hat er viele Namen und wird in einer Pagode immer anders genannt, als in der andern. Von ihm werden zehn Verwandlungen geglaubt, welche der Zeitrechnung nach also auf einander folgen: 1, மச்சாவதாரம் (மச்சம் Fisch, அவதாரம் Herabsteigen, Incarnation) Matsya-Avatāra da er sich in einen Fisch verwandelt und die aus der Götterwelt gestohlenen Gesetzbücher aus dem Meere wiedergeholt. 2, கூர்மாவதாரம் (கூர்மம் Schildkröte) Kūrma-Avatāra, da er als Schildkröte einen Berg in der Milchsee gestützt, dass die Götter damit den Trank der Unsterblichkeit haben quirlen können. 3, வராகாவதாரம் (வராகம் Eber) Varāha-Avatāra, da er sich in ein Schwein verwandelt, um in die Tiefe der Erde zu wühlen und Isvara's Füsse zu sehen. 4, ராமாவதாரம் Rāma-Avatāra, da er als ein Mensch geboren worden, den Namen Rāma angenommen und den grossen Riesen ராவணன் Rāvana mit

* Im Norden wird Vighnēsvara gewöhnlich Ganēsa (Gan-īsa=Ganapati) genannt, und die ihm zugetheilten Geschäfte sind im allgemeinen die des Janus der Römer.
† Subhramanya, auch Skanda, heisst im Norden Kārtikēya als der von den Krittikas, den Plejaden, gesäugte. Er ist Siva's Obergeneral und entspricht dem römischen Kriegsgott Mars. Manche trennen ஸு (gut) und ப்ரமண்யா als Vorsteher der Brahmanenordnung, denn wäre zu schreiben Subrahmanya.

seinem ganzen Geschlecht von der Erde vertilgt hat, dabei ihm der Affe ஆனுமன் Hanumān grosse Dienste geleistet und deshalb mit in seiner Pagode steht. In dieser Verwandlung hat er drei Brüder இலட்சுமணன் Lakschmana, பரதன் Bharata, சத்துருக்கன் Satrughna, die mit ihm einem Könige தசரதனுக்கு Dasaratha geboren wurden. 5, பரசுராமபதம் (பரசு Axt) Parasurāma-Avatāra, da er gleichfalls als ein Mensch in die Welt geboren worden und einige Brüder hatte. Sein Vater, den er in dieser Verwandlung gehabt, ist ein Prophet und heisst குமரிஷி Kumarischi (sonst Jamadagni), seine damalige Mutter aber ist eine mit unter den Schutzgöttinnen und heisst எல்லம்மை Ellammai (sonst Rēnuca). Die Ursach dieser Verwandlung ist die Ausrottung der சப்தராசாக்ள் Saptarajas d. i. sieben Könige gewesen. 6, வெகுத்துவபதம் (வெகுத்துவம் Menge) Veguttuva-Avatāra, da er als ein Priester die Religion zweier Nationen, der புத்தர் Buddhisten und சமணர் Samaner (Jainas) ausgerottet und durch seine 12 Jünger பன்னிரெண்டு பேர் Pannirendu (12) Arbār (Täufer oder vielleicht auch mystisch Sich eintauchende) allenthalben seine Religion anrichten lassen, welche auch die meisten Religionsbücher von Vischnu geschrieben haben und in seinen Pagoden mitverehrt werden. 7, நரசிம்மபதம் (நரன் Mann, சிங்கம் Löwe) Narasinha-Avatāra, da er halb als Löwe, halb als Mensch erschienen und den mächtigen Riesen இரணியன் (இரணியம் Gold) Hiranya vertilgt hat. 8, வாமனபதம் (வாமன் Zwerg) Vāmana-Avatāra, da er als ein Zwerg-Brahmane in der Welt gewesen und dem Könige மாபலி (மா oder மாஸ் gross, பல் der Starke) Maha Bali die Regierung der Welt genommen und ihn in die Hölle getreten hat. 9, கிருஷ்ணபதம் Krischna-Avatāra, da er als ein kleines Kind geboren und in eines Hirten Haus aufgezogen worden und unter dem Namen Krischna (schwarz) grosse Thaten gethan hat, den König துரியோதனன் Duryōdhana mit seinen 120 (gewöhnlich zusammen 100) Brüdern vertilgt und den fünf andern Brüdern, பஞ்சபாண்டவர் Panja (fünf) Pāndavas, nämlich தர்மன் Dharma (தர்மம் Barmherzigkeit, statt seines gewöhnlichen Namens Yudhischthira nach einer Haupteigenschaft oder mit seines eigentlichen Vaters Dharma 'Namen genannt), பீமன் Bhima, அர்ச்சுனன் Arjuna, நகுலன் Nakula, சகாதேவன் Sahādeva, zu ihrem Königreich wieder geholfen. 10, அசுவபதம் (அசுவம் Pferd) Aschva-Avatāra (sonst Kalki), da er inskünftige sich in Pferdegestalt verwandeln soll, worauf dann das Ende aller Dinge folgt.—Die erste, zweite und dritte Verwandlung sind geschehen in der ersten grossen Weltzeit கிருதயுகம் Kritāyuga. Die 4. 5. 6. und 7. Verwandlung sind geschehen in der andern grossen Weltzeit திரேதாயுகம் Trētāyuga. Die 8. und 9. Verwandlung sind geschehen in der dritten grossen Weltzeit வாபரயுகம் Dvāparayuga. Die zehnte Ver-

9

wandlung soll in unserer Weltzeit *களியுகம்* Kaliyuga geschehen. Bei der Familie dieses Vischnu hat man zu betrachten:
1. Seine Weiber, deren zwei sind:
    a. இலட்சுமி *Lakschmi*, die Göttin der Schönheit und des Glücks. In ihr sind acht Lakschmis அஷ்டலட்சுமி Aschdha Lakschmi, welche die acht Glückseligkeiten vorstellen als 1, மகாலட்சுமி Mahā-Lakschmi, welches sie selbst ist, von welcher alle andern abhängen. 2, தனலட்சுமி (*தனம்* Reichthum) Dhana-Lakschmi, die Göttin des Reichthums und aller Güter. 3, தானிய லட்சுமி (*தானியம்* Korn) Dānya-Lakschmi, die Göttin des Getreides. 4, தைரியலட்சுமி (*தைரியம்* Kühnheit) Dhairya-Lakschmi, die Göttin der Parrhesie, die da Freudigkeit, Muth und ein getrostes Herz giebt. 5, வீரலட்சுமி (*வீரம்* Tapferkeit) Vīra-Lakschmi, die Göttin der Tapferkeit. 6, வித்யாலட்சுமி (*வித்யா* Kenntniss) Vidyā-Lakschmi, die Göttin der Beredsamkeit. 7, சந்தானலட்சுமி (*சந்தானம்* Nachkommenschaft) Santāna-Lakschmi, die Göttin der Ehe, die da Kinder giebt und alle Ehesachen wohl von Statten gehen lässt. 8, பாக்யலட்சுமி (*பாக்யம்* Glückseligkeit) Bhāgya-Lakschmi, die Göttin aller Glückseligkeit. Diese alle werden unter dem Namen Mahā-Lakschmi begriffen, welche unter vielen Namen sowohl in des Vischnu als in des Iswara Pagoden von allen verehrt wird. Als Vischnu in seiner vierten Verwandlung den Namen Rāma geführt, ist diese Lakschmi unter dem Namen சீதை Sīta in der Welt gewesen, da sie in grosser Solemnität einander geheirathet haben. Dieser Lakschmi wird entgegengesetzt மூதேவி (*மூத்த* die ältere sc. Schwester) Mūdēvi, die Göttin alles Unglücks.*
    b. பூமிதேவி (*பூமி* Erde) Bhūmidēvi ist die Göttin der Erde und der Geduld. Sie hat unter diesen Heiden keine Verehrung, sie halten sie aber für einen Zeugen alles dessen, was auf Erden geschieht.
2. Seine Söhne als
    a. மன்மதன் *Manmatha* (sonst Kāma, der indische Cupido), der Gott der fleischlichen Liebe, er soll Vischnu in seiner neunten Verwandlung geboren worden sein. Sein Pfeil, womit er die Herzen verwundet und voll unreiner Liebe macht, heisst காம பாணம் (*பாணம்* Bogen) Kāmabāna. Bei ihm sind zu merken ரதி (Lust) *Rati*, sein Weib, die mit ihrem Manne gleiches Amt führt und die Venus genannt werden kann, denn gleichwie ihr Mann unter den Weibspersonen Unzucht erweckt,

* Lakschmi, in erster Linie Ceres, ihrem Ursprunge nach, da sie in Vischnu's zweiter Avatare aus der See aufsteigt, mit Venus Aphrodite zu vergleichen, wird oft Sri die Glückliche genannt. Unter den 8 Lakschmis erscheint Mahā-Lakschmi gewöhnlich nicht wieder, dafür als 6. கீர்த்தி Kīrtti, die Göttin des Ruhms, und auch für 7. und 8. erscheinen andere Namen.

B

also soll sie solches bei den Mannspersonen thun. அனுபிரா
(ஆனை Elephant) *Anairudra*, ihr Sohn.
b. தர்ப (தர்ப்ப das heilige Gras Darbha) *Kusa*, welcher dem Vischnu in seiner vierten Verwandlung von Sita geboren worden.
c. லவ *Lava*, ein angenommener Sohn, welchen der Prophet வால்மீகி Valmiki aus einem Grasstengel erschaffen hat.

III. பிரமா *Brahmā*, welcher weder Pagoden* noch Verehrung unter diesen Heiden hat und nur in den Brahmanen verehrt wird, als die um deswillen grosso Verehrung, Ansehn und Einkünfte geniessen. Sein Amt soll darin bestehen, dass er alles schaffe und einem jeden Menschen in die Hirnschale schreibe, wie lange er leben soll und was ihm auf der Welt in seinem ganzen Leben begegnen werde, auch soll er nach eines jeden Tode das Urtheil sprechen, ob die Seele zur Seligkeit oder Verdammniss oder auch durch eine andere Geburt wieder in die Welt gebon soll. Von ihm soll das Gesetz, nach welchem diese Heiden jetzt ihren ganzen Götzendienst eingerichtet haben, gekommen sein, welches er einem Propheten Namens வேதவ்யாசர் Vēda-Vyāsa gegeben, der es nachmals auf der Welt offenbart haben soll. Dieses Brahmā Weib ist சரஸ்வதி *Sarasvati*, welche für die Göttin der Gelehrsamkeit gehalten wird. Ihre Figur steht gleichfalls in keiner Pagode und hat unter diesen Heiden keine andere Verehrung, als dass die Poeten, Lehrer, Schüler und Schreiber ihr jährlich ein Fest halten சரஸ்வதிபூஜை Sarasvati-Pūja genannt, wobei sie ihr die Griffel, Bücher und Rechnungen opfern.

C. கிராமதேவதை (கிராமம் Dorf) *Grāmadēvatas*, welches solche Götter und Göttinnen sind, die da in Feldern, Städten, Flecken und Dörfern Hut halten, dass die Teufel und schädliche Riesen den Menschen keinen Schaden zufügen sollen, wie sie denn auch um keiner andern Ursache willen von diesen Heiden verehrt werden, als dass sie vor Bösem sie schützen sollen. Sie haben allenthalben Pagoden und jährliche Feste. Ihnen werden 4 Arten lebendiger Thiere geopfert als Büffel, Schweine, Böcke und Hähne. Sie sollen vorher in grosser Seligkeit gestanden haben und nachmals wegen ihrer Hoffahrt von Siva verflucht und in diese Welt zu den Teufeln verstossen worden sein, unter welchen sie als Könige und Königinnen herrschen. Die Weibspersonen kommen alle von der Saktilinie her und sind die neun vornehmen Saktis, Nava Sakti, die wir oben als von der Parāsakti entsprungen erwähnt haben. Sie sind gleichsam die Obersten unter den Teufeln, werden meistentheils ganz scheusslich abgebildet und bekommen Opfer und Feste, damit sie den Menschen kein Uebels

---

* Brahma hat eine Pagode zu Pokher in Ajmir und Bithur im Duab, wo er eine Pfanne seines Pantoffels zurückgelassen, welches Ereigniss durch ein grosses Fest am Vollmondtag des Monats Agrahayana (Nov.—Dec.) gefeiert wird. Wils. Hindu Sects p.16.

thun, sondern sie wider die Teufel schützen sollen. Solcher Gestalt sind in diesem Theile zu behandeln:

I. *Die Schutzgottheiten:*

1. அய்யர் *Ayenār* (Hari-hara im Norden), der von Iswara und Vischnu (als Mōhini) geboren worden und ein gewaltiger König unter den Teufeln sein soll. Ihm werden zwei Weiber zugeschrieben ஸஹ (? ஸஹி Sahāyi) Sāthagi und பூஹை (? புர்ண Pūranai) Pudakalai* welche beide in Ayenārs Pagoden stehen und mit ihrem Manne gleiche Verehrung bekommen.

2. எல்லம்மை *Ellammai*, welche auf ihrem Haupt um ihre Krone viele Schlangen hat. Sie ist die Mutter, von welcher Vischnu in seiner 5. Verwandlung geboren und பரசுராமர் Parasurāma genannt worden. Sie hat ihre eigenen Pagoden und ein jährliches Fest.

3. மாரியம்மை (மாரி Pocken, அம்மை Mutter) *Māriammai*, von welcher die Pocken, Masern und Blattern herkommen. Bei ihren Pagoden hat der காப்பான் (Erhalter) Kāttān, ein sehr gewaltiger Teufel, eine Kapelle.

4. அங்காளி *Ankāli* gleichfalls mit eigenen Pagoden, darinnen der பெரியதம்பிரான் (பெரிய gross, தம்பிரான் Gott) Periyatambirān und வீரபத்ரர் Vīra-Bhadra mitstehet. Der erste ist von Iswara mit 1000 Häuptern und 2000 Armen erschaffen worden, der letzte aber ist in einem Feueropfer யாகம் Yāga entstanden, welches ein König über alle 14 Welten (Dakscha) angerichtet, um Iswara von seiner Gottheit ab und einen andern grossen Gott einzusetzen.

5. பத்ரகாளி *Bhadra-Kāli* (Sakti von Vīra-Bhadra), welche mit 10 Händen und einem feurigen Kopf abgebildet wird. Sie hat jährlich ein Fest von 8—9 Tagen wie alle andern. In ihren Pagoden steht der அகோரம் (Fürchterlichkeit) Aghōra, welcher Iswara selbst ist, der im Zorn eine solche Gestalt angenommen und mit der Bhadra-Kāli getanzt hat.

6. பிடாரி *Pidāri*, welche eine mit von den vornehmsten ist und ihre Pagoden allenthalben hat.

7. சாமுண்டி *Chāmunda*, nebst andern mit[?] einem feurigen Kopf abgebildet.

8. துர்கை *Durga* (schwer zugänglich, Gebirgspass) mit einem Schafskopf, hat wie Chāmunda gar wenig Pagoden.

---

* Dieser Name ist aus dem spätern Text heraufgenommen, ursprüngliche Lesart ist ஒர்பசைடி (ஒர்வ Gold, சை Kleid, Manifestation von Dämonen in Besonnenen) Porkalai. Dr. Graul sah bei Porciar einen Ayenār, zur Rechten seine Frau Pūranai mit gelblichem Gesicht, zur Linken eine Frau mit grünlichem Gesicht als Porkotijal (Goldschlingpflanze) bezeichnet. Reise IV, 326. Da dieser Ort auch Ziegenbalg wohl bekannt war (er ritt dort auf des Commandanten Pferd Ayenārs thönerne Pferde nieder), erklärt sich vielleicht daraus die schwankende Lesart. Vielleicht ist aber zu lesen பூதகாளி Bhūta-kāli.

II. *Teufel und Riesen, vor welchen die Schutzgötter die Menschen schützen sollen:*

1. சூசை *Irgel Teufel*, die nach einiger Meinung von Gott gleich als Teufel geschaffen worden, nach anderer Aussage aber von Gott wegen ihrer begangenen Sünden aus der Seligkeit und aus der Zahl der Einwohner in allen 14 Welten auf diese Welt zu Teufeln verflucht und verstossen worden, deren Zahl noch täglich durch das Sterben sündlicher Menschen vermehrt werde. Unter solchen Teufeln haben sie viele mit Namen benannt und specificirt, sonderlich diejenigen, welche gewisse Sünden bei den Menschen verursachen oder auch die Menschen leibhaftig besitzen.

2. பூதை *Bhûtas*, welches gleichfalls Teufel sind, die aber in einer ganz andern Gestalt abgebildet werden. Diese sollen zu allerlei geringen Diensten der Götter und zur Strafe der Bösen erschaffen sein.

3. இராட்சசி (Riese, Gigant) *Râkschasas*, gewaltige Riesen mit vielen Köpfen, deren Oberster Râvana, gegen welchen Râma gekämpft.

4. அசுரர் (அ nicht, சுர் Gott) *Asuras*, eine andre Art Riesen, die von சூர் (Held) Sûra herkommen, der da ein König über alle 14 Welten gewesen und mit seinem Riesengeschlecht die Götter sehr geplagt und sie zu Sclaven gemacht hat.

D. தேவர் *Dêvas*, eine Art Untergötter, die in der Welt தேவர் ஸ்ரீ Dêvalôka sich aufhalten und hier auf Erden weder Pagoden noch Gottesdienst haben, ohne nur dass ihrer vielfältig in den Historienbüchern gedacht wird und man auch bei den Opfern der oben gedachten Götter und Göttinnen einige Ceremonien für sie macht. Zu ihrer Zahl werden auch die Personen gerechnet, die zwar nicht den Namen Götter führen, aber doch vielfältig in ihren Historienbüchern vorkommen und unter ihnen in hoher Achtung sind. Allhier hat man zu beachten:

I. முப்பத்துமுக்கோடி தேவர் (தேவர் 10,000,000) *Muppattumukkôdi Dêvas*, welches 330,000,000 Götter* sind, die da von den oben gemeldeten Göttern ganz unterschieden und von Gott zu Einwohnern derjenigen Welt, die Dêvalôka heisst, erschaffen worden. Sie

---

* Sie zerfallen in 4 Klassen, an der Spitze der ersten, welche 120,000,000 zählt, stehen die 12 Adityas (ஆதித், die Sonne in jedem Monat als besondere Personification gedacht); an der Spitze der zweiten mit 100,000,000 die 11 Rudras (die verschiedenen Winde); an der Spitze der vierten mit 80,000,000 die 8 Vasus (personificirte Naturphänomena, wie Feuer, Zwielicht, Tag, Polarstern); an der Spitze der vierten mit 20,000,000 die 49 Maruts (Winde, unter denen besonders Pavana, der Vater Hanumans, hervorragt) und die 2 berühmten அசுவினி Asvinis, die Götterärzte, denen der Monat August-September geweiht ist, welche als eigenthümliche Schöpfung der Indischen Mythologie das vor der Morgenröthe herschiessende Strahlenpaar darstellen.

schreiben ihnen Leiber und Weiber zu, wie auch allen andern Göttern. Sie haben sie aber nicht mit Namen benannt, daher nur einige unter ihnen sonderlich zu merken sind:

a. செகேஷ்பதி *Devēndra* (Indra) welcher der König unter ihnen ist, bei welchem sie alle Sachen vorbringen, die unter ihnen vorgehen, dessen Audienz-Saal so gross ist, dass nicht nur allein die 330,000,000 Götter, sondern auch die vielen Propheten und Bedienten auf einmal darin Raum haben.

b. இந்தராள் *Indrāni*, des Dēvēndra Weib.

c. சித்திரகுப்தன் *Chitragupta*, Dēvēndras Sohn, der von einer Kuh geboren worden und bei Siva derjenige Schreiber ist, der alles Böse und Gute aufschreibt, das unter den Menschen vorgeht, nach welchem ein jeder nachmals gerichtet wird.

II. ருஷிகள் *Rischis*, welches Propheten sind und eine Zahl von 48000 ausmachen. Sie sind mit in der Götterwelt, thun strenge Busse und haben grosse Gaben erlanget. Sie bedürfen weder Essen noch Schlaf und können sein, wo sie wollen, unter ihnen sind die vornehmsten: அகஸ்த்யர் Agastya, நாரதர் Nārada, கௌதமர் Gautama, வேதவ்யாசர் Vēdavyāsa, புண்டரீகர் Pundarīka, வால்மீகி Vālmīki, வசிஷ்டர் Vasischtha, தூர்வாசா Durvāsa, விசுவாமித்ரா Visvāmitra, சூதா Sūta, கபிலா Kapila, காசியபா Kāsyapa, மார்க்கண்டேயா Mārkandēya.

III. மேளவாத்யம் (மேளம் eine Art Trommel, வாத்யம் musikalisches Instrument) *Mēlavādyas, Musikanten und Bediente*, die nahe um die Götter sind, als die கின்னரர் Kinnaras, die auf Instrumenten spielen und dazu singen; தும்புரு Tumburu (einer der Gandharbas) und நாரதன் Nāradas, welche gleichfalls bei den Göttern musiciren; கிம்புருஷர் Kimpuruschas, welche wie die Engel mit Flügeln abgebildet werden und nach dem Befehl der Götter allerlei Dienst verrichten; கருடர் Garuda-Gandharbas, welche auch mit Flügeln abgemalt werden und sich von Vischnu zu diesen und jenen Diensten gebrauchen lassen (Garuda Vischnu's heiliger Vogel); பன்னகர் (பன்னகம் Schlange) Pannagas, welches Künstler sind, die vor den Göttern mit Schlangen spielen; சித்தர் Siddhas (சித்தி Erfolg, wunderbare Gabe) die da in der Luft fliegen und bald hier, bald da sein können; வித்யாதரர் Vidyādharas, welches die Gelehrten in der Götterwelt sind, die da alle Künste und Disciplinen verstehen und in der Versammlung der Götter über allerlei gelehrte Sachen reden; கணநாதர் Gananāthas, welches Gesandten sind, die in drei Secten getheilt werden als: ருத்ரதூதர் (தூதர் Bote) Siva-Dūtas, durch welche Siva diejenigen, die seiner Religion zugethan sind und darnach gewandelt, aus der Welt in sein Paradies Kailāsa holen lässt; விஷ்ணுதூதர் Vischnu-Dūtas, durch welche Vischnu solche, die von seiner Religion sind und fromm gelebt haben, in sein Paradies Vaikuntha abholen lässt; உமதூதர் Yama-Dūtas, durch welche Yama, der Gott des Todes und König der Höllen, die Bösen aus der Welt in die Hölle holen lässt.

IV. அஷ்டதிகுபாலகர் (அஷ்ட acht, திசை Punkt des Compasses, பாலகர் Herrschützer) *Aschdha-dik-Pâlakas*, welches die Hüter der acht Weltenden sind. Ihre Namen sind diese: 1, இந்திரன் Indra (Osten), welches der vorgemeldete König unter den Göttern ist und sonst Dêvêndra heisst. 2, அக்கினி Agni, welches das Element Feuer oder vielmehr der König des Feuers ist, sonst சடமுகவன் (பலமுகன்) das göttliche Wesen mit den sechs göttlichen Attributen) Agnibhagava. 3, யமன் Yama (Süden) welches der Gott des Todes und der König der Höllen oder der untersten Welt ist, die பாதாலலோகம் Pâtâlalôka und யமலோகம் Yamalôka heisst. 4, நிருதி Nairrita ist das Element Erde (? Regent der Erde ist vielmehr பிருது Prithu) und wird unter der Gestalt eines Riesen abgebildet. 5, வருணன் Varuna (Westen) ist der König der Wolken und des Regens. 6, வாயு (Wind) Vâyu ist das Element Luft oder vielmehr der König der Winde. 7, குபேரன் Kuvêra (Norden) ist der König des Reichthums, in dessen Gewalt alles Gold, Silber, Edelsteine, Perlen und alle Schätze sind. 8, ஈசுரன் Isana ist Isvara selbst, der unter seinen 1008 Erscheinungen auch diesen Namen und dieses Amt auf sich genommen hat. Diese alle haben einige Verehrung an Festtagen und bei den Opfern, sonderlich aber bei den Opfern, die யாகம் Yâga, ஹோமம் Hôma und யஜ்ஞம் Yagna heissen.

ERSTER THEIL

VOM

பரபரவஸ்து PARĀBARAVASTU.

Vom höchsten göttlichen Wesen und Ursprung aller Götter.

Eingang: Es erkennen diese Heiden aus dem Licht der Natur, dass ein Gott sei, welche Wahrheit ihnen nicht erst von den Christen beigebracht zu werden braucht, sondern ihrem Gemüth durch das Zeugniss des Gewissens so fest eingepflanzt ist, dass sie selbst es für die grösste Gottlosigkeit halten würden,* wenn sie hören sollten, wie Leute in der Welt gefunden werden, die kein solch göttliches Wesen statuiren, von dem alles herkomme und durch welches alles erhalten und regiert werden müsse, als wie wohl leider solche Atheisterei selbst unter den Christen und zwar vornehmlich unter den Gelehrten hier und da eingerissen ist. Ausser dem, dass diesen Heiden das Zeugniss ihres Gewissens solche Gewissheit von einem göttlichen Wesen dictirt, so ist ihnen auch die Betrachtung der Creaturen eine Handleitung gewesen, dass sie immer mehr von solcher Wahrheit sind überzeugt worden, und also ohne das geoffenbarte Wort Gottes erkennen können, dass ein Gott sei, der alles erschaffen habe und alles regiere, der da das Böse bestrafe und das Gute belohne, den man fürchten, lieben, ehren und anbeten müsse.

Aus solcher Ueberzeugung, dass ein Gott sei, der da auf der Welt von den Menschen verehrt werden müsse, haben sie unter sich selbst ein Gesetz aufgerichtet, viele Religionsbücher geschrieben, allerlei Opferarten eingeführt, viele Pagoden aufgebaut und allenthalben in ihren Landen einen förmlichen Dienst angerichtet, wodurch sie Gott zu dienen vermeinen. Und ob sie zwar in diesem allen sehr weit von der rechten Erkenntniss und dem wahren Gottesdienst abgewichen sind, darum weil sie hierin blos die Vernunft, wie sie durch den Sündenfall ganz irrig und verderbt ist, zur Leiterin gebraucht und sich zugleich vom Satan auf vielfältige Weise haben verführen lassen: so ist doch solches

---

* Dafür giebt es desto mehr Pantheisten, und auch Kapila's rein atheistische Sankhya-Philosophie hat ihre Anhänger, vgl. Banerjea, Dialogues of the Hindu Philosophy p. 65 ff., 251 ff. Atheist heisst நாஸ்திகன் Dēvanāstika.

alles ein offenbares Zeugniss, dass sie ein unsichtbares göttliches Wesen statuiren und selbiges zu verehren suchen, auch erkennen, dass sie von selbigem abhängen, von ihm erhalten und beseligt werden müssen. Solche aus dem Lichte der Natur erkannte Wahrheit ist bei ihnen keine neue, sondern eine ganz alte Sache, wie sie denn Bücher unter sich haben, die mehr als 2000 Jahre alt sein sollen, worauf sie sich in dieser Sache gründen und dabei ihre Religion für die allerälteste ausgeben, als welche auch nicht eben lange nach der Sündfluth ihren Anfang genommen haben mag. Sie glauben aber nicht nur allein, dass ein Gott sei, sondern sind auch in dem Lichte der Natur so weit gekommen, dass sie nicht mehr als nur ein einziges göttliches Wesen statuiren, das da der Ursprung aller Dinge sei. Und ob sie gleich viele Götter verehren, so geben sie doch vor, dass alle solche Götter von dem einzigen göttlichen Wesen ursprünglich her gekommen wären und in selbiges auch wiederum zurückkehren würden, also dass unter allen Göttern nicht mehr als nur das einzige göttliche Wesen verehrt würde: welchen Lehrsatz diejenigen unter ihnen, die etwas gelehrt sind, steif und fest vertheidigen, ob sie ihn gleich nicht beweisen können, und sehr viele Absurditäten daraus folgen, darum weil sie dabei von dem nicht abstehen wollen, was die alten Poeten ganz ungereimt von ihren Göttern geschrieben haben. Welcher Gestalt aber sie alle ihre Götter aus dem höchsten göttlichen Wesen herleiten, kann aus der vorangesetzten Tabelle, wie auch aus dem andern und dritten Theil dieser Genealogie gesehen werden. In diesem ersten Theile wird allein gehandelt von dem höchsten göttlichen Wesen, das sie ᴜᴊᴜᴊᴀᴇᴇᴀ Parabaravastu* d. i. Ens supremum oder Ens Entium nennen. Solches wird betrachtet: 1, als ein immaterielles Wesen, so als keine Gestalt hat und mit nichts verglichen werden kann. 2, als ein materielles Wesen, das sich in sichtbare Gestalt eingeführt hat und in sich selbst die männliche und weibliche Kraft ist. 3, als ein solches Wesen, das in sich die männliche Kraft von der weiblichen geschieden hat, bei welcher Ausgeburt sowohl die männliche als die weibliche Kraft in äusserliche Gestalt ausgegangen sein soll, also dass die männliche Kraft Siva und die weibliche Sakti oder Parisakti genannt wird. Demnach wird dieser ersteTheil in 4 Kapitel getheilt: 1. Kap. Vom göttlichen Wesen als immateriell, gestaltlos und unvergleichbar. 2. Kap. Vom höchsten göttlichen Wesen, das sichtbar und materiell geworden. 3. Kap. Von ᴀᴇᴇᴅ Siva und 4. Kap. von ᴜᴊᴊᴀᴊᴀ Parisakti, die beide aus dem göttlichen Wesen entsprungen sein sollen.

* Obgleich Ziegenbalg selbst noch mit den Katholiken Sarvïsvara als Namen Gottes gebraucht, so ist doch die sachgemässe Eintheilung seiner Genealogie, worin er zuerst vom Parabaravastu und erst im letzten Theil von den Dêvas oder Halbgöttern handelt, ein Beweis, dass der zuerst von Miss. Walther eingeführte Gottes-Name Paribaren „Der höchsten Wesens" oder „Der Erste und Letzte" viel richtiger ist als die Neuerung Ⲥᴘᴇᴡ Dêva, dem ohne Näherbestimmung im Tamulischen so etwas Gespenstarhaftes anklebt.

ERSTES KAPITEL.

Parābaravastu als immateriell, gestaltlos und unvergleichbar.

Wenn diese Heiden vom höchsten göttlichen Wesen reden, insofern es ganz geistig und immateriell ist, so raisonniren sie ganz verständig davon und nehmen alles das als unstreitige Wahrheit an, was wir Christen von Gottes Wesen und Eigenschaften glauben, sagend, es sei nur ein einiger Gott, der ein ganz geistiges und unbegreifliches Wesen habe, und der da ewig, allmächtig, allwissend, allweise, heilig, wahrhaftig, gerecht, gütig und barmherzig sei; der alles schaffe, regiere und erhalte; der da Lust habe bei den Menschen zu wohnen und sie zu beseligen in dieser und jener Welt, daher ihm dienen eine grosse Glückseligkeit sei. Die Namen, damit sie solches göttliche Wesen benennen, sind lauter Ausdrücke der göttlichen Eigenschaften als *sigesesa* Survēsvara der Herr über allen, *sippusasasu* Nityānanda ein ewig Seliger, *sparasi* Adinayaka der allererste Herr, der keinen König über sich hat, *siu sasapurusu* Sarvalōkadayābara der Liebhaber aller Welten, *siu sa esi* Sarvarakschaka ein Heiland aller Dinge, *sippi* oder *appi* Kartter (der Thuende) der Herr etc. Dergleichen Benennungen findet man viele hundert in ihren Büchern und in ihren Reden. Weil aber ihnen solches Wesen ganz unbegreiflich ist und in keiner Figur angebetet werden kann, so wird solches nirgends in den Pagoden verehrt, viel weniger im Geist und in der Wahrheit angebetet. In ihren Gesetzbüchern findet man auch wenige Spuren von diesem immateriellen göttlichen Wesen und dessen Dienste, sondern es ist vielmehr die Erkenntniss solches Wesens durch das viele Götzenwesen und durch die verworrenen Ceremonialgesetze ganz ausgelöscht worden, also dass nach und nach allen Göttern diejenigen Namen beigelegt wurden, die doch nur allein von diesem göttlichen Wesen mit Recht ausgesagt werden können, wodurch Jedermann auf einen solchen Gottesdienst verfallen, der in lauter äusserlichen Verehrungen der mancherlei Götterfiguren besteht.

Als ehemals einer von diesen Heiden in einem Briefe von uns gefragt wurde, warum sie nicht das einzige göttliche Wesen auf geistige Weise verehrten, sondern in ihren Pagoden und Häusern allerlei Figuren der Götter anbeteten, so antwortete er uns folgender Massen: „Es kann die Gestalt des Herrn, worunter er das höchste Wesen versteht, von keinem Menschen mit etwas verglichen werden, dass man von solchem Herrn rechte Gedanken haben und ihn sich im Gemüth recht vorstellen könnte. Aber wie Brahma, Vischnu und Rudra gestaltet sind, solches steht in unserm Gesetz geschrieben, auch steht darin geschrieben, wie die andern Götter gestaltet sind. Und weil denn Gott zugleich in seinem Gesetz

c

gezeiget, welche Götter wir anbeten sollen und auf welche Weise es geschehen müsse, auch was für einen Lohn er dafür geben wolle, so thun wir nach diesem seinem Befehl und verehren solche Götter in ihren Figuren."

Ein andrer beantwortete die Frage, was der höchste Gott oder das Wesen aller Wesen sei, folgender Maassen: „Der höchste Gott oder das Wesen aller Wesen hat eine Gestalt und gleichwohl auch keine Gestalt. Er kann mit keinem Dinge verglichen werden. Man kann ihn nicht beschreiben, noch sagen, er sei dies oder jenes. Er ist weder ein Mann noch ein Weib, weder Himmel noch Erde, weder ein Mensch noch eine andre Creatur. Er ist alles, und man kann ihn doch mit nichts vergleichen. Dieser Gott ist keinem Verderben noch Sterben unterworfen. Er hat nicht nöthig zu ruhen noch zu schlafen. Er ist allmächtig und allgegenwärtig. Er ist ohne Anfang und bleibet unvergänglich in Ewigkeit. Seine Gestalt kann man weder sehen, noch beschreiben, noch aussprechen."

Als einer von diesen Heiden zu unserer christlichen Religion trat, schrieb sein Vater an ihn: „Du weisst noch nicht die Geheimnisse unserer Religion, denn wir verehren nicht viele Götter auf solche ungereimte Weise, wie du meinst, sondern wir verehren unter allen nur Ein göttlich Wesen. Es sind weise Leute unter uns, würdest du dich mit selbigen besprechen, so würden sie dir alles erklären und dir deine Zweifel benehmen. Wer unsere Religion recht versteht, kann wohl darin selig werden, wie denn viele Beispiele solcher unter uns sind, denen Gott die Seligkeit sichtbarer Weise gegeben hat."

Es werden hier und da noch einige wenige gefunden, die alles Götzenwesen vernichten und dieses einzige göttliche Wesen ohne Bilder verehren, besonders die sogenannten ஞானி Gnânis oder Weise, welche auch lauter solche Bücher geschrieben, die auf nichts anders als auf ein tugendsames Leben führen, dabei nur der einzige Gott verehrt werden solle. Unter solchen Büchern sind die vornehmsten சிவவாக்யம் Sivavâkya, darinnen das viele Götterwesen nebst den vielen heidnischen Irrthümern in nachdenklichen Versen gänzlich verworfen und der Dienst des Einen Gottes angepriesen wird.* 2, திருவாசகம் Tiru-

---

* Sivavâkyer (Siva-Wort) gehört zur Siddha-Schule (சித்தர் Asketen oder Adepten, welche eines oder mehrere der 8 höchsten Ziele im Sivaismus erlangt haben), einer Sivaitischen Secte, welche unter auswärtigem, sowohl muhammedanischem wie christlichem Einflusse stehend mit Beibehaltung des Namens Siva einen reinen Theismus lehrte. Viele Glieder ergaben sich der Alchemie. Ihre Schriften, obwohl sie den Namen alter berühmter Lehrer an der Spitze tragen, verrathen durch die Form ihren modernen Ursprung (vgl. K. Graul, Indische Sinnpflanzen Erlangen 1865 p. 161 ff.) Sivavâkyer soll nach der Sage Vischnuit und auch Christ (in des Apostel Thomas' Zeit!) geworden, aber unbefriedigt zum Sivaismus zurückgekehrt sein. Einige werfen ihn mit நற்சிந்தனை Natschinârkkinjyar, dem meisterhaften Commentator der Grammatik Tolkâppijam zusammen, சமரசம் Sivavâkya ist ein Buch von 23 Seiten in 18mo. Nitichara (நீ Gerechtigkeit, சார Wandel), wohl Uebersetzung eines Sanscritwerkes. Gnânavênpâ (ஞான Weisheit, வெண்பா eins der gebrauchtesten Versmasse) 24 p. in Kleinquart.

valluver (Kural), worin lauter Moralia tractirt werden. 3, *அறவை*
Nīchāra, darinnen durch Gleichnisse diese und jene Lebensregeln
vorgestellt werden. 4, ஞானவெண்பா Gnānavönpā, darinnen Weisheits-
regeln und Zeugnisse von dem einzigen Gott enthalten sind.

Aus diesen und andern dergleichen Büchern könnten allhier viele
schöne Ausdrücke von dem einzigen göttlichen Wesen angeführt
werden, wir wollen aber nur diejenigen wiederholen, die schon vor zwei
Jahren in einem Buche, das von dem Malabarischen Heidenthum
handelt, citirt sind, da es denn Kap. 3. Theil 1. also lautet: „Der nach
seinem Buche, Sivavākyer benannte Autor nebst einigen andern
schreibt von diesem Wesen, dass es sei der einige Gott, der da ewig,
allgegenwärtig, unermesslich, der Anfang und das Ende, ja alles in
allem sei, daher heisst es v. 79: Es ist keiner mehr als nur einer.
Dieser eine ist der Herr über alles. Er ist ewig und bleibt der
ewige Einige. Und v. 121: O Gott, ehe ich dich erkannte, bin
ich allenthalben herum geschwebt. Aber nachdem ich dich erkannt
habe und nüchtern worden bin, so bist du der einzige, den ich
begehre, und sonst keiner mehr. Von dessen 1. /igkeit schreibt
er also: Welches ist doch dasjenige Wesen, das von Ewigkeit her
gewesen? sinds wohl die 51 Sylben (darinnen diese Heiden die
Geheimnisse ihrer Religion setzen)? oder ists die Seele, oder sinds
die vielen Götter, oder die 5 Elemente (Feuer, Wasser, Erde, Luft,
Aether)? oder ists der Lebens-Cirkel?* oder sinds die Disciplinen
oder das Gesetz? oder ists derjenige heilige Priester, der bei und in
diesem allen ist? Siehe, es sind weder die 51 Sylben, noch die Seele,
noch die vielen Götter, noch die 5 Elemente, noch der Lebens-Cirkel,
noch auch die Disciplinen oder das Gesetz, sondern derjenige heilige
Priester, der bei und in diesem allen ist v. 122, 123. Item gleich im
ersten Vers seines Buches: O Gott, der du bist der Anfang, das Ende,
der Ursprungssamen, der Hall und die 5 Buchstaben (welche in den 5
Elementen, so im Leibe sind, geschrieben stehen)."

Ein andrer Autor schreibt von Gottes Allgegenwart also: „Es ist
einer, der allenthalben in der Welt zugegen ist, denselbigen sollst du
lieben." Gnānavönpā v. 5. Noch ein anderer Autor schreibt hiervon
solcher Gestalt: „O Gott, der du bist der Leib, das Leben, der Verstand,
der Himmel und die Erde, allenthalben in der ganzen Welt, einig und
vielfältig. Da nun deine Herrlichkeit also beschaffen, wer kann dich in
der Welt erkennen?" உயர்வுமிகுமெ (உய höchst, himmlisch, ஓரணவு
Geheimniss, மாலை Guirlande, Kranz) Paramarahasya-mala v. 42. Item
von seiner Allmacht v. 51: „O Gott, wenn du dich bewegst, so bewegen
sich auch die grossen Weltkörper, die Erde, die 5 Elemente, die 8

---

* Unter den 51 Sylben sind die Buchstaben des Sanscrit-Alphabets zu verstehen
welche aber verschieden gezählt werden. Manche zählen 50 und fügen als 51. das
Zeichen für die mystische Sylbe Om hinzu. Die Cirkel சக்ர Chakra spielen bei
dem Dienst der Götter und bei Zaubereien eine ziemliche Rolle, es sind dünne mit
allerlei Zeichen bedeckte Metallplatten.

Weltecken. Wer kann sich in dies Wunder finden?" Ein andrer Autor schreibt von der Regierung und Erhaltung Gottes also: „O du allerhöchstes Wesen, der du bist der Herr Himmels und der Erden, ich fasse dich nicht in mein Herz! O du König des Himmels, wem soll ich mein Elend klagen? Wenn du, der du mich regierst und erhältst, mich verlässt, so kann ich in dieser Welt nicht leben. O rufe mich doch, dass ich zu dir komme! *aḍôuḍa* Varhipattu v. 1 und im folgenden andern Vers: O Gott, der du bist allgegenwärtig in der Welt und das Leben aller Creaturen."

Von dessen Unermesslichkeit heisst es im Buche Sivavâkya v. 72: „Gott ist ein unermesslich Meer, darauf man kein Ende sehen kann. Will man ihn sehen und erkennen, so muss man in sich die unruhigen Wellen hemmen, ganz in die Stille sich begeben und alle Sinne auf eins gerichtet sein lassen." Von seiner unaussprechlichen Herrlichkeit schreibt derselbe: „Es ist ein Wahrhaftiger, der allenthalben zugegen ist und gleichwie der Sonnenschein alles durchdringt. Aber solchen will Niemand erkennen, sondern sie wälzen sich alle im Sündenkoth herum. Ich habe ihn erkennen lernen, finde aber kein Ding in der Welt, mit welchem ich seine Herrlichkeit und die Lieblichkeit, die ich bei ihm geniesse, vergleichen könnte, sehe auch keinen solchen Menschen, der meinen Worten Glauben beimässe, v. 185." Diesen Gott weiss der selbe Autor mit keinem Geschöpf zu vergleichen, wenn er spricht: „Das höchste Wesen ist nicht eine Blume, nicht der Geruch, nicht dasjenige, dessen man gedenkt, dass es sei. Es ist weder gross noch klein. Es ist nicht eine Stimme, so da redet, auch weder ein eingeschlossenes noch ausgeschlossenes Wesen. Es ist keine Figur und nicht in einer Sache allein. Es ist ein unbegreifliches Wesen." 2. Theil v. 5 und im folgenden v. 25 schreibt er, dass Gott alles in allem sei, wenn er spricht: „O Gott, du bist die Tugend selbst, du bist der Himmel selbst. Du bist selbst die Welt, du bist die Weisheit, die bei einem jedweden ist. Du bist der Sinn derer, die dich suchen, du bist das Gefühl selbst im Leibe und auch die Ruhe, ja du bist das Licht, welches mit meinem Herzen vermengt ist. Deine Herzlichkeit vergesse ich nimmermehr."

Der (anonyme) Autor von Gnânavönpâ bekennt v. 9, dass ausser diesem höchsten Gut nichts zu finden sei, was die Seele beruhigen könnte, und vermahnt daher jedweden dieses zu suchen: „Du magst sehen ausser dich oder inner dich, so findest du nichts, daher suche das einzige wahre Wesen." Und Sivavâkya 2. Theil v. 34: „Die Schildkröte, so im Meer herumschwebt, legt ihre Eier am Strande, scharrt sie in die Erde und geht in die weite See. Aber weil sie solche Eier stets in Gedanken als an einem Seilchen hat, so folgen die Jungen, sobald sie aus den Eiern gekrochen sind, ihrer Spur nach, bis sie zu ihr kommen. Also hat Gott gleichfalls uns in die Welt gesetzt, ist aber oben im Himmel. Jedoch hat er uns stets im Sinne als an einem Seilchen. Gehen wir seiner Spur nach, so finden wir ihn." Dem

Glauben an solchen Gott spricht der Autor grosse Kraft zu: „Es ist ein allgegenwärtiges allerhöchstes Wesen; glaubst du an dieses, so wirst du deinen Leib, die Welt und den Himmel beherrschen können." 2 Theil. v. 1.

Von der Vereinigung und Einwohnung dieses Gottes heisst es: „Als du mich schufest, kanntest du mich. Aber ich habe dich erst kennen lernen, als ich zu Verstand kommen bin. Ich mag sitzen, gehen oder stehen, wo ich will, so werde ich deiner nicht vergessen. Du bist mein worden, und ich bin dein worden. Ich habe mit meinen Augen gesehen, wie auch mit meinem Gemüthe erkannt, dass du, o Gott, zu mir gekommen bist, als wie ein Blitz vom Himmel fällt." I, v. 26, 27. Ferner v. 34: „Der ganze weit ausgebreitete Luntenbaum ist verborgen in einem kleinen Samenkorn. Ihr Menschen seid gleichfalls in der Zeugungskraft (Linga!) eingeschlossen, aber Niemand unter euch erkennt solches recht. Beschauet euch selbst, so werdet ihr finden, dass der Allerhöchste in euch ist.—v. 75: Wirst du dein Herz in den rechten Weg richten und damit Gott unverrückt anbeten, so wird dein und sein Herz Ein Herz werden." Ein andrer schreibt von solcher Einwohnung Gottes: „Wer stets Gott in seinem Herzen hat, bei dem wird er wohnen und seine Sünden wegthun, gleichwie ein Hobel die ungleichen Aeste und Späne abnimmt." v. 5. ff.

Alles, was bisher von Gott dem höchsten Wesen aus dieser Heiden eigenen Büchern angeführt worden, wird kurz zusammengefasst in einem Briefe, den ein verständiger Heide nur neulichst an uns geschrieben: „Gott das höchste Wesen ist von solcher unermesslichen Grösse und Herrlichkeit, dass er von Niemand ergründet werden kann. In unserer Theologie steht geschrieben, dass er allmächtig ist und voller Gnade, als der da alles aus Gnade regiere und erhalte; was aber sonst seine Ewigkeit anlangt, so kann Niemand weder Anfang noch Ende darin finden, denn es kann Niemand sagen: zu dieser oder jener Zeit hat er angefangen zu sein, und so und so lange hat er schon regiert. Dies ist eine Sache, die Niemand ergründen kann. Solch höchstes Wesen hat alle Götter, alle Menschen, alle Creaturen und alle Dinge, die in der Welt begriffen sind, erschaffen. Es ist die unermessliche Güte, die unermessliche Gerechtigkeit und unermessliche Weisheit, nach welcher es alles regiert und erhält. Dergleichen Unermesslichkeiten und Unbegreiflichkeiten sind viele, denn man kann keine Beschreibung noch Eintheilung von Gott dem höchsten Wesen machen und sagen, so und so ist er beschaffen. Die Ursache ist diese, dass er alle Augenblick dasjenige sein kann, was er nur gedenkt, dass er gern sein will. Er allein erkennt sich so, wie er in der That ist, sonst aber kann er weder von den Menschen, noch von den Göttern nach der eigentlichen Beschaffenheit recht erkannt werden. Dies steht selbst so in unserer Theologie geschrieben, worin zugleich vermeldet wird, dass wenn man ihn anbeten wolle, man sich ihn in Gestalt eines heiligen Mannes vorstellen müsse. Zuletzt wird alles wiederum in ihn als seinen Ursprung zurückgehen. Soviel habe ich schreiben können von der Herrlichkeit Gottes des höchsten Wesens. Ferner, was seine Eigenschaften anlangt, so muss man sagen, dass er ein solches Wesen sei, das mit nichts verglichen werden kann. Alle die Eigenschaften, die wir an den Menschen für gut und köstlich halten, sind nur Abschattungen seiner göttlichen Eigenschaften. Er kann so viel Eigenschaften annehmen, als er immer will; denn indem er was gedenkt, so ist es auch. Er ist ein solcher, der eine Gestalt hat und doch auch keine hat. Er ist von unvergleichlicher Schöne, von unermesslicher Weisheit, von unbegreiflicher Gütigkeit, von unendlicher Gnade, Liebe und Barmherzigkeit, von unergründlicher Demuth und Geduld. Da steht nun in unserm Gesetz geschrieben, dass er nach solchen Eigenschaften alles regiert, erlöst und erhält. So viel erkennen wir von seinen Eigenschaften, das übrige ist uns unbegreiflich, darinnen wir weder Maas noch Ziel finden.

„Was den Ort anlangt, da er ist, so können ihn die 14 Welten nicht begreifen, als der da weit über selbigen in einem hellen Lichte wohnt und alles in allem erfüllt. Seine Verrichtung ist diese, dass er alles gnädiglich erhält und regiert. Auf die Frage, ob seine Providenz sich auch über diese Welt erstrecke oder nicht, dient zur Antwort, dass sich selbige allerdings auch über diese Welt erstreckt, denn er sorgt für alles und ist gegen alles barmherzig. Hiernebst kann sich ausser ihm nicht das geringste bewegen, so gar genaue Aufsicht hat er auf alles. Ausser seiner Providenz kann nichts geschehen. Durch seine Fürsorge haben alle 8,400,000 Arten der lebendigen Creaturen, von der kleinsten Mirre an bis zu dem grössten Elephanten, Unterhalt, Speise und Ruhe. Alles lebt, regt und bewegt sich nach seiner Fürsorge und Gnade. Wenn seine Providenz aufhören sollte, würde sich nichts regen noch bewegen können. Er sorgt sogar auch für diejenigen Creaturen, die aus der Erde wachsen. Da Sie weiter fragen, wie man solchen Gott erkennen könne, so antworte ich, dass man ihn erkennen könne aus dem Gesetz, das er gegeben hat, und aus den Wundern, die er in der Welt thut, desgleichen auch aus dem Verstande und der Vernunft, die er den Menschen gegeben hat, und aus den Werken der Schöpfung und Erhaltung. Was endlich den Dienst anlangt, den man ihm zu erweisen schuldig ist, so besteht er vornämlich in Liebe und Glaube. Denn in unserm Gesetz wird dies für den vorzüglichsten Gottesdienst gehalten, wenn man mit Mund und Herzen Liebe und Glaube hat und alles aus Liebe und Glauben thut. Hiernebst muss man ihn anrufen und nach seinen Geboten wandeln. Ja man muss zu dieser und jener Zeit ununterbrochen ihm gewisse Verehrung anthun, ihm gehorsam sein und seinem Willen gemäss leben."

Aus diesem allen kann man nun zur Genüge sehen, was diese Heiden von Gott dem höchsten Wesen statuiren, und wie weit sie es in dem Licht der Natur gebracht haben, darinnen sie die römischen Heiden übertreffen, welches Licht der Natur aber durch Verführung ihrer alten Poeten und ihrer Brahmanen ganz verdunkelt worden, als welche viele Fabeln geschrieben und einen verworrenen Götzendienst eingeführt haben, aus welchem sich gar schwer einer herauswinden kann, ob er gleich noch so viel Widerspruch in seinem Gewissen fühlt und sehr vernünftig von dem höchsten Wesen raisonniren kann.

Wahrscheinlich während Ziegenbalg in Trankebar wirkte, wurde zu Trichinopoly Tayumanaver geboren, der Fürst der tamulischen mystischen Dichter, dessen Werke kein tamulischer Missionar ungelesen lassen sollte, wie auch die eingebornen Christen seine Worte vielfach apologetisch verwenden. Wenn Moor sein Hindu-Pantheon mit den begeisterten Oden eines Christen, Sir W. Jones, an die Indischen Gottheiten geschmückt hat, so wird es nicht ein minderer Schmuck dieses Werks sein, die christlichst klingenden Worte, welche vielleicht je aus dem Munde eines Heiden gekommen sind, eines Heiden, der wie Joseph sich dem bösen Ansinnen seiner Königin durch die Flucht entzogen, in der Uebersetzung Dr. Graul's (Ind. Sinnpflanzen p. 188 ff.) mitzutheilen. Sie giebt einen Theil von Tayumanavers Paräbara-Kanni:

1. *Der Weg zum allerhöchsten Wesen.*

1. An des holden Weltalls Spitze stehst du,
Erd und alles lenkst du und durchwehst du, Allerhöchstes Wesen!
2. Bietet sich kein Weg zu dir den Frommen,
Die, in Liebe schmelzend, thränend kommen? Allerhöchstes Wesen!
3. Auf dem Weg *schon* ist, wer Herzensmilde,
Neben Selbsterkenntniss, nimmt zum Schilde. Allerhöchstes Wesen!
4. Wer den *Himmel* schaun will, sucht den Hügel;
Zu *dir* trägt der Selbstbeschauung Flügel. Allerhöchstes Wesen!

2. *Die Vereinigung der Seele mit dem höchsten Wesen.*

5. Für dich thronend ob des Aethers Zinne
Bist du, Herr, das ,,Wort" zusammt ,,dem Sinne." Allerhöchstes Wesen!
6. Die im Sinnen Wort und Sinn verlieren,
Rührst du an, doch ohne zu berühren. Allerhöchstes Wesen!
7. Tiefbeschauern zeigst du wie im Spiegel
Himmlisches—du Aethers Wonnehügel. Allerhöchstes Wesen!
8. Lauter stirbt, wer dich, Herr, liebt zur Gnüge,
Schlummert dann in reiner Wonne Wiege. Allerhöchstes Wesen!
9. O du Lieb und Herzensschatz *der* Seelen,
Die als Eins sehn—Scherben und Juwelen! Allerhöchstes Wesen!

3. Des Dichters Umkehr.

10. Meinen Wahn von „Mein und Ich" zu tödten
    Irrt ich heilsbegierig um in Nöthen. Allerhöchstes Wesen!
11. Da erweichte meines Geistes Stolz sich,
    Mein Gebein zerfluss, in Liebe schmolz ich. Allerhöchstes Wesen!
12. Vater, Roh des Müden, Ungeduld' gen!
    „Preis, Preis" rufend, will ich stets nun huld'gen. Allerhöchstes Wesen!
13. Schenk mir Durst'gem seligste Versenkung!
    Ich versinke ohne solche Schenkung. Allerhöchstes Wesen!

4. Wonne-Geschmack.

14. Alles Denken wissend, mir entgegen
    Kamst du mich zu laben—Gnadenregen! Allerhöchstes Wesen!
15. Nectar, der nie satt macht! Freudenflut du!
    Tiefster Stille überschwenglich Gut du: Allerhöchstes Wesen!
16. Honigseim, der Dinge Kern durchfliessend
    Und mein eignes Innerstes durchstissend! Allerhöchstes Wesen!
17. Perle du, Koralle, ächtsten Goldes
    Schönster Glanz, mein Geistes-Licht, mein holdes! Allerhöchstes Wesen!
18. Aug', Gedanke, Paradieses-Baum du!
    Aetherstrahl und Wonnewunder-Traum du! Allerhöchstes Wesen!

5. Klage über innere Dürre.

19. Tief eindringend, ward mein Geist ganz kraftlos,
    Dürrem Dorn gleich—und du lässt mich saftlos! Allerhöchstes Wesen!
20. Kann ich Wonnemeer! in dir nicht schlürfen:
    Werd ich dann den Durst je löschen dürfen? Allerhöchstes Wesen!
21. Ach, wann schweigt mein Schmerz auch nur ein wenig!
    Springt mir keine Freudenflut, mein König! Allerhöchstes Wesen!
22. Von mir abgelöst, ist ja mein theuer
    Herz wie Wachs nun über hellem Feuer. Allerhöchstes Wesen!
23. Warum schaust du weg? Mein tiefstes Wissen
    Warf ich weg, dich zu erschaun beflissen. Allerhöchstes Wesen!
24. Hast du suchend mich zum Knecht erhoben,
    Bloss dass ich dich—jammernd stets—soll loben? Allerhöchstes Wesen!
25. Mich verzehren meine Schmerzens-Zähren;
    Wann wirst du mir wonnige gewähren? Allerhöchstes Wesen!
26. Fest an dir in stummer Andacht rank ich,
    Und gleich mutterlosem Kind doch krank ich. Allerhöchstes Wesen!
27. Wenn ich mich als frei und froh auch brüste,
    Irr' ich doch noch immer in der Wüste. Allerhöchstes Wesen!

28. Wie ein Strohhalm, den ein Wirbel umdreht,
   So dein Knecht, der in der Wüste umgeht. Allerhöchstes Wesen!
29. Und doch acht' lieb nicht der Welt Gewalten,
   Wenn sie nicht zu dir die Hände falten. Allerhöchstes Wesen!
30. Ihrem Kinde schenkt die Kuh Erbarmen,
   Schenk, barmherzge Mutter, Huld mir Armen! Allerhöchstes Wesen!
31. Welches Unrechts ich auch immer schuldig,
   Du hast Mutter-Art, bist sanft, geduldig. Allerhöchstes Wesen!

Noch ein anderer Dichter darf hier nicht übergangen werden, Paddanattu-Pillai, der etwa im 17. Jahrhundert in Kaveripatnam gelebt haben soll. Dr. Graul (Reise IV, 37) führt von ihm folgenden Ausspruch an: „Warum sich mit Asche schmücken, warum mit Wasser bandthieren? Du verstehest nicht das Ende heil. Schrift, wie man verknöcherten Gemüthes soll geboren werden. Was helfen sieben Millionen hochgepriesener Gebetsformeln? Das heisst am Strome ohne Kenntniss der Furt umherirren."

Diesen Perlen aus der tamulischen Litteratur möge sich noch von demselben Uebersetzer ein Lied Sivavákyer's* anreihen:

Preis des „innern Lichts" gegen die religiösen „Werkler."

1. Millionen, Millionen, Millionen Menschen wohl
   Sind verkümmert, sind verkümmert, sind verkümmert—geisteshohl:
   Laufend, laufend, laufend, laufend nach dem doch so nahen Licht,
   Suchend, suchend, suchend, suchend—und doch ewig findend nicht.
2. Schaubegierig fahrt und rennt ihr über Meer und Berg und Thal!
   Ist das nicht vermessnes Treiben, arme Thoren allzumal?
   Wenn in *Euch* der stets erwünschte Fuss des höchsten Herrn erglänzt,
   Dann mögt ihr den Urglanz schauen, den nicht Zeit noch Raum begränzt.
3. O ihr Narren, die ihr laufet, sprechend: es ist fern, fern, fern!
   Ueber Stadt und Land und Wüste schweift ihr nach dem höchsten Herrn,
   Dessen Gegenwart die Erde und den Himmel ganz durchdringt?
   Thoren, in dem eignen Busen ihn zu schauen—darnach ringt.

---

* Weil Sivavákyer sehr starke Sprache führt und selbst die Namen Siva und Vischnu nicht dulden will, so machen die Sivaitischen Pandarams Jagd auf das Buch, und vernichten alle Exemplare, die in ihre Hände kommen. Als dies nicht helfen wollte, liess die Dharma sabha in Madras eine interpolirte und sehr verfälschte Ausgabe drucken, so dass nun grade das Gegentheil des ursprünglichen Sinnes herauskommt. In Folge dessen sind echte Exemplare sehr selten. Taylor's Catalog. III, 26.

ZWEITES KAPITEL.

Parábaravastu als materielles, versichtbares Wesen.

Nachdem diese Heiden das höchste göttliche Wesen nach seiner immateriellen Geistigkeit und eigentlichen Beschaffenheit mit ihrer Vernunft nicht begreifen können und dabei auch der Offenbarung göttlichen Worts ermangelt, oder solche doch nicht angenommen haben; so sind sie mit ihren Speculationen auf mancherlei Irrthümer verfallen und haben sich ganz fleischliche Begriffe und materielle Vorstellungen von solchem höchsten Wesen gebildet, unter dem Vorgeben, dass es nichts desto weniger auch eine sichtbare und materielle Gestalt haben müsse, solle es anders von seinen Geschöpfen gesehen, erkannt, angebetet und verehrt werden. Einige sagen auch, dass ein immaterielles Wesen keine materiellen Dinge schaffen könne. Daher ehe Gott, das höchste Wesen, etwas materielles zu schaffen angefangen, hätte er sich selbst in eine materielle Gestalt eingeführt.

Von solcher materiellen Gestalt des höchsten Wesens können sie sich zwar auch keinen rechten Begriff machen. Weil sie aber in der Natur sehen, dass alle lebendigen Geschöpfe aus der männlichen und weiblichen Kraft ihre Geburt haben: so schliessen sie von den Geschöpfen auf den Schöpfer und halten dafür, dass Gott das höchste Wesen, aus welchem alles geflossen, in sich selbst die männliche und weibliche Kraft sein müsse. Von diesem Satz gehen sie weiter und sagen, dass solches Wesen in sich die männliche Kraft von der weiblichen geschieden habe, bei welcher Ausgeburt sowohl die männliche als die weibliche Kraft in äusserlicher Gestalt ausgegangen sein soll, woraus sie dann den Ursprung aller Götter und aller Geschöpfe herleiten, wie unten ausführlicher wird berichtet werden. Hieraus sieht man, wie zwar diese Heiden eine starke Phantasie haben und über Gott mancherlei Vernunftschlüsse machen, dass sie aber gleichwohl in Ermanglung des himmlischen Lichts und der göttlichen Offenbarung auf thörichte Dinge verfallen sind und sich immer aus einem Irrthum in den andern verwickelt haben, bis sie endlich sich so weit in der Materie von den Göttern verirrt haben, dass sie nicht wissen, wie sie wiederum auf ihre ersten Begriffe vom Wesen aller Wesen zurückkommen sollen. Wobei denn der Teufel keinen Fleiss noch Mühe gespart, dass er das natürliche Licht bei solchen Leuten je mehr und mehr auslöschen und in dicke Finsterniss verwandeln möge, welches ihm so völlig gelungen ist, dass nur noch geringe Spuren von der Erkenntniss des göttlichen Wesens unter ihnen übrig sind.

Obschon sie nun aus Gott ein materielles Wesen gemacht haben, so wissen sie gleichwohl nicht, wie dessen Gestalt eigentlich beschaffen sei. Damit jedoch die äusserlichen Sinne etwas haben möchten, daran sie sich hierbei halten könnten, so stellen sie solches göttliche Wesen unter einem Bilde vor, das Mann und Weib zugleich ist und durch alle 14 Welten geht, damit anzeigend, dass es alles in allen erfülle und dass alles seine Geburt und Erhaltung von selbigem habe. Solche Figur malen sie mit 4 Händen, wie auch fast alle ihre Götter so abgebildet werden. In den zwei in die Höhe gereckten Händen hält sie mit den Fingern zwei Gewehre சங்கு (Schneckenmuschel, ein mus. Instrument) Sankha und சக்ரம் (Kreis, Rad, Discus) Chakra, welches Vischnu's Gewehre sind, mit denen daher auch nur die வைஷ்ணபக்தர் Vischnubhaktas oder Vaischnavas sie abbilden, indem sie zugleich ihr auch auf der Stirn das Zeichen திருநாமம் (திரு heilig, நாமம் Name) Tirunama machen, mit welchem sie sich selbst zu bezeichnen pflegen. Die சைவபக்தர் Saivas aber malen solche Figur mit dem Gewehr und Zeichen Isvara's ab. Auf dem Haupt hat sie eine Krone, daneben Sonne und Mond steht. Die Farbe ihres Leibes ist grün. In den Ohren, am Hals, Hände und Füsse hat sie allerlei Schmuck von Perlen, Edelsteinen, Gold und Silber, wie sie auch sonst ihre Götter zu tragen pflegen. Auf den Achseln hat sie ein Tuch, das herunterhängt, mit einer grossen Schnur von allerlei Blumen. Auf beiden Saiten ist sie mit 12 Welten bekleidet, in welchen mancherlei gemalt ist. Die zwei übrigen Welten hat sie oben auf der Brust, da in der obersten Brahma mit 4 Häuptern und 4 Händen abgemalt ist, zur Linken steht seine Frau Sarasvati und zur Rechten Dēvēndra, der Götterkönig, als habe er etwas vorzubringen. In der andern Welt weiter hinunter ist Dēvēndra sitzend abgemalt mit 4 Händen, da einige Götter vor ihm stehen und etwas anzubringen haben, denn dies ist die Götterwelt Dēvalōka. Weiter herunter hat sie auf dem Leibe den Berg வைகுண்டம் Vaikuntha, worin Vischnu mit 4 Armen sitzend abgemalt ist und seine zwei Weiber bei sich hat, die லக்ஷ்மி Lakschmi zur Rechten und die பூமிதேவி Bhūmdēvi zur Linken, über seinem Haupt ragen lauter Schlangen hervor. Darauf kommt unten der Berg கைலாசம் Kailāsa, darauf Isvara realdirt und sitzend mit 4 Armen abgemalt ist. Zur Rechten steht Nandikēsvara mit einem Ochsenkopf und zur Linken sitzt Isvara's Weib Pārvati. Auf beiden Seiten sind noch zwei வாசல்காவலர் (வாசல் Oeffnung, Thorweg ; காவலர் Beschützer, Wächter) Dvārapālakas. Ueber Isvara steht rechts Subhramanya mit dem Pfau und links Vighnēsvara mit dem Elephanten-Rüssel. Durch alle diese Welten und Oerter geht der grosse Berg மகாமேரு Mahāmēru,* dessen Spitze

---

* Mēru, das Centrum unserer Erdinsel wird im hohen Norden gedacht, der indische Olymp, auf einem seiner 3 Gipfel ist das Paradies Kailāsa, die 7 Patriarchen sind von dorther gekommen. Die Gestalt des Bergs ist gleich der Samenkapsel der heiligen Lotusblume.

oben über die Krone der ganzen Figur hervorragt. Unten wird der Berg von 8 Elephanten und 8 Schlangen getragen, die auf einer Schildkröte stehen, welche Vischnu selbst in seiner zweiten Verwandlung ist. Unten bei der Schildkröte ragen die Füsse der Figur des höchsten Wesens hervor, anzuzeigen, dass es alles in allen tragen muss. Rund um die Figur herum in dem äussern Kreis ist ein Abriss der 7 Meere und Inseln.

Solcher Gestalt präsentirt diese Figur vom göttlichen Wesen viele Dinge, die unter ihnen als grosse Geheimnisse angesehen werden und daher noch etwas näher zu erläutern sind. Die 14 Welten,[*] mit denen sie bekleidet ist, theilen sie in 7 Unter- und 7 Ober-Welten. Die Namen der Unterwelten sind : 1, அதல Atala 2, விதல Vitala 3, சுதல Sutala, 4, நிதல Nitala 5, பாதாதல Dharātala 6, மகாதல Mahātala 7, பாதாள Pātāla. Unter diesen sieben Unterwelten (இதுவை) ist die letzte und allerunterste am meisten zu merken, als die für die Hölle und den Ort der Verdammten gehalten wird. Und weil யம Yama der Gott der Todes und der König über die Verdammten ist, so wird sie auch யமலோகம் Yamalōka genannt. In den Poeten findet man gar viele Fabeln hiervon. Die 7 Oberwelten (உலகம்) folgen also auf einander in die Höhe: 1, பூலோகம் Bhūlōka 2, புவலோகம் Bhuvarlōka 3, சுவர்லோகம் Svarlōka, 4, மகாலோகம் Mahālōka 5, சனலோகம். (சனகா Vater ; Residenz der Rischis) Janalōka, 6, தப லோகம் Dévalōka 7, சத்தியலோகம் (சத்தியம் Wahrheit) Satyalōka. Unter diesen ist die 1. 4. 6. und 7. wohl zu merken, als von welchen gar viele Historien in den alten Poeten gefunden werden. Die erste Welt Bhūlōka halten sie für die Welt, darinnen wir Menschen jetzt leben, die sie in ihrer Weite und Breite ganz anders beschreiben, als die europäischen Geographen. ' Die Historien, die darin mit den Göttern und Menschen vorgegangen sein sollen, haben die Poeten noch am allerwahrscheinlichsten vorgestellt. Die 4. Welt Mahālōka, von welcher sie viele Mährlein schreiben, soll Vischnu's Residenz sein. In Dēvalōka, von der sie in Historienbüchern viel fabuliren, sollen die 330,000,000 Götter sein. Satyalōka wird von einigen für Brahma's Residenz gehalten und பிரமலோகம் Brahmalōka genannt, von andern als Siva's Residenz angesehen und daher சிவலோகம் Sivalōka genannt. Als die höchste Welt wird sie für den Ort der

---

[*] Oft wird auch von drei Welten gesprochen, und darunter entweder Himmel, Erde, Hölle oder: Erde, Himmel und der Zwischenraum zwischen beiden, die Aetherregion, verstanden. Die Namen der 6 ersten Unterwelten sind eine Zusammensetzung mit தல oder தலம் Sthala, Platz, Erde. Reihenfolge und Namen wechseln, nur die drei ersten und die letzte sind constant, Mahātala occupirt entweder den 6. oder 5. Platz, an die Stelle von Nitala oder Dharātala pflegt ரசாதல Rasātala zu treten. Die 8. Oberwelt, die Residenz der Vairāgis, wird auch தபோலோகம் oder தபோலோகம் (தபசு Busse) Tapalōka genannt. Die 2., der Raum zwischen Erde und Sonne, ist Residenz der Siddhas und Munis. Die 3., zwischen Sonne und Polarstern, klingt zusammen mit Indra's Residenz Svarga.

Seligen gehalten, sonst aber gedenken die Saivas auf den Berg Kailâsa als den Sitz Isvara's und die Vaischnavas auf den Berg Vaikuntha, in Vischnu's Paradies zu kommen.

Alle 14 Welten haben einerlei Länge und Breite, die Länge beschreiben sie auf 50,000,000,000,000,000 und die Breite auf 25,000,000,000,000,000 Meilen. Wenn man nun alle 14 Welten zusammenrechnet, so kommt eine ungemeine Summe der Meilen heraus. Der Berg Mahâmêru, der durch alle 14 Welten hindurchgeht, soll in der Höhe und Breite 1,600,000,000,000 Meilen haben, aber alle diese Meilen sind mit der Götter Mess-stab abgemessen. Die sieben Meere beschreiben sie gleichfalls als von unermesslicher Grösse und benennen sia, wie folgt: 1, ஆழசமுத்திரம் Lavana-Samudra (சமுத்திரம் die See), das Salzmeer. 2, சீனிசமுத்திரம் Sarkara, Zuckermeer. 3, தயிர்சமுத்திரம் Tayir, Schlickermilch- oder Rahmmeer. 4, நெய்சமுத்திரம் Ney, Buttermeer. 5, தேன்சமுத்திரம் Tên, Honigmeer. 6, பால்சமுத்திரம் Pâl, Milchmeer. 7, நல்லதண்ணீர்சமுத்திரம் Nallatannîr, Süsswassermeer.* Ausser diesen haben sie noch viele grosse Berge, Inseln und Erdreiche, die nach Grösse und Einwohnern in dem Buche திரிகாலசக்கரம் Trikâlachakra (Dreizeiten-Kreis, Chronologie) beschrieben stehen,† worin auch das vorhergehende und viele andere seltsame Dinge enthalten sind.

Die 8 Elephanten und 8 Schlangen, welche den Mahâmêru und alle 14 Welten tragen, haben in ihren Büchern auch besondre Benennungen. Die Namen der Elephanten sind: 1, ஐராவதம் Airâvata 2, புண்டரீகம் Pundarîka 3, வாமனம் Vâmana 4, குமுதம் Kumuda 5, அஞ்சனம் Anjana

* Brecht in seinem hochtamulichen Lexicon hat eine andere Ordnung அ—வி, அ—வி, —வி, —வி, —வி, —வி, ச—வி, die Bedeutung der Wörter aber ist dieselbe, indem nur für Salz und Zucker die rein-tamulichen Namen —வி உவர் und கருப்பஞ்சாரு Karuppanj'ru substituirt sind; andere Aufzählungen substituiren durchweg die Sanscritnamen und nehmen anstatt des Honigs —வி Sur?, Palmwein. Nach Ward sind die Höhlungen für die 7 Meere von den 60,000 Söhnen des Königs Sagara gemacht, als sie das zum Opfer bestimmte und von Indra entführte Ross ihres Vaters in der Unterwelt suchten, wobei sie die aufgewühlte Erde aus Raummangel verschlangen. Etwas anderes lautet die Erzählung bei Wilson (Hindu Festivals), nach dem die durch Sagara's Urenkel Bhagiratha zur Reinigung der Gebeine jener 60,000 vom Muni Kapila verbrannten Königssöhne vom Himmel herab gezogene Ganga den an der heutigen Gangesmündung zur Unterwelt führenden Erdspalt ausfüllt und so den Ocean bildet.

† Geographische Werke sind im Tamulischen sehr rar, குவளீபம் (nach Murdoch's Tamil Catalogue) Golodîpa, Globuslampe, ist eine neue Schrift aus dem Sanscrit über die Geographie der Purânen, welche in eigenen Abtheilungen Bhuvan k'scha und D'samila geographische Abhandlungen geben; besonders wichtig sind die 2 ersten Kapitel des 2. Buches des Vischnu-Purâna. Die Namen der sieben Erdinseln oder Continente sind: Jambu, Kusa, Plaksha, S'lmala, Krauñja, Sâka, Puschkara, sie werden aber auch nach dem auf jeder Insel vorherrschenden Baume genannt.

6, யட்பதம் Puschpadanta* 7, ஸர்வபூமி Sârvabhauma 8, ஸுப்ரதிகம் Supratika. Die Namen der acht Schlangen sind diese: 1, அனந்தன் Ananta 2, வாஸுகீ Vâsuki 3, தக்ஷகன் Dakscha 4, புரீகன் Takschaka 5, கார்க்கோடகன் Kârkôduka 6, சங்கன் Sanga (von gelber Farbe) 7, குளிகன் Kulika 8, மகாபதுமன் Mahâpadma. Aus allen diesen acht Schlangen machen andre nur Eine Schlange, welche sie சேஷன் Sêschaf nennen und ihr 1000 Köpfe zuschreiben. Dergleichen Sachen aber wissen allein die Gelehrten und haben noch viele andere Sachen, die ihnen viel Kopfzerbrechens machen, wie denn ihre Theologie mit so viel Grillen angefüllt ist, dass einer viele Jahre zubringen muss, ehe er sich nur einen rechten Begriff davon machen kann, geschweige dass er alle darin vorkommenden Sachen memoriren und verstehen sollte. Denn sie bekennen selbst, dass ihre Theologie ein solches Meer sei, darauf man kein Ende sehen könne. Und wegen der vielen Religionen und Sekten sind auch viel streitige Meinungen unter ihnen.

Bis hieher ist diejenige Figur beschrieben worden, unter welcher sie das höchste Wesen als ein materielles darstellen. Solche Figur findet sich zwar in einigen grossen Pagoden abgemalt, aber nicht von Stein ausgeschnitzt oder in Metall gegossen, wie die andern Götterfiguren; sie thun auch selbiger keine Verehrung noch Opfer an. Andre stellen solches höchste Wesen unter einem andern Bilde vor und malen eine menschliche Figur, auf der einen Seite als Mann und auf der andern als Weib, doch so, dass sie beide nur einen Leib aus machen. Wodurch sie zu erkennen geben, dass das göttliche Wesen in solchem Verstande halb die männliche und halb die weibliche Kraft sei. Aber auch diese

* Somadeva, der Verfasser der Kathâsaritsâgara, der ausführlichsten Sammlung von Familiengeschichten, lässt die Geschichten ursprünglich von Siva an Bhavâni erzählt und von Puschpadanta heimlich mit angehört und dann weiter mitgetheilt sein.

† Die Brahmanen räumten zur Verdrängung des ältern, besonders in Kaschmir und am obern Indus eingewurzelten Schlangenkultus den Schlangen eine untergeordnete Stellung in ihrer Mythologie ein, wie ja auch die Buddhisten nicht umhin konnten, sie als Schutzgeister der Städte anzuerkennen. — Beschi's Ordnung ist அனந்தன், வாஸுகீ, தக்ஷன், கார்க்கோடன், பதுமன், மகாபதுமன், குளிகன், சங்கன். Vâsuki wurde als Strick um den Berg Mandara gebunden, als die Milchsee damit gequirlt wurde. Sanga und Mahâpadma sind Hüter über die gleichnamigen Edelsteine Kuvera's, deren neun sind. Sêscha wird gewöhnlich als 9. zu den 8 Schlangen hinzugefügt, auf ihr, dem Sinnbild der Ewigkeit, ruhte Vischnu im Meere, als er die Schöpfung meditirte, daher wird er häufig so abgebildet, dass Sêscha's Köpfe wie ein Schirm über sein Haupt ragen. Sehr populär ist Adi-Sêscha's Wettkampf mit Vâyu, dem Regenten der Winde, der die 1000 Gipfel des Mêru niederblasen wollte, welche aber Adi-Sêscha mit je einem ihrer 1000 Köpfe deckte. Die Legende von Tripeti, dem berühmten Vischnu Tempel in der Nordwestecke des Tamulenlandes, berichtet aber genauer, dass Vâyu listig eine Zeitlang zu wehen aufgehört habe, und Adi-Sêscha dann, um zu recognosciren, das eine Haupt ausreckte, in welchem Moment Vâyu wiederum einsetzte und den einen Gipfel fortblies, welcher an der Gränze des Tamulenlandes niedergefallen, jetzt den heiligen Berg von Tripeti bildet. Taylor's Hindu Mythologie, p. 1—2.

Figur hat in den Pagoden keine Verehrung, sondern wird nur hier und da also gemalt.
(Die eigentliche Figur worunter sie solches höchste Wesen allenthalben in den Pagoden verehren ist das Linga, welches die beiderlei Geschlechtstheile vereinigt praesentiret, welche die Natur gern verborgen hält. Dies wird in allen Pagoden der Saivas täglich dreimal mit Trank-Speis- und Räuchopfer von den Brahmanen verehrt, welche mit devoten Geberden ihre Gebetsformeln dabei recitiren und ihre Ceremonien mit brennenden Lampen machen,) welches ஒளிபம் (தீப Lampe, ஆராதனை Gottesdienst) Dipa-Arâdhana heisst, auch pflegen sie nach vollbrachtem Speisopfer das Linga mit Blumen zu bestreuen oder auch ganz mit vielen zusammengebundenen Blumen zu behängen.) Es haben solche Brahmanen eine Perlenschnur um sich, உருத்திராக்ஷம் (அட்சம் Auge) Rudrâkscha genannt, die für sehr heilig gehalten wird. Auch haben sie eine andre dünne Schnur um sich häugen Pûnûl, welche alle Brahmanen tragen. Mit dem Haupt gehen sie bloss und haben die Haare abgeschoren bis auf einen kleinen Zopf. Oben auf dem Kopf haben sie gleichfalls eine Perlenschnur von Rudrâkschas liegen. In den Pagoden darf Niemand andern dem Linga opfern, als nur Brahmanen (gegen Lassen Alt. I, 783), denn solche Figur steht im allerinnersten oder heiligsten der Pagode. Wenn sie selbiger opfern, so stecken sie viele Lampen an, wie denn sowohl in selhigem Gemache als auch davor lauter Lampen stehen, und zwar auf eisernen Stäben. Des Nachts brennen allezeit ein oder zwei Lampen bei ihr.

In allen ihren Gesetz- und Historienbüchern ist gar viel von solcher Figur geschrieben und hat allerlei Namen சிவலிங்கம் Siva-linga, ருஷப உடையவன் (Stier, உடையவன் Besitzer) Avudaiyâr-linga, மூலவிங்கம் (மூலம் Wurzel, Anfang, Grund,) Mûla-linga, ஸ்தாணலிங்கம் (ஸ்தாணு Säule, der Körper als Wohnung der Seele) Adhâra-linga, ஸத்திய லிங்கம் Satya-linga, பாதாளலிங்கம் (பாதாளம் Unterwelt) Pâtâla-linga. Sie haben solche Figur aus Steinen gehauen, welche man auch allenthalben auf dem Felde unter den Bäumen, in Hainen und in Wäldern stehen sieht, da denn das gemeine Volk ihr allerlei Blumen opfert,

* Die Frucht des Elaeocarpus-Baums, von Gestalt, Grösse und Farbe der Muscatnuss. Es sind die krystallisirten Thränen Siva's, der als Rudra (von der Wurzel ருத் weinen) sonst selbst die Thränen der Menschen und Götter vertreibt. Nach Taylor Handbook of Hindu Mythology S. 103, weint Niva als Tripura Sundara d. i. Zerstörer dreier Städte (oder Dreistadt nach Lassen) im Kriege mit den Asurern über den Verlust an Menschenleben, und die Thränen sprossten auf als jener Rudrâkscha-Baum. In vielen Local-Puranen ist ein eigner Pasam, Rudrâkscha-mahima, dem Preis dieses Rosenkranzes gewidmet.

† பூண் (பூண் anlegen, sich schmücken ; நூல் Schnur) Pûnûl die Schnur, welche dem jungen Brahmanen im 7. oder 8. Jahr umgelegt wird (durch welchen feierlichen Act er ein Brahmachâri wird), von der linken Schulter zur rechten Hüfte getragen, drei nicht in einander geflochtene Baumwollenschnüre, jede wiederum aus mehreren Fäden bestehend. Dubois, Manners and Customs of the People of India II. edit. Madras 1862. p. 69.

Sie geben auch vor, dass einige solcher Figuren von selbst aus der Erde gewachsen sind, die nicht ausgegraben werden können, weil man in der Erde kein Ende finde, so tief man auch immer grabe, solche Linga nennen sie daher Pátála-linga, welches für das allerheiligste gehalten wird, also dass sie zu Oertern, da dergleichen gefunden werden, grosse Wallfahrten anstellen.* Einige von diesen Heiden tragen auch solches Linga in ganz kleiner Figur aus Stein oder Krystall gemacht am Hals oder auf dem Haupt,† sonderlich die உ௱டாரஞ் Pandárams und ஆண்டீ Andis. Etliche lassen es nie von ihrem Leibe kommen und werden auch damit begraben, welches Linga ஜீவன்லிங்கம் (ஜீவன் Leben) Prána-linga heisst. Etliche, wenn sie sich an einem Flusse waschen und ihre Anbetungs-Ceremonien verrichten wollen, machen am Ufer aus Erde eine das Linga vorstellende Figur, stehen davor und beten es an, und wenn alles beendigt, werfen sie es ins Wasser. Solches wird பார்த்திவலிங்கம் (பார்த்திவம் Erde) Párthiva-linga-pûja genannt. Die Opferarten, die solcher Figur angethan werden, sind viel und mancherlei, wie denn durchgehends unter diesen Heiden keiner Figur mehr Ehre angethan wird. Alle diese Opfer werden mit einem generellen Namen லிங்கபூஜை (பூஜை 'Opfer) Linga-pûja genannt. Man könnte allhier zugleich unterschiedliche Historien anführen, die sich mit und bei dieser Figur zugetragen haben: aber man verschweigt sie lieber, weil sie allzu ungereimte Sachen in sich fassen. Ueberdies wird auch im folgenden Kapitel etwas erwähnt, das hieher gezogen werden kann.

* Das Linga ist die vorherrschendste Form, unter welcher Siva jetzt verehrt wird. Nach Wilson ist in Oberindien dieser Dienst frei von unanständigen Gebräuchen, und es gehöre grosse Einbildungskraft dazu, in dem Symbol irgend eine Aehnlichkeit zu dem bedeuteten Gegenstande zu entdecken. In ganz Bengalen bis nach Benares findet sich das Symbol sehr häufig, obwohl nur ein geringer Bruchtheil der Bevölkerung, fast nur Brahmanen, Sivaiten sind. Von den Tamulen sollen etwa ⅓ Sivaiten sein. Nach Dubois wäre die Secte besonders häufig im Westen der Peninsula was nach diesem Zeugniss zum wenigsten von Mysore angenommen, aber wohl auf die Lingadharis beschränkt werden muss. In vielen Tempeln sollen sich 108, in manchen sogar 216 Lingas finden, sie stehen gewöhnlich in Hallen, welche die Pagoden rings umgeben. Mûla-linga ist die unbewegliche Figur im Innersten der Pagode im Gegensatz zu உற்சவலிங்கம் Utsava-linga, das bei Processionen herumgeführt wird.

† Dies ist die von Basava etwa Anfangs des 11. Jahrhunderts gegründete oder erneuerte Secte der Lingadharis oder Jangamas, in der Peninsula sehr zahlreich vertreten und Vira-Saivas genannt, wohl wegen ihrer bei Ausrottung der Buddhisten vollbrachten grausamen Heldenthaten.

DRITTES KAPITEL.

Siva als männliche Kraft aus Parābaravastu entstanden.

Weil diese Heiden alle ihre Götter ursprünglich aus dem einzigen göttlichen Wesen herleiten wollen, so denken sie sich das Parābaravastu auf unterschiedliche Art und Weise und betrachten es endlich als ein solches Wesen, das da in sich die männliche Kraft von der weiblichen geschieden habe und in äusserliche Gestalt ausgegangen sei. Bei solcher Ausgeburt nennen sie nun die männliche Kraft Siva und die weibliche Sakti. Von Siva wird in diesem, von Sakti im folgenden Kapitel gehandelt.

Siva wird abgebildet mit 5 Gesichtern, 10 Armen und Händen. Zwei Hände hat er leer, In den 4 rechten hält er einen Hirsch *அடை* Mān, ein Gewehr *வேல்* (Lanze) Vēl, ein Instrument fast wie eine Trommel *உடுக்கை* (Tamburin) Udukkai und einen Degen *வாள்* (auch einfach Messer) Katti; in den 4 linken Händen hat er ein Gewehr *மழு* (Streitaxt) marhu, einen Dreizack *சூலம்* Sūla, Feuer *டீ* Ti und einen Schild *பரிசை* Parisai. Jedes dieser Instrumente hat seine besondere Bedeutung und Historie. Es laufen aber dergleichen Sachen mit in die Wunderwerke des Isvara, der von diesen Heiden selbst für Siva gehalten und verehrt wird, wie im andern Theil der Genealogie gesehen werden kann.

Sonst wird Siva ganz weiss abgebildet, auf der Stirn hat er drei horizontale weisse Striche (Tripundra), den mittelsten mit einem Punkte, welches *திருநீறு*[*] Tiruníru oder gebrannte Kuhmistasche ist, womit sich alle Sivaiten täglich an der Stirn mit den Fingern zu bestreichen pflegen. Auf jedem Haupt hat er eine Krone. An Ohren, Hals, Händen und Füssen ist er mit allerlei Perlen, Gold und Silberschmuck behangen. Ueber den Achseln hat er

---

[*] Heilige Asche, auch Vibhūti genannt, soll von verbrannten Kuhfladen, dem gewöhnlichsten Brennmaterial, genommen werden. Beim Machen der Tripundra muss zwischen den Augenbrauen angefangen und dann der Strich nach beiden Seiten bis zu den Enden der Augenbrauen geführt werden, mit alleiniger Anwendung des Daumens, der dabei zwischen den beiden Mittelfingern zu halten. Wils. Hindu Sects p. 195. Viele Sivaiten tragen nur einen Punkt, der Siva's drittes Auge vorstellt. Sonst sollen drei Striche gemacht werden als sichtbares Zeichen, dass durch die heilige Asche die drei Arten der geistigen Befleckung, Stolz, sündliche Handlungen und Hinterlist, weggenommen werden. Die Grösse der Verdienstlichkeit hängt davon ab, ob die Asche nach der Kalpa, Anakalpa oder Upakalpa-Methode bereitet ist. Siva's Körper ist einmal von Natur mit Asche bedeckt „die ewigen Aschen", sodann verbrennt er am Ende jedes Kalpa alles Lebende und Leblose und reibt sich mit der Asche ein „die ursprünglichen Aschen." Vgl. Foulkes Uebersetzung von Saiva Samaya Vinaxidei.

zusammengebundene Blumen herunterhängen. Um den Unterleib hat er ein buntes Tuch und einen güldenen Gürtel, er steht auf einer Blume சுமழ்ஞ்சி Timarasa oder auch கமலம் Kamala (ப Pū und புட்பம் Puschpa, Blume), weil in einigen Büchern steht, als sei er nebst den andern Göttern aus solcher Blume von 1000 Blättern entstanden*.) Denn sie haben von dem Ursprung der Götter unter sich manche streitige Meinungen, unter welcher wir in dieser Genealogie nur derjenigen folgen, die von den jetzigen Gelehrten als die gewisseste angenommen und vertheidigt wird.

Die 5 Gesichter,† damit Siva abgebildet wird, sollen die பஞ்சகர்த்தாக்கள் Panja Kartakkel ஆவது Brahma, விஷ்ணு Vischnu, உருத்திரன் Rudra, மகேசுரன் Mahêsvara, சதாசிவம் Sadâsiva‡ sein, die 5 grössten Herren und Götter, die sie für eins und doch auch für unterschieden halten. Rudra, Mahêsvara und Sadâsiva haben keine Pagoden, noch auch Verehrung, sondern werden unter dem Namen ஈசுரன் Isvara angebetet, unter welchem Namen auch selbst der Siva mit Opfern in den Pagoden verehrt wird, so dass aus diesen alles nur 3 vornehme Götter gemacht werden: Isvara, Vischnu, Brahma, welche sie zusammen மும்மூர்த்திகள் Mummūrtiis nennen, die im andern Theil der Genealogie mit ihren Familien zu betrachten sein werden. Von dem Ursprung dieser Panjakartakkel wurde uns in einem Briefe geschrieben: „Gott das höchste Wesen hat alle Götter, alle Menschen und alle andern Creaturen erschaffen. Um aber solches alles zu schaffen und die Welt zu regieren, auch um sich nach den Menschen zu bequemen, dass sie sich von ihm irgend einen Begriff machen können, so hat er sich in den Panjakartakkel offenbart und ihnen gewisse Bestallungen gegeben. Diese 5 Herren sind in dem höchsten göttlichen Wesen begriffen, als welches durch selbige alles ordnet und regiert und sie auch wiederum in sich hineinnimmt, also dass in Verehrung dieser 5 Herren nicht mehr als einer verehrt wird, der alles in allem ist."

Auf diese Weise wollen zwar diese Heiden aus der Vielheit ihrer Götter nur ein einziges göttliches Wesen machen, gleichwohl aber sind sie darüber in grosse Verwirrung gerathen und haben mancherlei Religionen geschmiedet, unter welchen sonderlich 2 Hauptreligionen sind: die Sivamatha der Sivabhaktas und die Vischnumatha der

---

* Als Narâyana, der auf den Wassern sich bewegende, welcher Titel ursprünglich Brahma, gewöhnlich aber jetzt Vischnu beigelegt wird, auf Adisescha ruhend die Schöpfung moditirte, entsprosste seinem Nabel der Lotus, und aus der Blume kam Brahma der Schöpfer hervor.

† Sie stehen in Beziehung zu den 3 Stadien des Weltlebens und Seelenlebens. Zu Schöpfung, Erhaltung und Zurückführung in den ursprünglichen Zustand, tritt die Verdunkelung und Erleuchtung des Alls und der Seele, dass die Seele sich durch das Dunkel arbeite und zur Seligkeit reife, um schliesslich sich von der Materie gänzlich zu befreien und mit der Gottheit zu vereinigen.

‡ Gleich wie das Brahm, so ist auch Siva als allerhöchstes Wesen gedacht eigentlich Neutrum s. Moor Hindu Pantheon, Madras Ausgabe p. 22.

Vischnubhaktus.* Die Sivaiten halten Siva für den höchsten Gott des göttlichen Wesens und schliessen alle andern Götter in selbigen ein. Sie sagen aber, dass Siva und Isvara eins seien und brauchen mehr den Namen Isvara. Und solches ist hier die allergrösste Religion und die für zugethan sind, machen sich auf der Stirn jenes vorgedachte Zeichen von Kuhmistasche als grösstes Heiligthum. Auch recitiren sie stets die Gebetsformel சுவாசுவம் (ein Beugung, Gruss; Verehrung dem Siva) Namahsiväya, die da பஞ்சாக்ஷரம் (அக்ஷரம் Buchstabe) Panjäkschara heisst und so viel bedeutet als: o Siva, sei gelobt. Diese Religion theilt sich in unterschiedliche Secten.†

Die andern von Vischnu's Religion halten Vischnu für den höchsten Gott im göttlichen Wesen und nennen ihn daher மகாவிஷ்ணு Mahä-Vischnu, bilden ihn auch in derjenigen Figur ab, die im vorigen Kapitel als die männliche und weibliche Kraft beschrieben ist, und sagen, dass in der Ausgeburt solcher männlichen und weiblichen Kraft Vischnu und sein Weib Lakschmi entstanden seien. Diese Vischnu-Bhaktas bestreichen sich auf der Stirn mit einem andern Schmierwerk, das von sonderlicher Erde mit Gebetsformeln praeparirt in einer sonderlichen Figur, திருநாமம் Tiranáma heiliger Name genannt, auf die Stirn geschmiert wird‡, woneben sie sich auch auf den Armen zwei Zeichen சங்கு Sankha und சக்ரம் (Discus) Chakra, des Vischnu Waffen, machen. Ihre Gebetsformel, die aus 8 Buchstaben besteht und daher, அக்ஷ்டாக்ஷரம் Aschtakschara heisst, lautet: ஓம் நமோ நாராயணாய Om namé Näräyanäya. Näräyana ist ein Name Vischnu's, den sie mit den 3 Sylben Om namé loben.‖

Andre halten Isvara, Vischnu und Brahmä für eins und glauben, dass diese drei zusammen den höchsten Gott im göttlichen Wesen

* Unter Sivaismus ist dann die dritte grosse Abtheilung der Saktas, der Verehrer der weiblichen Kraft, mitbegriffen, zu der sich in Bengalen drei Viertel der Bevölkerung bekennen.

† Wir geben wenigstens die Namen der Abtheilungen (Secte ist bei den Sivaiten nicht recht zutreffend) nach Wilsons Religious Sects of the Hindus: Dandis und Dasnamis; Yogis; Jangamas; Paramahansas; Aghoris; Urddhabahus, Akas-mukhis und Nakhis; Gudaras, Rukharas, Sukharas und Ukharas; Kara Lingis; Sannyasis, Brahmacharis, Avadhutas; Nagas.

‡ Es ist eine Nachbildung von Vischnu's Dreizack, fast wie das hebräische Schin, zwei perpendiculaire Linien von den Haarwurzeln niederwärts, die sich zwischen den Augenbrauen treffen, und eine rothe perpendiculaire Linie in der Mitte, auf die Winkelspitze treffend. Der Südzweig Tenkalai, bestehend aus Manavala's Schülern, verlängert die Mittellinie bis zur Nasenwurzel, um sich vom Nordzweige Vadakalai, der mehr Sanskritbücher braucht und sich nicht so ausschliesslich auf die Verehrung Räma's beschränkt, zu unterscheiden.

‖ Im Norden lautet der Gruss Om Ramaya namah. Die Sylbe Om erklärt sich aus dem Altpersischen gleich அஉம் jenes und bezeichnet das höchste Göttliche als unbestimmtes, allgemeines. Lassen Ind. Alterth. I, 775.

ausmachen.* Auf solche Weise sind sie in ihren Büchern und Meinungen ganz streitig unter einander.

Sofern Siva so gedacht wird, dass alle andern Götter in ihm begriffen sind, und er also allein der höchste Gott zu nennen ist, hat er eben die Namen, die dem höchsten Wesen zukommen als சுலகநாயகர் Lōka-nāyaka Herr der Welt, சுவாமி Svāmi Herr oder Gott, ஆண்டவர் Andavar, சர்வஜீவதயாபரர் Sarva-jīva-dayābara ein Liebhaber aller Dinge, die da Leben haben, குற்றங்கொள்ளி (குற் negat. கற்ற Flecken, Fehler ; ஈசர் Herr) Nischkalangēsar einer, der weder Anfang noch Ende hat und in keine Zeit eingeschlossen ist.† Hierbei muss man zugleich merken, dass alle Götter, die sie verehren und in das einzige göttliche Wesen einführen wollen, diese und dergleichen Namen führen, welches man aus denjenigen Büchern sehen kann, die sie über diesen und jenen Gott speciell geschrieben haben. Auch hat man zu merken, dass Siva und Isvara allezeit für eins genommen werden. Wie denn Siva keine besondern Pagoden unter diesen Heiden hat, sondern in Isvara's Pagoden verehrt wird, und zwar nicht unter der Figur von 5 Gesichtern und 10 Armen, sondern in der Figur Linga, worunter auch Isvara verehrt wird, weil beide nur dem Namen nach unterschieden sind.

Unter den über Siva geschriebenen Büchern werden sonderlich vier in grosser Achtung gehalten : 1, திருவாசகம் (வாசகம் Wort) Tiru-vāchaka, welches so viel als heilige Schrift bedeutet, darinnen fast lauter Gespräche mit Siva enthalten sind, in welchen Gesprächen der Redende seine Nichtigkeit und sein Elend, im Gegensatz zu Siva's Herrlichkeit und grossen Thaten, darstellt. Es werden auch allerlei Moralia darin angeführt. Es soll schon vor mehr als 1000 Jahren geschrieben sein von dem Poeten மாணிக்கவாசகர் (மாணிக்கம் Edelstein) Mānikyavāchaka, dessen Name einen bezeichnet, dessen Worte und Reden so köstlich als Edelsteine sind. 2, தேவாரம் (ஆரம் Perle, Schnur) Dēvāram, darinnen lauter Loblieder geschrieben sind, die sie bei andächtigen Handlungen (nach dem Pūja) zu singen pflegen. 3, சிவஞானபோதம் (Unterricht in der Kenntniss Siva's) Sivagnānabōdha ist gleichfalls ein solches Buch, darinnen lauter Lobsprüche über Siva enthalten sind und zwar in Versen, wie auch

---

* Die Smarta-Brahminen als Anhänger der Vedas und der alten Rechts-traditionen, Schüler des Bivalten Sankarāchārya, betrachten Brahmá und Vischnu als Manifestationen des pantheistisch gedachten Siva.

† Das Deutsche und Tamulische stimmen, wie die Auflösung des Worts zeigt, nicht zusammen, man erwartet ein Compositum von கால Zeit, um die 7. und vorletzte Eigenschaft des höchsten Wesens auszudrücken, die sonst ஆயுவனம் Ayuvinmal Alterslosigkeit genannt wird. Ellis' Kural p. 19. Auf jeden Fall dürfte die Zusammensetzung nicht Zeitlosigkeit, einen der Hindu-Theologie völlig fremden Begriff, bezeichnen, sondern Ueberzeitlichkeit ; etwa அளவிலி (அளவு, ausser Bereich, jenseitig) Kālátita, welches wirklich ein Name Siva's in einem der 10 8 heiligen Plätze.

die vorhergehenden.* 4, ஆயுதம் (ஆயுதம் Waffe, Zauberformel) Sivakavacha, ebenfalls Gespräche und Reden mit Siva in gebundener Form, wie denn diese Heiden fast alle Bücher über ihre Götter als Gebetbücher einrichten, es sei denn, dass sie nur lauter Historien erzählten, da sie selbige in ganz anderer Form schreiben.

Hierneben hat man zu wissen, dass sie Siva die höchste der 14 Welten zutheilen und சிவலோகம் Sivalöka nennen, welche sonst Satyalöka heisst. Wenn einer stirbt, der wohl und tugendsam gelebt hat, so sagen sie, dass seine Seele in solche Welt zu Siva gekommen sei. Die Seligkeit, die er giebt, hat 4 Stufen 1, சாலோகம் Sālökya (Zusammenwohnen) 2, சமீபம் (Nähe) Sāmīpya 3, சரூபம் (உருப் Form, Gestalt) Sārūpya 4, சாயுச்சியம் (Identität, Einheit) Sāyujya. In der ersten und untersten Stufe geniesst man mittelmässige Seligkeit, in der andern Stufe ist man nahe um Gott, in der dritten erlangt man das Bild Gottes, und in der vierten wird man ganz in das Wesen Gottes verwandelt.†

Die Diener, durch welche Siva die Seelen der Frommen aus dieser Welt in seine Welt zur Seligkeit einholen lässt, nennen sie சிவதூதர் Siva-dūtas, Siva's Gesandte. Daneben haben sie auch andre Gesandte aus der Hölle யமதூதர் Yama-dūtas, welche die Seelen der Bösen aus dieser Welt zu Yama in die Hölle führen, welches die unterste Welt ist und Pātāla-löka oder Yama-löka genannt wird. In ihren Historienbüchern findet man gar viel geschrieben von den Verrichtungen solcher Abgesandten bei Abholung der Seelen, als welche dabei mancherlei Weisen gebrauchen, aber gleichwohl Niemand ohne Siva's Order aus der Welt durch den Tod abholen dürfen.

Siva bekommt unter diesen Heiden die meisten Opfer, in und ausser den Pagoden. Alle Opferarten, die ihm gethan werden, heissen mit einem Wort சிவபூஜை Siva-pūja und werden vor dem

---

* Manikya-vachaka geboren zu Vadavūr an den Ufern des Flusses Vaigai im Madurensischen, Minister des Königs Arimarddhana Pāndya, der etwa um 800 A. D. lebte, starb zu Chellambram 32 Jahre alt, nachdem er von Ceylon herübergekommene Buddhisten in einer Disputation besiegt hatte. Von seinem obigen Werk heisst es: பாடாதவர்கள் ஆடாதவர்கள், wer nicht durch das „heilige Wort" bewegt wird, wird durch kein Wort bewegt. Tamil Plutarch (Jaffna 1859) p. 54. D:vāram ist ein Gesammttitel für Werke verschiedener Sivaitischer Dichter, besonders der vielgefeierten அப்பர் Apper, சுந்தரர் Sundarer, சம்பந்தர் Sampander, dreier gleichzeitiger Kämpfer gegen die Buddhisten (die Zeitangabe schwankt zwischen dem 6. und 10. Jahrhundert n. Chr.), welche Lieder auf die 1008 Sivatempel verfertigten, von denen alle bis auf 674 verloren gegangen. Diese beiden Werke heissen zusammen die „tamulischen Vedas." Das dritte, hoch angesehene Werk ist Uebersetzung eines nicht mehr vorhandenen Sanscritwerkes, ins Englische übertragen (Journal of the American Orient. Soc.) von Missionar Hoisington, vgl. Lass. Ind. Alt. IV. 643, 644.

† Die vier Seligkeitsstufen werden respective erlangt durch Charita, religiöse Dienstleistungen beim Tempeldienst, Kriya Verrichtung religiöser Ceremonien, durch Yoga contemplatives, asketisches Leben und viertens durch Gnana geistliche Weisheit; letztere Stufe nur von denen, welche auf den drei ersten gestanden. Saiva Samaya Vina Vidal.

Linga verrichtet. In den Iavara-Pagoden wird solch Opfer täglich dreimal, Morgens, Mittags und Abends*, und zwar ununterbrochen dargebracht und heisst daher ஜீபுஜமா Nitya-pūja, das beständige oder tägliche Opfer. Es ist vornämlich dreifach 1, அபிஷேகம் (heiliges Baden, Salben) Abhischeka 2, தூப (Räuchwerk) Dhūpa 3, நைவேத்யம் Naivédya, alle drei werden auf einmal verrichtet. Das erste ist ein Trankopfer, dazu sie Honig, Zucker, Kokoswasser, Milch, Feigen und anderes dergleichen gebrauchen, womit sie das Linga gleichsam salben. Das andre ist ein Räuchopfer von wohlriechendem Holze und einem harzigen Räuchwerk சாம்பிராணி Sambirāni, welches sie zusammen in der Rauchpfanne anzünden und damit das Linga beräuchern. Das dritte ist ein Speisopfer von allerlei Esswaaren, welches darnach die Brahmanen und Pagodendiener unter sich vertheilen und verzehren. Alle diese Opferarten werden mit vielen Ceremonien und unter Recitirung vieler Gebetsformeln verrichtet. Ausserdem opfern sie noch Blumen, die sie auf das Linga werfen oder es auch ganz damit behängen. Dies alles geschieht in dem inwendigen Gemach der Pagode, கர்ப்பக்ரஹம் (கர்ப்ப Mutterleib, Innere, க்ரஹ Haus, Wohnung) Garbhagriha genannt. In dem andern Gemach sind lauter Lampen, wenn das Opfer verrichtet wird. Und ganz vorn in der Pagode sind die Musikanten und தேவதாசி (தெய்வ Sclavin) Dévadāsia, Dienerinnen der Götter, welche während des Opfers tanzen und singen. Auf solche Weise wird das tägliche Opfer in den Pagoden, Siva zu Ehren, verrichtet. Wenn es Festtage sind, so geht es desto herrlicher zu, da denn oftmals so viele Speisopfer herzugebracht werden, dass die Brahmanen allen Häusern in der Stadt etwas mittheilen können, welches dann so heilig gehalten und mit solcher Andacht gegessen wird, als wohl die Schaubrote unter den Juden.

Siva's Opfer ausser den Pagoden sind gleichfalls viel und mannichfaltig. Das Opfer der Blumen kann jedweder verrichten an den Oertern, wo das Linga auf freiem Felde oder in Hainen steht, aber das rechte Trank- Rauch- und Speisopfer, das mit Recitirung der Gebetsformeln und allerhand Ceremonien geschieht, darf Niemand anders verrichten als nur diejenigen, die speciell ஸைவ Saivas genannt werden und durchaus nichts essen, das Leben hat (Fleisch, Fisch, Eier), und auch diese müssen sich erst noch durch die Priester privilegiren lassen, ehe sie es auf gültige Weise verrichten können. Dies geschieht durch den Act தீக்ஷை (Initiation) Dīksche, dadurch man von den Priestern zu Schülern angenommen wird. Die nun zu solcher Heiligkeit gelangen wollen, dass sie die Opfer für sich

* Zu den 32 Vorstössen, welche bei der Anbetung begangen werden können, gehört auch das Besuchen des Tempels ausser den 3 Gebetszeiten ; nach der 15. Hindustunde (im Ganzen 60, deren Zählung mit Sonnenaufgang beginnt, jede zu 24 Minuten etwa) ist der Besuch nur bei besondern seltenen Himmels-constellationen gestattet. Besonders günstig ist der Frühabend Pradhōscha, 3] solcher Stunden vor und nach Sonnenaufgang umfassend.

verrichten können, müssen viermal solchen Actus mit sich vornehmen
lassen. Einmal wird er mit ihnen verrichtet, wenn sie noch Kinder
sind, da sie denn dieser Diksoha eben diejenige Kraft zuschreiben, als
wir der heiligen Taufe, nämlich dass die Kinder hierdurch in die
Gemeinschaft der Jünger Gottes aufgenommen werden. Zum
andernmal lassen sie solchen Actus über sich vom Priester verrichten,
wenn sie zu Verstand gekommen sind, da sie denn gewisse Lehren
und Gebetsformeln vom Priester empfangen, darnach sie sich richten
müssen. Beim dritten Act werden ihnen grössere Geheimnisse
entdeckt, und durch den vierten* Act erlangen sie Tüchtigkeit, die
Opfer zu verrichten, welcher ihnen aber 10. 20. 30. 50 und 100 Thaler
kostet, weil sie bei solchem Act viele ~~~~~ Andis, ~~~~~~
Pandárams und ~~~~~~ Paradésis oder Fremdlinge speisen müssen.
Diejenigen nun, die solche Freiheit zur Verrichtung der Opfer
erlangt haben, lassen alsdann keinen Tag ohne Opfer vorbeigehen.
Sie haben das Linga in kleiner Figur nebst dem Opfergeräthe in ihrem
Hause und opfern selbigem nicht allein Blumen, sondern auch Trank-
Speis- und Rauchopfer mit Verrichtung der gebörigen Ceremonien und
mit Recitirung der Gebetsformeln. Solches thun sie alle Tage ein-
mal, ehe sie essen, und zwar ganz allein für sich, entweder in ihrem
Hause oder an einem Flusse. Alle Tage müssen sie zum wenigsten
einmal solches Opfer verrichten, dabei sie denn auch gewöhnlich ein
Stück aus einem Lobbuche von Siva lesen. Wenn sie krank sind, so
miethen sie solche Leute, die es vor ihrem Bette verrichten können,
welche aber dazu privilegirt sein müssen. Es sind auch Weibspersonen,
die solches Opfer täglich verrichten, welche aber ebenfalls viermal die
Diksoha haben erlangen und dazu privilegirt werden müssen, wozu allein
diejenigen zugelassen werden, die nichts essen, was Leben hat, sondern
von lauter Feld- und Gartengewächsen leben: gleichwie auch die Brahmanen, welche die Opfer in den Pagoden und andere Dinge, die zum
Gesetz gehören, verrichten, durchgehends kein Fleisch der lebendigen
Creaturen essen dürfen.

Von Siva's Festtagen wird unter Isvara die Rede sein.

Zur Erläuterung alles dessen, was in diesem Kapitel von Siva gesagt
worden ist, folgt ein Auszug eines Briefs, den ein Sivabhakta an uns
geschrieben hat: „Siva wird mit zu den 5 grossen Herren gerechnet,
die aus dem höchsten göttlichen Wesen entstanden sind. Er wird
für das höchste Wesen selbst gehalten, und ihm zu Ehren werden fast
alle Feste gefeiert, die meisten Pagoden aufgebaut und die meisten
Opfer gethan. Man kann sagen, dass Parâbaravastu und Siva eins
seien. Gott das höchste Wesen hat sich in die 5 Herren eingeführt,

---

* Gewöhnlich werden drei solcher Acte gezählt: ~~~~~ Samayadikscha,
welches zum Mitglied der Secte macht ; ~~~~~~ Visschadikscha, welches das
speciellere Vorrecht des Unterrichts in religiösen Mysterien verleiht und
~~~~~~ Nirvânadikscha, welches alle Privilegien verleiht. Ziegenbalg
scheint untergeordnete Acte mitzuzählen.

damit die 3 grossen Werke ihren Lauf, und die Welt nebst den Menschen ihren Gang haben möchten. Und damit wir Tamulen Gott das höchste Wesen erkenneten, hat er unter uns dergleichen Religionsform anrichten lassen. Daher wenn man fragt, warum Siva also entstanden sei, so dient zur Antwort, dass er um deswillen entstanden, damit alle Menschen in der Welt Gott das höchste Wesen erkennen und sich von selbigem einen solchen Begriff machen können, als es ihrem menschlichen Verstande begreiflich ist, und damit in der Welt eine gewisse Religionsform hat mögen eingeführt werden, auch dass Gutes und Böses bei einem jedweden möchte belohnt und bestraft werden. Unter den 5 Herren hat ein jeder seine gewisse Bestallung. Brahma ist um deswillen entstanden, dass er alles schaffe, alles geboren werden und wieder sterben lasse. Vischnu ist um deswillen entstanden, dass er den Menschen und allen lebendigen Creaturen ihre Speise zumesse und ihnen Unterhalt verschaffe. Siva, Rudra, Mahesvara, Sadasiva und Isvara sind alle eins, wohnen in dem Herzen der Menschen, geben ihnen alles zu fühlen und zu erkennen, erlösen aus allem Uebel und sind die vornehmsten, denen göttliche Ehre, Anbetung und vielfache Dienste angethan werden. Hiernebst sind nicht nur allein diese, sondern alle 5 Herren eins. Ja sie sind die 5 Gesichter in dem einzigen göttlichen Wesen. Diese 5 Gesichter werden zur letzten Zeit wieder nur Ein Gesicht werden, damit das höchste Wesen alles in allem sei. Siva ist jetzt in der Welt Sivalöka genannt und ist auch bei mir und in mir wohnend. Die Ursache, warum Siva in den Pagoden unter der Figur Linga verehrt wird, ist diese, weil Sakti und Siva eins sind.* Denn weil das höchste Wesen durch die 5 Herren sichtbar und materiell geworden ist, so wird es auf solche Weise und unter solcher Figur in den Pagoden verehrt. Sonst aber ist Siva von einer geistigen und heiligen Gestalt. Ja man kann auch sagen, dass er immateriell sei, auf welche Weise er aber von uns Menschen nicht begriffen werden kann. Denn auch unser Gesetz kann ihn mit nichts vergleichen oder so vorstellen, dass man sagen könnte, er ist so und so beschaffen. Die so vielen Opfer thut man an Siva um deswillen, dass man von Sünden befreit werde und guten Verstand und Weisheit und die Seligkeit erlange, auch so lange, als man in dieser Welt ist, kein Böses auszustehen brauche, noch Sünde begehen möchte, sondern stets einen guten Wandel führe und zur Sterbezeit einen guten Tod erlangen könne."

* Zur Wohnung Siva's vgl. Siva Samayi V. V. by Foulkes p. 63 r „Kannst du, da der grosse Siva allgegenwärtig ist und allen Raum erfüllt, an einem Gleichniss zeigen, dass er in dem Sivalinga der Tempel wohnt? Milch ist durch den ganzen Körper der Kuh verbreitet, und doch ist sie allein in ihrem Euter sichtbar concentrirt. So wohnt der grosse Siva speciell im Sivalinga." Sivalinga ist eben die specielle Art, welche beide Kräfte vereinigt; je nachdem sodann die bewahrenden, die gebenden oder die hermaphroditisch beiden zum Grunde liegenden Organe angesehen werden, wird das Linga als ஆண் aven er, பெண் avōl sie, அது athu es benannt. Eine andre Eintheilung ist nach den 5 Elementen.

VIERTES KAPITEL.

Sakti, als weibliche Kraft aus dem göttlichen Wesen entstanden.

Es haben diese Heiden in ihrer Göttergenealogie nicht nur eine männliche, sondern auch eine weibliche Linie. Und wie nun alle Götter von Siva ihren Ursprung haben, so betrachten sie die Sakti als Urheberin aller Göttinnen, wie denn der Name Sakti allen Göttinnen als allgemeiner Name gegeben wird. Von dem Ursprung dieser Sakti schreibt ein Heide an uns: „Sakti ist aus Gott dem höchsten Wesen entsprungen. Denn als der einige Gott sich in vielen Geschöpfen offenbaren wollte, sah er es für gut an, dass eine sein möchte, die da die Mutter aller Welten wäre. Alsdann entstand aus meinem Wesen die Sakti, welche den Namen *பராசக்தி* Parāsakti und *ஆதிபராசக்தி* Ādiparāsakti bekommen, weil sie aus dem ewigen höchsten Wesen entsprungen ist."

Diese Sakti wird abgebildet in natürlicher Frauengestalt mit 2 Händen, deren eine gleich herunterhängt, während sie in der andern die Blume *செங்கழுநீர்* Sengarhanīrppu (rothe Wasserlilie) hält, wie sie denn auch auf einer Blume *தாமரை* Tāmarasa (Lotus) steht und zwei von derselben Art hinter ihren Ohren stecken hat, denn diese Heiden machen gar viel aus dieser Blumenart. Ihre Leibesfarbe ist grün. Auf dem Haupt hat sie eine Krone, auf der Stirn drei weisse Striche mit einem Tippchen, als das Zeichen aller Sivaiten. Die Ohren, in denen allerlei Schmuck hängt, sind aufgespalten. Um den Hals hat sie eine Perlenschnur, wie denn auch eine lange Schnur mit anderm Zierrath auf ihre Brust herunterhängt. An den Armen hat sie Spangen und Armringe nach der Art, wie die malabarischen Weiber sich zu zieren pflegen. Ihr Ober- und Unterkleid ist roth. Um den Leib hat sie einen güldenen Gürtel nebst anderm Zierrath, an den Füssen einen Silberschmuck, von den Achseln hängt ein grosses Blumenband herunter.

Diese Sakti steht in solcher Figur in den Pagoden, führt aber dort stets den Namen Pārvati, welches Isvara's Weib ist. Denn wie sie aus Siva Isvara machen, so aus der Sakti eine Pārvati,* und sie führt dieselben

---

* Es ist zu unterscheiden Sati (rein) und Sakti. Sati, die Tochter des Riesen Daksha, war Siva's erstes Weib. Daksha beleidigt, dass Siva nicht wie Brahma und Vischnu vor ihm aufgestanden war, lud zu einem angerichteten Opfer Siva und Sati nicht ein. Als letztere dennoch ging, wurde sie wegen ihres Gemahls verspottet und stürzte sich in verletztem Stolz ins Opferfeuer. Daksha wurde von Siva, als Vīra-Bhadra, getödtet, aber auf Fürbitten der Götter mit einem Bockskopf ins Leben zurückgerufen. Sati, obgleich ihre Glieder über die ganze Erde zerstreut waren, wurde auf dem Himālaya dem Könige Parvata als Pārvati wiedergeboren. Von dieser Sage schreibt es sich her, dass eine mit dem Leichnam ihres Mannes sich verbrennende Wittwe Sati oder Suti genannt wird.

Namen, welche im andern Theil bei Parvati vorkommen werden. Sonst hat sie etliche allgemeine Namen, சர்வலோகநாயகி Sarvalōkanāyaki Herrin der ganzen Welt, சர்வலோகமாதரி Sarvalōka-mātri Mutter der ganzen Welt, சர்வதயாபரி Sarvadayābari Liebhaberin aller Geschöpfe, தேவி Dēvi Göttin u. s. w.

Von dieser Sakti leiten sie neun andre Saktis ab, die sie mit ins Götterregister setzen und நவசக்தி Navasakti nennen. Einige sagen, dass diese Isvara's, Vischnu's und Brahma's Weiber seien,* andere aber benennen sie mit folgenden Namen: 1, மாரியம்மை Māriammen 2, ஏழையம்மை Ellammen 3, அங்காளம்மை Ankālammen 4 பத்ரகாளி Bhadrakāli 5, பிடாரி Pidāri 6, சாமுண்டி Chāmundi Besiegerin der Riesen Chanda und Munda 7, துர்க்கை Durga 8, பூரணை Pūranai 9, புடகலை Pudkalai, welche beide letzten Ayenārs Weiber sind. Diese neun Saktis sollen ihre Herrlichkeit gemissbraucht haben und stolz geworden sein, weswegen sie verflucht und aus ihrer Herrlichkeit in diese Welt verstossen worden sind, dabei sie aber doch noch dieses Amt bekommen, dass sie auf der Welt die Menschen vor den Teufeln behüten sollen, um deswillen ihnen die Menschen Pagoden bauen und Feste halten. Auf solche Weise sind sie also கிராமதேவதை Grāmadēvatas geworden, davon im dritten Theil zu handeln sein wird.

Andere geben wiederum vor, dass sich diese Parāsakti in viel tausend andere Saktis vervielfältigt habe, die alle göttliche Macht, Ehre und Herrlichkeit geniessen, wie denn ihre Poeten in Vervielfältigung ihrer Götter und Göttinnen sehr fertig gewesen und dazu viele poetische Kunstgriffe gebraucht haben, also dass es denjenigen viele Mühe kostet, welche ihre Bücher andern erklären und den ersten Ursprung so vieler Götter und Göttinnen zeigen sollen.

Diese Sakti wird in den Pagoden unter der oftgedachten Figur Sivalinga verehrt. Ausser den Opferarten vor solcher Figur haben sie auch

* Als solche sind sie dann unter dem Namen Mütter மாதா Mātris bekannt deren 7 oder auch 8 gezählt werden, ohne dass jedoch die Namen feststünden; die letzte in der gewöhnlichen Liste, Kāli, hat in obiger Liste mit ihren verschiedenen Gestaltungen alle Plätze eingenommen, ein Beweis für die Ausdehnung des Ammendienstes. Für die beiden letzten Namen bietet das Manuscript fast bei jeder neuen Erwähnung eine neue Lesart. In Kriechna's Geschichte wird ein weiblicher Dämon புதாகி Bhūtagi oder பூதனை Būtanai erwähnt. Pharaoh Gazetteer of Southern India p. 613 erzählt ebenfalls von einer jener neun Sakti's : „Die Zahl der Hindutempel in Travancore wird auf nahe 4000 geschätzt, der grössere Theil ist aber klein, verglichen mit denen im Karnatik, und viele gehen schnell dem Ruin entgegen. Ueber 300 sind dem Dienst der höhern Gottheiten, Vischnu und Siva, geweiht. Eine beträchtliche Anzahl ist der Bagavaty (die Buddrakauly der Ostküste) gewidmet, bei deren Tempeln Rinder, Schafe und Geflügel geopfert werden. Während der Feste zu Ehren dieser Göttin pflegen häufig ihre Verehrer sich in die Rückenmuskeln Haken zu schlagen, um sich daran aufhängen und um eine Stange schwingen zu lassen, bis ihre Kraft gänzlich erschöpft ist." Doch vielleicht geht diese ganze Notiz auf Bhadra-Kāli; da übrigens das treffliche Winslowsche Lexicon Pūranai und Pudkalai als Ayenārs Weiber angiebt, so scheint es gerathen nicht weiter zu suchen, sondern fortan diese Namen zu geben, und sie sind auch schon oben für தேவி Dēvi und புர்கலை Purkalai aufgenommen.

gewisse Gebetsformeln, die auf beide Siva und Sakti oder, was dasselbe, Isvara und Pārvati gerichtet sind. Und wie sie einige Lobbücher von Siva haben, so handeln auch einige von der Sakti, darunter das vornehmste *ఁఉఇ* Dévi-kavacha, welches lauter Lobsprüche und Anbetungsformeln dieser Göttin enthält.

Hiernebst ist auch eine Opferart unter ihnen bekannt *ఇ*ಉ*ೕ*ಇ* Saktipūja, das in dem Namen dieser Sakti verrichtet wird, aber einer Hexerei ähnlicher ist, als einem Opfer. Es werden Schweine und andere Thiere nebst starkem Getränk dazu gebraucht und wird von Mann und Weib in einem verschlossenen Gemache nackend verrichtet, dabei weder er, noch sie die geringsten Unzuchtsgedanken hegen dürfen, sonst wird das ganze Opfer zu Schanden und wirkt nichts. In den vielen Ceremonien und der Recitirung der Gebetsformeln dürfen sie auch nicht das geringste verfehlen, wo es anders nützen soll. Es kostet solch Opfer gar viel und wird nur von den Reichen verrichtet. Sie sagen, dass sie dadurch grosse Dinge zu Wege bringen, sowohl zum Nutzen als zum Verderben der Menschen. Weil es aber eine Art Hexerei ist, so verrichten sie selbige ganz geheim und lassen es auch ihren Nachbar nicht wissen." Denn so man von einem weiss, dass er solch Opfer verrichtet, so fürchtet man sich vor ihm und hält ihn für nichts besser, als einen Hexenmeister, welche Teufelskunst unter ihnen gar sehr im Schwange geht und durch diese und jene Opfer bewirkt wird, die sie für einen Dienst Gottes ausgeben, und deshalb unter dem Volk nur gefürchtet, nicht aber gestraft werden.

Alles übrige, was allhier noch von der Sakti könnte geschrieben werden, läuft mit in die Historie der Pārvati. In einem der eingelaufenen Briefe heisst es über die Sakti: „Die Sakti ist die Mutter, die da alles ausgeboren hat und wird genannt ein Weib Siva's, der da der Vater aller Ausgeburten ist. Sie ist um deswillen aus dem göttlichen Wesen entstanden, dass sie könnte eine Mutter aller Welten sein, und dass sie denjenigen, die vor ihr stünden und sie anbeteten, die Seligkeit und alle Gaben geben könnte. Denn hiezu ist sie eine Fürbitterin bei Gott und wirket Hülfe und Erlösung aus. Die Ursache, warum Siva und Sakti anfänglich Ein Leib gewesen und nachmals in Mann und Weib ausgegangen sind, ist diese, dass das höchste Wesen von den Menschen in der Welt begriffen und erkannt werden möchte, Item dass in der Welt das männliche und weibliche Geschlecht entstehen und durch Kinderzeugen fortgepflanzt werden könnte, ja damit auch

* Mit dieser Erzählung ist offenbar in das Gebiet des speciellen Saktidienstes übergesprungen, von welchem als der dritten Hauptsecte eigentlich besonders zu handeln wäre. Die Saktidiener theilen sich in die rechte und in die linke Hand, die rechter Hand thun den Dienst mystisch und innerlich, die andere, an ihrer Spitze die Kaulin-Brahmanen Bengalens, mit Gelagen und Orgien. Ihre Religionsbücher heissen Tantra. Speciell tamulisch ist die Secte der Kamchallyas (Wilson Hindu Sects p. 363). Da fast immer die Sakti Siva's verehrt wird, so wird die ganze Secte auch wohl als Abzweigung des Sivaismus behandelt.

dasjenige in dieser Welt geschieht, was in jener geschieht. Solches ist ein Spielwerk des grossen Gottes, welches wir nicht ergründen können, denn es ist unserm Verstande zu hoch und wissen nichts mehr davon, als was in unserm Gesetz geschrieben steht. Wenn die letzte Zeit kommt, so wird alles wieder ins helle Licht eingehen und licht werden. — Von dieser Sakti sind ferner die Nava-Sakti entstanden, 9 Göttinnen, die als Jungfrauen von 16 Jahren abgebildet werden. Auch sagt man, dass sie sich bis auf 10,000,000,000 Saktis vermehrt haben, unter welchen sie aber alles in allen ist. Denn aus ihr sind alle Göttinnen entsprungen und in ihr endigen sie sich auch alle. Was ihre Verehrung anlangt, so pflegen einige Personen aus Liebe zu ihr des Freitags zu fasten, dabei sie selbige anrufen und zwar einige, dass sie ihnen Kinder geben möchte, andere um den nöthigen Unterhalt. Sakti nun bringt solche Gebete vor Gott und wirket aus, was die Menschen von ihr bitten.

Der erste Schritt zur Bildung einer Göttin Sakti geschah zu Anfang der christlichen Zeitrechnung, wie aus den Münzen Indo-Skythischer Fürsten in Afghanistan und Kabulistan dargethan ist, als man anfing Siva als Ardhanârî oder Halbweib zu verehren. Der Begriff aber scheint aus wörtlicher Erklärung metaphorischer Stellen der Vedas gewonnen zu sein, in denen Wille und Absicht, das Universum zu schaffen, dargestellt wird als vom Schöpfer ausgehend und gleichzeitig mit ihm als Braut und Theil seiner selbst existirend. Eine weitere Förderung des Begriffs veranlasste die Sânkhya Philosophie, welche der Natur, Prakriti oder Mûla-Prakriti ewige Existenz und unabhängigen Ursprung, unterschieden vom höchsten Geist zuschreibt. Prakriti wird als Mutter von Göttern und Menschen dargestellt, während sie andrerseits als eins mit der Materie, der Quelle alles Irrthums, mit Maya der Täuschung identificirt wird. Dies die ersten Ansätze zu dem von Ziegenbalg viel zu leise angefassten Sakti-dienste, der in Folge des Grundsatzes, Lust durch Uebergenuss zu tödten, so schrecklich, auch im Tamulenlande, in Periya-pālayam bei Madras und Puthukōddai in Tinnevelly, ausgeartet ist (Wils. Hindu Sects p. 241 ff.)

Aus dem Inhalt dieses und des vorigen Kapitels kann man sich einen genügenden Begriff machen, was diese Heiden vom höchsten göttlichen Wesen glauben und auf wie vielerlei Weise sie es zu betrachten pflegen, auch wie sie selbiges zum Ursprung ihrer Götter- und Göttinnen-Linie setzen und alles daraus herleiten. Welches denn alles in möglichster Kürze verfasst ist, damit man sich leicht eine allgemeine Anschauung von diesem Heidenthum bilden könne. Und hiermit wird der erste Theil der Göttergenealogie geschlossen.

ZWEITER THEIL.

Die சமூகமிஷ்கள் Mummūrtis.

Isvara, Vischnu, Brahmā mit ihren Familien.

Eingang: Nachdem im ersten Theil gezeigt worden, wie diese Heiden ein höchstes göttliches Wesen glauben und selbiges zum Ursprung aller ihrer Götter setzen: so ist nunmehr in diesem andern Theil von denjenigen Göttern zu handeln, die sie aus solchem göttlichen Wesen herführen und ihnen göttliche Ehre anthun. Da sind denn nun sonderlich die சமூகமிஷ்கள் (சமூகம் mūndru drei, in Zusammensetzung மு mu) Mummūrtis (Trimurtis) zu betrachten, welche sie Isvara, Vischnu und Brahmā nennen.

Das Wort Mummūrtis bedeutet drei solche Personen, die alle andern an Macht und Hoheit übertreffen: wie sie denn von allen diesen Heiden einstimmiger Weise für die grössten unter den Göttern gehalten werden. Von deren Ursprung ist schon im ersten Theil geredet, wie sie damals entstanden, als das höchste Wesen nach der männlichen und weiblichen Kraft in sichtbare Gestalt ausgegangen wäre, allwo gezeigt ist, dass die 5 Gesichter Siva's die 5 grössten Herren und Götter bedeuten, aus welchen sie nachmals nicht mehr als drei gemacht, die sie denn wegen der Dreizahl Mummūrtis nennen. Einige halten sie für dreieinig, worunter der Satan das Geheimniss der Dreinigkeit nachäffen wollen. Zum Zeichen dessen pflegen die Sivaiten mit ihrer பசுமே Tirunūru oder gebrannter Kuhmistasche mit drei Fingern drei Striche auf der Stirn und an andern Theilen des Leibes zu machen, welche diese drei Götter abbilden sollen (?). Daneben setzen sie*

---

* Dieser Punkt ist in der Mittellinie und wird auch jetzt von Christen noch in obiger Weise ausgedeutet, aber die Deutung ist zu gut, nach Taylor bezeichnet er vielmehr die Sakti. Von diesem Punkt ist übrigens ein zweiter, der Siva's Auge vorstellt, zu unterscheiden und ist offenbar der wichtigere, da er jetzt von vielen ganz allein anstatt der Tripundra getragen wird. Und es ist dies ein treffendes Symbol des Sivaitischen Glaubens, der wie Brahmaismus und Vischnuismus auch die Sonne als Gottheitssymbol annimmt, freilich weder den glorreichen Aufgang, noch den mächtigen Glanz im heitern Tageslicht, sondern die alles versengende und verzehrende Feuergluth. Das Feuerauge Siva's brennt zu Staub und Asche, was es will; es tödtet alles Vergängliche und setzt, wenn alles vollendet ist, die ganze Welt in Brand. Aus Brand und Asche jedoch erweckt der feuchte Mond, den Siva auf seinem Haupte trägt, ein neues Leben; so vereinigt Siva in sich die Intensität der culminirenden Mittagssonne und der von ihr erweckten Gluth mit der ganzen Fülle und wollüstigen Fruchtbarkeit der Mondennacht. Windischmann, Philosophie im Fortgang der Weltgesch. I, 2, p. 727, 728.

(gewöhnlich nur die Smarta-Brahminen) mit gleicher Asche ein Pünktlein, welches die Einigkeit solcher Personen andeuten soll. Und in solchem Verstande werden diese drei selbst für das höchste Wesen gehalten, als welches sich nach ihrem Vorgeben in diesen Mummürtis soll geoffenbart haben. Hinwiederum sind ihrer viele, die unter diesen drei Personen allein den Isvara für das höchste Wesen halten. Andre, nämlich die Vischnuiten, halten unter ihnen allein Vischnu für das höchste Wesen oder den höchsten Gott.* Auch sind einige, die Brahmā zum höchsten Gott machen und ihn ஒரு Parabrahm nennen. Ueberhaupt aber führen alle drei solche Namen, die sonst allein dem höchsten Wesen zukommen. Wer einen rechten Begriff von diesen Mummürtis hat und selbige nach ihren vielfältigen Namen und Familien wohl kennen gelernt, der kann sich mit leichter Mühe von diesem ganzen Heidenthum einen richtigen Begriff machen. Hat einer aber darin keinen rechten Unterricht, so wird er sich niemals in die Verworrenheit dieses weitläufigen Heidenthums finden können. Daher soll nun von diesen Mummürtis ein kurzer, aber zulänglicher Unterricht gegeben werden, und zwar nach den drei Personen in drei Klassen, und zusammen in neun Kapiteln : 1. Kap. Isvara. 2. Kap. Isvara's Weiber, Pārvati und Ganga. 3. Kap. Vighnēsvara, Isvara's ältester Sohn. 4. Kap. Subhramanya, Isvara's zweiter Sohn, mit seinen Weibern Valliammei und Dēvayānai. 5. Kap. Vischnu. 6. Kap. Bhūmidēvi und Lakschmī, Vischnu's Weiber. 7. Kap. Vischnu's Söhne mit Familien : Manmatha, Rati, Anurudra, Kusa und Lava. 8. Kap. Brahmā. 9. Kap. Brahmā's Weib Sarasvati.

* Man beachte, dass dieser Theil von den Trimurtis im Plural handelt, des Trimurti wird nur nebenbei gedacht. Im Allgemeinen wird davon mehr in Europa als in Indien gesprochen, indem namentlich fast alle Sivaiten auf die Anhänger Vischnu's und Brahmā's mit Geringschätzung herabsehen, und vollends von einer Gleichstellung der Götter nichts wissen wollen. Zudem ist das Dogma von nichts so altem und von philosophischem Ursprung. Freilich die obige Herleitung von den 5 Herren ist nicht sehr philosophisch und zeigt schon die Unverträglichkeit des Dogma's mit dem Sivaismus, obgleich Sivaiten die ersten gewesen zu sein scheinen, welche, indem sie Brahmā und Vischnu zu Gesichtern oder Erscheinungen Siva's machten, eine Art von Trimurti herstellten (Lass. II, 1089. 90). Der Trimurti als Einheit über der Dreiheit ist eine ganz moderne Schöpfung, von der Lassen sagt (Alt. IV. 570)١ „Die Entstehung dieses wenig erfolgreichen Versuchs, durch eine Einheit der höchsten Gottheit, die verschiedenen Secten mit einander zu verschmelzen, fällt in die Zeit der Dynastie von Vijayanāgara, aus welcher Dēvarāja (1420—1443) dieser Gottheit einen Tempel erbauen liess."

———»»««———

ERSTES KAPITEL.

Isvara, der Herr.

Isvara ist unter den Mummūrtis der vornehmste und wird von den allermeisten dieser Heiden verehrt, wie denn seine Religion die allergrösste, die sich am meisten in Ostindien ausgebreitet hat. Seine Gestalt wird unter viel und mancherlei Bildern präsentirt, also dass er in der einen Pagode so, in der andern wieder anders aussieht, und solches zwar wegen seiner vielen Erscheinungem, da er denn auch allemal einen andern Namen hat. Von solchen Erscheinungen abgesehen, wird er stehend abgebildet mit 4 Händen, unter welchen er zwei in die Höhe reckt und in selbigen einen Hirsch und ein Gewehr ⁕ marbu" hält, die andern beiden aber hat er offen, wie sie denn fast alle ihre Götterfiguren mit zwei offenen Händen abbilden, um dadurch anzuzeigen, wie die Götter stets bereit sind zu trösten und zu geben, wenn man andern zu Ihnen seine Zuflucht nehme. Seiner Haut nach wird er ganz weiss abgebildet. Auf dem Haupt hat er eine Krone, auf der Stirn drei weisse Striche von Kuhmistasche nebst zwei Tippchen, unter welchen das eine sein drittes Auge und das andere denjenigen Punkt abbildet, welcher bei der Beschmierung mit Asche von diesen Heiden gemacht wird. In den Ohren, am Halse, auf der Brust, an Armen und Füssen hat er allerlei Schmuck. Ueber und von den Achseln hängen zusammengereihte Blumen herab. Der Oberleib ist bloss, um den Unterleib hat er ein buntes Kleid mit einem Gürtel und andern Geschmeiden. Mit den Füssen steht er auf ⁕ Kamalapuschpa, der Lotusblume. In dieser Figur steht er in den Pagoden, und wird er an Festtagen herumgetragen.

Sonst wird er auch sitzend auf einem Ochsen dargestellt und zwar in der oben beschriebenen Gestalt. Er hat zugleich auf dem Ochsen in seinem Sessel die Pārvati, sein Weib, sitzen. Dieser Ochse, auf

---

* „Warum trägt Mahisiva in einer seiner heiligen Hände einen Hirsch? Der Hirsch wurde im Daruka-Wald von den Rischis auf Ihn zugetrieben. Bei einem gewissen Anlass in alten Zeiten stieg Mahasiva hernieder, den Daruka-Wald in der Gestalt eines religiösen Bettlers zu besuchen. Als die Weiber der Rischis seine Schönheit sahen, verliebten sie sich in ihn und geriethen in Gefahr, ihre Tugend zu verlieren. Sobald die Rischis dies merkten, wurden sie sehr zornig über den Fremdling und suchten ihn zu vernichten. Erst gruben sie eine Opfergrube und liessen durch ihre magischen Künste einen Tiger hervorspringen, ihren Feind in Stücke zu reissen. Aber er erschlug ihn, nahm seine Haut und warf sie sich um als Kleid. Dann liessen sie einen Hirsch hervorspringen, aber er nahm ihn gracios in seine linke Hand, ihn fortan dort zu tragen. Dann producirten sie einen Stab von rothglühendem Eisen (⁕) und liessen ihn gegen den Feind hervorrücken. Er nahm auch diesen auf, und hält ihn als Waffe in seiner Hand." Salva Samaya Vinā Vidal p. 67.

welchem er sitzt, heisst *ருஷப* (*ருஷப* Ochse) Rischabha und auch *ரந்திகேசுரம்* Nandikêsvara, davon in ihren Historienbüchern gar viel geschrieben steht. Man sieht diesen Ochsen in allen Pagoden, die Isvara zu Ehren gebaut sind. Wenn er also sitzend auf diesem Ochsen abgebildet wird, so heisst er *சந்திரசேகரி* (*சந்திர* Mond, *சேகரம்* Haupt, Krone) Chandra-Sékhara (der Mondgekrönte.)*

Die allermeisten unter diesen Heiden halten Isvara für den höchsten Gott und für eins mit Siva und geben ihm daher alle Namen, welche Eigenschaften des höchsten Wesens bezeichnen, und thun ihm auch den Dienst, den man dem einigen Gott zu thun schuldig ist. Von seinen Erscheinungen absehend, reden und schreiben diese Heiden eben das von Ihm, was von dem einigen Gott kann geredet und geschrieben werden. Wird er aber nach seinen Erscheinungen betrachtet, so sinds fast lauter ungereimte Sachen, die in ihren Puränen oder Historienbüchern von ihm erzählt werden.

Sie erzählen aber überhaupt 1008 seiner Erscheinungen, die da in diesen und jenen Königreichen geschehen sein sollen und haben alle diejenigen Städte und Flecken specificirt, darinnen solche Erscheinungen und Wunder vorgegangen sind. Solche Plätze werden unter ihnen sehr heilig gehalten und haben vor allen andern Oertern grosse Pagoden und kostbare Teiche zur Wasserreinigung, daher wird von andern Oertern stark dahin gewallfahrtet, sonderlich wenn Festtage an solchen Oertern gehalten werden. Wie denn jährlich an einem jeden solchen Ort ein besonderes Fest gehalten wird, wobei die Historie dargestellt wird, die sich mit Isvara daselbst zugetragen hat. Auch hat er an diesen 1008 Plätzen in jeder Pagode einen besondern Namen bekommen, welcher Name gewöhnlich nach der Beschaffenheit seiner Erscheinung eingerichtet ist. Ja eine jedwede Erscheinung ist an selbigem Ort, da sie geschehen, in ein Buch historisch verfasst worden, also dass jeder dieser 1008 Plätze eine besondere Historie geschrieben hat (Local-Puräne), die stets in der Pagode selbigen Ortes gelesen und gesungen wird. Seine Namen, die wegen seiner vielfältigen Erscheinungen viel und mannichfaltig sind, hat man wohl zu beachten ; denn wer diese nicht weiss, der denkt, es wird in jedem Orte unter diesen Heiden ein besonderer Gott verehrt, darum weil dieser Isvara fast in einer jeden Pagode, in allen Flecken, Dörfern und Städten einen besondern Namen hat. Unter solchen Namen sind folgende die vornehmsten : 1, *சிவ* Siva. 2, *மகாசிவ* Mahâsiva.

* Wie Vischnu mit der Sonne, so wird Siva vorzüglich mit dem Monde zusammengestellt, er trägt einen Halbmond als Schmuck in seinem Haar. Daksha hatte seine 27 Töchter an Chandra verheirathet und diesen, als er zwei derselben, Kârtika und Rohani, bevorzugte, verflucht, jeden Tag einen seiner 16 Theile zu verlieren, den letzten rettete Siva, indem er ihn als Schmuck anlegte, und er gewann auch die andern Theile wieder, aber Ab- und Zunehmen des Mondes ist seitdem geblieben. Mond und Stier sind beide Bilder der Fruchtbarkeit, und deshalb oben zusammengestellt.

3, சொர்க்கனுடன் (சொர்க்கம்=சுவர்க்கம் Svarga) Sorkanáyaka 4, சதாசிவ் Sadâsiva. 5, மகேசன் Mahêsvara. 6, ஸ்ரனை (ஈசனும், eine von Siva's 5 Gesichtern, welches die allgemeine Weltregierung bezeichnet) Isâna. 7, உருத்ரன் Rudra. 8, சந்த்ரசேகர் Chandrasêkhara. 9, நந்திகேசன் Nandikêsvara. 10, மகாதேவன் Mâdêva. 11, அரன் Hara. 12, ஜெற்குபூ (ஜெப Neumond, குடி gekrönt, geschmückt) Piraisûdi. 18, காளிகூட்டம் (காளிகூட்ட mit Kâli, குடி Tänzer) Kâliyâlâdi. 14, ப்ரம் படை ஜீப் (ப்ரம் டை Tanz) Tândavamûrti. 15, சங்கே சுவரன் (König von Kalinga) Kâlingarâja. 16, புற்புடை ஒசன் டை (புற்ற Ameisenhügel, ஜீ டை ஓசன் wohnen) Puddidankondaren. 17, அம்புவாளன் (அம்புவம் Saal, Versammlung, அளன் glücklicher Mann, lebend) Ambalavâna. 18, சுஜ் சுறுப சன் டை (சுஜ் Gift, உறை wohnen, verbleiben, சன் டை ம் Kehle) Nanjuraikanda. 19, சந்திரன் (சந்தி Weib, டைசம் Seite) Nâribhâga. 20, சாய்ச வடி (சாய்சம் Bogen, டி்வ Hand; gewöhnlich ein Titel Vischnu's, vielleicht ist hier சாய்சம் in der Bedeutung Hirsch zu nehmen) Sârangapâni. 21, அருனோசலன் (அருணம் roth, அரவம் Berg, ஸ்ரன் Herr) Arunâchalunêsa. 22, விருத்தாசமூர்த்தி (?Verdachellum zwischen Trinomali und dem Kâvêri) Vriddhâchalamûrti. 23, ஜேச்புரன் (ஜேச் Kind, புரன் freigebig) Pûllaityâga. 24, ஏழ்ற்றுற்புப் (ஏழ் சுற. einer von 7 heiligen Sivaplätzen, eigentlich Flussmitte, die Insel im Teiche, wohin der Götze jährlich einmal gebracht wird) Nallâramûrti. 25, வள்சைப்பன் (வள்ளேசன்-புற்று 16, ein von Ameisen aufgeworfener Hügel; solche Ameisenerde gilt für die feinste, aus ihr ist der Mensch gemacht) Valmikanâtha. 26, கும்பேசன் (பூற்ப (கும்பம் Wassertopf, es soll aber auch das Weltei damit bezeichnet werden) Kumbhêsvaramûrti. 27, விசுவன் (விசுவம் Welt; Siva's Name in Benâres) Visvanâtha. 28, காளப்பூட்டன் (காளப் Kâlastry, Stadt im Nordwest-Karnatik, wo das Lufilinga; அப்பன் Vater) Kâlastry-Appen. 29, சிதம்பரமூர்த்தி (Chellambram mit dem Aetherlinga) Sittambaramûrti. 30, செஞ்சடையன் (செ roth, சடை verwickeltes Haar) Senjatayisa. 31, கேவலன் (அகலம் ohne Theil; der untheilbare unter den Göttern) Dêvarakanda. 32, அம்புலைப் (Stadt in Süd-Arcot, dieselbe wie 21, wo das Feuerlinga) Trinomali-Nâtha. 33, சூரன் (சூரன் Held, வசந்தம் Frühling, April und Mai, wo die meisten Festtage) Viravasanta. 34, கடவுளி (கடவுள் Gott) Kadavulâr. 35, புனமாலை (புனம் Leichnam, மாலை Guirlande) Pûnamâlasûdi. 36, பரிஜாய் (Rossbesteiger) Pariyöri. 37, அம்பிகாபன் (அம்பிகை Mutter, gleich 19) Ambikabhâga. 38, சர்ணாசீக்காளர் (Beschützer der zu ihm Gekommenen) Sârnâkâtilaver. 39, ஐராஜன் (König) Iraiyön. 40, சம்பு Sambhu. 41, பேய்ப்படி (பேய் Teufel, gleich 13) Pêyôdâdi. 42, பாம்பணைச்சான் (பாம்பு glänzend, அரவ Schlange, அணி anziehen, sich schmücken) Pongaravanindön. 43, புரஞ்சன் (புரம் Stadt, அழன் Zerstörer) Puzandhaka. 44, பூதனாதன் Bhûtanâtha. 45, சடாகொளியன் (சடை geflochtenes Haar) Gangavöniyen. 46, குன்றவில்லி (குன்று Hügel, வில் Bogen) Kundravilli. 47, கங்காளன் (கங்காளன் Skelett; Träger von Todtenbeinen, oder der bleibt, wenn dem Firmament aller Schmuck genommen) Kanhala. 48, அஇக்கபுள் (அஇக்க Cassia fistula und Terminalia alata, von deren Blumen Siva einen Kranz trägt) Kadukkaiyen. 49, சக்ஷிஞ்ச (சக்ஷி immergrüne Aloe) Kannisûdi. 50, மக்களூரன் (மக்கை Weib; gleich 19) Mangaibbâga. 51, முன்செஞ்சன் (der Alte) Munnôn. 52, நவசைடன் (நவம் blau, von Gift) Nîlakanda. 53, கெளவன் (மலம் Schmutz, Sünde; der Fleckenlose) Nirumala. 54, குலாளிவன் (குலம் Dreizack) Sûlapâniyen. 55, பசுபி (பசு Kuh, Seele; பி Herr) Pasupati. 56, சுடுகாடு (சுடு Verbrennplatz) Sudalaiyâdi. 57, காலவன் (காலம் Zeit) Kâlakâla. 58, புரம் (புரம் Schädel; Siva braucht Brahmâ's Schädel als Trinkgefäss) Kapâli. 59, கைலாசர் (Kailâsa-Herrscher) Kailaiyâli. 60, குலாளலம் (குலம் Banyane, worunter Siva ruhte) Alamerkada-vul. 61, நிஜ்யன் (der Ewige) Nitya. 62, சமுகம் (ஐ fünf, முகம் Gesicht) Panjamukha. 63, பாசுரன் (Axtträger) Parasupâni. 64, அந்திமாலன் (மாலி Abend, Zwielicht, மாலி farbig; Siva liebt Zwielicht) Andivannen. 65, முக்கண்ணன் (Dreiäugig) Mukkannen. 66, பாண்டரங்கன் (பாண்டரங்கம் eine Art Tanz) Pândarangen. 67, ஆனந்தன் (fröhlich) Ananda. 68, சடாமுடி (dem seine Haarlocke Jata als Krone dient) Jatamudi. 69, அநந்தன் (der endlose unbegränzte) Anantanâtha. 70, மேலன் (der höchst Wünschbare) Namben. 71, நாதன் Nâtha. 72, துபரன் (der durch sich selbst weinende) Tarbaren. 73, நக்கன் (nackend, Asket) Nakken. 74, மாகிலாதிபி (ஈசம் Erde; Herr des Universums) Mâgnâlamûrti. 75, வான் (வசு Gabe; Wohlthäter) Varen. 76, மானிடமான் (der einen Hirsch in der linken Hand trägt) Mânidamâodi. 77, மாமுனி (மலை Veda; முனி, der erste, Gott, Autor) Marainuthei. 78, சுரி Yôgî. 79, ஜாதி (Licht) Jyôti. 80, சிலன் Brahma. 81, பிஞ்ஜன் (der mit dickem, buschigem Haar, die Wolken des Regengottes Rudra bedeutend) Pingnagen. 82, பெளவில் (பெளம் Bogen) Pinâkapâni. 83, பாமன் (der Höchste) Paramen. 84, எண்டோளன் (எட்ட acht, தோள் Schulter) Oendôlen. 85, மாசிலா-தவன் (மசு Fleck; der Fleckenlose) Mâsillâthaver. 86, சுரசெளளி (Name Siva's in Negapatnam; சுரம் oder சுரு ist ein Strauch mit weissen Blumen) Kâykrôner. 87, கண்ணிட்டன் (இட்டம் Rost) Vön-kidder. 88, புகசாரைபி (புவனம் Welt) Bhuvanesanâtha etc.

Wer diese und dergleichen Namen nicht weiss, kann ihre poetischen Bücher nicht verstehen. Ein jedweder Name aber hat seine besondere Bedeutung und hält in sich eine besondere Historie. Manche halten auch unterschiedliche Historien in sich, wie denn unter dem Namen சொட்டாளுவன் Sorkanâyaka, welcher bedeutet ein Herr der Seligkeit, 64 Historien von ihm erzählt werden. Der 35. Name பூமாலேடி Pûnamâlacûdi bedeutet einen solchen, der am Halse mit einer Schnur Menschenbeinen behangen ist, davon sie eine weitläuftige Historie erzählen. Der 36. Name பரியோரி Pariyôri bedeutet einen, der auf ein Pferd gestiegen ist, unter welchem Namen von ihm erzählt wird, dass er aus 10,000 Füchsen 10,000 Pferde gemacht und zwar für einen (den

Dichter Mânikya-vâchaka in Madura), der das Geld, womit er seinem
Könige hat Pferde kaufen sollen, an lauter Pagoden und als Almosen
vergeben hat. Der 41. Name bezeichnet die Historie, wonach er
(in Chellambram) mit der Bhadra-Kâli getanzt hat (tanzen bedeutet
mystisch die göttlichen Handlungen als schaffende). Beim 62. Namen
wird die Historie von Siva's 5 Gesichtern* berichtet. Als Mukkanaen,
der Dreiäugige soll er viele Dinge verrichtet haben.

Der Historien, die über Isvara geschrieben worden, sind so viele,
dass man viele grosse Bände zu schreiben hätte, wenn man sie aus
ihren Büchern zusammentragen wollte, welches aber in dieser Genea-
logie wider unsern Endzweck ist. Man hat aber bei seinen vielfältigen
Namen und Historien dieses zu wissen, dass viele Könige, die in diesen
Ländern regiert haben, mit darunter gemengt sind. Denn weil solche
Könige stets Poeten um sich gehabt, die durch ihre poetischen
Handgriffe ihre Thaten als Wunder beschrieben, so sind viele von
solchen Königen ins Götterregister gekommen und zwar unter dem
Vorgeben, dass sie selbst Isvara gewesen, der zu unterschiedlichen
Zeiten hier und da als ein König in der Welt regiert und viel Gutes
angerichtet habe. Und weil sonderlich die drei königlichen Häuser
அசை Chêra, சேழன் Chôrha und பாண்டியன் Pândya sehr lange unter
diesen Heiden regiert und prächtige Pagoden, Teiche und andere
Kostbarkeiten zu diesem Götzendienst angerichtet haben : so sind sehr
viele Könige aus solchen Familien in das Götterregister gesetzt worden,
darin sie alle ihren alten Namen behalten, worunter aber nun Siva
verstanden wird, weil gemeiniglich von solchen Königen geschrieben
steht, dass sie keines natürlichen Todes gestorben, sondern lebendig
in ein Linga vor vielen anwesenden Personen gefahren wären,
woraus sie alsdann den Schluss gezogen, sie müssten selbst
Isvara gewesen sein, in welcher Meinung sie ihnen auch Pagoden
erbaut haben, die sie Isvara's Pagoden nennen. Hieraus kann man
sich bald die Rechnung machen, wie viel Pagoden Isvara hier haben
müsse. Denn erstlich hat er 1008 Hauptpagoden an denjenigen
Plätzen, wo er erschienen sein soll. Hernach findet man auch
anderwärts, fast in jeder Stadt und ansehnlichem Dorfe eine Pagode,
die ihm zu Ehren aufgebaut ist. Die Figuren, die in diesen Pagoden
gefunden werden, sind folgende : 1, das Linga, welches im Innersten
der Pagode steht und täglich dreimal mit Opfern verehrt wird, welche
Verehrung dem Isvara und der Pârvati, welche hierbei als Siva und
Sakti anzusehen sind, geschieht. 2, Isvara's Figur, welche सुध Ayer der
Herr genannt wird. Sie steht daselbst in rechter Menschengestalt,
und wird nicht nur allein an Fest- und Fasttagen, sondern auch an
andern Tagen mit Opfern verehrt. 3, Der Pârvati Figur, welche

* Siva's 5 Gesichter sind : 1. ஈசான Isana allgemeine Herrschaft bezeugend 2.
தற்புருஷ Tatpurusha Erhaltung 3. அகோர Aghôra Zerstörung 4. வாம Vâma
Erleuchtung 5. சத்யோஜாத Sadyôjâdha das Hervorbringen und Schaffen bedeutend.

Ammai d. i. die Frau heisst. Sie bekommt mit Isvara gleiche Verehrung. 4, விக்கினேஸ்வரா Vighnêsvara. 5, சுப்பிரமணியன் Subhramanya und seine 2 Weiber வள்ளியம்மை Valliammen und தேவயானை Dêvayânai. 6, நந்திகேஸ்வரா Nandikêsvara, darunter nicht nur allein der Ochse ரிஷபம் Rischabha verstanden wird, sondern auch eine Menschenfigur, unter welcher dieser Nandikêsvara in der Welt viele Geheimnisse geoffenbart haben soll. Er ist einer mit von denen, die am nächsten um Isvara sind und bekommt deswegen einige Verehrung. 7, சிதம்பரேஸ்வரா Sittambarêsvara, welches Isvara selbst ist, der da tanzend in der Pagode abgebildet wird und sein Weib neben sich stehen hat. 8, சந்திரசேகரா Chandrasêkhara ist gleichfalls Isvara, der an Festtagen auf einem Ochsen mit seiner Frau herumgeführt wird. 9, துவாரபாலகர் Dvârapâlakas, Isvara's beide Thorwächter. 10, மகாலக்ஷ்மி Mahâ-Lakschmi, Vischnu's Weib, deren Figur von Stein ist und in einer Kapelle apart verehrt wird, 11, சண்டேஸ்வரநாயனார் Tandêsvara-Nâyanâr, welcher durch sein heiliges Leben in dieser Welt grosse Seligkeit erlangt hat und stets um Isvara ist, auch daher nebst andern verehrt wird. 12, சுந்தரமூர்த்தி Sundaramûrtti* ist auch einer aus den Menschen, welcher seines heiligen Lebens wegen eine nahe Stelle um Isvara bekommen hat. 13, பைரவர் Bhairava, dessen Figur ganz nackend abgebildet ist. Er soll nahe um Isvara sein, einige aber sagen, dass Isvara selbst unter solcher Figur erschienen. Man hält sonst diesen Bhairava für denjenigen, der alle vergrabenen Schätze besessen hält, durch dessen Gunst und Hülfe man allein selbige finden und ausgraben könne. 14, சந்திரசூரியர் Chandra-Sûryâl, welches Sonne und Mond sind, die in einigen Pagoden unter gewissen Figuren und Bildnissen, in andern aber unter zwei brennenden Lampen vorgestellt werden. Wie denn diese Heiden überhaupt die Sonne und den Mond nicht nur mit Gebetsformeln, sondern auch mit Opfern verehren. Sonderlich haben sie den Sonntag zu einem allgemeinen Fasttag erwählt, darinnen diese und jene nach Belieben der Sonne zu Ehren zu fasten pflegen, auch sind gewisse Monate (August), wo sie an den 4 Sonntagen der Sonne zu Ehren fasten, welches Fasten நாயிறுதுக்கிறமைவிரதம் Nâyiddukkirhamaivrata oder auch kurz நாயிறு (Sonne) Nâyiru heisst. Die übrigen Planeten aber pflegen sie nur mit einigen Worten zu verehren.† 15,

* Sundarer, mit seinem ursprünglichen Namen Nambiyarurer, ein Adi-Saiva Brahmine, geboren vielleicht um 800 A. D. zu Tirunavalur im Karnatik, wurde in der königlichen Familie aufgezogen, begann an dem Tage, wo er heirathen sollte, ein Büsserleben, besuchte und besang viele Sivatempel, starb 18 Jahr alt zu Tiruvanji im Chêralande. Tam. Plut. p. 96. 97. Er führt mit Appar, Sampander und Mânikya-vâchaka, den andern berühmten Kämpfern gegen die Jainas, die Titel „Lehrer der Gemeinde, Herren des Himmelsweges." Durch eine seiner Hymnen brachte er die Fluthen des hochangeschwollenen Kâvêri zum Stehen Saiva Sam. Vin. Vid. p. 25. 26.

† Sûrya wurde früher von 6 Saura-Secten verehrt, Verehrer der aufsteigenden Sonne als Typus von Brahma, der Mittagssonne als Isvara, der niedergehenden als Vischnu, aller drei Stadien zusammen als Zeichen des Trimurti, Verehrer des materiellen Sonnenkörpers, welche vor Erscheinen der Sonne nicht etwas

அஷ்டதிக்பாலகம் Aschta-dik-Palakas, welches die Hüter der acht
Welttecken sind und in ihren Figuren zugleich mit verehrt werden.
16, அறுபத்துமூவர் Arupattumūver 63 Personen, die sichtbarer Weise
von Isvara in die Seligkeit aufgenommen worden, weshalb sie in seinen
Pagoden als Heilige mitverehrt werden. Jedoch werden sie nur in den
ganz grossen Pagoden gefunden,* wie denn in einer Pagode immer mehr
oder weniger Figuren sind, je nachdem sie gross oder klein, reich oder arm
an Einkünften. Alle diese Figuren sind theils aus Steinen gehauen, theils
von Metall gegossen. Die steinernen bleiben immer am selben Orte
stehen, die metallenen aber werden an Festtagen in den Strassen herumgetragen. Hierneben sind auch Figuren von Holz, die da Vögel und
Thiere vorstellen, darauf die andern Figuren herumgetragen werden.
Die grossen Pagoden haben grosse Carcten, darauf die Götterfiguren alle
Jahr einmal herumgeführt werden. Solche Careten haben 6 Räder,
gehen gleich in die Höhe wie ein Thurm und haben auf allen Seiten
lauter ausgeschnitzte Bilder, welche die Historien Isvara's vorstellen.
Zur Zeit, wenn sie herum geführt werden, schmücken sie selbige
köstlich aus und behängen sie mit Schellen. Es sind auf jeder Careta

dürfen, und endlich die entgegengesetzte Secte derer, welche nur das innere Licht
anbeteten. Gegenwärtig sind der eigentlichen Sauras, welche übrigens als
orthodoxe Secte gelten, sehr wenige. Ihr eigenthümliches Zeichen auf der Stirn
wird mit rothem Sandel gemacht, sie tragen ein Halsband von Krystall.—Der
Sonnenwagen wird von einem siebenköpfigen grünen Rosse (die 7 prismatischen
Farben) gezogen, Kutscher ist der beinlose Aruna, die Morgenröthe. Sūrya's
Zwillingssöhne, die Asvini, sind die Vorläufer der Morgenröthe. Bei einem
Besuch seines Schwiegervaters setzte Sūrya sich aus Versehn auf einen aus Waffen
bestehenden Sitz und wurde in 12 Theile (die Adityas, die Sonne in jedem der 12
Zeichen) zertheilt. Bei dem Kampf wegen Dakscha's Opfer riss ihm Vira-
Bhadra einen Zahn aus, daher ihm nur weiche Sachen geopfert werden dürfen.
Das berühmte tägliche Gebet der Brahmanen Gayatri, dessen Substanz etwa
„Lasst uns sinnen über das anbetungswürdige Licht des göttlichen
Regenten, möge es unsern Verstand leiten" ist an den Sonnengott gerichtet. Ein
Sonnenfasten wird von Frauen verrichtet, welche vom Herrn der schwangern
Frauen Söhne und Bewahrung vor Wittwenschaft erbitten. Fasten am Sonntage
ist ein Mittel gegen kranke Augen, ferner gilt der Sonntag auch für den besten
Tag zum Einnehmen von Oel nach dem Sprüchwort : ....
der Sonntag ist ein guter Tag zum Abführen. Da dieser Brauch oftmals mit dem
Kirchengehen collidirt, so hat der Tanjoursche Poet Vedanaichen seine Satyre darüber ergossen.—Planeten zählen die Indier neun : Sonne, Mond (Chandra oder
Soma), Mars (Mangala), Mercur (Budha), Jupiter (Vrihaspati), Venus (Sukra),
Saturn (Sani), zu diesen 7, denen die entsprechenden Wochentage gewidmet sind,
kommen zur Erklärung der Eklipsen zwei imaginaire: Ketu, das Haupt des Drachen,
der aufsiebende, und Rahu, des Drachen Leib, der absiebende Schatten. Als durch
das Quirlen der See das Ambrosia gewonnen und von den Gottern getrunken wurde,
trank heimlich auch ein Gigant mit, Sonne und Mond entdeckten dies Vischnu, der
ersäuft dem Riesen den Kopf abhieb, aber wegen des getrunknen Ambrosia blieben
beide Theile am Leben. Vischnu verschob, versetzte sie später als unsichtbare
Körper an das Firmament, wo sie bisweilen an Sonne und Mond sich rächen.
Saturn ist ein besonders Unglückbringendes Gestirn.

* Siehe die 63 Namen in Foulkes Siva Sam. V. V. p. 21.23.

Brahmanen, Götter-Dienerinnen und Musikanten. Eine ist immer grösser als die andere. Es müssen oftmals 500—1000 Menschen an Einer ziehen und hinten brauchen sie noch allerlei Instrumente, um selbige fortzuschieben. Es sind allezeit ihrer 5 solcher Careten an Einer Pagode: auf einer wird Isvara, auf der andern Ammai oder Pârvati, auf der dritten Vighnêsvara, auf der vierten Subhramanya und auf der fünften Tandêsvara-Nâyanâr herumgeführt, und zwar folgen bei einem Aufzuge der Reihe nach Vighnêsvara, Subhramanya, Isvara, Ammai, Tandêsvara.

Ueber Isvara's vornehmste Bediente schreibt ein Heide an uns: „குடை௳_ரன் (குடைம் Topf, அரன் Banch) Kundôdarn wird für Isvara's Schirmträger gehalten, der sich zugleich hie- und dahin verschicken lässt. Seine Macht ist sehr gross, er hat aber unter uns weder Anbetung noch Opfer. Nandikêsvara ist Isvara selbst, als welcher unter diesem Namen als ein grosser Heiliger in die Welt gekommen und Jedermann heilige Lehren gelehrt hat.[*] Er hat Feste, Opfer und alle andern Arten von Verehrung unter uns, denn was man desfalls Isvara anthut, wird auch ihm angethan. Tandêsvara ist ein Mensch gewesen, der nach dem Willen des Herrn mit einfältigem Herzen gewandelt und ihn sehr lange Zeit mit Loben und Anbeten verehrt hat, worauf er mit Gott ganz eins geworden. Daher machen wir eine Figur von ihm, setzen sie in die Pagoden und verehren ihn dadurch. Denn Gott, mit welchem er eins geworden, hat selbst also gesprochen: Ein Jeder, der mich zu verehren kommt, soll auch Tandêsvara verehren. So Jemand ihn nicht zugleich verehrt, der erlangt nicht denjenigen Lohn, den er sonst von meiner Verehrung zu erwarten hätte. Die Dvâra-pâlakas sind zwei Wächter, die am Thor, das zu Gott geht, Wache halten. Sofern einige Götter zu Gott kommen und mit ihm sprechen wollen, so müssen diese es erst anzeigen und nach erlangter Licenz ihnen erst verstatten, dass sie zu Gott eingehen können. Niemand darf diesem einige Gewalt anthun,

---

[*] „Warum reitet Mahâsiva auf einem Stier? Als in alten Zeiten Dharma-Dêva, der Gott der Gerechtigkeit den Fall Brahmâ's, Vischnu's und der übrigen Götter sah, nahm er, nach endloser Existenz begierig, die Form eines Stiers (Bild der strafenden Gerechtigkeit) an, kam zu Mahâsiva, betete ihn an und sprach: Herr, nimm gnädig deinen niedrigen Sclaven zum Träger an, damit ich auf immer vor dem Tode bewahrt sei, und er sang des Gottes Preis. Dann nahm Siva in seiner Güte ihn gnädigst zum Gefährt an." Saiva Sam. V. V. Fr. 126. Nandi der Hüter von Kailâsa, in einer seiner vielen Incarnationen, nahm auch die Gestalt dieses Stiers an, so dass dadurch jene andre Tradition zurückgedrängt ist, als ein gewaltiger Stier, auf dem Bauche wie anbetend liegend, den Kopf zur Thür des Siva-schreines gewandt, steht er unter einer Halle vor allen grössern Sivatempeln, anbetende Besucher des Tempels dürfen nicht zwischen Nandi und dem Linga hindurchgehen. Der den Tempelhof betretende macht zuerst seine Verbeugung vor Vighnêsvara und erbittet sich sodann Erlaubniss von Nandi zum Besuch des Linga. In einigen Strichen Mysore's wird Nandi oder Basava nach Dubois fast ausschliesslich verehrt, und sein Tag, der Montag, ist allgemeiner Ruhetag.

diejenigen, so wider ihren Willen zu Gott eindringen wollen, bekommen grosse Strafe. Bhairava ist Isvara selbst, denn unter seinen 1008 Erscheinungen ist er auch unter dem Namen Bhairava einmal erschienen. Hiernebst sagt man auch, dass Bhairava ein Hüter des Bergs Kailâsa sei. Ja es steht auch geschrieben, dass 80,000,000 Bhairavas seien. Diesen bringt man Opfer, denn die Hexenmeister und die, so allerlei Künste ausüben, haben Bhairava mit seinem Anhang zu ihrem sonderlichen Patron erwählt und bringen ihm Opfer, damit 'er zu solchen Künsten Hülfe leiste. Bhairava soll zugleich über alle vergrabenen Schätze und über das Silber und Gold in der Erde gesetzt sein, um es zu verwahren und zu geben, wem er will." Die Arupattumûver sind 63 Menschen, welche alle grossen Glauben an Gott gehabt, ein heiliges Leben geführt und auf besondere Weise die Seligkeit erlangt haben. Daher werden ihnen an vornehmen Oertern Bildnisse gegossen, die an Festtagen einmal mit herumgetragen werden; denn sie sind allezeit um Gott, liegen dem Gebet und Betrachtungen ob, verrichten heilige Werke und wirken bei Gott für die Menschen viel Gutes aus."

Was anlangt die Festtage, die Isvara zu Ehren von diesen Heiden gehalten werden, so hat man zu wissen, dass er nach seinen 1008 Erscheinungen auch jährlich 1008 Festtage hat, denn an jedem Ort, da er erschienen ist, wird ihm zum Gedächtniss solcher Erscheinung ein Fest gehalten, an welchem Festtage diejenige Historie, die sich an selbigem Orte mit ihm zugetragen hat, als Comödie vorgestellt wird. Ausser diesen hat er jährlich 2 grosse Feste, das eine heisst சப் ஊர்ச்சி (தேர்) Karren, ஓட்டம் das Reunen) Teröddam oder திருக்கல்யாணம் (ஊர்க்கல்யாணம் Hochzeit) Tirukkalyâna, an welchem seine Hochzeit mit der Pârvati vorgestellt wird. Es währet 9 Tage und an jedem Tage werden die Figuren in den Strassen mit Sang und Klang herumgeführt. Am neunten Tage werden die vorgedachten Götter-Careten herumgezogen. An einigen berühmten Orten wird dieses Fest ganzer 30 Tage gefeiert. Das andre Fest heisst மார்கழித்திருமஞ்சனம் (மஞ்சனம், der am 11. oder 12. December beginnende Monat, மஞ்சனம் Baden) Markazhitirumañjana oder புகழ்ச்சி (புகழ் Preis) Tirupugarhtschi, welches einen ganzen Monat währt, darinnen häufig geopfert wird, und zwar sonderlich der Figur Isvara's, die Sittambarêsvara heisst und tanzend abgebildet wird, wie denn an diesem Fest sonderlich Isvara's

---

* Wenn Nandi oder Basava hauptsächlich in Mysore von den dort so zahlreichen Vira-Saiva's (anderwärts namentlich von den Zimmerleuten und Bazarhändlern) verehrt wird, so Bhairava im Mahrattalande. Sein Thier ist der sonst für unrein gehaltene Hund, er selbst wird auch oft mit einem Hundskopf abgebildet. Acht Bhairavas treten als Führer aus der vervielfältigten Zahl heraus: Asitânga, Ruru, Chanda, Krôdha, Unmatta, Kapâli, Bhîshana, Samhâra. Der schreckliche Gott (Bhairava bedeutet: der Furcht erregende) ist die Personification Siva's, welche im Saktidienst linker Hand (auch வாமமார்க்க. achtbuchstabiger Veda genannt) auftritt. Die gefürchteten nackten Bettelmönche dieser Secte, Kâpâlikas genannt, sollen nicht mehr zu treffen sein.

Tanz vorgestellt wird. Der letzte Tag im Monat ist der allerherrlichste, da sie die Figuren in der Strasse mit grossem Getümmel herumtragen.

Ausser den vielen Festtagen hat Isvara auch einige ordentliche Fasttage: 1, Montag jeder Woche. 2, ஐகாதசிவ்ரதம் Pradhōschavrata, am 13. Abend nach dem Neumond und Vollmond, durch welches Fasten alle Sünden die man innerhalb der jedesmal dazwischenliegenden 15 Tage begangen hat, getilgt werden.* 3, Der erste Tag jedes Monats மாசப்பிறப்பு (பிறப்பு Geburt, Beginn) Māsapptirappu. 4, Der erste Tag jedes Jahrs வருஷப்பிறப்பு (வருஷம் Jahr) Vraschappūrappu.† 5, Eine Fastnacht சிவராத்திரி Sivarātri, die sie mit Wachen und Opfern binbringen, gleichwie sie denselben Tag mit Fasten vollenden. Diese Fastnacht fällt jährlich im Februar ein.‡ 6, கேதார வ்ரதம் (Kēdāra, ein Ort im Himālaya, wo Siva verehrt wird) Kēdārivrata, jährlich im October. 7, Die 4 Montage des November als sonderliche Fasttage. 8, Jährlich im August ein Fasten அவணிமூலம் (das 12. Mondhaus im August) Avanimūla.

Hierneben haben auch diejenigen, deren Eltern gestorben sind, ein monatliches und ein jährliches Fasten. Das monatliche Fasten heisst அமாவாசை (Neumond) Amāvāsi, das jährliche திதி (der jedesmalige Jahrestag des Todesfalles) Tithi, beides Fasten geschieht um der Verstorbenen willen, in deren Namen sie besonders am Tithi viele Almosen

* Als Siva in der Form Gangadhāra das aus der gequirlten See aufgestalagne Gift getrunken hatte, am 11. des Halbmonats, lag er bewegungslos wie todt bis zur Pradhōscha des 13. Tages, wo er aufsprang, seinen Dreisack im Triumph vor Parāsakti schwenkte und seine göttlichen Tänze tanzte. An diesem Tage müssen die Verehrer vor dem Bauch des Linga zwischen den Hörnern Nandi's, die Hand auf seine Schenkel gelegt, das mystische Gebet Arahara hersagen, um die Sivasārūpa zu erlangen.

† Die Hindus haben einen Jahrescirkel von 60 Jahren, wie die Chinesen, die ersten 20 sind gut, die 20 folgenden mittlerer Qualität, und die letzten verschlechtern sich zunehmend. 1867 eröffnet einen neuen Cyclus. Das Jahr beginnt mit April, und ist bei den Tamulen ein Sonnenjahr nach dem Vākya-System. Die Monate, welche am 11. oder 12. beginnen, sind oben mit denen unserer Monate identificirt, deren grössten Theil sie einnehmen; sie heissen vom April angefangen சித்திரை Chitra, வைகாசி Vaikāsi, ஆனி Āni, ஆடி Ādi, ஆவணி Avani, புரட்டாசி Puraddāsi, ஐப்பசி Aīpasi, கார்த்திகை Kārtika, மார்கழி Mārkarhi, தை Tai, மாசி Māsi, பங்குனி Phalguna (das Telugu-Neujahr fällt nicht mit dem tamulischen zusammen. 1867 : Tel. der 5. und Tam. der 12. April; die Telugus beginnen auch nicht, wie die Tamulen, den Monat mit dem Vollmond, sondern mit dem Neumond). Das Opferritual und die Festtage werden dagegen nach Mondtagen bestimmt, deren jeder Tithi heisst. The Oriental Astronomer சதாசிவம், Jaffna 1848, giebt gute astronomische Anfschlüsse.

‡ Die Sivarātri fällt auf einen der letzten Tage unsers Februar und ist gleichfalls ein Gedenkfest des durch das Gift verursachten Todeschlafs und des Wiedererwachens Siva's. Wie Hindu Festivals giebt die erste Manifestation des Linga, dessen Spitze und Wurzel Brahma und Vischnu nicht aufzufinden vermochten, als die Festhistorie.

austheilen und Isvara anrufen, dass es den Seelen der Verstorbenen wohlergehen möge." Ueberhaupt hat man von den 8 angeführten Fastzeiten zu wissen, dass in diesen Isvara mit seiner Frau durch viele Opfer verehrt wird, als welcher auch gewöhnlich an solchen Tagen in den Pagoden wie an Festtagen herumgetragen wird. Auch hat man zu wissen, dass solches Fasten in eines Jeden freien Willen gestellt wird, also dass es einer thun kann und auch unterlassen mag. Bei solchen Fasten wird Isvara unter dem Namen Siva gelobt, angebetet und auf alle Weise verehrt.

Was die Bücher anlangt, welche diese Heiden von Isvara geschrieben haben, so findet man deren sehr viel. Denn wie oben schon vermeldet worden, so ist eine jede von seinen Erscheinungen an dem Orte, da sie geschehen, in eine ordentliche Historie verfasst worden, also dass so viele Historienbücher von ihm geschrieben, als grosse Pagoden ihm zu Ehren erbaut sind. Alle diese Historien sind in 28 Bücher zusammengetragen, die da ஆகமங்கள் Agamas heissen. Auch sind die 4 Gesetzbücher, die 6 சாஸ்திரம் Sastras oder philosophischen Systeme und die 18 புராணங்கள் Puranas meistentheils allein über diesen Isvara geschrieben.† Unter solchen Puranen und andern dergleichen Büchern sind folgende die allerbekanntesten: 1, வாதவூர்புராணம் Vâdavûr-Purâna,‡ welches ein altes Historienbuch ist, darinnen mancherlei Geschichten enthalten, die in einem Orte Vâdavûr im Maduralande sich mit Isvara zugetragen haben, der als Lehrer einen Schüler Qசீஷ்ஷன் ஜெயமுவன் ("der südliche Brahmanenlehrer d. i. Mânikya-Vâchaka) Tennaven-Brahmariyer unterrichtet, welcher einen ungemeinen Reichthum (das vom Könige zum Ankauf von Pferden empfangene Geld) auf Erbauung von Pagoden und Teichen verwandt und mit Isvara's Hülfe grosse Wunder gethan hat. 2, மார்க்கண்டபுராணம் (eino der 18 grossen Puranen) Mârkanda-Purâna, darin eine Historie von eines Brahmanen Sohn erzählt wird, der nach Isvara's Verordnung 16 Jahr hat leben sollen, und zwar in diesem Verstande, dass er allezeit 16 Jahr alt bleiben und niemals sterben

---

* Das monatliche Fasten, welches am 30. Tage nach dem Todesfall und dann ein Jahr durch monatlich begangen wird, heisst auch மாத Mâsika. Ueber Sitten und Gebräuche nach Trauerfällen ist ausführlich gehandelt von Dubois Manners and Customs of India, Kap. 27.

† Die Agamas sind ganz den Sivaiten eigenthümliche Werke, dagegen die 4 Vedas, in denen Siva's als eines Gottes kaum gedacht wird, können sie schwerlich reclamiren (nur im schwarzen Yajurveda beziehen sich viele Stellen auf Siva, Lass. I, 781.) Von den Puranas beanspruchen sie 10: Saiva, Skanda, Linga, Kûrma, Vâmana, Varâha, Bhavisyat, Matsya, Mârkandeya, Brahmanda. Von den 6 philosophischen Systemen mögen wenigstens die Namen hier stehen: சைவம் Vêdânta, மீமாம்ஸை Vaisêshika, நியாய Pâdda, ஸாம்க்ய Prabhâkara, பூர்வமீமாம்ஸை Pûrva-Mîmânsa, அபரமீமாம்ஸை Uttara-Mîmânsa. Ueber die Puranen s. die Einleitung zu Wilsons Vischnu-Purâna, zu den Vêdas Weber Ind. Lit. Gesch. die 1. Periode und Colebrooke Essays on the Religion and Philosophy of the Hindus, wo auch mehrere der genannten philosophischen Systeme ausführlich behandelt sind.

‡ Eine Localpurâne von bedeutendem historischen Werth für die Geschichte der tamullschen Buddhisten s. die Analysis in Taylor Catalogue Raisonnee III, 135 ff.

sollte. Weil aber der Gott des Todes diese nähere Bestimmung nicht gewusst und ihn im 16. Jahr abzuholen kam, so erschien Isvara aus dem Linga und tödtete Yama, den Gott des Todes, den er aber nachmals auf Fürbitten der andern Götter wieder lebendig gemacht hat. 3, சிவராத்திரிபுராணம் Sivarātri Purāna, welches die Historie in sich fasst, von welcher nachmals das jährliche Fasten Sivarātri eingeführt worden. 4, பெரியபுராணம் (பெரிய gross) Periya-Purāna, welches das grösste Historienbuch ist, worin lauter Geschichten von Isvara (d. i. seinen 63 Heiligen) enthalten. 5, விருத்தாசலபுராணம் Vriddhâchala-Purāna, welches die Historien in sich fasst, die an dem Ort Vriddhâchala sich zugetragen haben sollen. 6, ஸ்காந்தபுராணம் Skanda-Purāna (eins der 18), welches unterschiedliche Historien in sich enthält, als Isvara's Heirath mit Pârvatî, die dem தக்ஷப்ரஜாபதி (ஜெஸ்வ Volksherr, König) Daksha-Prajâpati, dem Monarchen über alle 14 Welten als Tochter geboren war und மஹாதேவி Mahâdêvi genannt wurde. (Nicht genau. Nachdem Daksha's Tochter Sîta, Siva's erste Gemahlin, bei dem berühmten Opfer ihres Vaters sich selbst verbrannt hatte, feiert Siva seine zweite Hochzeit mit der Himâlaya-Tochter Pârvatî, in der Sîta wieder zur Welt geboren war). Item die Historie von der strengen Busse des சூரபத்மன் Sûrapadma, der dadurch grosse Macht von Isvara erlangt, aber nachmals sehr tyrannisch geworden, also dass ein grosser Krieg der Götter wider ihn entstanden, worin der Tyrann endlich erlegt worden ist. 7, த்ரிபெட்டிபுராணம் (Tripetti, ein erst von Ramânuja den Sivaiten genommener Tempel) Tiruvênkada-Purâna, weitläuftige Geschichten über Isvara in Tiru-Vênkada. 8, மதுரைபுராணம் Madura-Purâna (s. Taylor Oriental Manuscripts). 9, சாம்புரெஜ்யர் (ஸா eins, ஜாம்பர் Kleid, Himmel, a.சா Procession: Processions-hymnen zu Ehren des allein mit dem Firmament bekleideten Siva zu Kanjipuram, welcher Titel vielleicht ein Nachklang der alten Buddhistischen Zeit) Ekâmbaranâtha-ulâ, die Geschichte der Wunder, welche Siva als Ekâmbaranâtha unter diesen Heiden gethan haben soll. 10, சித்தம்பரஉலா Sittambaramâlâ ein Liederbuch über Isvara's Thaten als Sittambara-Isvara. 11, திருவாரூர்சிவன் Tiruvârûrulâ Siva als புராணம் Tyâga-râja (தானம் Freigebigkeit) in Tiruvârûr. 12, காயாரோனர் Kâyârônerulâ Siva's Thaten als Kâyârôner in Negapatnam. 13, உத்தரபோதம் Uttara-bôdha Loblied auf Siva, wie er zu St. Thome als மெய்லப்பூர்புருஷன் Meilapûr-Puruscha grosse Thaten gethan und daselbst verehrt wird. 14, திருணமலைநாதவண்ணம் (வண்ணம் Melodie, Ode) Trinomali-Nâtha-Vannam. 15, ஸ்வாமிபெருவண்ணம் (ஸ்வாமி Herr, பெரிய über) Svâmipêrilvannam, welches wie das vorhergehendeein Loblied auf Isvara ist. 16, பரமரஹஸ்யமாலை (ரகஸ்யம் Geheimniss) Paramarahasya-mâlâ ein Buch von 100 Liedern (auf Siva in Sittambaram von Guru Namassivâya, gedruckt 4to 15 pp.). 17, தேருருடவாசக (ஊர் langsam bewegen) Têr-ûruda-vâchaka, welches ein Historienbuch ist, darin erzählt wird, wie Isvara einen Königssohn von Uriyur, dessen Wagen ein Kalb übergefahren, und der dafür unter die Räder eines andern Wagens gerathen war, ins Leben zurückruft.

18, அருகீபுயற்சி (ஆசுசி, Ende-Anfang, ein Gedicht, in dem das Ende einer Zeile den Anfang der folgenden bildet) Arunagiri-antâdi, 100 Lieder über Isvara, dessen Autor Arunagiri-nâtha heisst, der erstlich ein liederlicher Trommelschläger gewesen und nachmals ein vortrefflicher Poet geworden.* 19, நெஞ்சுவிடுதூது (நெஞ்சு Herz; eine Art Gedicht, wo das Herz personificirt als Liebesbote auftritt, auch einer der 14 grossen Tractate über saivaitische Agamaphilosophie) Nenjuvidudûtya, worin Isvara nach seiner Vortrefflichkeit gelobt und gepriesen wird. 20, அறுபத்துநாலுவிளையாடல் புராணம் (விளையாடல் Spielen) Arupattunâlu-viḷaiyâḍel-purâna, darin die 64 Spielwerke beschrieben werden, die Isvara als Sorkamayaka in der Landschaft Madura gespielt hat (nur ein anderer Name für Madura-purâna, verfasst von Paransoti Mûniver etwa im 17 Jahrh., Tayl. Orient. Man. I, 117 ff.). 21, வழிபத்து (வழி Weg, பத்து zehn) Varhipattu, ein Büchlein, das bei den Sterbenden während des Todeskampfes gesungen wird, dass sie Isvara von den Schmerzen des Todes erlösen und ihre Seelen in die Seligkeit einholen wolle. 22, காசிகாண்டம் (ein Theil des Skanda-Purâna No. 6), Kâsikhândam ein Historienbuch, worin diejenigen Wunder erzählt werden, die Isvara in der Stadt Kâsi oder Benâres soll gethan haben.† Alle diese und dergleichen Bücher sind in Versen geschrieben und werden noch am meisten von diesen Heiden gelesen und in Schulen tractirt, wie wohl gar wenige es in Schulen so weit bringen, dass sie selbige recht verstehen können. Was endlich den Ort anlangt, wo Isvara sein soll, so schreiben zwar diese Heiden, dass er allenthalben gegenwärtig sei und nirgend eingesperrt werden könne, gleichwohl aber geben sie vor, dass der Berg Kailâsa seine eigentliche Residenz sei, denn als er einst dem Riesen சூர Sûra wegen seiner 2000 jährigen strengen Busse die 14 Welten und alle andern Herrlichkeiten übergeben, so behielt er nichts für sich übrig, da er residiren konnte. Daher musste er selbst von Sûra einen Aufenthaltsort erbitten, welcher ihm den Berg கயிலாய Kailâsa wiederum zu seiner Residenz abtrat. Da soll er nun von selbiger Zeit bis jetzt residirt haben, welche Residenz sie in ihren Büchern sehr prächtig, aber doch auch gar ungereimt beschrieben haben.

* Murdoch in seinem Catalog p. 76 nennt unter diesem Titel ein kleines Buch von 16 p. in 4to verfasst von Guha Namasiváya Déva (குகநமச்சிவாயர்), aber auf dessen Lebensgeschichte Tam. Pint. p. 43 passt Ziegenbalgs obige Angabe nicht. Er wird dort als berühmter Saiva-Asket, als Vedantist und Dichter genannt, der erst in Arunagiri, dann in Chellanibram gelebt. Sein Hauptwerk ist ein Soliloquium mit seiner Seele திருவுள்ளம், im Ton des Predigers 12. 1 ff.

† Dem Könige Adi-Vîra-Pândya zugeschrieben und darnach etwas aus dem 12 Jahrhundert. Eine ausführliche Inhaltsangabe bei Taylor Cat. Rais. III, 112—115.

‡ Kailâsa eine äussere Kette, obwohl nicht eigentlicher Theil des Himâlaya-Gebirges, eine der höchsten Erhebungen der Erde, aber noch ungemessen, auf seiner Nordseite entspringt der Indus, nicht weit davon Brahmaputra, Ganga, Yamuna. Zwischen ihm und dem Himâlaya liegen die heiligen Seen Râvanahrada oder Lankâ und Mânasa. Kîla Keil, âsa Sitz, also Kailâsa, Sitz des Plk. Lass. Ind. Alt. I. 33.34.

Zum Schluss wird dienlich sein aus einem Briefe über Iswara folgendes hieher zu setzen: „Wie Iswara seinen Anfang genommen, und wie er von Ewigkeit her entstanden, solches kann nicht ergründet werden, denn mein Ursprung ist weit höher, als dass er von Jemand könnte erkannt werden. Es ist auch in keinem Gesetz geschrieben, wie er zu sein angefangen hat, und wie weit sich seine Macht und Herrlichkeit erstreckt. Die Art und Weise, wie er entstanden, kann weder von Menschen, noch von Jemand anders erkannt werden. Den Ort betreffend, wo er sich aufhält, so soll man wissen, dass er weit über die 14 Welten und über die 108 Regionen der Himmel, auch über die 224 Sphären in einem lichthellen Ort wohnt, wo ein Berg von lauter Silber ist. Auf selbigem Berg ist das Kailasa, daselbst sitzt er auf einem Thron von lauter Edelsteinen. Seine Verrichtungen sind diese: Er ist stets eines heiligen Sinnes, misst allen lebendigen Creaturen dasjenige zu, was sie zu ihrem Unterhalt nöthig haben und sorgt nach seiner Gnade für alle erschaffenen Creaturen, giebt denen die Seligkeit, die gute Werke thun und in Tugenden wandeln. Er beschützt auch alle übrigen Creaturen und erhält sie. Man hat sich ihn vorzustellen als einen, der da heilig ist und in geistlicher Betrachtung steht. Seine Gestalt ist eine geistige Gestalt, wird aber unter mancherlei Figuren vorgestellt. Er braucht weder essen, noch schlafen. Er hegt zu allen Menschen und zu allen Creaturen Liebe und Barmherzigkeit. Von seiner Herrlichkeit zeugen alle Götter und alle Creaturen, als welche nach seiner Verordnung geboren werden und wieder sterben". Alles, was in der Welt vergeht, giebt Zeugniss von seiner grossen Herrlichkeit. Ausser seiner Macht kann sich nichts regen noch bewegen in der Welt. Er ist selbst die fünf Gesichter, die Brahma, Vischnu, Rudra, Mahesvara und Iswara genannt werden und führt in ihnen das Amt, alles zu schaffen, alles zu erhalten, alles zu erlösen, alles wieder sterben zu lassen, und allen die Seligkeit zu geben. Er ist der Herr, der mit 5 Gesichtern alles in allen verrichtet. Er ist sichtbar und materiell und ist gleichwohl auch unsichtbar und immateriell. Man bildet ihn auf allerlei Weise ab. Er ist mit der Sonne und dem Monde bekleidet. So oft als er die Augen zu und wieder aufmacht, so ist an ihm eine neue Eigenschaft zu sehen. Es können ihn alle Welten nicht begreifen, er ist der einzige und ewige von allen Welten. Sein eigentliches Wesen und seine Eigenschaften können mit nichts verglichen, noch mit Worten ausgesprochen werden." Ferner schreibt

---

* Da nach Mephistopheles alles, was entsteht, werth ist, dass es zu Grunde geht, Brahma und Vischnu aber nur Siva's Geschöpfe zum Schaffen und Erhalten der Welt sind, so genügt es nicht, dass Brahma wegen seines Stolzes das fünfte Haupt verloren und wegen seiner Lügenhaftigkeit, da er in Arunagiri die Spitze des Linga gesehen haben wollte durch einen Fluch aller Verehrung beraubt ist, sondern am Ende jedes Kalpa (Weltperiode) verbrennt Siva ihn und alle übrigen Götter mit einem Strahlenblick seines dritten Auges zu Asche und reibt in wohlwollender Gnade zu ihrem Besten mit ihrer Asche seinen Körper ein.

er: „Die Opfer, die Iavara gebracht werden, sind Trankopfer, Speisopfer und Rauchopfer. Zu den Trankopfern werden alle die Species genommen, die zu den ⎯⎯⎯⎯⎯⎯⎯ (Producte fünferlei Herkommens von Berg, Wald, flachem Lande, See, und die Schätze der Städte) Panjadravya gehören als: Kuhmilch, geschmolzene Butter, Honig, Zucker, Lemonen, Feigen, Blumen, Oel u. dgl. mehr. Dies alles wird unter einander gemengt und auf Iavara's Haupt gegossen. Zu dem Speisopfer wird Milch, Rahm, Butter, roher Reis, gekochter Reis und allerlei andere Esswaare genommen, welche zusammen vor Iavara gelegt werden. Das Rauchopfer besteht gleichfalls in unterschiedlichen Specereien, die einen guten Geruch von sich geben, als welche man in der Rauchpfanne mit Kohlen ansteckt und damit dreimal des Iavara Bild beräuchert. Wer ihm beständig dient und ihn auf gehörige Art verehrt, dem giebt er eine solche Seligkeit, dass er nicht wiederum braucht geboren zu werden und zu sterben. Was anlangt die Frage, ob unter Siva, Rudra und Iavara ein Unterschied sei, so antworte ich, dass unter ihnen durchaus kein Unterschied ist. Und obzwar in einer Pagode oftmals 25 Figuren sind, denen geopfert wird, so ist doch zuletzt nur einer, in welchem solches alles zusammenfliesst. Auch ist kein Unterschied zwischen Linga und zwischen Iavara. Es kommt alles endlich auf das höchste Wesen hinaus, dem zu Ehren solches überhaupt verrichtet wird. Solches höchste Wesen ist Iavara selbst, Rudra selbst, Siva selbst und alle Götter selbst, die zuletzt alle in selbigem ihr Ende haben. Dieses steht so in unserer Theologie geschrieben. Es geht aber unter uns nicht nach Einer Regel einher, sondern es sind unterschiedliche Religionen, die alle ihre besondern Regeln und Anbetungsarten haben. Hiernebst sagt man, dass Gott das höchste Wesen 6 Gesichter habe. Unter selbigen sind 5 Gesichter sichtbar und materiell. Nach ihnen ergeht alles in der Welt, was Religionssachen sind. Das Eine Gesicht aber ist ein unsichtbares und immaterielles, dessen Gestalt, Anfang und Ende man nicht erkennen kann. Und nach solchem ist Gott das höchste Wesen ein geistiges und unbegreifliches Wesen. Werden wir ihn nach diesem Gesicht erkennen, so verliert sich alle Vielheit, und es bleibt nicht mehr als der einige übrig, welcher der unbefleckte und unvergängliche, heilige und einige Gott ist. Wir erkennen diesen Gott jetzt nur nach seinen 5 offenen Gesichtern, nach welchen alles in unsern Religionsweisen gleichnissweise eingerichtet ist. Wenn man solches alles mit Verstand verrichtet, so übersteigt man alles das, was gleichnissweise geschieht und lernt Gott endlich nach dem einigen Angesicht erkennen."

———▶◀◀———

ZWEITES KAPITEL.

Von Isvara's zwei Weiber: Pārvati und Ganga.

Es schreiben diese Heiden dem Isvara zwei Weiber zu, die eine nennen sie ᴜᴅᴀᴘ Pārvati (Umā), die andere ᴀᴍᴀ Ganga oder ᴀᴍᴀᴜᴀᴠᴀɴɪ Ganga-Bhavāyani. Was die *Pārvati* anlangt, so ist ihr Ursprung eben derjenige, welchen wir im 4. Kap. des 1. Theils von der Sakti angeführt haben, als zwischen welchen diese Heiden, gleichwie zwischen Siva und Isvara, keinen Unterschied machen. Von Pārvati sagen sie nun, dass sie die Mutter aller Welten sei und mit Isvara alles regiere. Sie beschreiben sie als die grösste Göttin, in welcher alle andern Göttinnen begriffen wären. Auch sagen sie, dass sie nur gleichnissweise Isvara's Weib genannt werde, in der That aber wäre sie eine unbefleckte Jungfrau, die von keinem Beischlaf wüsste.

Sie wird abgebildet in ordentlicher Frauengestalt, aber mit vier Händen, zwei reckt sie in die Höhe und hält in selbigen zwei Gewehre ᴘᴜᴄᴀᴜ (kleine Trommel) Tamarugam und ᴜʀᴀᴜ (Strick) Pāsam. Zwei Hände hat sie eingeschlagen und hält sie offen. Auf dem Haupt hat sie eine Krone und auf der Stirn Siva's Aschenzeichen. Die Farbe ihres Leibes ist grün. In den Ohren, am Halse, auf der Brust, an Armen, Händen und Füssen ist sie überall mit Schmuck behangen. Von den Achseln hat sie zusammengereihte Blumen herunterhängen. Mit den Füssen steht sie auf einer Blume. In solcher Figur findet man ihr aus Metall gegossenes Bild in den Pagoden neben Isvara stehen, doch wird sie auch auf andere Weise dargestellt.

Pārvati hat keine besondern Pagoden, sondern wird allezeit mit in Isvara's Pagoden verehrt. Doch steht ihre Figur aus Metall gegossen nicht nur neben Isvara in Einem Gemache, sondern sie hat auch in Visnhnu's Pagoden ihre besondere Kapelle, wo sie in steinerner Figur apart verehrt wird. Es werden ihr alle Opfer angethan, die Isvara gebracht werden, denn er bekommt nie ein Opfer allein, sondern sie hat allezeit ihr Theil daran. Besonders wird sie täglich mit Isvara im Linga verehrt. Alle Opfer, die man ihr bringt, haben gleiche Beschaffenheit mit denen, die Isvara gebracht werden, die Anbetungsformeln aber differiren unter einander.

Hiernebst wie Isvara viele Namen hat und immer in einer Pagode anders benannt wird, als in der andern, so hat auch Pārvati unterschiedliche Namen, die wohl zu beachten sind, damit man nicht eine andere Göttin darunter verstehe. Die vornehmeten Namen sind folgende : 1, ᴀᴍᴍᴀɪ Ammai. 2, ᴀᴋᴛɪ Sakti, 3, ᴜᴍᴀ Umā. 4, ᴅᴇᴠɪ Dêvi. 5, ᴍᴀᴛᴀ Mātā. 6, ɢᴀᴜʀɪ Gauri. 7, ᴀʀᴅʜᴀᴘᴀᴠᴀɴ (Hara's linke Hälfte) Hara-idattavōl. 8, ᴀᴜᴄᴀʀᴜᴘᴀᴛᴛɪ (die in ᴀᴜᴄᴀʀᴜᴘᴀᴛᴛɪ, einer Stadt der Kurumber, verehrte) Kāmakōddatti. 9, ᴀᴍʙɪᴋᴀ (Mutter) Ambika. 10, ᴅʜᴀʀᴍᴀᴘᴀʀᴏᴅᴀɪ (reich an Barmherzigkeit) Dharmaxclvi. 11, *உமை* (zum Heile gereichen ; Siva als Schutzgott der Brahmanen führt den Namen Sambhu) Sâmbhavi. 12, மலைமடந்தை (Bergfräulein) Malaimadandai. 13. *பைசக்தி (பை* Sakti) Paraisivî. 14, முக்கட் பார்வதி (des Dreiäugigen Pârvati) Mukkadpârvati. 15, அசுசெய்சத்திசி (die preiswürdige Sakti-Frau) Uraikörhn sakti-nâri. 16, செம்பட்சக்கண்ணி (die mit grossen schwarzen Augen) Karuntadankanni. 17, அழுஞ்சூழும் *மைச்சி (அச்சி* Herrin, die zu helfen aufgestanden ist) Oerhundaruluranâtachi. 18, அஞ்சுக்கொடை. Alliyankodai. 19, அழியாமலவள்ளி (அழியாமலும் Schönheit, ; ஆவள் Schlingpflanze, Frau) Abhirâma-valli. 20, அமருட்கி௧ உம்மை *(அமருட்கே* Liebesblick) Kâmâkshi-ammen. 21, *மைசி* (die Schöne) Sundari. 22, செம்கமலம்ல௳ (செம்கமலம் rother Lotus) Senkamalatti. 23, அம்கயர்கண்ணி (ஆயல் Karpfen, die Karpfenäugige) Ankayarkanni. 24,*அண்கலைநாயகி*(Herrin des Universums *அண்டலைமிலும்)* Akhilânda-nâtachi. 25, ஜிதாம்பலத்தி Sittambalatti. 26, செம்புட்ஜப்பாடுக௲ (செம்புட்பைச Kuckuk) Sempôttu-nâtachi. 27, ஜாதிகொதிபாயகி (ஜாதி வீடு eine Frau von hoher Kaste) Kulakkodi-nâyaki. 28, பரமெட்டுமென்ஜ (höchste Wonne) Paramêddi-ammai. 29, ஜைபலமிலை (ஜைலை ein Linga, das beide Geschlechter darstellt) Avudai-ammai. 30, அக்னிராத்ப் (அக்னிராச் Feuer) Angâra-aakti. 31, மீன்ட௲ி (Fischäugige, Name der Göttin in Madura) Minâkschi. 32, அம்புஜவள்ளி (அம்புஜம் Lotus) Ambuja-valli. 33, அறைக்ளிருபமை Araikâtta-ammai. 34, சுவாச்சி ஈச (Lotus-Mutter) Kamalâtual. 35, அகொரச்சாச் Aghôra-aakti. 36, பிறை சீசமிலை (சீசை Lampe) Tiruvillakku-ammai. 37, அன்ஜமலை௲ி Annâmalaitchi. 38, அம்பிகாமச்௲ி (die erste der Frauen) Ambikanâtachi. 39, விசுவாத்தலைவிசச் Visuvâttai-nâtachi." 40, *அலிவரசச்௲ி (அலிவரை* Residenz Kâli's) Kalivâsa-Nâtachi. 41, உத்திராபகிமை Uttirâpati-ammai. 42, ஜிதைவள்ளி (ஜிதைம் Gemälde, Schmuck) Chitravalli. 43, ஜிதைநாச்௲ி Chitra-nâtachi. 44, ச௲ைச௲ி (ச௲ைம் Sandel) Chandana-nâtachi. 45, *சம்மகொழி* Ekkali-dêvi. 46, மணமாலைநாச்௲ி (மணம் Heirath) Manamâla-nâtachi. 47, ஓம்பை (die Teufelin) Pêtachi. 48, அளகலைசச்௲ி (die Weltbesitzende Herrin) Ulakudai-nâtachi. 49, ஜிவ௲ைசம் Sivandhêtra. 50, ஜிவாம்முசேயள்ளி Sivakâmasaundari. 51, *கன்னிபெண்* (Jungfrau-Weib ; von der Verehrung Pârvati's unter diesem Namen hat vielleicht Kap Comorin den Namen) Kanya-pön. 52, *அபிஷேகவள்ளி* (die gesalbte Dame) Abhischêka-valli. 53, ஜோகி Isvari. 54, பரமேசுவரி Paramêsvari ect.†

* Da das rein tamulische Wort *அபை* Attai Mutter nicht wohl in einem Sanscritcompositum enthalten sein kann, so ist 39 vielleicht zu lesen *விசுவாத்ல௳* Herrin Visvanâtha's, Siva des Allherrn in Benâres. 42 ist wohl die in der Stadt des Nordherrn அம்புஜி d. i. Kuvêra's verehrte.

† Es sind nicht alles gebräuchliche Beinamen; da einige Namen in obiger Reihenfolge gelesen, sich zu Versen zusammenschliessen, und einige dichterische Füllwörter mitgegeben sind, auch z. B. das in 15 enthaltene *ஸ்ரீ* Frau einen selbständigen Namen bilden müsste, so ergieht sich daraus, dass diese und wohl auch die übrigen Namenreihen einem poetischen Lexicon entnommen sind, wahrscheinlich dem ஜிவாச Tivâgaram des Madura-Collegiums.

Was ihre Festtage anlangt, so hat man zu wissen, dass sie an allen Festtagen Isvara's zugleich mitverehrt und auf den Strassen herumgetragen wird. Unter ihren besondern Festen ist das herrlichste ஆதிபூரம் Adippūram, das jährlich im July neun Tage gefeiert wird, an welchen Tagen man sie mit grossem Gepränge in den Strassen herumträgt. Am 9. Tag wird sie auf einer grossen Carets in den Strassen herumgezogen. Ausserdem hat sie auch jährlich im December einen besondern Fest- und Fasttag திருவாதிரை (Ardra, das 6. Mondhaus, unter welcher Constellation Siva geboren sein soll) Tiruvādra, an dem ihre Figur mit Sang und Klang in den Strassen herumgetragen wird. An diesem Tage fasten die Weiber und bitten Pārvati, dass sie es ihren Männern wolle wohl ergehen lassen und ihnen Gesundheit und alle Glückseligkeit schenken. Auch haben die Weibspersonen alle Monat ein zweimaliges Fasten, das ஷஷ்டிவ்ரதம் (சட்ச sechs) Schasthivrata heisst und in 15 Tagen einmal gehalten wird, bei welchem Fasten sie der Pārvati opfern, selbige loben und anrufen, dass sie ihnen Kinder geben und ihre Männer bei langem Leben erhalten wolle.

Von Pārvati findet man in vielen Büchern dies und jenes geschrieben; auch haben diese Heiden solche Bücher unter sich, die von ihr speciell handeln, unter welchen die vornehmsten sind : 1, அபிராமியந்தாதி Abhirāmi-antādi, ein Liederbuch, worin Pārvati gelobt und angebetet wird, und zwar als Abhirāmi (die Schöne) wie sie in திருக்கடவூர் Tirukkadavūr verehrt wird. 2, அம்பிகாமாலை Ambika-māla gleichfalls ein Liederbuch, darin mit Pārvati geredet wird, als welche unter dem Namen Ambika d. i. Frau dies und jenes verrichtet hat. 3, மாத்ருமாலை (மாத Mutter, உமா Umā) Mātrumā-māla, welches Büchlein Pārvati als Umā preisst. 4, சவுந்தரீ Enthusiasmus, überschwengliche Liebe) Saundari-lahiri, worin Pārvati's Schönheit und Herrlichkeit beschrieben wird, welche um deswillen Saundari die Schöne heisst. 5, சிவகாமசவுந்தரீமாலை Sivakāmasaundari-māla, 102 Gesänge über Pārvati's Herrlichkeit. Alle diese Bücher werden in ihren Schulen von der Jugend gelernt.*

Alles was bisher von der Pārvati gesagt worden ist, fasst ein Heide in einem Briefe kurz zusammen, aus dem wir folgendes anführen : „Pārvati ist aus dem höchsten Wesen entstanden, als welches eine Sakti haben wollte, welches die Mutter aller Welten wäre. Denn பார் Pār heisst so viel als Welt und Erde und பார்வதி Pārvati bedeutet eine solche Person, die über die Welt als eine Mutter und Herrscherin gesetzt ist(?). Man hält sie für eine Göttin und Frau Isvara's. Doch ist

---

* Alle diese Bücher mit Ausnahme vielleicht des dritten sind gedruckt. Abhirāmi-antādi ein kurzes Lied von 101 Versen, verfertigt von Abhirāmi-paddar, wird viel auswendig gelernt ; das 2. Buch, viel älteren Ursprungs, enthält 30 Stanzen auf Pārvati als Minākschi in Madura. Saundārya-lahiri ist eine von Kavirāja l'anditar verfertigte freie Uebersetzung von Sankarāchārya's berühmtem, etwas lüsternem Preis der Glieder Pārvati's. Ein vollständigeres Verzeichniss der Bücher über Pārvati giebt Murdoch Catalogue of Tamil printed books p. 94 ff.

solches nur gleichnissweise zu verstehen, denn an sich selber ist sie eine unbefleckte Jungfrau. Man sagt aber, dass es im Himmel zugehe, wie auf Erden, und nennt sie beide um deswillen Mann und Weib, denn wir haben auf Erden kein ander Gleichniss, darunter wir uns Isvara und Pârvati vorstellen könnten. Was Pârvati's Gestalt betrifft, so wird sie abgebildet wie eine Menschengestalt. Man kann aber eigentlich nicht sagen, sie sei so oder so gestaltet. Denn sie ist von solcher Macht, dass sie so viel Gestalten annehmen kann, als sie will. Ihr Schein und Glanz übertrifft 10,000,000,000 Sonnen. Sie kann nach ihrer Herrlichkeit nicht ergründet, noch mit etwas verglichen werden. Da Sie fragen, was ihre Verrichtung bei Isvara sei, so antworte ich, dass sie alle Menschen und alle übrigen Creaturen mit gnädigen Augen ansieht und Isvara preiset und anbetet, dass er alle gnädiglich regieren, erhalten und erlösen wolle. Sie hat für alle ein herzliches Mitleiden, Liebe und Erbarmung. Solches alles ist Gottes des höchsten Wesens Lustspiel, der alles also verordnet hat, dass wir ihn erkennen sollen. Pârvati erzeigt den Menschen lauter Gutes; denn wer Liebe, Glauben und Vertrauen zu ihr hat und ihrem Willen gemäss wandelt, für selbigen betet sie bei Gott und verschafft ihm die Seligkeit. Ja sie ist eine Fürbitterin für alle Menschen und sucht sie aus Gnaden zu erlösen. Sie ist allen eine solche Mutter, die da hilft und errettet. Sie ist eine gnädige, barmherzige, liebreiche und gütige Mutter. Wenn Sie ferner fragen, wie viel Kinder sie habe, so dient zur Antwort, dass Brahma, Vischnu, Rudra, Subhramanya, Vinâyaka alle ihre Kinder sind, aber diese Kinder sind ihr nicht auf solche natürliche Weise geboren, als andre Mütter ihre Kinder gebären, sondern als Gott gedachte, er wolle solche Personen um dieser oder jener Aemter willen haben, so standen sie alsbald da und wurden ihre Kinder geheissen. Ihre Seligkeit betreffend, geniessen sie eine solche Seligkeit, die von allem Bösen befreit, und mit allem, was gut genannt werden kann, verbunden ist. Die Opfer, welche wir ihr bringen, sind ebenso beschaffen, als die andrer Götter, nur die Gebetsformeln sind verschieden, denn Pârvati, die allmächtige Mutter, hat ihre besondern Lobbücher. Sie giebt ihren Verehrern grosse Glückseligkeit, vollkommnes Wohlleben, Reichthum und beständige Gesundheit. Es wird ihr und Isvara jährlich ein Fest Tirukkalyâna gefeiert, in welchem sie beide vorgestellt werden, als hätten sie Hochzeit. Wenn Jemand an diesem Feste sie zu schauen kommt, oder sie verehrt, oder an diesem Tage Almosen austheilt, von dem weichen alle Sünden."

Was zum zweiten die ebene Ganga anlangt, so wird sie abgebildet als halb Weib und halb Fisch, wie eine Sirene, die auf dem Wasser schwimmt; denn sie wird für die Göttin des Wassers und sonderlich des süssen Wassers, der Flüsse gehalten. Daher alle Flüsse, in denen sich diese Heiden von Sünden reinigen, mit generellem Namen Ganga genannt werden. Sie hat zwei Hände, die sie als zum Beten zusammenhält, auf dem Haupt eine Krone, auf der Stirn das Zeichen der

heiligen Asche. In den Ohren, auf der Brust, an Hals, Armen und
Händen, wie auch um den Leib hat sie allerlei Schmuck, von den
Achseln hängen Blumen herunter. Die Figur der Ganga steht in
keiner Pagode,* wird auch nicht auf solche Weise mit Opfern verehrt,
wie Parvati und andere Göttinnen, sondern ihre Verehrung besteht
darin, dass man sich mit aller Ehrerbietigkeit in den Flüssen und
Teichen nach den festgesetzten Ceremonien wäscht und dabei allerlei
Gebetsformeln recitirt, auch ihren Mann Isvara bei solchem Waschen
lobt und verehrt. Solches ist der Dienst, den sie ihr anthun. Alle
diejenigen Bücher, die von Wasserreinigungen handeln, deren gar viel
sind, kann man für Loblieder dieser Ganga halten. Sonst aber findet
man kein Buch, das über sie speciell wäre geschrieben worden, ohne
nur dass hier und da ihrer in den Historienbüchern gedacht wird.

Diese Ganga hat gar viele Festtage, welche aber allein mit Waschen
in Flüssen und Teichen zugebracht werden. In einer jeden Woche
ist sonderlich der Montag, Mittwoch und Sonnabend zu solchem
Waschen bestimmt, nachmals sind viele Tage im Jahr, ja ganze
Monate zu solcher Wasser-Reinigung gesetzt. Und weil hie und
da in dieser Heiden Landen viele Flüsse gefunden werden, die sie
für heilig halten, so hat fast ein jedweder Fluss seine besondern
Reinigungstage, zu welcher Zeit von weitem dahin gewallfahrtet wird,
z. B. in einer Stadt மாயூரம் Mayaveram wird bei dortigem Fluss
der ganze October mit Wasser-Reinigung zugebracht, welches Fest
ஐப்பசி (ஐப்பசி October, வகை Wage als Sternbild) Arpasi-talam
heisst, an welchem aus vielen andern Städten und Dörfern dahin
gewallfahrtet wird. Und auf solche Weise haben auch andere Oerter,
wo Flüsse sind, ihre besondern Feste zur Wasser-Reinigung. Sonderlich ist der Fluss Ganges sehr berühmt, welcher wegen seiner
Heiligkeit von diesen Heiden selbst ஆதி Ganga genannt wird. Nebst
diesem haben sie noch 8 andere grosse Flüsse, die sie nebst dem
Ganges für die heiligsten halten, worin man von allen Sünden könne
gereinigt werden. Und weil sie weit entlegen sind, so gehen viele
Wallfahrende herum und tragen solch Wasser in kupfernen Flaschen
bei sich, welches als grosses Heiligthum von ihnen gekauft wird.

Sonderlich fällt alle 12 Jahre ein allgemeines Reinigungsfest im
Tanjourschen Reich zu கும்பகோணம் Combaconum, welches மாசிமகம்
(eigentlich மாசிமகம், das grosse Maghe-Fest) Mâsimagum genannt und
der Ganga zu Ehren gefeiert wird. Denn daselbst ist ein grosser
Teich, worin alle 12 Jahre an einem gewissen Tage und zu einer

* In Nordindien wird, an dem Gedenkfeste von Ganga's Herabkunft zur Erde,
in manchen Häusern ihre Figur aus Lehm gemacht, angebetet und am nächsten
Tag in den Fluss geworfen, an manchen Stellen werden diese Bildnisse aber auch
in Lehmtempeln aufbewahrt und täglich verehrt. Ward View of Hindu-Religion.
Madras-Ausg. p. 167.

bestimmten Stunde sich das Wasser erhebt, an welchem Tage sich viel tausend Menschen in selbigem waschen, welches alle Sünde hinwegnehmen soll, daher die Heiden häufig zu solcher Zeit dahin wallfahrten. Dergleichen Wunder geben sie viele von Flüssen vor. Auch haben sie jährlich zwei grosse Festtage, an denen sie in grosser Menge zur See wallfahrten und sich mit Seewasser waschen, das eine Fest kommt alle 25 Jahre einmal und heisst ௪ஷ உ௭௨ம் (௪ஷ௨ம் 13. Monahaus, உ௪ம் Erscheinung, Aufgang) Hasta-udaya, und das andre kommt alle Jahr im Mai einmal und heisst மாஃ௫௭ன் (heiliger Magha-tag) Maghasirunāl. Die Ceremonien, die sie bei ihrer Wasser-Reinigung gebrauchen, sind in derjenigen Beschreibung vom malabarischen Heidenthum, die vor zwei Jahren geschrieben, einiger Massen angezeigt worden, als wo ein ganzes Kapitel von solchen Wasserreinigungen handelt.

Die Ganga hat gleichfalls unterschiedliche Namen, die ihr dieser oder jener Historie wegen gegeben sind, unter welchen die 9 bekanntesten: 1, ௪ஷ௺ (௪௬ம் Vortrefflichkeit, ௪ஷ Fluss) Varanadi. 2, ௭௭௪ஜ (als Tochter des Riesen Jahnu, der in seiner Busse durch ihr Daherrauschen gestört, Ganga verschlang, aber sie auf Bhagiratha's Bitten wieder von sich gab) Jāhnavi. 3, ம௭ஜ௭ஜ௯ஜ Mandāhini. 4, த௯ஜ௪ Tripataki. 5, ௪ஜஷ (der himmlische Fluss) Suranadi. 6, ௪௪௪ Ganga. 7, ப௪ஷ Bhagirathi. 8, ௪௪௭௪ஜஷ௪ஜ Ganga-Bhavāni. 9, ௪ஜ௭௺ஜஜ Ganga-dēvi. Sonst wird auch von ihr gesagt, dass sie stets in den Haarlocken Isvara's liegen soll, davon die Poeten allerlei Fabeln schreiben.

Von ihrem Ursprung und auf welche Art und Weise sie Isvara's Weib geworden, auch welches ihre Gespielinnen sind und wie sie verehrt werde, schreibt ein Heide folgender Massen: „Ganga ist eine aus der Zahl der Saktis. Sie ist in 1000 Gesichter oder Theile der Welt zerflossen und ist auf folgende Weise Isvara's Weib geworden: Nämlich als vor sehr langer Zeit Vischnu den Brahma mit Opfern verehrte und auf seine Füsse Wasser goss, so kam Ganga als eine grosse Wasserfluth herunter auf die Erde geschossen. Da nun die Göttin der Erde solch Wasser nicht vertragen konnte und deswegen sehr beängstigt war, so ging sie zu Isvara, verkündigte ihm solches und betete ihn an. Isvara tröstete sie, sie solle sich nicht fürchten noch ängstigen. Darauf raffte er Ganga zusammen und legte sie auf sein Haupt in die Haarlocken. Dies hat nun den Namen unter uns, als habe sie Isvara zu seiner Frau geheirathet. Von selbigem Tage an ist sie als ein grosser Fluss in ௪௪௭ஷம் Bengalen entstanden und hat sich in 1000 Adern ausgebreitet, welches ihre 1000 Gesichter sind. Sie ist eine Göttin aller Flüsse und Wasserreinigungen. Die Verehrung, die ihr angethan wird, besteht darin, dass man mit grosser Ehrerbietigkeit in die Flüsse steigt und darin nach festgesetzten Ceremonien sich reinigt, dabei nicht mehr als des Tags nur einmal ist, und allezeit den Isvara, der ein Erhalter aller lebendigen Creaturen ist, bei solchen Flüssen lobt und preist, welches dann so viel ist, als würde sie selbst gepriesen und verehrt". Sie hat 8 Jungfrauen zu ihren Gespielinnen, welches 8 Flüsse sind mit Namen: 1, ஐய Indus. 2, ஸரஸ்வதி Sarasvati. 3, யமுனா Yamuna. 4, நருமதை Nerbudda. 5, கஸ்பரம்ஷ Gôdâvêri. 6, காவேரி Kâvêrî. 7, மாருமதி Mamêri. 8, கன்யா Kanya. Welche dann und wann zu bestimmter Zeit nach festgesetzten Ceremonien sich in diesen und andern Flüssen waschen, deren Geschlecht erlangt insgesammt die Seligkeit."

Um auch die gegnerische Richtung zu Wort kommen zu lassen, möge hier ein Gedicht Sivavâkya's (Graul Ind. Sinnpf. p. 164) stehen, welches die Selbstbeschauung als einzigen Weg zum innern Lichte preist, und Waschungen und Wallfahrten nach Kâsi (Benâres) verspottet:

1. Wasser schöpfen, Wasser sinnen—Wasser nur wirst du gewinnen.
Denk an wen du willst und spritze alles Wasser—'s ist kein nütze,
Dank der Wurzel nach, dem Samen, den Pracht-Sprossen, die draus kamen!
Will dazu die Kraft nicht fliessen, schmiege dich zu Siva's Füssen.

2. „Kâsi, Kâsi, Kâsi!" schreiend, rennst du, dass die Füsse schmerzen.
Ei, wenn du auch noch so hinrennst, wird das Schwarz zu Weiss im Herzen?
Wirf hinweg der Lüste Fesseln, zähme die fünf Sinne! traun
Dann wirst du im eignen Herzen bald das wahre Kâsi schaun.

* Ueber den Ursprung der Ganga sind sehr verschiedene Sagen im Umlauf, der oben gegebene Bericht ist ein Unionsversuch, die Vischnuiten lassen sie gewöhnlich von Vischnu's Füssen abfliessen und bestimmen genauer als Quellort den Nagel des grossen Zehen am linken Fuss. Manche Sivaiten lassen sie von Pârvati's Fingern abfliessen, welche im Scherz Siva's Augen zugehalten, wodurch grosse Noth über die Welt gekommen, so dass der Angstschweiss der Sivaitischen Tempel an ihre Fingern sich gesetzt und zur Linderung der Noth als Ganga niedergeflossen. Immer findet der sonst zu gewaltige Strom seinen Weg zurück in Siva's Haar, und immer leitet sie der König Bhagiratha zum Ocean. Dann sind viele Sagen über Ganga's Heirath mit dem Könige Santanu von der Mondlinie, unter der Bedingung, dass alle Kinder ertränkt würden. Das achte Kind aber Bhischma wird vom Vater errettet. Es ist der berühmte Führer der Kaura-Armee am ersten Schlachttage. Im Süden hatte man die viel schwierigere Aufgabe, die Ganga auch daselbst fliessen zu lassen, und die Kâvêri-Quelle mit ihr in Verbindung zu setzen (Vinâyaka stösst Agastya's mit Gangeswasser gefüllten Krug um). Uebrigens gilt das stricte Gebot, den ohne Ausnahme mit jedem Sivatempel verbundenen Tempelteich als Ganga zu betrachten und zu verehren und darin zu baden, gleichgültig ob das Wasser rein oder schmutzig ist.

DRITTES KAPITEL.

Vighnēsvara, Isvara's ältester Sohn.

Nachdem im vorigen Kapitel Isvara's 2 Weiber beschrieben worden, folgt jetzt die Beschreibung seiner Söhne, deren eigentlich nur zwei gezählt werden; der eine heisst சிக்கேசுரர் oder uncontrahirt சிகினேசுரர் (சிக்கம் Hinderniss, Herr der Hindernisse) *Vighnēsvara*, auch *Gasēsa*, von ihm wird in diesem Kapitel gehandelt, der andre ist Subhramanya. Zum voraus hat man zu wissen, dass diese Heiden ihren Göttern zwar Weiber und Kinder zuschreiben, aber nicht auf solche Art und Weise, wie Mann und Weib auf Erden Kinder zeugen. Und obgleich die Einfältigen aus den hierüber geschriebenen Historien sich keinen andern als fleischlichen Begriff machen können, so protestiren doch die Gelehrten dagegen und geben vor, es werde in solchen Stücken alles gleichnissweise von den Göttern gesagt.

Vighnēsvara's Ursprung erzählen die einen so, die andern anders. Die Brahmanen sagen und schreiben, dass Isvara zur Zeit, da er die Welt schuf, auf Erden ein viereckiges Castell abgerissen und dazu die Worte gesprochen habe: மு சிக்கேசுரரு நம ōm Vighnēsvarāya namah (die Form in āya ist Sanskritischer Dativ), worauf alsbald Vighnēsvara entsprungen wäre und sich ihm vorgestellt hätte, welchen er dann als seinen Sohn angenommen. Andere sagen, dass Isvara und Pārvati mit einander in einem Wald gegangen wären und sich die Welt besehen hätten. Und als sie wahrgenommen, dass unter den Elephanten ein Mann und Weib sich unter einander bespringen, wären sie begierig worden, einen solchen Sohn zu haben, der als ein Elephant aussehe. Sobald sie beide solches gedacht, wäre ihnen Vighnēsvara mit einem Elephantenrüssel geboren.

Dieser Vighnēsvara wird sitzend abgebildet, mit einem dicken Bauch. Kopf, Rüssel, Augen und Ohren sind nach Art eines Elephanten. Auf dem Haupt hat er eine Krone, hinter den Ohren zwei Blumen, auch trägt er zwei Ohrgehänge. Auf der Stirn ist er mit Kuhmistasche bestrichen, am Rüssel hat er zwei Elephantenzähne. Zwei Hände reckt er in die Höhe und hält in der linken einen Strick பாசம் Pāsa und in der rechten einen Stachelstock குத்தாரி Kuthāri, welches beides bei Elephanten gebraucht wird. Zwei Hände hat er eingebogen und hält in der rechten ein Stück von seinem Elephantenzahn, den er sich einmal im Zorn ausgebrochen hat, in der andern einen Pfannkuchen, denn er soll ein starker Pfannkuchenfresser sein. Um den Hals hat er Schmuck von Perlen und Edelsteinen, an den 4 Armen und Füssen gleichfalls allerlei Geschmeide. Von den Achseln hat er zusammengebundene Blumen herunterhängen. Dies sein Bild findet man nicht nur überall in den Pagoden, sondern auch aussen vor den Pagoden und in den Strassen, wo er aber gewöhnlich nur halb in Stein ausgehauen steht, so dass man an ihm nur den Elephantenkopf, Rüssel, Ohren und Oberleib sehen kann. In einigen Pagoden wird er auch stehend gefunden.

Es hat Vighnêsvara in allen Pagoden Isvara's eine besondre Kapelle, in welchen sein aus Stein gehauenes oder von Metall gegossenes Bild mit Opfern verehrt wird. Es werden ihm aber auch besondere Pagoden aufgebaut und zwar in so grosser Menge, dass fast kein von Sivaiten bewohnter Ort gefunden wird, wo nicht für Vighnêsvara eine Pagode gebaut wäre. Solche Pagoden sind etwas klein und haben nur Ein Gebäude, das selten mit einer Ringmauer umgeben wird, sondern gewöhnlich bloss stehet, und zwar an Wegen und Strassen, (besondern unter Vahni, Mandâra und Kâha-Blumen, Prosopis spicigera, Hibiscus Rosa Sinensis und Trichosanthes palmata), da Jedermann vorübergehen muss. Weil er für Isvara's liebsten Sohn gehalten wird, so thun ihm diese Heiden alle diejenige göttliche Ehre an, die sie Isvara selbst erweisen, wie er denn auch göttliche Namen führt. Er bekommt täglich in Isvara's Pagoden seine festgesetzten Opfer, und auch in seinen besondern Pagoden 2—4 mal täglich, welche Opfer von gleicher Beschaffenheit wie Isvara's und Pârvati's. Sein Bild steht auch fast in eines Jeden Haus und wird von Mann- und Weibspersonen verehrt, und zwar einige Zeit nur mit devoten Geberden und Complimenten, einige Zeit aber auch mit Opfern und wirklicher Anbetung, welches letztere besonders dann geschieht, wenn man etwas wichtiges anfangen will, denn sie sagen, dass nichts wohl von statten gehe, wenn es nicht in seinem Namen angefangen werde. Daher wenn sie auch andern Göttern ein angenehmes Opfer bringen wollen, so haben sie Vighnêsvara's Figur neben sich stehen und rufen zuerst ihn an, dass er alles wohl wolle von Statten gehen lassen und seinem Vater angenehm machen, danken ihm auch zum Beschluss, dass er Hülfe und Beistand geleistet hat. Ja man findet fast kein Buch unter ihnen, dem nicht auf dem Titelblatt ein Lob Vighnêsvara's vorangesetzt ist.

Gleichwie Isvara und Pârvati nebst allen andern Göttern viele Namen haben, so wird auch Vighnêsvara in ihren Büchern und an unterschiedlichen Oertern mit verschiedenen Namen benannt, unter denen die bräuchlichsten sind: 1, பிள்ளை (das erlauchte Kind, im Tamulenlande) Pñllayar. 2, காணப (Herr der niedern Götterschaaren, im Bombay-District) Ganapati. 3, விநாயகர் (für Unglück; Herr gegen Unglück) Vinâyaka. 4, ஆனைமுகர் (der mit dem Elephanten-Gesicht) Annimukhava. 5, குஞ்சரம் (குஞ்சரம் Elephant) Kunjara. 6, கஜவதனர் Vinâyaka mûrti. 7, குஞ்சரமுகன் (Elephanten-Herr) Kunjara-udayôn. 8,

பேரருளாளன் (der gross-gnädige) Pērarulālen. 9, பொய்யாதபெய்யுடைபோசி (Trugloser-Wahrheit Besitzer) Poiyātha-mey-udayōr. 10, உற்றஇம் பிள்ளயசி (das tanzende Kind; und dabei wird Vighnēsvara lahm gedacht) Kūttadum-Pillayār. 11, அங்குசபாசமேந்தி (அங்குசம்குடன்சி Stachel; ேசம் halten) Angusa-pāsamēndi. 12, அம்பிகாதனயன் (அம்பிகை Weib, Pārvati; தனயன் Sohn) Ambika-tanaya. 13, தம்பிக்கையன் (தம்பி Elephant, கை Hand) Tumbikkayen. 14, மோதகப் பிரியன் (மோதகம் gefüllte Reiskuchen in Kegel-Gestalt; பிரியன் Liebhaber) Mōdaka-priya. 15, முன்னோன் (der älteste sc. Sohn) Munnōn. 16, ஐங்கரன் (ஐம் Hand, der fünfhändige, der Rüssel als fünfte Hand) Ainkara. 17, மூர்ச்சரன் (gleich 15) Mūttōn. 18, தொதுவளிமருப்பினன் (தொது einzeln, மணி Schmuck, மருப்பு Horn, Fangzahn) Oddai-ani maruppinen. 19, ஏரம்பன் (der von seiner Vortrefflichkeit eingenommene) Hēramba. 20, கங்காபுத்ரன் (பெற்றன் der geboren ist) Gangāsuta. 21, முக்கண்ணன் (dreiäugig wie Siva) Mukkannen. 22, காணபதி (கணபதியின் Sohn) Isa-māntu. 23, கஜமுகன் (கஜம் Elephant; gleich 4) Gaja-mukha. 24, ஆகுவாகம் (dessen வாகனம் Wagen ஆகு eine grosse Ratte ist) Akhu-vāhana etc.,

Was Vighnēsvara's Fasttage und Festtage anlangt, so werden besonders zwei jährlich zu einer bestimmten Zeit beobachtet. Das grösste Fest ist சஷ்டி சதுர்த்தி (சதுர்த்தி jeder 4. Tag nach dem Voll- und Neumonde, welche alle Ganēsa geweiht sind, dann. speciell der 4. des Monats Avani, August-September) Pillayar-Chaturti, an welchem Tage zugleich gefastet wird und zwar aus Beglerde, dass man wohl lernen, guten Verstand, Weisheit und Kenntnisse bekommen möge. An diesem Tag wird gewöhnlich auch Vighnēsvara's Figur in den Strassen herumgetragen, welche Figur aladann zugleich fast in jedem Hause Verehrung und Opfer bekommt. Der andre Fest- und Fasting heisst பிள்ளயார் சதுர்த்தி (சதுர்த்தி Fasten) Pillayar-Nōnbu und wird besonders deshalb gefeiert, dass aller Hausrath in gutem Stande bleiben und sich mehren möge. An diesem Tage backen sie viel Pfannkuchen, die sie Vighnēsvara in den Pagoden und Häusern opfern und nachmals selbst verzehren, wenn sie ihr Fasten vollendet haben. Ausser an diesen zwei wird er auch an allen Fest- und Fasttagen Isvara's und Pārvati's verehrt und in den Strassen mit herumgetragen; denn diese Heiden machen aus ihm sehr viel und sagen, dass dem Isvara kein Opfer, noch sonst etwas gefallen könne, wenn nicht zugleich sein Sohn Vighnēsvara mitverehrt würde.

Von ihm werden in diesen und jenen Büchern viele Historien geschrieben, die aber lauter erdichtete Mährlein sind, wie eben alle ihre poetischen Historien, welche aber diese Heiden ungeprüft als gewisse Wahrheit annehmen und glauben. Unter den Büchern, die speciell von ihm geschrieben sind, ist besonders zu merken: வரமுகத்தம் (வரம் Elephant) Vōrha-mukhattu oder பிள்ளயார்பிஞ்சு (பிஞ்சு ein Vermass)

Pûllayar-sindhu,* welches gleichsam ein Gebetbuch ist zu Vighnêsvara's Lob und Anbetung. Sonst hat er auch, wie schon oben gesagt die Ehre, dass fast allen Büchern ein Lobspruch auf ihn vorgesetzt wird. Sie placiren ihn auf Kailâsa bei seinem Vater, sagen aber zugleich, dass er allenthalben gegenwärtig ist.

Von diesem Vighnêsvara schreibt ein Heide an uns: „Vighnêsvara wird allerdings für einen Sohn Gottes gehalten. Er wurde aber Isvara's Sohn auf folgende Weise: Isvara und Pârvati standen einmal in einem Wald und besahen sich die Welt. Da kamen grade zwei Elephanten Mann und Weib ihnen zu Gesicht, die einander besprangen. Da gedachten sie, einen Sohn mit solchem Elephanten-Gesicht möchten wir wohl haben. Gleich zur Stunde wurde ihnen solcher Sohn geboren. Dies wird von einigen als Wahrheit erzählt und geglaubt. In unserer Theologie aber steht folgendes als Grund von Vighnêsvara's Ursprung. Es soll nämlich Isvara, als er alle Welten schaffte, einen Abriss von einem viereckigen Castell gemacht und dabei gesprochen haben: Om Vighnêsvartya namah, worauf alsbald Vighnêsvara entstanden wäre. Und eben um dieser Ursache wegen pflegen wir nichts anzufangen, wir haben denn ihn erst gelobt und angebetet. In allen Städten und Dörfern ist zuerst dieses Vighnêsvara Pagode gebaut, und bis auf den heutigen Tag wird unter uns als Gebrauch gehalten, dass wenn wir etwa zu einer Pagode oder zu einem Haus das Fundament legen wollen oder eine Hochzeit anzustellen haben oder auch die Kinder in die Schule schicken, oder wenn wir sonst in weltlichen Dingen etwas anfangen wollen, dass wir allezeit erst Vighnêsvara loben und anbeten. Seine Pagoden werden gerne gleich vor den andern Pagoden gebaut. Auch stehen sie gewöhnlich an den Gassen und Strassen, an manchen Orten findet man oftmals in Einer Gasse vier Pagoden, die an den vier Ecken der Gasse erbaut sind. Vighnêsvara hält Hut, dass sich die Teufel nicht zu uns nahen können. Wer alle Freitage in seinem Namen fastet und ihm Kokosnüsse opfert, der mag von ihm bitten, was er will, so erlangt er's. Es sind über ihn allerlei Loblieder geschrieben, mit

---

* Ein vollständigeres Bücherverzeichniss bei Murdoch p. 104 ff., dort wird aus dem Vôrhamukhattu ein Gebet zu Ganêsa, der besonders Patron der Schüler ist, angeführt, das in den eingebornen Schulen oft gebraucht, etwa so lautet:
Vighnêsvara, du spielst mit den Händen klapp, klapp.
Iss sechs Kokosnüsse auf Einen Knack, knack.
Und anderthalb Scheffel zermahlenen Reises.
Auch Zuckerwerk, und was sonst noch, wer weiss es?
Und hundert Körbe voll Mangos daneben:
Schau nieder, wollst deinen Segen uns geben.

Soll aber irgend ein Examen gemacht werden, so stimmt es Vighnêsvara noch günstiger, wenn ihm die Mühe des Nussknackens abgenommen und die Nüsse auf seinem Kopf zerschlagen werden. Er ist mitleidig, weil ihm selbst einmal litterarische Nüsse aufgegeben wurden. Als er nach Vyâsa's Dictat das Mahâbhârata so schnell nachschrieb, dass der Dichter in Gefahr kam, dem Stoff nicht so schnell beemeistern zu können, liess er einige noch vorhandene schwierige Stellen mit unterfliessen, worauf der Gott zum bessern Nachdenken endlich die Feder absetzte.

denen wir ihn zu loben pflegen. Es werden gar viele Wunder von ihm erzählt, denn man findet Leute, die blind gewesen und wieder sehend geworden sind, weil sie in seine Pagoden gegangen und ihn in Liebe und Glauben angerufen haben. An einigen Oertern erscheint er in Menschengestalt und verkündigt das Unglück zuvor, das da kommen soll, und hält es auch ab. Daher wird ihm der Name ஒபிஷவர் uri (ஒபி Apad Widerwärtigkeit, ஸ erhalten, vertheidigen) Apattukātta-pūllayār gegeben. Hiernebst ist gegen Abend ein Ort ஒபிஷமபுரி Pothuvudayār, wo in Vighnêsvara's Pagode allerlei Wunder vorgehen. Wenn etwas aus einem Haus gestohlen ist, und man hat Verdacht auf einen, dass er der Dieb sei, so führt man ihn in selbige Pagode vor Vighnêsvara und lässt ihn seine Hand in heisssiedende Butter stecken. Ist er unschuldig, so geschieht ihm kein Schade und die Hand bleibt, wie sie vorher gewesen. Ist er aber schuldig, so verbrennt die Hand und wird zu Asche. Die Ursache, warum wir Vighnêsvara Pagoden bauen, ist diese, weil er Isvara's erster und liebster Sohn ist, daher ihm auch das erste Opfer gebracht wird, welches விநாயக Vināyaka-pūja heisst. Wer ihm opfert, bekommt guten Verstand, ist frei von Armuth, erlangt Weisheit und eine gute Natur, lebt auf Erden lange und geniesst alles Wohlsein. Es ist ein Buch vorhanden தேவகோர்வை Dêvakôrvai, worin viele Historien von Vighnêsvara erzählt werden.

Wenn schon der grosse Siva seinen Stammbaum nicht auf die Vedas zurückführen kann, sondern zufrieden sein muss, sich als Rudra, den zerstörenden Gott der Winde, dort zu finden, so bleibt er doch immer im Süden, zumal im Pāndya-Reiche, wohin nur wenige Spuren Vedischer Verehrung der Elemente getragen sind, der älteste Brahmanische Gott, der vielleicht sogar sein Hauptemblem, das Linga, von der ältern Urreligion entlehnt hat. Von Vighnêsvara dagegen, wie von Subhramanya und Manmatha wird vor den beiden grossen Epen nichts gehört, aber wie oft die jüngsten Kinder die liebsten, so ist auch Vighnêsvara der populärste Gott, der Haushaltsgott, geworden. Er theilt mit allen diesen spätern Göttern das Geschick, dass die Schönheit der Symbolik geopfert ist, (erscheinen doch schon die Hauptgötter Brahma und Siva vielköpfig wie die Wendischen Götter), denn es wird trotz Ward, welcher die Indier den Elephanten für ein dummes Thier halten lässt, und „dumm wie ein Elephant" als scharfes Scheltwort anführt, doch wohl dabei bleiben, dass Ganêsa eben als Gott der Weisheit und Wissenschaft den Elephantenkopf trägt. Sonst macht der Elephantenkopf der mythologischen Sage viel zu schaffen. Im Allgemeinen scheinen auch die Indier von dem Gefühl beherrscht, dass Götter nicht nach Weise der Menschen Kinder haben können, nur dass sie dies jetzt auf einen Fluch Pārvati's über die Götter zurückführen. Weit entfernt aber, dass diese Vorstellung zu Gottes würdigeren Vorstellungen geführt hätte, etwa wie bei den Griechen Pallas Athene gewappnet aus

K

Zeus' Haupte hervorspringt, oder Vira-Bhadra entsteht, als Siva's Locke den Boden berührt, wird sie nur Anlass, der unzüchtigsten und geilsten Phantasie alle Zügel schiessen zu lassen, so dass denn auch einige Sagen über Vighnêsvara's Geburt unwiedergebbar sind. Am häufigsten ist die oben gegebene Sage in etwas veränderter Form: Als Siva und Pârvati einst in den schattigen Laubgängen auf Kailâsa spazieren gingen, kamen sie zu der grossen rings mit Gemälden geschmückten Halle, woselbst Siva sein und Pârvati's Gemälde sich in einen männlichen und weiblichen Elephanten verwandeln und aus ihrer Verbindung Ganapati, den Herrn der Götterschaaren, geboren werden liess. Er verharrte aber lange Zeit in blosser Bild-existenz, bis die Götter gepeinigt durch den Uebermuth des Riesen Gajamukha (Elephantengesicht), der das Versprechen errungen, von keinem Gott, Teufel, Menschen oder Thier erschlagen zu werden, auf Ganapati als den durch seine zusammengesetzte Gestalt einzig möglichen Erretter aufmerksam wurden. Ganapati zog mit allen Götterschaaren in den Kampf, in der Hitze des Streites brach er seinen rechten Zahn aus und schleuderte ihn gegen den Feind, der dadurch zu Boden geworfen sich plötzlich in eine grosse Ratte verwandelte. Ganapati nicht minder schnell, sprang auf die Ratte, welche ihm bis heutigen Tags als Gefährt dient. Die dankbaren Götter aber erbaten sich als Gnade, ihren Erretter freiwillig die selbe Art von Begrüssung zu sollen, wozu bisher der Riese sie gezwungen—ᴄᴘᴇʟʏᴊᴀᴀɴʟᴜ Tôppakkandam. Dieselbe Weise ist dann auch unter den Menschen eingeführt und bildet auch, zu Ehren des Gottes der Wissenschaften, ein Hauptstrafmittel in den Schulen. Der Verehrer oder fahrlässige Schüler hat zunächst mit seinen Knöcheln seinen eigenen Kopf weidlich zu bearbeiten, dann mit der rechten Hand das linke Ohr und mit der linken Hand das rechte Ohr fassend bestimmte Male niederzukauern und sich wieder zu erheben. Die Anbetenden tragen während dieses zweiten Ganges brennende Lampen auf dem Kopf. Da auch nach tamulischer Anschauung und nach tamulischem Sprüchwort Studien sich besser vor als nach der Hochzeit treiben lassen, ist Ganêsa ausnahmsweise ohne Sakti, denn wenn ihm Siddhi und Buddhi, Vollkommenheit und Weisheit, zuweilen als angetraut erscheinen, so ist natürlich damit sachlich noch nichts geändert. Als Grund der Ehelosigkeit wird angeführt, dass Ganêsa seine Augen zu hoch geworfen und seiner Mutter erklärt habe, nur eine ihr an Schönheit gleiche zu nehmen. Die ist aber bis jetzt nicht gefunden, obgleich der Gott an den Strassenecken und auf den Schwellen der Tempel sich die günstigsten Plätze zur Brautschau erlesen hat. Zuweilen werden unter den Hindusecten auch die Ganapatyas erwähnt; wahrscheinlich aber halten auch diese nicht Ganêsa für den höchsten Gott, sondern haben ihn sich nur bei ihrer Initiation vom Guru als besondern Schutzgott nennen lassen.

———◆>◄◆———

VIERTES KAPITEL.

Subhramanya mit seinen Frauen Dēvayānai und Valliammen.

Isvara's anderer Sohn heisst சுப்பிரமணியர் Subhramanya. Er wird eben so hoch und fast noch höher geehrt als Vighnēsvara. Von seinem ersten Ursprung und wie er Isvara als Sohn geboren ist, liest man nichts in ihren Büchern (?), auch wissen die Brahmanen nichts davon zu sagen, als dass er nach seinem ersten Ursprung nicht könne ergründet werden. Wann er aber die Gestalt von 6 Häuptern und 12 Händen angenommen habe, solches ist weitläufig beschrieben in einem Buche ஸ்கந்தபுராணம் Skanda-Purāna, worin erzählt wird, dass ein Riese ஸூர Sūra oder ஸூரபதுமன் Sūrapadma wegen seiner 2000 jährigen harten Busse von Isvara die Macht erlangt, über alle Welten zu regieren und weder von Isvara selbst, noch von andern Göttern getödtet zu werden. Als er sich aber alsdann erhoben und in seinem Regiment die Götter selbst als Sclaven tractirt, so wird endlich Isvara durch das Flehen der Götter bewogen wider diesen Riesen Krieg zu führen, und weil Sūra einmal die Gewalt erlangt, weder von Isvara, noch von andern Göttern getödtet zu werden, so nahm Subbramanya eine Gestalt von 6 Häuptern und 12 Händen an, ging wider ihn zu Felde, verstiess ihn aus den andern Welten auf die Erde und tödtete ihn, worauf denn Subbramanya wiederum in seine vorige Seligkeit soll eingegangen sein.

Er wird also abgebildet mit 6 Häuptern und 12 Händen. Weil aber solche Figur mit so viel Häuptern und Händen gar schwer aus Stein zu hauen oder aus Metall zu giessen ist, so pflegt er gewöhnlich in den Pagoden nur mit Einem Haupt und 4 Händen abgebildet zu werden, zwei Hände reckt er in die Höhe und hält das oftgedachte Gewehr வேல் Vēl, womit er Sūra erlegt hat. Die andern zwei Hände aber hat er eingebogen und hält sie offen. Auf dem Haupt hat er eine Krone, an Ohren und Hals, auf der Brust, am Unterleib, an Armen, Händen und Füssen ist er ebenso geschmückt, wie die andern Götter. Er steht auf einer Blume und hat einen Pfau neben sich stehen, als welcher sein Wagen ist, darauf er zu fahren pflegt. Seine Figur steht in allen Isvara-Pagoden und zwar in einer besondern Kapelle. Seine zwei Weiber stehen allezeit neben ihm, eine zur Rechten und die andre zur Linken. Er bekommt alle Tage seine gewissen Opfer zur Zeit, wenn dem Linga und Isvara geopfert wird. An den Oertern, wo einige Wunder von ihm geschehen sein sollen, sind ihm besondere Pagoden erbaut, wo er täglich dreimal mit Opfern verehrt wird, welches Opfer grade so beschaffen ist wie Isvara's, ein Trank- Speis- und Rauchopfer.

Er wird angebetet als ein wahrhaftiger Gott, der erlösen und selig machen könne. Ja sie geben vor, dass er mit Isvara Eines Wesens, daher wer ihn anbete, Isvara selbst anbete. Daher wird er auch wie Isvara mit den Namen Gottes des höchsten Wesens benannt. Von seinen besondern Namen aber, die er wegen gewisser Thaten und Wunder bekommen, sind folgende die vornehmsten: 1, ⸺ Skanda-Svâmi. 2, ⸺ (⸺ Waffe) Vêl-âyudha. 3, ⸺ ⸺ (⸺ Sohn; specieller Titel Subhramanya's) Kumâraswâmi. 4, ⸺ (⸺, Ort westlich von Madura) Pulney-vêlen, 5, ⸺ (der mit 6 Gesichtern) Arumukha. 6, ⸺ Muttukkumâra und 7, ⸺ Muttiyen (⸺ Perle; einige leiten es ab von ⸺ Mukti höchste Seligkeit). 8, ⸺ (⸺ Zerstörer) Sûra-samhâra-mûrti. 9, ⸺ (der zarten Alters, der jüngere) Murugen und 10, ⸺ (⸺ Vater, aber auch Anredewort der Eltern an junge Kinder) Murugappen. 11, ⸺ ⸺ (⸺ Pfau, ⸺ besteigen) Mayilôruvêlen. 12, ⸺ (ein junger Mann von 16 Jahren) Kumâra. 13, ⸺ (sonst Beiname Bhairava's) Vaduga-nâtha. 14, ⸺ Maruthappen. 15, ⸺ Vîravêlen. 16, ⸺ (⸺ Armee) Sênâpati. 17, ⸺ (⸺ Soldat, ⸺ Fürst) Sêvaka-perumâl. 18, ⸺ (⸺ Skanda's Geburtssee, wahrscheinlich Manasarova nördlich vom Himâlaya) Saravanen. 19, ⸺ (der durch sich selbst existirende, sonst Beiname Siva's) Bhava. 20, ⸺ (⸺ Eugenia racemosa, ein Blumenbaum mit weissen, eine andre Art mit rothen Blumen, Skanda geheiligt) Kadamben. 21, ⸺ (Lanze) Vêl. 22, ⸺ (⸺ Höhle) Guha. 23, ⸺ (Leiter einer Abtheilung Kuraver, Korbflechter und Vogelfänger, aus deren Kaste Valliammai stammt) Kulaven. 24, ⸺ ⸺ (⸺ Name Vischnu's, welcher Pârvatî's Bruder; ⸺ Schwiegersohn, Neffe) Mâyôomarugen. 25, ⸺ (der Jugendliche, wie 9 und 10) Sâyen. 26, ⸺ (⸺ Berg, ⸺ zertheilen, zersplittern; dessen Lanzenwurf Berge zersplittert) Varaipagavôrindon. 27, ⸺ (Kaufmann, unter welcher Verkleidung Skanda einst in Madura erschienen) Söddi. 28, ⸺ (⸺ der Nehmer, Entführer, Beiname Siva's, ⸺ Sohn) Haramagen. 29, ⸺ (⸺ Sohn) Ganga-mântu. 30, ⸺ (Besieger des Riesen Târaka) Târaka-seddôn. 31, ⸺ (Lehrer; nach seinem Rath gab Agastya dem Tamil, der Südsprache, grammatische Regelmässigkeit, daher rühmen sich die Vellâler als eigentlicher Stamm der Tamulen Subhramanya's gegenüber den Vertretern des Nordtamul, des Sanscrit) Asân. 32, ⸺ (König) Vênden. 33, ⸺ (⸺, das 16. Mondhaus, unter dem Subhramanya geboren) Visâkha. · 34, ⸺ (⸺ ein Strick heraufziehen) Sênden. 35, ⸺ (⸺ Berg; Subhramanya ist Patron und Herr der Berge) Silamben, etc.

Diesem Subhramanya zu Ehren erwählen diese Heiden in der Woche den Dienstag zu einem gewöhnlichen Fasttage, an dem diejenigen zu fasten pflegen, die ihn zu ihrem vornehmsten Gott erwählt haben und von ihm dies und jenes erlangen wollen. Ausser diesen wöchentlichen Fasttagen haben sie auch einen jährlichen ⸺ (⸺ der 6. nach dem Neumond oder Vollmond) Skanda-Sebasthi, der nach ihrem

Styl im October gefeiert wird, wo sie Subhramanya anrufen, dass er alle Feinde vertilgen und aus aller Noth helfen wolle. Auch hat er an denjenigen Oertern, wo ihm besondre Pagoden erbaut sind, seine besondern Festtage, an denen diejenigen Historien als Comödie vorgestellt werden, die sich ehemals dort sollen zugetragen haben. Endlich wird er auch an allen Festtagen Isvara's und Isvari's bei den Aufzügen in den Strassen mit herumgetragen, bekommt mit ihnen gleiche Verehrung und Opfer, nur dass bei seinen Opfern andre Gebetsformeln recitirt werden.

In den Historienbüchern, die über Isvara geschrieben sind, wird Subhramanya's gar oft gedacht, sonderlich handelt das Buch *சிசுமாரம்* Skanda-puranā weitläufig von ihm, als worin zwei lange Historien erzählt werden, erstlich wie er von seinem Vater gesandt worden sei, *தச்ச* Daksha's Vornehmen zu nichte zu machen, als welcher Isvara von seinem göttlichen Thron stossen und einen andern grossen Gott machen wollen: in welcher Gesandtschaft er aber sich von Frauenspersonen aufhalten lassen, die auf dem Weg nach Daksha's Verordnung ihn haben becomplimentiren und durch Vocal- und Instrumentalmusik ergötzen müssen, wie denn allenthalben von ihm geschrieben steht, dass er ein grosser Liebhaber der Frauenspersonen sei.* Daher lassen sich auch diejenigen Jungfrauen, die in den Pagoden dienen und *தேவ தாசி* Dēvadāsi genannt werden, Subhramanya antrauen und halten Hochzeit mit ihm, wonach sie denn keine Freiheit zu heirathen, wohl aber zur Unzucht haben. Zum andern ist die oben vermeldete Historie in diesem Buch enthalten, wie er mit Sūra Krieg geführt und ihn erlegt hat.

Sonst sind auch besondre Bücher über ihn geschrieben, unter denen zu nennen sind: 1, திருப்புகழ் Tiruppugarh, welches so viel heisst, als ein heilig göttlich Lob, wie denn darin Subhramanya nach seinen Thaten, die er besonders in der Stadt Kālastri gethan hat, gelobt und angebetet wird. Der Autor heisst அருணகிரிநாதர் Arunagiri-nātha, der erst in Subhramanya's Pagode ein Trommelschläger gewesen und gar übel gelebt hat, nachmals aber soll ihm Subhramanya wegen seiner Bekehrung grosse Gaben gegeben haben, dass er viel Wunder thun und viel Bücher schreiben können, und zwar in solchen sinnreichen und schweren Versen, dass die andern Poeten von ihm sagen, er habe selbige nicht nach der Kunst, als welche er niemals gelernt, sondern aus Eingeben Subhramanya's geschrieben. 2, *சிற்றம்பலபுராணம்* (*அம்பலபுராணம்*) übermenschliche Kenntnisse und Güter) Skanda-Anubhūti, worin gleichfalls Subhramanya nach seiner Herrlichkeit beschrieben, gelobt und

---

* Der Dichter Iraddayer, dem Nachts, als er vor einer Pūllayār's Pagode geschlafen, das Geld aus dem Kleide genommen war, macht sich deshalb über die nobeln Passionen der ganzen Götterfamilie lustig: „Dein jüngerer Bruder Skanda ist ein Mädchendieb und deiner Mutter Bruder, der elende M: yen (Vischnu-Krischna) ist ein Butterdieb, und du Pūllayār hast nun das Geld aus meinem Kleid gestohlen. Wird sich denn diese angeborne Familienneigung nie ändern?" Tam. l'lat. p. 30.

angebetet wird, welches (sehr gewöhnliche und nur aus 56 schönen Versen bestehende) Büchlein gleichfalls von jetztgedachtem Autor geschrieben ist*. 3, குமரபிள்ளைதிருநாமம் Kumāra-pillai-tirunāmam, welches ein Liederbuch ist, darinnen Subhramanya, insofern als er den Namen Kumāra führt, gerühmt und gepriesen wird. 4, குமரபெரில் வர்ணம் (வர்ணம் Ode ; Ode auf Kumāra) Kumārerpēril-vannam, ein langes Lied, das nach der musikalischen Kunst gesungen wird und von Subhramanya handelt. Alle diese Bücher werden in ihren Schulen tractirt und von der Jugend gelernt, dass sie selbige nach den gewöhnlichen Melodien singen können.

Ein Heide, der diesem Subhramanya zugethan ist, schreibt uns über ihn: „Wie alt Subhramanya ist, und wann er entstanden, kann Niemand wissen. Es ist auch selbst in dem Gesetz nicht geschrieben, wann er seinen Anfang genommen hat, und wie lange er schon Gottes Sohn gewesen ist. Wie er aber die Gestalt von 6 Häuptern und 12 Händen an sich genommen hat, solches verhält sich folgender Gestalt: Es war ein Riese Sûra genannt. Derselbe that vor Gott eine sehr lange und harte Busse, wobei ihm denn endlich Gott erschien und ihn fragte: Mein Sohn, du thust eine so strenge Busse, was willst du, dass ich dir geben soll. Er sprach: Ich will, dass du mir die Herrschaft über alle Welten geben wollest, und dass in solchen Welten ich weder von den Göttern, noch von den Königen, noch von deinen eignen 5 Gesichtern auf irgend eine Weise überwunden werden könne. Gott gat ihm alle

---

* Der Tamil Plutarch p. 11 giebt über Arunagirinatha, den berühmtesten Sänger Subhramanya's, der nach Murdoch im 16. Jahrhundert lebte, was meine Lebensschicksale betrifft, nur die kurze Notiz, dass er in Trinomali als Asket lebte und starb. Er schrieb ausser den beiden im Text genannten Büchern, deren berühmtestes Tiruppugarh, welches in betrübten Zeiten Nachts gesungen, aber auch sonst angestimmt wird, wenn etwa ein Eulengeschrei Unglück verkündigt hat, noch Skanda-antādi, Skanda-alankāra, Tiru-veṇuppu. Ausserdem noch Udar-kaddu-vannam, eine Schilderung der Altersstufen, welche etwa also lautet: „Der Ursprung des Menschen ist gleich einem Thautropfen, der von der Spitze eines Grashalms herabfällt: er nimmt körperliche Form an in seiner Mutter Leib im Lauf von zehn Monaten und wird dann geboren, erjeut sich nieder, kriecht, schwatzt, geht, wird vertraut mit Wissenschaft. Mit sechzehn steht er in der Blüthe der Jugend, geht reich gekleidet einher, geschmückt mit Juwelen, macht jungen Damen den Hof, wird bezaubert von ihren Blicken, lässt sich gehen in allerlei Unregelmässigkeiten, verthut sein Vermögen. Mit der Zeit nimmt er ein Weib und wird Vater von Kindern. Er versagt sich sogar die Reishülsen und wünscht nur, die Kinder zu erfreuen. Er dünkt sich, indem er billig lebt, jegliche Wohlthat versagt und keinerlei Gunst spendet, der glücklichste von allen Menschen. Seine Jugend vergeht, das Alter schleicht heran; sein Haar wird grau, die Zähne fallen aus, die Augen werden trüb, das Gehör schwer, der Körper ausgetrocknet, der Rücken gebeugt, und unaufhörlicher Husten lässt ihn nicht schlafen. Er kann nicht länger allein gehen und greift zum Krückstork, wird der Kinder Spott. Dann kommen des Todesgottes Boten mit zottigem Haar und schrecklichen Mienen, packen ihn und tragen seine Seele fort unter dem Geschrei von Frau und Kindern. Seine Verwandte und Freunde kommen zusammen, sprechen von seinen guten oder bösen Thaten, tragen seinen Körper zum Brennplatz unter dumpfem Trommelklang, legen ihn in die Flamme, die ihn verzehrt, und es bleibt — eine Handvoll Asche."

solche Gewalt und Gabe in Erwägung seiner langen und strengen Busse, Alsdann herrschte er sehr streng über die Welten, und machte die Götter, die sich in solchen Welten befinden, zu Sclaven, dass sie ihm auch die allergeringsten und verächtlichsten Dienste thun mussten. Hierauf versammelten sich die Götter und gingen zu Brahma, sich bei ihm über Sûra's Tyrannei zu beklagen. Brahma wies sie zu Vischnu, und dieser gab ihnen den Rath, in dieser Sache bei Siva mit Klagen einzukommen. Als sie nun zu Siva gingen und ihm solches klagten, tröstete er sie und sprach: Fürchtet euch nicht, ich will Rath schaffen und ihn tödten, segnete sie also und liess sie von sich. Hierauf ging Siva mit sich zu Ratho und sprach: Siehe, ich habe ihm die Gabe und Gewalt gegeben, dass er sogar auch von meinen 5 Gesichtern nicht überwunden und getödtet werden kann. Und was ich denn einmal gesagt, kann ich nicht widerrufen. Alsdann verordnete er, dass Subhramanya eine Gestalt von 6 Gesichtern und 12 Händen annehmen und diesen Rabellen mit einem Gewehr ச௵ம் Vél erlegen sollte. Nach erhaltenem Segen ging Subhramanya aus, reitend auf einem Pfau und führte Krieg wider Sûra, den er aus der Götterwelt vertrieb, dass er sich auf die Erde flüchten und hier verstecken musste. Aber Subhramanya kam gleichfalls in diese Welt und traf ihn hinter திருவை Tilliâli nahe bei Trankebar an einem Orte தீருவைடாய் Tiruvidaikkarbi genannt, allwo er ihn tödtete und über ihn triumphirte. Als er ihn überwunden und getödtet, kommt er nach ஸ்ககாடபுரம் Trankebar und ist etwas beschwiemelt, und eben von diesem Beschwiemeln, welches பும்மூர் tayanginân heisst, hat von selbiger Stunde an solche Stadt den Namen ஸ்கதபுரம் Trankebar bekommen*. Solches Beschwiemeln aber hat ihm sein Vater Isvara benommen, der in Trankebar மசிலாசபவாமி Mâsillatha-svâmi der unbefleckte Gott heisst. Es hat Subhramanya unterschiedliche berühmte Oerter unter uns, unter welchen folgende fünf die merkwürdigsten sind: 1 பழனி Pulney. 2, சுப்பிரமணியம் Subhramanyam. 3, சீரமலை (im Südosten Ceylons nahe bei Kandi) Kathirkâmam. 4, செந்தில்கோட்டம் Pülliirukkumvêlur. 5, திருவிடைகாய் Tiruvidaikkarbi.

An diesen Oertern wohnt er vor allen andern Plätzen in der Welt, seine eigentliche Wohnung aber ist in der Seligkeit bei seinem Vater. Auf ஈவைம Ceylon an dem eben genannten Ort அமிசாயம் Kathirkâmam (Kartregam) werden gar viele Wunder von ihm erzählt. Die Mohren nennen ihn daselbst அமிசு Kathirnabi und verehren ihn als einen ihrer Propheten. Wir Tamulen aber nennen ihn அமிசாலவாலி

* Diese Ableitung des Namens Trankebar ist doch etwas unwahrscheinlich, gewöhnlicher wird es mit தரை Taranga Welle zusammengestellt und bedeutet also die Wellenstadt. Doch hat sich um Stadt und Umgebung die Subhramanya-Sage allerdings reichlich festgesetzt. Häufige Ueberschwemmungen haben dort manche Strecke vom Ufer losgerissen, bei einer solchen Fluth soll auch Subhramanya's goldener Karren mitfortgespült sein, aber andächtige Verehrer sehen noch bisweilen eine Viertelstunde in die See hinaus die Spitze aus den Wellen auftauchen.

Kathirkàmavêler. Der König daselbst, *............* Kandi-rájah genannt, hat ihn sich zum besondern Gott erwählt. Wenn diesem Könige etwas Gutes oder Böses zustossen soll, so erscheint ihm allezeit Subhramanya erst im Traum und offenbart ihm, was zukünftig sei. Nach solcher Offenbarung geschieht es denn auch, Wenn etwa die Minister oder einige feindliche Personen dem Könige listiger Weise nachstellen und eine böse That im Sinne haben, so thut es ihm Subhramanya alsbald zu wissen, dass er solche Leute greifen und strafen lässt. Dies ist von langen Zeiten bis hieher also ergangen. Ferner wenn dort einige im Walde sich verirren, so erscheint ihnen Subhramanya als der kleine Knabe eines *......* Andi, geht mit ihnen und sagt: ich will euch den rechten Weg weisen, folgt mir nach. Wenn sie dann auf den rechten Weg gekommen, zeigt er ihnen seine rechte Gestalt, fliegt in die Luft und verschwindet vor ihnen. Diese und dergleichen Wunder haben viele Mohren und Tamulen mit Augen gesehen. Denen, die Liebe und Glaube zu ihm haben, erzeigt er allerlei Hülfe und Wohlthaten; denn so sich Jemand naht zu seiner Gegenwart in den Pagoden, und aus Liebe und Glauben um irgend eine Sache ihn anruft, dem geschieht, was er begehrt. Wenn man vom Teufel besessene Menschen in seine Pagoden führt und ihn über sie anruft, so weichen die Teufel von solchen Menschen, und sie werden aus tollen verständige Leute. Wie sehr seine Liebhaber bei ihm in Gnaden stehn, solches kann aus folgendem Beispiel ersehen werden: Einer Namens *............* Arunagiri-nátha war ein Trommelschläger in Subhramanya's Pagode, der sich stets um ihn aufhielt, von Liebe und Glaube gegen ihn erfüllt war und zu einem heiligen Mann wurde. Indem er nun stets dem Subhramanya diente, kam einmal der König in selbige Stadt und ging in die Pagode, um darin vor dem Gott Anbetung zu thun. Obgleich aber Arunagiri-nátha sah und hörte, dass der König hereinkam, so stand er doch nicht vor ihm auf, machte auch keine Ehrenbezeugung vor ihm und liess sich in seiner Andacht und Anrufung Subhramanya's nicht stören. Der König wandte sich um, sah ihn an und fragte, wer er wäre, und weil er bei seinem Eintritt nicht aufgestanden, befahl er, dass man ihn greifen sollte. Des Königs Minister sprachen: Herr König, dieser Mensch ist ein dem Subhramanya angenehmer Schüler, wir thun nicht wohl, ihn zu greifen und zu strafen. Der König antwortete: greift und bringt ihn alsbald hieher, er mag sein, wer er will. Hierauf brachten sie ihn zum Könige, der König sah ihn an und sprach: was bist du für ein Heiliger, dass du nicht vor mir aufstehen magst. Der Mensch antwortete: ich bin ein armer Bettler, der nichts versteht. Der König sprach: sie sagen,

---

* Dies soll der einzige Ort auf Ceylon sein, zu dem noch Hindus vom Festlande wallfahrten, im Allgemeinen wird auf die Ceylonesen als nicht ebenbürtig herabgesehen, und die Leichtigkeit, mit der sie die Religion wechseln, so dass Vater, Sohn und Schwiegersohn je einer verschiedenen Secte angehören können, wird viel verspottet.

dass du ein solcher Schüler Subhramanya's selbst, den ich als ein König nicht anrühren dürfe. Jetzt sollst du mir gleich deinen Gott Subhramanya hieher rufen, wo nicht, so will ich dich zerhauen lassen. Arunagirinátha liess sich das gefallen. Sie schlugen aber ein Zelt auf und setzten ihn so lange darin gefangen. In solchem Gezelt rief er Subhramanya an, so dass er in seiner Gestalt auf einem Pfau reitend einherkam, welches dem Könige berichtet wurde. Der König kam, sah alles mit Augen an, verwunderte sich darüber und that diesem Arunagirinátha grosse Ehre an, fiel ihm zu Füssen und sprach: Ich habe deinen Adel vorher nicht erkannt, vergieb mir, was ich an dir gethan habe. Arunagirinátha hat nachmals viele Bücher geschrieben, die in unsern Schulen gelernt werden. Die Ursache, warum wir Subhramanya anbeten und verehren, ist diese, weil er des höchsten Gottes Sohn und zwischen ihm und zwischen Gott kein Unterschied ist, daher auch alle Verehrung, die wir ihm anthun, Gott dem höchsten Wesen eben so angenehm ist, als thäten wir solche ihm selbst an. Wenn man ihn sich vorstellt als das höchste Wesen selbst und mit einem einfachen Herzen aus Liebe und Glaube ihn anruft, so kömmt alles, was man von ihm begehrt." Dem Subhramanya werden zwei Weiber zugeschrieben வள்ளியம்மை Valliammai und செவயானை Dévayánai. Valliammal ist braun von Haut, hat eine Krone auf dem Haupt und trägt sonst denselben Schmuck, wie die übrigen Göttinnen. Sie wird nur mit zwei Händen abgebildet, in der linken die Lotusblume, während die rechte herunterhängt, auf der Stirn das Aschenzeichen. In gleichem Schmuck und gleicher Positur präsentirt sich auch Dévayánai, nur dass sie in der linken Hand die Blume செங்கழுநீர்(? செஞ்சமண திப்ழ rothe Wasserlille) Sángaraínirpû hat und von ganz gelber Haut ist, auch in der Nase einen Goldschmuck hängen hat.

Weil so die Götter selbst gewöhnlich zwei oder mehr Weiber haben, ist es unter diesen Heiden eine ganz zulässige Sache geworden, dass einer zwei und mehr Weiber heirathen darf.* Diese zwei Weiber Subhramanya's aber haben keine besondern Pagoden, sondern stehen mit in des Gottes Pagoden, eine zu seiner Rechten und die andre zu seiner Linken. Seine Opfer und seine Festtage gelten auch ihnen, und besonders fasten viele alle Wochen Dienstags ihnen zu Ehren. Ihrer wird hier und da in den Historienbüchern gedacht. Ueber Valliammai sind auch zwei besondere Bücher geschrieben als 1, வள்ளியம்மை சவைப Valliammal-vönpâ, ein Buch von 295 Liedern. 2, வள்ளியமூதி Valliammenír, worin ihre Historie und Herrlichkeit beschrieben wird.

*Polygamie findet sich in Südindien factisch sehr selten auch unter den Wohlhabenden, wenn nicht etwa Unfruchtbarkeit oder unheilbare Krankheit des ersten Weibes es nützlich erscheinen lässt, und selbst dann wird oft Adoption vorgezogen; unter den Armen findet sie sich eben so selten, als in Europa. Die erste Frau bleibt stets Herrin der Familie, und die zweite gilt als ihre jüngere Schwester, die ihr zu dienen hat vgl. Ellis Kural p. 173 ff, wo die Moralität und die guten Eigenschaften der südindischen Frauen auf's höchste erhoben werden.

Von ihrer beider Herkommen und Bestallung schreibt uns ein Heide: "Valliammai ist im Walde von einem Hirsch geboren worden. Sobald als der Hirsch sie geboren hatte, und die Korbbinder daselbst solches gewahr geworden, nahmen sie das Kind und zogen es auf. Als sie nun im Walde erzogen war, kam Subhramanya und nahm sie zur Frau. Dêvayânai wird für eine Tochter Dêvêndra's gehalten, welcher zur Zeit, als der Riese Sûra sehr tyrannisch über alle Welten regierte, grosse Busse gethan, wodurch er bei Isvara so viel zu Wege gebracht, dass er durch Subhramanya den Sûra tödten liess. Als nun Subhramanya triumphirend aus der Schlacht wieder gekommen, ist in der Götterwelt die Zubereitung zu der Hochzeit mit Dêvayânai geschehen, welches denn für seine erste Heirath gehalten wird, so dass er also Valliammen erst hernach zum Weibe genommen. Beider Amt besteht darin, Kinder zu geben, Krankheit und allerlei Trübsal zu vertreiben, die Teufel von den Menschen abzuhalten und von den Besessenen wieder auszutreiben. An den jährlichen grossen Festtagen werden sie auf Subhramanya's Carete mit herumgeführt, sonderlich alle Dienstage und an dem jährlichen Feste Schasthi-vrata bekommen sie reichlich Verehrung und Opfer. Auf die Frage, ob es mit Mann und Weib unter den Göttern ebenso zugehe, als wie auf Erden unter Eheleuten, weiss ich nicht anders zu antworten, als dass in unserm Gesetz geschrieben steht, wie auf der Welt nichts sei, noch geschehe, was nicht auch im Himmel sei und geschehe, obgleich auf ungleiche Art und Weise."

Der Kriegsgott der Inder Subhramanya im Süden, Kârtikêya oder Skanda im Norden, ist eine Schöpfung der epischen Zeit. Gegenwärtig ist Hauptsitz seiner Verehrung der Süden, namentlich die Landstriche südlich vom Kavêri, wo die kriegerischen Stämme der Marraver und Kaller wohnen. Dort ist das grosse Heiligthum von பழநி Pulney und திருச்செந்தூர் Trichendur an der Ostküste Tinnevelly's. Wo Berge sind, ist für den Gott der Burgen und darum der Berge ein natürliches Heiligthum, und dann krönt auch wohl bald eine Pagode die Spitze, so Skanda-malai bei Madura, und etwa sechs Meilen südlich von Madras nach Sadras zu திருப்போரூர் Tiruppôrûr, der Ort des heiligen Karopfen, wo Subhramanya auf der Jagd eine Jungfrau, welche ihres Vaters Getreide bewachte, entführte, und von deren Stammesgenossen mit Krieg überzogen durch Siva's Beistand siegreich war (Leipz. Missbl. 1856). Da ist ferner in St. Thome dem Träger des schönen Speers ein Tempel errichtet, und Tirtani, 10 Meilen nordwestlich von Madras, behauptet gar, sein Tempelteich sei identisch mit dem Saravana-See und lockt dadurch Tausende der Residenzbewohner, in Tirtani ein heiliges Bad zu nehmen. Die Thaten Subhramanya's in seiner Kindheit werden in திருவிரிஞ்சை Tiruvirinjai bei Vellur und in einem

Tempel bei Mayaveram gefeiert. Aus der grossen Zahl der Tempel
haben sich nach einstimmiger Ueberlieferung 6 als besonders heilig
heraus, nur über die Namen hat man sich nicht geeinigt, wie denn
überhaupt die Sagen über diesen Gott sich schwer vereinigen lassen,
aber auch diesen Punkt weiss die Sage sich zurecht zu legen. Als
Arunagiri-nâtha einst auf dem heiligen Berge von Tripetti vor vielen
Andächtigen ein ߩύγசp̈ Tiruppugarh vorgelesen hatte, das aus 80,000
Versen ursprünglich bestanden, löste er den die einzelnen Palmblätter
verbindenden Faden, und die Blätter wurden vom Winde überall hin
zerstreut oder auch von den Andächtigen mitgenommen an die andern
heiligen Orte, deren jeder nun einen Theil der Ueberlieferungen besitzt.
Es ist die Meinung ausgesprochen, dass diese weite Verbreitung der
Verehrung des Kriegsgottes im Süden sich daraus erklärt, dass die
nordischen Ansiedler oftmals an die Waffen zu appelliren hatten,
namentlich auch im Kampf mit Buddhisten und Jaina's, daher auch der
Pfau, ein bei Büssern dieser Secte gewöhnliches und auch für
orientalische Helden oft nicht unpassendes Emblem, ihm als Gefährt
beigegeben worden. Wie dem auch sein mag, jedenfalls sind die
Väter kriegerischer gewesen, als die blutscheuen Söhne, und haben
Tapferkeit in höchsten Ehren gehalten, ja die gefallenen Feinde in
Stein nachgebildet und aufgestellt. Das grosse Sinngedicht, der Kural,
spricht sehr schön über Heeresselbstgefühl :

„Flieh vor meinem Feldherrn, Feind! denn viele,
Die vor ihm einst standen, stehn in Stein."

Hohn dem Bogen, der des Hasen Herz trifft,
Lohn der Lanze, die des Elfen fehlt!

Wilde Wuth heisst „hoher Muth" im Schlachtfeld,
Mild ist dessen Gipfel dann im Sieg.

Gegenwärtig kommen die Hinduprinzen auch kaum noch in die Lage,
Milde gegen Besiegte zu zeigen, und müssen, wenn sie einmal einen
Kampf sehen wollen, ein Kampfspiel anstellen, aber während in alter
Zeit, Elephant auf Elephant stürzte, oder Mensch gegen Stier kämpfte,
zerschlagen sich jetzt Jünglinge, gewöhnlich aus der Söddi-Kaste,
einige Glieder im Faustkampf, und die Sieger werden von den hohen
Zuschauern belohnt. Exemplare der 32 Waffengattungen, deren einige
ganz eigenthümlich indisch, und deren älteste Formen von den Göttern
geführt werden, sind durch europäische Arbeiten verdrängt und finden
sich nur noch in Waffensammlungen und Museen. Bei solcher Sachlage
dürfte es angemessen sein aus dem alt-classischen Werke Purapporul
einige von Dr. Graul (Ind. Sinnpflanzen p. 200 ff.) übersetzte Scenen
hier zu geben :

MAENNERSCHLACHT.

1. *Der König sieht in die Schlacht.*

Wie das Meer aufbraust das gewaltige Heer, von dem Muth, wie vom Winde getragen;
Und dazwischen dann stürmt der Gebieter einher im hochhinrollenden Wagen.
Und wie hinten, so vorn tanzt teuflische Schaar, das Gefährt, das erglänzende, preisend,
Und wie Schatten bewegt sich umher ihr Maul, fett Mark der Gefallenen speisend..

2. *Der Königin Wehklage.*

Auf dem Schlachtfeld liegt, der im Thron sonst sass, hoch selbst von den Feinden gepriesen;
„Mein Gemahl, mein Gemahl!" wehklaget das Weib mit dem knospenden Lächeln, dem süssen.
Und sie presst an das Herz des Gemahls Schlachtkranz, hinwelkend dabei wie die Blume,
Und umfasst dann die Brust, die von Pfeilen durchglüht und bedeckt ist vom himmlischen Ruhme.

3. *Todesweihe.*

Und nun opfert der Held, mit dem Fussring dort und dem Kranz voll summender Bienen,
Und voll träufelnden Honigs sein Leben hin, um im Himmel dem König zu dienen;
Er opfert es hin in dem lohenden Brand, den die Schwerter der Männerschlacht schüren;
Seine Ehr ist das Holz, und der Muth ist das Oel, solch Opfer zu Ende zu führen.

4. *Heldentod.*

Wie der mächtige Leu dort im wilden Gebirg, dem Aug' sonst königlich grollte,
Seinen Geist aufgab, der Bewegung baar, als ein Felsblock über ihn rollte:
So der Held mit dem Schwert voll blutigen Rothe, der das Leben des Ilfen verkürzte;
Mit dem winzigen Aug' und der mächtigen „Hand" und dann unter den stürzenden stürzte.

5. *Selbstverbrennung der königlichen Frauen.*

All die Könige schon mit dem mächtigen Schwert auf dem Schlachtfeld sind sie gefallen,
In dem dichtsten Gedräng mit dem riesigen Arm am gewaltigsten stemmend von allen.

Und die Welt rings weint, und es stürzen die Fraun sich all in die
röthlichen Gluthen
Und noch immer nicht satt ist der Todesgott—o wie hart! vom
Schlachten und Bluten.

Wenden wir uns nun von der kriegerischen Gesinnung in Thaten
und Liedern zu dem Gott des Kriegs zurück, um Genaueres über seine
Geburt zu berichten. Nach der ältesten Sage hat Agni grosses
Anrecht auf die Vaterschaft des wie Feuer glänzenden gelbfarbigen
Gottes, und Ganga, an deren Ufern ihn Spätere erzogen werden lassen,
gebiert ihn aus ihrer Seite. Agni und Ganga als Elternpaar aber sind
bald durch Siva und Pârvati in den Hintergrund gedrängt. Siva um
sich wegen der bei Daksha's Opfer erfahrenen Missachtung an den
Göttern zu rächen, lässt den Riesen Sûra als Sohn Kasyapa's und
zugleich eine ganze Schaar von Ungeheuern, die Asuren, entstehen und
giebt Sûra für seine strenge Busse die Herrschaft über die Welten.
Sûra in seinem Uebermuth peinigte die Götter, erlaubte der Sonne nur
so lange zu scheinen, dass eben die Wasserlinie blühen konnte, liess den
Mond Tag und Nacht scheinen, die Winde durften nicht stärker wehen
als ein Fächer, Yama musste Grass für seine Pferde schneiden u. s. w.
Der Knechtschaft ein Ende zu machen, that der Götterkönig Indra
strenge Busse und erlangte von Siva das Versprechen der Geburt des
sechsköpfigen Kriegsgottes, welcher auch der Gatte von Indra's kriegeri-
scher Tochter Dêvasênâ, im Süden bekannter als Dêvayânai, werden sollte.
Anstatt aber, wie alle Götter wünschten, alsbald nun die Heirath mit
Pârvati einzugehen, aus welcher Ehe der Erretter geboren werden sollte,
gefiel es Siva ein Büsserleben zu beginnen. Siva auf andre Gedanken
zu bringen, machte sich der Liebesgott Manmatha mit seiner Gattin
Rati und seinem Busenfreunde Vasanta, dem Frühling, auf und traf
Siva mit seinem Bogen in dem Augenblick, als Pârvati in seiner Nähe
Blumen sammelte, um damit das Linga zu schmücken. Im Zorn öffnete
Siva sein drittes Auge und verbrannte den Liebesgott zu Asche, aber
die Liebe blieb im Herzen, die Hochzeit wurde gefeiert, und auch der
Liebesgott wieder ins Leben zurückgerufen, nur dass er seitdem für
Niemanden als seine Gemahlin sichtbar ist. Siva's Ehe, vielleicht aus
Strafe für sein Auftreten gegen den Liebesgott, blieb ohne Sprossen, so
dass Siva schliesslich den verheissenen Befreier allein ins Dasein rief.
Von den mancherlei schmutzigen Berichten hierüber, wählen wir den
anständigsten und zugleich im Süden gebräuchlichsten, auf den schon
Ziegenbalgs heidnischer Correspondent hingedeutet hat. Siva's Augen
entsprangen 6 feurige Funken, welche in den See Saravana-poyikal
geworfen zu 6 Kindern wurden, deren sich die Weiber der 6 Rischis,
als Kritikas oder Pleyaden am Himmel zu sehen, als ihrer Pflegekinder
annahmen. Pârvati war durch die Feuerfunken erschreckt geflohen,
so schnelle Bewegung nicht gewohnt rieb sie die Knöcheln an einander,
dadurch entstanden die 9 Edelsteine, welche wiederum durch Siva's

Allmacht zu neun schwangern Frauen wurden. Von Parvati verflucht, nicht zu gebären, vergossen sie Angstschweiss und daraus entstanden 100,000 Heroen, die Dévas oder Suras. Párvati liess es sich endlich auch gefallen, die 6 bei den Kritikas in Pflege gegebenen Kinder ihres Mannes zu sehen, und entzückt von der Schönheit, umfasst sie alle 6, deren Leiber dadurch zu Einem Leibe werden, so jedoch dass die 6 Köpfe und 12 Hände dem nun von Parvati adoptirten Kinde bleiben, welches auch nach den Pflegemüttern den Namen Kārtikēya behält. In weitergehender Milde nahm Pārvati auch den Fluch über jene neun Weiber zurück, und es wurden auf gewöhnliche Weise noch 9 Anführer dieser Helden geboren, die neun Virus, Viravabu mit seinen Brüdern. Diese und Schaaren von Gespenstern bildeten nun Subhramanyas Armee gegen Sūra und dessen Asuras; zuerst fiel Sūra's jüngerer Bruder Tāraka, den man in Bengalen an Sūra's Stelle als Hauptfeind zu nennen scheint, und darauf auch Sūra in seiner Feste Viramayendrapuri. Dem Sieger wird eine glänzende Hochzeit mit Dēvayānāi ausgerichtet, was aber nicht hindert, dass er, wie ausführlich in dem Valliammai-purāna und Valliammai-nātaka (ein Drama, Komödie) berichtet wird, sich dazu noch mit einem kastenlosen Mädchen, die von Waldbewohnern aufgezogen ist, vermählt. Dass Mars und Venus sich zusammen finden giebt wie bei den alten Römern, so auch in der Neuzeit nicht viel Anstoss, gefährlicher für die Ehre des Kriegsgottes könnte es erscheinen, dass er auch als Patron von den Dieben angerufen wurde,[*] welche die Gränzen der beiderseitigen Beschäftigungen für fliessend halten mochten, drum hat Subhramanya diese Provinz jetzt an eine der Erscheinungen Durga's übertragen. Statt dessen hat er es auf sich genommen, seinen Verehrern männliche Kinder zu schenken, denn wenn auch die Sage im Süden vergessen hat, von seinen eigenen Söhnen zu berichten, so wissen wir doch aus dem Vischnu-purāna (Wils. Quartausg. p. 120),[†] dass der

---

[*] In Wilson's Hindu Dramas I, 64 vgl. Moor Hindu Pantheon Madr. Ausg. p. 104 ruft ein einbrechender Brahmine Kārtikēya an: „Zeig mir, wie ich es anfangen soll. Der Gott mit dem goldenen Speer lehrt vier Wege in ein Haus einzubrechen: gebrannte Steine auszunehmen, durch ungebrannte sich durchzugraben, Wasser an eine Lehmwand zu giessen, und durch eine hölzerne ein Loch zu bohren. Verehrung dem Fürsten Kārtikēya, dem Geber aller Güter, Verehrung dem Gott mit dem goldenen Speer, dem Brahmanya, dem himmlischen Kämpen, dem Feuersohne—rüsten wir uns und frisch ans Werk!"

[†] In dieser Stelle wird übrigens Kumāra und Kārtikēya unterschieden vgl. Lassen Alt. II, 970: „Zum ersten Male zeigt sich auf Skandagupta's Münzen (a. 270 n. Ch. G.) der indische Kriegsgott mit dem ihm geweihten Pfau. Seine indoskythischen Vorgänger haben dazu das Beispiel gegeben, jedoch mit der Abweichung, dass statt des einzigen Gottes zwei vorkommen, Kumāra und Skanda (da sie in rein menschlicher Gestalt, und nicht mit 6 Gesichtern abgebildet werden, so dürfte diese Bildung und die Dualität vielleicht durch eine Vergleichung des indischen Kriegsgottes mit den zwei Dioskuren auf andern griechisch-indischen Münzen hervorgerufen sein). Wenn es richtig ist, dass auf einer Münze eine weibliche Gestalt auf einem Pfau reitend abgebildet ist, müsste man annehmen dass dem Gotte des Krieges eine Gemahlin gegeben worden wäre."

Agni-Sohn Kumâra selbst 4 Söhne hatte : Sâkha, Vimkba, Naigameya und Prischthaja. Weil aber, ob selbst kinderlos oder nicht, der Kriegsgott selbstverständlich ausser zu Liebschaften Mädchen nicht gern hat, so rufen ihn denn die Frauen an : „O Kârtikêya, gieb mir einen Sohn, ich will dir auch dies und jenes darbringen, wir brauchen kein Mädchen" und in einer Damengesellschaft nimmt die Unterhaltung etwa folgenden Lauf : Hat Ihre Schwiegertochter schon Kinder ? Ach nein, nur ein Mädchen. Ich hab schon so viele Gelübde zu Kârtikêya gethan, und ich gelobe nun noch einmal vor Euch allen, giebt der Gott ihr einen Sohn, so will ich ihn in ausgezeichnetster Weise ehren und meine Schwiegertochter wird es ihr Lebelang thun (Ward, View of Hindu Rel. 5. Madr. Ausg. p. 40). Auch mit den Männern der Wissenschaft hat sich der indische Mars nicht blos mit den Waffen, wie in den blutigen Kriegen der Kschatriyas mit den Brahmanen um die Oberherrschaft, sondern auf deren eigenem Gebiete in Streit eingelassen. Als Brahma von ihm über die Bedeutung der heiligen Sylbe Om befragt nichts antworten konnte, setzte er ihn gefangen, von Siva endlich beordert, den Gott freizugeben, da er ja selber die Bedeutung nicht wisse, rechtfertigte er sich freilich dadurch, dass er die Bedeutung sagte, welche er früher heimlich Siva abgelauscht hatte, musste aber doch Brahma wieder freigeben. In späteren Friedenszeiten mag er sich eingehender der Studien beflissen haben, denn er leidet an beständigem Kopfweh, und hat daher die Bäder zu Curtallam in Tinnevelly bezogen, wo er sich durch den Wasserfall das Haupt kühlen lässt. Kranke aller Art strömen dahin, um das Mitleid des selbst in Mitleidenschaft gezogenen Gottes zu erregen. Die erste Frage muss aber stets sein : wie befindet sich der Gott.

Seine Feste zeichnen sich besonders durch Musik aus, und an seinem Hauptfeste im Monat Kârtika, November-December, brennen auch die heimathlichen Siegesfeuer; an dem Abende, wenn der Mond in den dritten Stern der Kritika-Constellation eintritt, erglänzen weit und breit auf allen Hügeln grosse Feuer, in den Thüren der Tempel und Häuser, auf offenem Felde brennen Lampen, eine allgemeine Illumination, wie sie ein siegreich heimkehrendes Heer sich nicht vollständiger wünschen kann, so dass Schreiber dieses im letzten Herbst, als er eben Nachrichten über ein grosses Siegesfest in der Heimath erhalten hatte, Abends, als er eine bergige Gegend durchwanderte, und plötzlich auf allen Seiten Feuer aufflammten, nicht wenig durch diese Mitfeier tamulischer Seits überrascht wurde.

Neben Subhramanya und Vighnêsvara werden auch noch andere Söhne oder wenigstens Erscheinungsweisen Siva's genannt : Vira-Bhadra, der Besieger Daksch's und Zerstörer des Opfers, wodurch Daksch einen andern höchsten Gott an Siva's Stelle setzen wollte. Dr. Caldwell (Drav. Comp. Gr. p. 520) glaubt, dass die Erzählung von Daksch's Opfer und dem neuen Halbgott Vira-Bhadra, den Ziegenbalg an anderer Stelle behandelt, anzeigen soll, dass der Sivaismus, als er sah, wie schwer er sich gegen die alte Volksreligion werde halten können, die Volksgötter in sein System aufnahm. Aehnliche Gründe mögen die Annahme des schrecklichen Zaubergottes Bhairava zu Siva's Sohn bewirkt haben, unzweifelhaft aber ist diese Tendenz in der Aufstellung Ayenâra, an dessen Geburt nur zum Hohn die Sivaiten Vischnu betheiligt sein lassen, als Beherrschers der niedern Ortsgottheiten und Teufel. So ist der Sivaismus zur Volksreligion geworden und hat die Masse des niedern Volkes an sich gekettet. Windischmann, der wie überall, auch in seinen wenigen Worten über Sivaismus uns in die Tiefe schauen lässt (Philosophie im Fortgang der Weltgeschichte I, 1 p. 722 ff.), erklärt sich die Ausbreitung des Sivadienstes von den Himâlayathälerm, dem eigentlichen Sitz dieser Gottheit, nach Süden und Westen aus dem Wesen dieser Religion: Als der Heroismus und sein Gegenpart, die dämonische Riesenkraft, in den grossen epischen Kriegen seinen Gipfel erreichte, wurde auch die seit der Urzeit her geltende Vorstellung von Isvara (Brahma dem Herrn) als dem strengen Richter und Rächer (Rudra), dem Züchtiger und Thränenerwecker, wieder lebendig. Isvara-Rudra wird von den Helden nächst Vischnu verehrt. Durch mystische Ausbildung dieser Verehrung glaubten sie in dem Engel der Gerechtigkeit und des Zornes Gottes, welchen das Alterthum unter dem Namen Siva eigentlich gemeint zu haben scheint, die höchste göttliche Macht selbst persönlich zu erblicken, und so ward ihnen der strenge Richter und Rächer zuletzt der vorzugsweise verehrte Gott, von dessen Beistande sie die Macht zur Vernichtung der feindlichen Riesengewalt erflehten und erlangten. Auch die Büsser der Vorwelt, glaubten sie, haben sich vorzüglich an diese furchtbare Gestalt des Isvara gehalten und alle ihre Abtödtungen und strengen Selbstpeinigungen gehören insbesondere seinem Cultus an, indem sie alle auf scharfe Züchtigung des Uebermuths und der Leidenschaft ausgehen. Auch selbst die Rakschasas geben sich als Gewalthaber an, die in Siva-Rudra's Namen wirken und berufen seien alles, was sich nicht selbst erhalten kann, zu zerstören. Siva selbst erscheint als Begünstiger der Asuras und Rakschasas, wenn sie ihn durch ungeheure Busswerke für sich gewinnen. Der weitverbreitete Stamm der Sudras empfand am tiefsten den Fluch der Dienstbarkeit. Sie sind dem strengen Gott schon durch ihre Stellung zugewiesen, die Schwierigkeit und Mühseligkeit ihres irdischen Erwerbs liess sie Gefallen an einem Dienst finden, der Strenge dicht neben Ausgelassenheit stellt, dessen Kennzeichen der Wechsel strenger Busse und schwelgerischer Lust. So waren denn durch die Ehrfurcht, welche hochgepriesene Einsiedler und Büsser, ja viele Heldenfürsten selbst gegen Isvara-Rudra hegten, so wie durch die hartnäckige, eigennützige Anhänglichkeit der Rakschasas an diese ihnen ihnen nächst verwandte Zorngestalt der Gottheit, durch jene den Neigungen und Bedürfnissen des Volkes entgegenkommende Richtung, durch die Berücksichtigung der ältern Volksreligionen, wichtige Momente genug vorhanden, um diese Art des Cultus ganz öffentlich und allgemein zu machen. Er breitete sich von der Epoche der höchsten Energie und weitesten Ausdehnung des brahmanischen Reiches an mit schnellem Fortschritt aus, vorzüglich in den südlichen und westlichen Ländern der Halbinsel. Der Name Isvara, Herr, wurde zuletzt sogar Siva allein zugeeignet, so dass dieser in dem ihm angehörigen Sagenkreis als der mächtigste und furchtbarste aller Götter erscheint, vor welchem diese sich beugen und seine zahlreichen Gläubigen sich mit Furcht und Zittern niederwerfen, aber dagegen auch mit der ganzen Gluth der Lust und Leidenschaft in seiner vermeinten Gnade schwelgen. In den Sivaiten zeigt sich nicht selten das furchtbar Erhabene, Ungeheure, aber auch das Unheimliche einer von schrecklichen Blitzen erleuchteten, dann aber desto dunklern Nacht, und dicht daneben die ganze Ausgelassenheit einer wilden zerstörenden Leidenschaft; das tiefste Entsetzen vor dem Zornfeuer der *unversöhnten* Gerechtigkeit, und das *Bedürfniss* der Liebe, die sie vor den Blitzen jenes Feuers im Abgrunde der Finsterniss nicht erkennen, wirft sie in die wilde Lust des Lebens zurück; aber mitten in diesem Gewühl lassen sich hie und da ergreifende Aeusserungen einer schmerzlichen Sehnsucht nach der Wahrheit, die unter solchem ungeheuren Irrthum tief verborgen ist, und nach der unerkannten Liebe vernehmen. Es lässt sich nicht verkennen dass demnach der Sivaismus manche Anknüpfung für die Predigt des Evangeliums bietet; er bietet auch, wie Dr. Graul hervorhebt (Reise IV. p. 141), trotz mancher schmutzigen Legende noch immer den meisten sittlichen Halt, ist doch die sivaitische Litteratur sehr reich an sittlichen Sentenzen, wie auch die Betonung der Askese auf eine verhältnissmässig ernstere Richtung deutet. Diese Litteratur und die überreiche, zum Theil anziehende Legenfülle, wie überhaupt vieles was zum Sivaismus in Beziehung steht, wartet noch einer gründlichern Erforschung, als ihm die Wissenschaft bisher stiefmütterlich hat angedeihen lassen. Und wenn es auch wahr ist, dass im Süden uns der Sivaismus leibhaftig entgegentritt, dass Siva's Verehrung keineswegs auf die gestaltlose und unverstandene Form des Linga sich beschränkt, kurz dass er nicht wie im Norden eine philosophische Idee ist, so wird doch auch das eingehendere Studium der sivaitischen Philosophie seinen guten Nutzen haben. Unter sivaitischer Philosophie ist freilich auch die dem Christenthum nächst stehende und trotz vischnuitischer Vaterschaft gut sivaitische Visischtadvaitaschule, und ausser dem noch die atheistisch-pantheistische Sânkhya-Philosophie mitzubegreifen, welche obwohl ihr Hauptlehrer Sankarâchârya ein Sivait war, und obgleich sie sich heute fast als einzig orthodoxe Philosophie gerirt, doch nur eine Schmarotzerpflanze auf dem Baum des Sivaismus ist und den ganzen Baum aus einander zu treiben droht. சைவத்துக்கு அத்துவிதம் புல்லுருவி Saivattukku Attuvitham pulluruvi „für den Sivaismus ist Advaita (Nicht-dualismus von Welt und Gott) eine Schmarotzerpflanze" heisst es im Sprüchwort, und da manches darauf hindeutet, dass auch der letzte Kampf des Christenthums im südlichen Indien eine Schlacht mit der zum Vedânta sich fortentwickelnden Sânkhya-Philosophie sein wird, so ist aller Fleiss anzuwenden, dem drohenden Umsichgreifen dieser Philosophie, die sogar Frauen und Ungelehrten sich mundgerecht zu machen weiss, mit Benutzung jener noch vorhandenen Opposition, entgegenzutreten. Einen harten Kampf wird es geben, denn diese duldsame Philosophie, deren eigentlicher Begründer* für jedes der in Macht befindlichen Religionssysteme einen seiner Schüler als Lehrer bestimmte, welche lehrt: „Es ist nicht recht zu sagen, dass eine der 6 Religionsformen vor den übrigen hervorrage, da alle sechs wirklich existiren ; wohlbelesene Leute, welche über die Sache nachgedacht haben, werden auch nicht behaupten, dass die unterliegenden Religionen machtlos sind, sondern nur dass ihre Vertreter schwach sind ; ich habe es ganz gern, wenn Personen verschiedenen Glaubens über irgend welche religiöse Fragen sprechen, an denen ihre Phantasie Gefallen findet", diese selbe Philosophie fügt doch jenen von Duldung strotzenden Vordersätzen ein einschränkendes Aber hinzu : „— — vorausgesetzt, dass sie nicht die Lehre von einem Unterschiede zwischen Gott und der Seele vortragen (Avirôtavuntigâr by Foulkes† p. 8. 14)." Und mit diesem Satz ist denn der consequenteste Gegensatz zum christlichen Glauben ausgesprochen, und in seiner Consequenz gefährlicher als das ganze sivaitische Pantheon. Zu diesem äussersten Rückzugsplatz aber werden alle Gegner des christlichen Glaubens getrieben ; denn wer den christlichen Glauben verwirft, muss auch die ganze Sinnenwelt (und letztlich die gesonderte Existenz der Seelen) verwerfen, da sonst seine Lehrsätze sich nicht halten lassen (Ballantyne Christianity and Hind. Phil. p. 19).

* Sankaracharya, der grösste und einflussreichste Lehrer Sivaitischer Secte, ist nach dem Kerala utpattl in Malabar aus der Kaste der Namburi Brahmanen geboren, er wirkte etwa um die Mitte des achten Jahrhunderts. Er führte ein herumwanderndes Asketenleben, überall mit den verschiedenen Sekten disputirend, besonders tiefgreifend scheint er in Conjeveram gewirkt zu haben, wo er vielleicht durch die Errichtung eines Erdlinga den Grund zum dortigen berühmten Sivatempel legte, und in Tripetti, wo er ein Krystall-linga unter dem Namen Chandramélévara „Herr über den Mond" aufstellte. Ein berühmtes, noch existirendes Kloster Sringeri nahe den Quellen der Tumbadra nennt ihn als Gründer. Im hohen Alter zog er sich nach Kédâranâtha an den Quellen der Ganga zurück und starb dort 132 (?) Jahre alt. Zum Beweis, dass dies der Ort seines Todes sei, führt Wilson den Umstand an, dass ein Namburi dort noch die heiligen Gebräuche für Sankara's Manen verrichtet ; die südlichen Berichte nach Taylor lassen ihn sich selbst verbrennen. Seine Hauptlehre ist ein höchstes eigenschaftsloses Wesen über den drei grossen Göttern, das er Para Brahm, aber auch Isvara und Siva nennt. Seine Anhänger heissen Smartas, weil sie ausser den Veden auch die Gesetzbücher als Norm anerkennen.

† Eine andre Uebersetzung Siva-Prakasha Kattalai oder Elemente der Saiva-Philosophie zeigt uns ein seltsames Durcheinander von Physiologie und Psychologie.

FUENFTES KAPITEL.

Von Vischnu.

Die andere Person unter den Mummūrtis ist ஸீஷ்ணு Vischnu, der mit seiner Familie jetzt zu behandeln ist. Nach ihm wird die zweite grosse Religion unter diesen Helden ஷீஷ்ணுமதம் Vischnu-matha benannt. Gleichwie nun die Sivaiten Isvara mit seiner Familie für das höchste göttliche Wesen halten und ihren ganzen Dienst nach den Büchern, die über ihn geschrieben sind, einrichten, so halten die Vihnuiten Vischnu mit seiner Familie für das höchste göttliche Wesen und richten sich nach den Büchern, die über ihn und seine Familie geschrieben sind.

Hiervon wird uns berichtet: „Vischnu ist seinem Ursprunge nach selbst das göttliche Wesen, denn die Vischnuiten sagen, dass Vischnu, und die Sivaiten sagen, dass Siva das höchste Wesen sei. Alle beide aber sind eins. Die Opfer und Anbetungen der Sivaiten für Isvara und der Vischnuiten für Vischnu geschehen alle dem einzigen göttlichen Wesen zu Ehren, obgleich die Namen, die Gebetsformeln, die äusserlichen Ceremonien und Abzeichen unterschieden sind. Der vornehmste Unterschied beider Religionen ist dieser: Die Sivaiten brauchen zu ihrem gewöhnlichen Gebet eine Formel von 5 Buchstaben, und die Vischnuiten eine von 8 (oder 6) Buchstaben. Die Sivaiten zeichnen sich mit Vibhūti und Tiruntīru und bestreichen sich mit Mehl von Sandelholz, machen auch mit gelber Farbe auf der Stirn ein Mahl திருமஞ்ஜனம் Tiru-majjana und behängen sich mit der Perlenschnur Rudrākscha, nach der sie ihre Gebetsformeln recitiren. Aber die Vischnuiten machen auf der Stirn das Zeichen Tirunāma, bestreichen sich mit rother Farbe திருச்சூரணம் Tiru-sūrana und mischen das Sandelholzmehl mit gelber Farbe, wenn sie sich damit bestreichen, welches கோபிசந்தனம் (weisse Erde von Dvāraka in Guzerat) Gōpichandana heisst. Sie behängen sich auch mit einer andern Perlenschnur துளசிமணித்தாவடம் (தர்ஸி Ocymum sanctum, Basillenkraut; aus der weissen Wurzel werden மணி Mani Perlen zum தாவடம் tāvadam Halskette gemacht) Tulasimanittāvadam."

Vischnu wird abgebildet mit 4 Händen, zwei offen zu trösten und zu geben, zwei in die Höhe gereckt, die rechte mit dem Discus சக்ரம் Chakra und die Linke mit der Schlachtmuchel சங்கு Sankha, mit welchen Gewehren er grosse Thaten gethan, daher viele Vischnuiten sich diese Waffen oben auf die Arme brennen lassen, in der Meinung, dass dann nichts Böses ihnen zustossen könne. Vischnu's Leibesfarbe ist grün (vielmehr dunkelblau). Auf dem Haupt hat er eine Krone, auf der Stirn ein rothes Zeichen கஸ்தூரி (Bisam) Kastūri. Haare, Ohren, Hals, Brust, Leib, Hände und Füsse sind mit Perlen, Edelsteinen, Gold und Silber geschmückt. Sein Kleid ist mit Gold gestickt. Von den Achseln bis unten hin ist er mit Blumen behangen. Mit dem Füssen steht er auf der Lotusblume. In solcher Figur findet er sich in den Pagoden, neben ihm stets zwei grosse brennende Lampen. Die Figur, welche an Festtagen in den Strassen herumgetragen wird, ist aus Metall gegossen, aber die Figur im Innersten der Pagode, welcher täglich geopfert wird, ist aus Stein gehauen.

Vischnu hat seine eigenen Pagoden, an einigen Orten grosse, an andern kleine, dort stehen besonders folgende Figuren: 1, Vischnu's steinerne Figur im innersten Gewölbe, welche täglich so oft verehrt wird, als das Linga in Iswara's Pagoden. 2, Vischnu's metallene Figur, die nach dem Opfer mit allerlei Schmuck behangen wird, besonders wenn sie an Festtagen in den Strassen mit grosser Pracht herumgetragen werden soll. 3, மகாலக்ஷ்மி Mahā-Lakschmi, sein Weib, die eine besondere Kapelle hat und täglich zugleich mitverehrt wird. Ihre Figur ist theils aus Stein, theils aus Metall. 4, த்வாரபாலகா Dvāra-pālakās, zwei Thürhüter, die am Eingang des allerinnersten stehen und sehr hässlich abgebildet werden. 5, சேனை (glücklich, Fürst) Seller, Vischnu's Herold, der eine eigene Kapelle hat, eigene Verehrung bekommt und bei den Aufzügen an Festtagen allezeit den Trupp führt. 6, வச்சிக்காரன் Vatschikkāren, der ein heiliger Mann gewesen und von Vischnu zu einer grossen Seligkeit erhoben ist. Daher bauen sie ihm in ihren Pagoden eine besondere Kapelle und verehren ihn als einen Heiligen, in der Meinung, dass er bei Vischnu, um den er stets ist, viel auswirken könne. 7, பன்னிரண்டு ஆழ்வார் Pannirendu ārvār, 12 Diener, die bei Vischnu grosse Bestallungen haben. Sie sollen auf der Welt heilige Männer und Vischnu's Jünger gewesen sein, die Vischnu's Religion angerichtet und ausgebreitet haben, und die dann Vischnu sichtbarer Weise mit Leib und Seele zu sich in die Seligkeit genommen hat. Daher haben sie nunmehr in seinen Pagoden ihre besondere Kapelle und werden durch Opfer mitverehrt. Ihre Namen sind: 1, திருமங்கையாழ்வார் Tirumangai-ārvār. 2, பொய்கையாழ்வார் Poigai-ārvār. 3, பூதத்தாழ்வார் Pūtattārvār. 4, பேயாழ்வார் Pēyārvār. 5, பெரியாழ்வார் (der grosse) Periya-ārvār. 6, திருமழிசையாழ்வார் Tirumarhisai-ārvār. 7, நம்மாழ்வார் Nammārvār. 8, மதுரகவியாழ்வார் Mathurakavi-ārvār. 9, குலசேகராழ்வார் Kulasēkhara-ārvār. 10, தொண்டரடிப்பொடியாழ்வார் Tondaradippodi-ārvār. 11, பக்தியாழ்வார் Bhāschyārvār. 12, மானவாளமுனி Manavāḷamāmuni.*

* Die Namen der 12 Vischnuitischen Apostel sind in richtiger Reihenfolge: Poigai, Pūtattārvār, Peyārvār, Tirumarhisai, Nammārvār, Mathurakavi, Kulasēkhara, Periyārvār, ஆண்டாள் Andāl, Tondaradippodi, திருப்பாணாழ்வார் Tiruppan, Tirumangai. Es sind demnach für வசிஷ்ட Bhāschya, Commentator, welcher ein Beiname Rāmanuja's ist, (der aber auch nach Tayl. Cat. Rais. III, 271 gewöhnlich als 12. ārvār genannt wird) und Manavāḷamāmuni, welches wie Rāmanuja einer, der auf die 12 folgenden 18 alten Lehrer, புர்வாச்சார்ய Pūrvāchārya genannt, die richtigen Namen einzusetzen. Vielleicht ist nicht unabsichtlich der Name des Pariahs Tiruppānen unterdrückt, der von seiner Mutter in Uriyur ausgesetzt, von

93

Ausser diesen steht auch die Figur des Vogels ఇరుడ Garuda in allen Pagoden, als welcher Vogel für Vischnu's Gefährt gehalten wird, worauf er fahren soll, um welcher Ursache willen diese Heiden solchen Vogel sehr heilig halten und ganze Bücher über ihn geschrieben haben, in denen gewöhnlich lauter Handgriffe zu diesen und jenen verbotenen Künsten angegeben werden. In grossen Pagoden, an besonders heiligen Plätzen findet man ausser den jetzt gedachten Figuren noch viele andere, die wegen seiner Erscheinungen und Verwandlungen mit beigesetzt und verehrt werden.*

einem Sänger adoptirt dessen Profession folgte und für das Nâlâyiram eine Beschreibung der Schönheiten Vischnu's lieferte. Vischnu liebt ihn so, dass während die übrigen in Vaikuntha ihn umsitzen, Tiruppânen in seinem Innern Platz gefunden hat. Andâl oder Sûdikkodutta-nâtschiyâr hat wohl wegen ihres Geschlechts nicht allgemeinen Anklang gefunden. Sie war ein Findling, wurde erzogen von einem Vaischnava in Villipultûr, welche sich herangewachsen Vischnu in Tripetti. Sie verfasste tiruppâvai und tiramorhi, zusammen 173 Stanzen. Polgai ist in Conjeveram geboren, Pâlattârhvar in Mâhalipuram, Peyârhvâr in Mailapûr, an drei auf einander folgenden Tagen, alle drei nicht von Weibern geboren (అ Gurutadak), sondern auf Blumen gefunden, treffen sich in Mailapur und besingen zusammen Vischnu in Stanzes, die jetzt Theile des Nâlâyiram bilden. Tirumarhisai ist aus der gleichnamigen kleinen Stadt bei Punamali, er bekehrte viele Sivaiten zu Vischnu. Namârhvâr, das heisst unser Arhvâr, behauptet einen sehr hohen Rang, er ist geboren zu Tirukurugai am Ufer des Tamhraparni in Tinnevelli, und hinterliess 4 Gedichte von zusammen 1396 Stanzas, die jetzt einen Theil des Nâlâyiram bilden und von den Vischnuiten den Vedas zunächst rangirt werden. Als Sadagâpa Arhvâr ist er vom Dichter Kamben in 100 Stanzen gepriesen. Mathurakavi bedeutet der süsse Poet, er lebte lange in Onde und wurde dann Lehrer der Veden. Kulasékhara, Sohn des Königs Dridharmma von Tiruvanji in Malayalim, dankte ab und besuchte als Pilger Srirangam, Conjeveram, Tripetti, und starb plötzlich in Mannanârkôvil. Ausser seinem Antheil am Nâlâyiram hinterliess er in Sanskrit Mukunda-mala. Periya-ârhvar, der grosse Arhvar, trug in seinem Wettgesang am Hofe Vallavadéva-Pândya's von Madura den Preis davon. Tondaradippôdi bedeutet Staub an den Füssen der Knechte Gottes, mit eigentlichem Namen Vipra Nârâyana, ein Brahmane von Tirumandankudi, wurde Asket und zuletzt Priester in Srirangam, ihm gehören 50 Stanzen im Nâlâyiram. Der letzte Tirumangai ist geboren in Trivalûr, sein Vater war General eines Cholafürsten, und er selbst zeichnete sich als Krieger aus. Er war thätig gegen Sivaiten und Jainas, gegen die letzteren besonders in Negapatnam, wo noch heutigen Tags neben dem katholischen Seminar ein fester Thurm sich deutlich als Buddhistische Ruine ankündigt. In der Thür des dortigen Buddhatempels soll ein Rad von sehr künstlicher Maschinerie angebracht gewesen sein (vielleicht ein sogenanntes Gebetsrad), welches im stetigen Drehen den Eintritt verhinderte. Tirumangai aber brachte die Maschinerie durch Palmyrablätter zum Stehen, drang ein, trug das goldne Buddhabild heraus und schmolz es ein, um die Kosten für Vischnu's Cultus in Srirangam daraus zu bezahlen. Er trug zum Nâlâyiram 1853 Stanzen bei. Die Geschichte der 12 und der ihnen folgenden 18 Lehrer ist umständlich beschrieben in dem für die Geschichte des südlichen Vischnuismus wichtigen, auch gedruckten Buche గురుపరంపర (Ruhm der Lehrerreihe) Guruparampara-prabhâva, einem Auszuge aus dem grösseren Werke divya suvi mahâ prabandham.

* Garuda, auch Suparna und Nâganteka genannt, ist der Sohn von Kasyapa und Vinatâ (andere Sarumâ) sein Bruder ist Aruna, er ist der König der Vögel und Vernichter der Schlangen, ein in Südindien sehr gewöhnlicher Raubvogel,

Seine Verwandlungen anlangend, so werden deren zehn gezählt, von welchen neun schon vergangen sind, die zehnte aber noch bevorsteht. Die Namen sind: 1, மச்சாவதரம் Matsya als Fisch. 2, கூர்மாவதரம் Kūrma als Schildkröte. 3, வராகாவதரம் Varāha als Eber. 4, நரசிங்காவதரம் als Rāma. 5, பரசுராமாவதரம் als Parasurāma. 6, வெகுட்டாவதரம் Veguttuvam, da er in Menschengestalt eine Zeitlang in der Welt gewesen und durch seine 12 Jünger die falsche Religion ausgerottet und seine Religion angerichtet hat. 7, நரசிங்காவதரம் Narasinha als Mann-Löwe. 8, வாமனாவதரம் Vāmana als Zwerg. 9, இடையாவதரம் als Hirte Krischna. 10, அசுவாவதரம் Asva (Kalki) als Pferd am Ende der Welt.

Diese Verwandlungen sind allhier in solcher Ordnung geschrieben, wie sie auf einander gefolgt sein sollen. Ein Heide schreibt uns

Falco Pondicherianus, von Hindus aller Klassen verehrt. Die Vischnuitischen Brahmanen sollen nach dem morgentlichem Baden warten, bis er ihnen erscheint. Besonders wird er an Sonntagen verehrt. An den Mauern der Vischnuitischen Tempel wird häufig sein Bild gesehen, ein junger Mann in anbetender Stellung, auch das Gesicht ist das eines Menschen, nur mit einer langen Adlernase; um seinem Nacken ist oft eine Schlange als Schmuck geworfen. Bisweilen soll er auch als doppelköpfiger österichischer Adler erscheinen. In Krischna's und Rāma's Geschichte erwies er sich sehr nützlich. Er hat einen Sohn Sunabha, seine Schwester Sūmati ist an den aus der Ganga-Sage bekannten König Sagara verheirathet. Ein Purāna ist nach Garuda benannt, aber das gegenwärtig unter diesem Namen bekannte, scheint nicht echt zu sein. Das eingehendste über Garuda giebt Lassen Ind. Alt. I, 787 ff.: „Garuda ist nach dem Veda ein Vogel mit schönen goldenen Flügeln, den man am Himmel fliegen sah, der Bote des Varuna, der Nahrung-bringende Vogel in der Wohnung des Yama. Ein hoher Gandharba stand er über dem Himmel, buntfarbige Waffen tragend; den duftenden glänzenden Saft einsiebend, gebahr er die geliebten Gewässer. Wenn er tropfend ausgiessend mit dem Blicke des Geiers in der Luft umherschauend zum Meere geht, wirkt die Sonne mit reinem Lichte glänzend in dem dritten Luftgebiete (Sāmavēda II, 11, 1, 13). Nach dieser Stelle muss man annehmen, dass Garuda ursprünglich das glänzende, regenbringende, der Sonne vorauseilende Gewölk bedeutete, welches vom höchsten Himmel ausgehend bis zum Meere zog und über dessen Gränze hinaus in die unbekannte Welt des Yama. Seine Feindschaft zu den Schlangen wird demnach daher zu erklären sein, dass Vritra, der auch Schlange genannt wird, der den Regen hemmende böse Geist war. Es ist daher ein Missverständniss der spätern Zeit, wenn diese seine Feindschaft auf die Schlangengötter übertragen ist. Als Feind des Vritra (Wils. Rig. Ved. I, 85) wird er wahrscheinlich auch ein Diener des Indra gewesen sein. Für diese Vermuthung spricht die Legende im Mahābhārata, durch welche sein Amt als Träger des Vischnu erklärt wird. Mātali, der Wagenlenker des Indra, hatte sich Sumukha, den Enkel des Schlangengottes Aryaka zum Manne seiner Tochter Gunakēsi gewählt; diesen hatte Garuda beschlossen nach einem Monate zu essen. Indra gab ihm auf Mātali's Fürbitte langes Leben. Als Garuda dies vernahm, kam er zu Indra und erklärte ihm, dass dadurch er und sein Geschlecht zu Grunde gehen müsste, dass dadurch er und Indra ihre Würde verloren hätten, dass er allein die Kraft besitze, ihn durch alle Welten zu tragen; dass Indra der Herr der drei Welten sei, und so lange er es bliebe, er sich nicht um Vischnu kümmern würde. Er nannte sich selbst den höchsten Herrscher der drei Welten, der Diener eines andern geworden war. Vischnu legte ihm dann seinen linken Arm auf, durch dessen Gewicht er besinnungslos zur Erde fiel. Garuda erkannte dann Vischnu's Ueberlegenheit an, der ihm verzieh und ihn ermahnte, es nie wieder zu thun. Aus dieser Erzählung ergiebt sich auch seine Bedeutung; er ist der Träger des Vischnu, um ihn überall hinzuführen, wo seine Gegenwart nöthig ist."

hierüber: „Die drei ersten Verwandlungen Vischnu's sind in der ersten grossen Weltperiode Kritäyuga, die 4 folgenden in der andern grossen Weltzeit Trêtâyuga, die 8. and 9. in der dritten Periode, die wir Dvâparayuga nennen, und die zehnte soll noch im Kaliyuga, unserer jetzigen Weltzeit, geschehen." Von der Ursache, warum Vischnu solche Verwandlungen angenommen, schreibt er: „Es sind Riesen, Könige und Götter gewesen, die wegen ihrer strengen Busse hohe Gaben, Gewalt und Macht empfangen haben, dann aber darüber stolz geworden sind, Gottes ganz vergessen und nach ihrem eignen Gutdünken allerlei Bosheiten zum Verderben der Welt vorgenommen haben. Damit nun durch ihre Bosheit die Welt nicht zu Grunde gehen und gänzlich verderben möge, hat Vischnu diese und jene Gestalt angenommen und solche Leute vertilgt. Dies ist die Ursache solcher Verwandlungen."

Es würde aber sehr weitläuftig sein, hier solche Verwandlungen nach ihren Historienbüchern umständlich zu beschreiben, doch soll zu jeder noch etwas weniges beigefügt werden, und weil die Meinungen aus einander gehen, meistens nur das, was uns von Heiden selbst geschrieben ist. So heisst es über die *erste* Verwandlung in einen *Fisch*: „Es war eine Büssender Namens *Cawosgusär* Sômâsûra, der stahl die 4 Gesetzbücher, lief davon und versteckte sich ins Meer. Da nahm Vischnu die Gestalt eines Fisches an und holte die gestohlenen Gesetzbücher wieder, denn er wusste wohl, dass wenn die Menschen ohne Gesetz lebten, sie in viele Sünden fallen würden. Eins der Gesetzbücher aber soll grösstentheils schon im Leibe eines Fisches verzehrt gewesen sein."

Ueber die *zweite* Verwandlung als *Schildkröte* erfahren wir: „Die Welt begann einmal zu sinken; um sie zu tragen, wurde Vischnu eine Schildkröte und machte, dass auf ihm als einer Schildkröte eine Schlange und auf dem Haupt der Schlange die Erde fest stehen musste." Andre erzählen folgende Ursache: Die Götter hätten im göttlichen Milchmeer die köstliche Medicin *அமிர்தம்* Amrita (Ambrosia) praepariren wollen, und den grossen Berg *மந்தரகிரி* Mandaragiri als Quirl gebraucht. Weil aber der Berg sich nicht bewegen wollte, beklagten sie sich bei Vischnu, der darauf als Schildkröte in die tiefste Hölle hinunterfährt, des Berges Wurzel ausreisst und ihn in die Höhe steigen lässt. Hierauf haben die Götter mit jenem Berge das Milchmeer gequirlt, und die Medicin praeparirt, worein aber Gift gefallen, also dass es keine Medicin der Unsterblichkeit hat sein können.

Ueber die *dritte* Verwandlung in einen *Eber* wird uns geschrieben: „Es werden zwei Ursachen angegeben, erstlich dass die Menschen und alle andern Creaturen angefangen haben in die Erde zu sinken. Als Vischnu dies gesehen, nimmt er die Gestalt eines Ebers an und macht, dass sie wieder empor kommen und auf der Erde gehen können. Die andre Ursache ist: Es streiten Brahma und Vischnu, wer von beiden zuerst die Höhe und Tiefe Isvara's ergründen könne. Hierauf fährt Brahma in die Höhe, Isvara's Haupt zu sehen, und Vischnu nimmt die Gestalt eines Ebers an, um in die Tiefe zu graben und Isvara's Füsse zu sehen."

Zur *vierten* Verwandlung als *Râma*: „Ein Riese இராவணன் Râvana that schwere Busse, bis ihm einst Gott erschien und nach seinem Begehren fragte. Râvana antwortete: O Gott, dass du mich zum Herrn und König über die Insel Ceylon machest. Diese Bitte wurde ihm gewährt, aber nachdem er solch Königreich erlangt, wird er hochmüthig und thut selbst den Göttern allen Verdruss und Ungemach an, welche sich darum zum höchsten Gott verfügten und über seine Tyrannei klagten. Gott tröstete sie: Fürchtet euch nicht, es ist ein König தசரதன் Dasaratha, derselbe hat keine Kinder und hat schon sehr lange Zeit strenge Busse gethan, dass er möge Kinder zeugen. Ich will machen, dass Vischnu ihm geboren werden soll, ja ich will Râma und இலக்ஷ்மணன் Lakschmana als zwei Brüder ihm geboren werden lassen, die sollen Râvana vertilgen. Hierauf wurde Vischnu diesem Könige geboren, that grosse Wunder, bekam சீதை Sita zur Frau und führte, als Râvana ihm Sita geraubt hatte, so lange Krieg mit ihm, bis er ihn mit seiner ganzen Familie von der Erde vertilgt hatte."

Die *fünfte* Verwandlung in *Parasurâma*: „Es waren sieben Könige ஷத்திரியராஜா Kschatriya-rájas, welche sehr tyrannisch herrschten, die Götter lästerten und Göttern und Menschen viel Uebel und Verdruss anthaten. Dies konnte Vischnu nicht länger mitansehen, nahm Menschengestalt an, bewies sich als tapferer Held unter dem Namen Parasurâma und rottete dieser Könige Familie und ganzes Geschlecht aus.

Die *sechste* Verwandlung *Veguttuvam* ist auch in eine Menschengestalt, welche Historie einer kurz zusammenfasst: „Es waren ehemals 2 Nationen புத்தர் Buddhisten und சமணர் Samaner (Jainas),' die hatten eine sehr schädliche Religion und machten lauter böse Secten. Sie lästerten Vischnu's und Siva's Religion und zwangen alle Tamulen ihre Religion anzunehmen. Wer dies nicht wollte, den quälten sie sehr. Sie bestrichen sich weder mit heiliger Asche, noch machten sie das Zeichen Tirunâma, hielten nichts auf Reinigkeit des Leibes, und obgleich sie Bilder verehrten, hatten sie doch das Ansehn, als wären sie Leute von keiner Religion. Sie machten unter den Geschlechtern keinen Unterschied, sondern hielten alle für gleich gut. Hierdurch wurde alle Ehrerbietung und Hochachtung zwischen Hohen und Niedern, zwischen Weisen und Unweisen aufgehoben. Die Bücher von der Theologie lästerten sie und wollten, dass alle Menschen solchem ihrem Wesen sollten zugethan sein, und welche es nicht billigen wollten, denen thaten sie Gewalt an. Ihre Religion hatte keine Aehnlichkeit weder mit unserer malabarischen, nach mit der muhammedanischen, noch auch mit der christlichen Religion, sondern war ein Verderb aller Religionen. Daher wollte sie Vischnu ausrotten, nahm eines Menschen Gestalt an, verfügte sich zu ihnen, eben als wäre er einer von ihren Priestern, ging mit ihnen lange Zeit um und ass und trank mit ihnen. Als er denn nun ihre Lehre und Wandel wohl eingesehen hatte, zeigte er seine rechte Gestalt, verordnete seine 12 Jünger und Diener, die Pannirendu Arhvár, rottete jene Religion gänzlich aus und liess seine Religion durch die 12 Jünger anrichten."

Ueber die *siebente* Verwandlung als *Narasinha* schreibt einer: „Es war ein grosser Riese ஜெகுவை Hiranya, welcher wegen seiner harten Busse die Gabe von Gott erlangte, dass er von Niemandem könne getödtet werden. Dieser wurde nach Erlangung solcher Gabe sehr hochmüthig und befahl, dass die Menschen nicht mehr den Namen Gottes, sondern seinen Namen nennen sollten. Denn wenn die Menschen was zu thun anfangen, gedenken sie an Gott und sagen öm namah. Er aber liess einen Befehl ausgeben, dass man sagen solle Hiranya namah. Wer nicht diesen Namen nennen wollte, den liess er martern, strafen und quälen. Nun hatte er auch einen Sohn (Neffen) Namens பிரகலாதர் Prahláda, der ein Anhänger Vischnu's war. Dieser pflegte allezeit zu sagen öm namah. Hiranya sprach zu ihm: Was bedeutet dies? Alle Menschen sagen Hiranya namah, und du allein sprichst öm namah? Deshalb zog ihn nun der Vater zur Strafe und wollte ihn hauen, aber der Hieb haftete nicht. Er stiess nach ihm, aber auch der Stoss haftete nicht. Er liess ihn binden und ins Meer werfen, aber die Fische fingen ihn alsbald auf und trugen ihn auf ihrem Rücken ans Ufer. Wiederum liess er ihm die Hände auf den Rücken binden und befahl, ihn von einem Elephanten zertreten zu lassen; der Elephant sprang auf ihn und trat ihn, aber solch Treten war ihm nicht anders, als wenn Blumen auf ihn geworfen wären. Hierauf liess ihn Hiranya los und sprach zu ihm: willst du nun Hiranya namah sagen oder nicht? bequeme dich dazu, oder ich will dich besser strafen. Der Sohn sprach zum Vater: wie kann ich sagen Hiranya namah! Wer bist du? ein Gott? ach nein, du bist auch ein Mensch. Der Vater sprach: du sagst aber gleichwohl öm namah, wer ist denn dieser öm namah? Der Sohn antwortete: er ist sogar auch in der Säule und in den Strohbalmen. Der Vater: ei so zeige ihn mir doch. Der Sohn: ja, ich will ihn dir zeigen, und alsdann schlug er an die Säule, darauf das Haus gesetzt war, und sogleich kam aus ihr heraus Vischnu als ein kleines Kind, das sodann ein Löwenangesicht bekam und dem Hiranya die Brust aufspaltete und die Därme aus dem Leibe riss, und darum wird Vischnu in der 7. Verwandlung Narasinha genannt."

„Die Ursache, warum Vischnu *achtens* als der junge Bramane *Vámana* erschienen, ist diese: Es war ein König மகாபலி Máhali, der grosse Gaben von Gott erlangt und alle Länder unter seine Gewalt gebracht hatte, also dass seines Gleichen nicht war. Wenn Jemand zu ihm kam und ihn um etwas bat, schlug er es niemals ab und aestimirte nichts. Bei seinen grossen und vielen Almosen aber zog er alle Länder der andern Könige mit Gewalt an sich und verstiess und verjagte sie alle von ihren Königreichen. Alsdann begaben sich die verjagten Könige zusammen zu Gott und beklagten sich über Mābali. Hierauf nahm Vischnu die Gestalt eines jungen Brahmanen an, ging zu Mābali und sagte: König, gieb mir in deinem Lande ein Dorf zu meinem Eigenthum. Und als er ihm solches verweigerte, bat er nur um so viel Land, als er mit drei Füssen abmessen könne. Der König sprach: du bist ein kleiner Knabe, was nützt dir ein Eigenthumsplatz? Ich will dir zu essen geben, nimm und iss, so viel und so lange du willst. Der Knabe sagte: ich bin von Brahma's Geschlecht und bitte, dass du mir drei Fuss Land, die ich mit meinen Füssen messen kann, zu eigen gebest, damit ich darauf meine Bussübung haben könne. Hierauf versprach ihm der König, dies zu geben, rief seiner Frau und liess sie den Wasserkrug bringen, daraus er zum Zeichen der Gewissheit Wasser auf des Knaben Hand goss. Solchergestalt hatte er nun Freiheit bekommen, drei Fuss Land abzumessen. Als er den ersten Fuss abmass, begriff derselbe die ganze Erdkugel, der andre Fuss begriff die ganze Himmelskugel. Als er nun fragte, wo er den dritten Fuss hinsetzen sollte, antwortete der König: setze ihn auf mein Haupt und miss. Als er den Fuss auf des Königs Haupt setzte und mass, wurde derselbe in die unterste Hölle getreten. Hierdurch wurde der König inne, dass es Vischnu selbst sei, demüthigte sich vor ihm und sprach: ach Gott, ich habe eine Bitte an dich, die wollest du mir gewähren. Vischnu sprach: was begehrst du von mir? sage, ich will es dir gewähren. Mābali sprach: lass mich jährlich die Welt einmal besehen und verordne, dass mir an dem Tage ein Fest gehalten werde. Vischnu sprach: es ist gut, ich will befehlen, dass dir die Menschen jährlich ein Fest halten sollen. Und dies ist das Fest, welches jährlich im November allenthalben von uns gefeiert wird, wobei wir einen Palmyra-Baum vor den Pagoden verbrennen und die Historie Mābali's darstellen."

Ueber Vischnu's *neunte* Verwandlung in den Hirten *Krischna* schreibt uns ein Heide: „Es war ein König ఆచ్చుసాడి Duryödhana, welcher 120(?) Brüder hatte. Hinwiederum waren 5 königliche Brüder ఉళ్ళు౦ాడావె Pancha Pāndaver, nämlich: ధరుడ Dharma, జుడ Bhīma, జీశెంఆడి Arjuna, ిణుడి Nakula, సఅద్గడి Sahādeva, welche 5 Ein Weib hatten, die దౌస్అంఅ, Draupadi. Diesen fünf Brüdern gewann Duryödhana Reich und Länder ab durch Spielen, also dass sie sich in die Fremde und in die Einöden begaben. Unter diesen that Arjuna grosse Busse, um von Vischnu den Flitzbogen ఉఅుపడి ణుి (జీణు Bogen) Pāsupatāstra zu erlangen und damit Duryödhana zu überwinden und zu tödten. Zur selbigen Zeit wurde Vischnu als ein kleines Kind geboren und unter den Hirten erzogen. Selbiger liess sich von diesen 5 Brüdern als Gesandten brauchen an Duryödhana. Als aber dieser keine Bedingungen eingeben, noch den 5 Brüdern das Reich abstehen wollte, so fingen diese Krieg wider ihn an und überwanden ihn vermittelst Krischna's und des von Vischnu erlangten Bogens. Um also diesen Duryödhana mit seiner ganzen

Familie auszurotten und den 5 Brüdern zu ihrem Königreich zu helfen, hat Vischnu seine neunte Verwandlung auf sich genommen. Nebst der vierten ist diese neunte Verwandlung die vornehmste, als in welcher Vischnu unter dem Namen Krischna die meisten Wunder gethan. Man sagt, dass er in dieser neunten Verwandlung 16,000 Weiber gehabt, aber eigentlich hat er sie nur als keusche Jungfrauen verwahrt und mit Erzählung von allerlei Historien amüsirt. Unter den 5 Brüdern wurde Dharma nachmals König, der sehr geduldig und fromm gewesen. Eine Zeit hernach haben sich diese 5 Brüder des Reichs wieder begeben und sind nebst der Draupadi umgegangen, um nach dem Sitz der Seligkeit zu wandern. Vier Brüder aber sterben unterwegs nebst der Draupadi, so dass nur Dharma allein übrig bleibt, welcher endlich mit Leib und Seele von Vischnu in seinen Himmel Vaikuntha aufgenommen. Solches ist sonderlich beschrieben in dem Buche மஹாவிந்தம் Mahāvindam, gleichwie auch Arjuna's Busse in einem Buche அர்ச்சனதவசு (Arjuna's Buss-stand) Arjuna-tapasunilai beschrieben wird. Weil Dharma sichtbarer Weise in die Seligkeit aufgenommen ist, so bauen wir ihm hie und da Pagoden auf, in denen seine Figur mit der Draupadi's und seiner 5 Brüder steht, welchen allen jährlich ein Fest gehalten wird, an dem die Priester solcher Pagoden mit blossen Füssen durch's Feuer gehen."

Ueber Vischnu's *zehnte* Verwandlung in ein *Pferd Area* schreibt einer: "Vischnu's letzte Verwandlung wird geschehen in ein Pferd, und zwar zur letzten Zeit, wenn die Welt vergehen soll. Denn es stehet geschrieben, dass er in solcher Gestalt kommen werde, um alles zu vernichten und allen Dingen ein Ende zu machen. Was darnach geschehen wird, wissen wir nicht. Man sagt aber, dass dann ein neues Spielwerk Gottes in Erschaffung anderer Welten und Creaturen angehen soll."

Ausser diesen 10 Verwandlungen soll Vischnu noch auf vielfältige Art und Weise in der Welt erschienen sein, worüber uns Jemand also schreibt: "Vischnu ist nicht nur neunmal verwandelt in die Welt gekommen, sondern ist auch ausser diesen neun Verwandlungen vielfältig auf der Welt den Menschen erschienen und hat diese und jene Wunder gethan. Einigemal ist er als ein kleines Kind erschienen, zu andern Zeiten als ein alter Mann, als Mönch, Bülsender, Bettlor, als ein Brahmane, der den Leuten den Kalender ausgelegt. So ist er gar vielmals erschienen und zuletzt erkannt worden. An den Orten, wo er so erscheinend Wunder gethan hat, sind ihm grosse Pagoden aufgebaut, dahin stets gewallfahrtet wird. Unter solchen Oertern sind die berühmtesten திருப்பதி Tripetti, திடாரெகிரி (? ein Sivatempel) Tirokkālastri, கல்யாணபுரம் Kalyānapuram, கோதாபுரி Gōdāpūri, கிருஷ்ணபட்டி Krischnapati, ஸ்ரீரங்கம் Sriranga. An diesen Orten hat Vischnu viele Wunder gethan, daher werden sie für heilige Orte gehalten, wo er in besonderer Weise wohnt und denen viele Gaben mittheilt, die dorthin zu seiner Verehrung kommen."

Das Wort avatâra bedeutet Herabsteigen und dann specieller Herabsteigen der Götter auf die Erde in angenommener Gestalt, um die Menschen von Uebeln zu befreien. In diesem Sinne kann von Avatâren fast aller Götter und Göttinnen geredet werden, obwohl jetzt das Wort vornehmlich auf Vischnu und seine 10 Incarnationen bezogen wird, von denen aber nachweislich die beiden ersten als Fisch und Schildkröte ursprünglich Brahma zugehörten. Uebrigens herrscht weder über die Zahl, noch über die Aufeinanderfolge der Avatâren Vischnu's völlige Uebereinstimmung. Ziegenbalg kann daher wohl beanspruchen mit seiner Reihenfolge gehört zu werden, während in diesem Zusatze die jetzt gebräuchliche zu Recht kommen muss: Matsya, Kûrma, Varâha, Narasinha, Vâmana, Parasurâma, Râma, Krischna, Buddha oder Bala Bhadra, Kalki. Nach Lassen Ind. Alt. II, 1107 hat sich das Dogma von Vischnu's Verkörperungen schon 300 Jahre vor Chr. G. gebildet, obwohl Zeit- und Reihenfolge erst später festgesezt worden sind. Die Bedeutung der Lehre wird kurz Bhagavadgita IV, 7 ausgedrückt: „So oft eine Erschlaffung des Gesetzes und eine Erhebung des Unrechts eintreten, erschafft Vischnu sich selbst."

In den Veden findet sich diese Lehre noch nicht und aus ihrem ersten Vorkommen in den epischen Gedichten, deren Substanz in der vorbuddhistischen Zeit festgestellt war, wird geschlossen, dass die Idee nicht in den Brahmanenschulen, sondern bei den Kriegern, den Kschatriyas entstanden, von den epischen Dichtern weiter ausgebildet und zuerst auf die menschlichen Helden Râma und Krischna übertragen ist. Gehen wir nun zu den einzelnen Avatâren über.

1. *Matsya-Fisch.* Hier wird uns die indische Fluthsage geboten. Vischnu kündigt dem 7. Manu Satyavrata die allgemeine Fluth an und befiehlt ihm, eine Arche zu bauen und mit den 7 Rischis und deren Weibern hineinzusteigen, auch Samen von allerlei Gewächsen mit sich zu nehmen. Vischnu selbst als grosser Fisch zieht die mit Stricken an seinem Horn befestigte Arche, während der Manu den Inhalt des Matsya-Purâna von ihm befragt. Das Schiff passirt das nördliche Gebirge und wird an dem Berge Naubandhana in Kaschmir festgebunden. Manu steigt mit der fallenden Fluth nach Indien herab. In einem Jahre erzeugte er sich durch anhaltendes Beten und Fasten eine Tochter Ila und mit ihr die Stammväter der jetzigen Menschheit. Manche bringen hiermit nun zugleich in Verbindung, wie während Brahma's Schlaf zwischen den beiden Kalpas der Riese Hiranyâkscha (Goldauge, Moor Hindu Pantheon nennt Hayagriva) die Gesetzbücher gestohlen, und wie selbige von Vischnu als Fisch wiedergeholt wurden, wofür aber der geeignetere Platz bei der dritten Verwandlung.

2. *Kûrma-Schildkröte.* Diese Verwandlung ist wie die vorhergehende kosmogonischen Inhalts. Die durch die Fluth verlorengegangenen Güter sollen wieder gewonnen werden. Durch das Quirlen der See mit dem von Vischnu als Schildkröte gestützten Berg Mandara werden die 14 sogenannten Edelsteine gewonnen: Lakschmi, Dhan-

vantari der Götterarzt, die Apsaras oder Nymphen, die Weingöttin Surā oder Väruni, der Mond, Krischna's Schmuck, der alles gewährende Baum, die Kuh des Ueberflusses, Indra's Elephant und sein Ross, Ambrosia, Vischnu's Bogen und Muschel (vgl. aber Wils. Vischnup. p. 78 Anm.). Das gleichzeitig heraufkommende Gift trinkt Siva und erhält von dem an seinem Halse von dem Gift verursachten blauen Flecken den Namen Nilakantha. „Der durchgehende Zug dieser Erzählung ist der Gedanke, dass alle werthvollen Dinge aus dem Wasser entstehen, und sie stützt sich auf die Ansicht, dass die ganze Schöpfung aus dem Wasser hervorgegangen ist. Diese Verkörperung schliesst sich daher angemessen an die vorhergehende, die älteste an."

3. *Varāha-Eber.* Diese Epiphanie ist mit den beiden folgenden religions-geschichtlichen Inhalts. Die von Ziegenbalg's Correspondenten gegebene Erzählung, dass Vischnu den Fuss des Linga sucht, ist die berühmte Historie des Trinomali-Linga, wird aber sonst niemals mit den Avatāren in Verbindung gebracht. Auch von der ältesten Erwähnung im Rāmayana „aus dem Wasser entstand Brahma, er gestaltete sich dann zu einem Eber, hob die Erde herauf und schuf die ganze Welt" ist die Sage ganz abgegangen: „Im Kritayuga, als Brahma und Vischnu gemeinschaftlich die Geschicke der Welt leiteten, hatte die ganze Erde viel von den Asuras unter ihrem König Hiranyāksche zu leiden. Als Brahma die durch die bösen Geister verursachten Schrecken nicht bewältigen konnte, versank die Erde 100 Yojana tief in die Unterwelt, aus der sie Vischnu in der Gestalt eines Ebers wieder emporhob." Der Sinn dieser Sage wird sein, dass die Verehrung Vischnu's die Versuche, den Kultus des Brahmā einzuführen, vereitelte. Hiranyāksche, dessen Brudersohn Prahlāda, dessen Enkel Virochana und Urenkel Bali, scheint ein altes Fürstengeschlecht zu repräsentiren, welches sich der Verbreitung des Vischnuismus widersetzte und deshalb in der spätern Ueberlieferung in ein Geschlecht von Götterfeinden umgestaltet ist.

4. *Narasinka-Mannlöwe.* Die Versuche Hiranyakasipu's (Goldkleid), seinen Sohn Prahlāda für die Verehrung Vischnu's zu bestrafen, werden sehr ausführlich und poetisch geschildert in dem Vischnupurāna, nur dass dort schliesslich Vater und Sohn sich aussöhnen, und die Erscheinung von Vischnu als Mannlöwe, welche fast mit den Worten von Ziegenbalgs Correspondenten im Bhāgavata-purāna berichtet ist, nachklappt.

5. *Vāmana-Zwerg.* Bali wandelte in den spätern Jahren seiner Regierung nicht wie sein Grossvater Prahlāda und sein Vater Virochana, daher Vischnu jene Bitte um die drei Schritte Landes an ihn that. Die vedische Idee von Vischnu, als dem weithin schreitenden, dessen Befehlen alle Welten gehorchen (Wils. Rig Veda Sanhita III, 93), der mit drei Schritten das Firmament durchwandelt und drei Wohnungen am Aufgang, Meridian und Untergang hat, wird hier auf die Geschichte Bali's übertragen. Die sieben Pagoden südlich von

Madras, sonst Mahâbalipuram genannt, wo eine der künstlerisch vollendetsten Gruppen jene Scene darstellt, stehen jedenfalls in Beziehung dazu, wenn auch der für die flache Gegend höchst unpassende Name Mahâmalaipuram, die Stadt des grossen Berges, sich als richtig behaupten sollte.* In dem Balifest, Baliparatipada, am ersten Tage des Monats Kârtika, haben sich offenbar Spuren eines früher im Süden gebräuchlichen ältern unbrahmanischen Kultus erhalten, und wenn uns die Sage vom Dakschaopfer die von den Sivaiten dazu eingenommene Stellung erkennen lässt (Wils. bezieht es auf einen Kampf zwischen Sivaiten und Vischnuiten), so bequemen sich in der Baliaage die Vischnuiten, Gebräuche bestehen zu lassen, welche zu tiefe Wurzeln im Volksbewusstsein geschlagen hatten. Nur am Balifeste gestatten sich die achtbaren Hindu Hazardspiele; ihre Häuser werden aufs Schönste

* Die „sieben Pagoden," welche von Madras aus sehr leicht durch eine Nachtfahrt auf dem südlich nach Sadras führenden Kanal erreicht werden können, liegen in einem an der See eine halbe Stunde weit sich hinstreckenden Granitrücken und sind theils in den Felsen hineingehauene Tempelhallen, theils durch Behauen in Tempel verwandelte einzelstehende Felsen. Am unvollkommensten ist eine südlich in einem Palmyrawäldchen vereinzelte Gruppe von fünf Pagoden, deren höchste nicht über 50 Fuss, die eine Pagode ist von oben bis unten gespalten und ein Eckstück heruntergefallen, ein bei Granit öfter vorkommendes natürliches Phänomen. Eine gute Viertelstunde nordwärts liegt die Hauptgruppe. Am künstlerisch vollendetsten erschien dem Herausgeber ein' in den Felsen gehauener und von Pfeilern gestützter Vischnutempel, dessen linke Seite von einer Darstellung der Zwergavatâre (Vischnu als Zwerg im Begriff dem liegend dargestellten gewaltigen Riesen Bali den Fuss auf den Kopf zu setzen) und die rechte von der keineswegs ebenbürtigen Eber-avatâre eingenommen wird. Die dem Umfang nach grösste, aber nicht in gleichem Maass an Feinheit der Ausführung gewachsene Sculptur ist Krischna den Berg Govarddhana haltend. Von dort führt durch das freundliche Dorf, in dessen Mitte auch ein alter Vischnutempel, der Weg in 10 Minuten zum Seeufer, wo von den Wogen bespritzt noch eine jener 7 Pagoden steht, während der stets entfernt in der Front stehende Tempelpfeiler schon ganz von der Brandung umrauscht ist. Die Hauptfigur ist Vischnu, aber verschiedene Verzierungen ringsum zeigen, dass Vischnu hier vor Siva hat weichen müssen, wie auch von den andern Tempeln landeinwärts Siva sich sein Theil erobert hat. Die brüliche Sage berichtet, dass vor ungefähr 2000 Jahren ein Fürst aus der nördlichen Gegend etwa 4000 Architecten und Bildhauer nach Mahâmalaipura kommen liess, welche während 5 Jahren die noch erhaltenen grossartigen Werke ausführten, jedoch nachher mit den Bedingungen jenes Fürsten unzufrieden wurden : der Fürst überredete sie sodann nach der Heimath zurückzukehren, was sie thaten, ihr Werk in dem unvollendeten Stande lassend, in welchem es sich noch vorfindet. Lassen sucht nun darzuthun, jener nordische Fürst sei Pratâparadra, König von Orissa gewesen, der *im Anfang des* 16. *Jahrhunderts A. D.* Conjeveram eroberte, und der in der Sage erwähnte Singhama Nâyadu sei ein von jenem abhängiger Vasall gewesen und sein vor der Veste Jallipalli erfolgter Tod habe die Unterbrechung der Bauten herbeigeführt. Nach etwas anderer Version der Sage habe ein nordischer Fürst die besagten Bildhauer zum Bau grosser Werke unter schlechten Bedingungen zwingen wollen, fliehend suchten und fanden sie im Süden Beschäftigung, bis nach 4—5 Jahren der nordische Fürst sie auffand und zur Rückkehr bewog. Taylor behauptet, nach alten Berichten sei wahrer Name der Stadt Mâmallapuram, die Stadt des grossen Malla, und Malla sei Name einer Dynastie, von der auch anderwärts viele Spuren sich fänden. Bis die Gelehrten sich geeinigt haben, wird es denn wohl bei den „sieben Pagoden" bleiben.

geschmückt, und die Hörner der Stiere mit rother Farbe bemalt. Vor den Thüren oder auf den Höfen werden Haufen von Kuhmist errichtet, auf denen kleine Bilder von Bali und seiner Familie aufgestellt werden; diesen Bildern werden Opfer von Blumen und Sandelholz dargebracht. Am letzten Tage dieses Festes, das auch Yama Ditya heisst, sollen diejenigen Brüder, welche ihre Schwestern besuchen und beschenken, von dem Unheil befreit werden, nach ihrem Tode in die Unterwelt herunterzufallen.

6. *Parasurama-Rāma mit der Streitaxt*. Auf die drei religionsgeschichtlichen folgen drei historische Incarnationen. Diese erste schildert den Uebermuth der Kschatriya gegen die Priester und die Bestrafung dieses Uebermuths durch die Gewalt der Waffen und die angebliche Vertilgung des ganzen Kriegergeschlechts. Eben der Umstand, dass in den epischen Gedichten Parasurāma noch nicht als Avatāre erscheint, dient zum Beweis des Ursprungs dieser Lehre bei den Kschatriyas. Parasurāma, Sohn Jamadagni's und Renukā's (von den Pariahs als Göttin geehrt) tödtet gehorsam des Vaters Befehlen seine Mutter, die sich mit unreinen Gedanken befleckt hatte, erlangt aber ihre Wiederbelebung, bestraft den König Kārttavīrga für den Raub des Kalbes der Götterkuh, und als der König dann in Parasurāma's Abwesenheit dessen Vater getödtet hatte, fällt seitdem jeder Parasurāma begegnende Kschatriya als Racheopfer. „Dreimal siebenmal reinigte er die Erde von der Kschatriyakaste und füllte mit ihrem Blut die 5 grossen Seen von Samanta Panjaka (Wils. Vischnupur. p. 403)." Die so gereinigte Erde schenkte er an Kasyapa, der ihm bald zu verstehen gab, es zieme 'einem so grossen Herrscher nicht auf weggeschenktem Boden zu hausen. Er begab sich zu der Küste des südlichen Oceans und gewann das Land Kerala, die Küste von Malabar, dem Meere ab, und führte dann in dies Land eine Kolonie nördlicher Brahmanen ein, bis neuer Undank ihn auch von dort zu weichen zwang. Diese im Kerala-utpatti mitgetheilte Legende ist in Dr. Graul's Ind. Sinnpflanzen p. 17 ff. in ein poetisches Gewand gekleidet, weil dem edlen Sänger die Aehnlichkeit mit seinen eignen Geschicken diese Sage so lieb gemacht hatte:

Rāma hatte seine Streitaxt viele Jahre lang geschwungen,
Und den Kschatriyas am Ende Djambu-Dvipa abgerungen.
Aber nur, um's dann zu schenken seinem „zweigebornen" Volke:
So erst nimmt sie und dann giebt sie alles hin—die edle Wolke.
Doch ein Stücklein Lands behielt er, sich zu bauen eine Hütte
In der Kokos grünem Zwielicht, lispelnder Anvattbas Mitte;
Nur so viel, um seine Jahre lang gespannten Heldensehnen
In das selbsterstrittnen Friedens wohlverdienter Ruh zu dehnen;
Just genug, um nach so vielem Aussenwerk sich zu beschauen
Und mit Lehr und Rath an seiner Schöpfung Innen mit zu bauen.
Einer aber der beschenkten Freunde liess sich so vernehmen:
Auf verschenktem Land zu wohnen, Rama, solltest du dich schämen.

Wenn der Freund auch Gift einschenkte, lächelnd solls der Edle
trinken ;
Rama liess drum seinen Unmuth in der Weisheit Tiefe sinken.
„Recht," so sprach er mit dem Mondes-milden Antlitz, mit dem
reinen!
„Nimmer soll, wer edlen Sinns ist, ein Unedler auch nur scheinen."
Und mit hoher Seel ins Weite schritt er aus der niedern Hütte,
Aus der Kokos grünem Zwielicht, lispelnder Asvatthas Mitte.
In der Hand die blanke Streitaxt, klomm er auf die wilden Höhen,
Die wie Riesen Wacht an Indiens abendlichen Pforten stehen.
Niederwärts dann flog sein Auge auf die schlangenreichen Schluchten,
Auf die Ströme, die wie rasend Tod im nahen Meere suchten,
Das viel lauter als die Löwen in des Urwalds Knäuel brüllte,
Mehr auch als die Ilfen-Heerden in des Fruchtlands Busen wühlte.
Mit dem Horizonte wurde Rama's grosse Seele weiter:
In das Chaos, das zu Füssen lag wie flehend, blickt' er heiter;
Und er jauchzte schöpfungsfroh auf: Ocean, mit dir nun ring ich!
Ilf, dich zähm ich: Wald, dich fäll ich! Leu, dich würg ich! Strom,
dich zwing ich!
Sprachs, und mit den paar Getreuen, die der Undank nicht verblendet,
Ging er an die neue Schöpfung, und er hat sie auch vollendet.

Parasurāma's zweite Kulturschöpfung in Kerala oder Malabar.

Rama, der dem schlimmsten Feinde edler Seelen nicht erlegen,
Dem das Ungeheuer „Undank" nur abrang noch schönern Segen!
Was du littest—darin hast du wahrlich Viele deines Gleichen ;
Wie du's trugest—darin werden dich nur Wenige erreichen.
Denn aus deiner ersten Schöpfung, die du weggabst, weggetrieben,
Bist du deinem Schöpfertriebe in der Fremd auch treu geblieben.
Rama, deine zweite Schöpfung sah ich, und ich muss sie loben ;
Wie ein Blumensaum dem Kleide Indiens ist sie angewoben.
O der würzereichen Lüfte, die dein Kerala umweben,
O der hellen Lichter, die sich dort aus dunkeln Schatten heben!
Lass, mein Geist, dich längs der Küst auf frisch behauchter Welle
schaukeln,
Und von schillernden Libellen der Erinnrung dich umgaukeln.
Oder lass dich in der Sänfte dicht an Meeres-Säume tragen,
Palmen um das Haupt dir wehen, an das Ohr die Salzfluth schlagen.
Oder willst du in dem Domes-Dunkel jenes Urwald gehen,
Da für uns die Cardamome sucht der wilde Sohn der Höhen ?
Sei gesegnet, buchtenreiches Meer mit deiner Segel Fülle,
Wo des Weltverkehrs Getöse fällt in Indiens Klosterstille!

Mehr gesegnet noch du Küste, wo Natur sich überbietet
Und mit Haufen edlen Gutes jedes Tröpflein Schweiss vergütet,
Höchst gesegnet aber seid mir, grünbewachsne Berges-Mauern,
Die die Wolken zwingen, dass sie Segen auf die Niedrung schauern.
Kerala's Brahminen, die ihr gern euch nennt die „Bergesgleichen,"
Deren stolze Häupter höher als die Ghats gen Himmel reichen!
Euren Bergen gleicht ihr halb nur, denn des Heiles Segenswolke—
Ihr verschmäht sie selbst und lasst sie schauern nicht dem niedern
Volke.
Unter euch den Wohlverschanzten hinter „Zäunen, Wällen, Stiegen,"
Wann doch wird das erste Knie sich vor „dem wahren Aufgang"
biegen?

7. *Rama.* Die Historie dieses Helden enthält die Ueberlieferungen von der frühesten Verbreitung der Brahmanischen Religion und der ersten Grundlegung höherer Bildung im Süden des Vindhya durch arische Inder; mit der sich erweiternden geographischen Kenntniss, wurde auch das Ziel von Ráma's Zügen weiter südwärts gerückt, bis endlich Ceylon daraus wurde und die Insel Ramesseram als Uebergangspunkt festsland. Im Tamulischen giebt es eine reiche Litteratur über Ráma und seinen Alliirten, den Affenkönig Hanuman, an der Spitze Kamben's berühmtes Râmâyana, verfertigt etwa im 11. Jahrhundert, in 5 Büchern und 12,016 Stanzas gegen 24,000 des Sanskritwerkes von Valmiki. Es ist keine eigentliche Uebersetzung, sondern ein Abriss in feinerer Ausarbeitung, jedoch ohne Alterirung des Stoffes. Wem von beiden Dichtern die Palmo gebührt, ist schwer zu entscheiden, aber durch Kamben ist Ráma in einem vorwiegend sivaitischen Lande populär geworden, so dass man aus sachlichem Interesse auch noch das Sanscritwerk wörtlich übertragen hat. Er kann das Râmâyana erklären, ist im Tamulischen Bezeichnung der höchsten Gelehrsamkeit, und Sänger, welche Theile des Râmâyana erklären und vortragen, finden immer aufmerksame Hörer.

8. *Krischna.* Wenn in Rama Vischnu's halbe Natur sich offenbarte, so wurde er ganz offenbar in Krischna, seiner populärsten Erscheinungsform, obwohl auch von diesem noch gesagt wird, dass nur eins von Vischnu's schwarzen Haaren auf die Erde gekommen und als 8. Kind von Vasudêva und Devaki unter dem Namen Krischna geboren sei, um den Riesen Kansa zu erschlagen. Er muss vor Kansa's Verfolgungen geflüchtet werden und kommt nach Gokula als Pflegesohn des Hirten Nanda und seiner Frau Yasodâ. Krischna als Kind ist Gegenstand einer weitverbreiteten Verehrung und einer reichen Sagenlitteratur, deren Character schön durch ein Wiegenlied veranschaulicht wird, welches aus dem ersten Theil des Nâlâyira übersetzt, in die indischen Sinnpflanzen aufgenommen ist:

Wiegenlied für den Gott Krischna.

Von Brahma kommt's, das merke fein!
Dies allerschönste Wiegelein
Von Gold, Demant und Edelstein!
Herr, wein dir nicht die Aeuglein nass, Trala, Trala,
Du, der die ganze Welt durchmaass, Trala, Trala.

Der Reiter auf dem mächtgen Stier,
Siva schenkt dies Gehänge hier,
Perlen und Granaten dir. Herr wein etc.

Dies Glockenspiel, holdbrustig Kind,
Dess Füsse lichte Lotos sind,
Bringt Indra selbst zum Angebind. Herr, wein etc.

Der Meeresgott aus brauager Fluth
Schickt Perlen und Korallen gut,
Mit Spänglein auch er karg nicht thut.
Herr, wein dir nicht die Aeuglein nass, Trala, Trala,
Du, der die ganze Welt durchmaass, Trala, Trala.

Nachdem Krischna die Gefahr, welche ihm von der vergifteten Brust der bösen Dämonin Pütana drohte, durch deren Tödtung abgewandt, wuchs er in fröhlichem Jugendleben auf mit den Hirten und Hirtinnen, den Gôpas und Gôpis, selbst als der Hirt Gôpâla oder Gôvinda bekannt. Eines Tages sprang er in den Teich des Schlangenkönigs Kâliya und gerieth in die grösste Gefahr, dass seine Pflegeeltern und Gespielen an seiner Rettung verzweifelten. Plötzlich stand er triumphirend auf dem Kopf des Schlangenkönigs. Ein Lieblingsbild seiner Verehrer ist Krischna als Schlangentreter, in tanzender Stellung und die Flöte spielend. Als dann folgendes wichtigstes Ereignis tritt darnach die auch oft dargestellte Aufhebung des Berges Govarddhana hervor. Indra erzürnt, dass durch Krisclma's Verehrung sein eigner Dienst abnimmt, bringt durch ein grosses Unwetter die Hirten und Hirtinnen sammt ihren Heerden in grosse Lebensgefahr, da hebt der siebenjährige Krischna den grossen Berg Govarddhana auf und hält ihn sieben Tage. Seine spätere Geschichte ist eine Reihe von Liebschaften, besonders wird seine Liebe zu Râdhâ, vor der Rokmini die rechtmässige Gemahlin ganz zurücktritt, geschildert. Von einer ganz andern Seite tritt er uns im Mahâbhârata, im grossen Kriege entgegen, dort ist er der kriegerische Freund und Berather der Pândavas. Doch ist Krischna nicht der Hauptheld des Gedichts, sondern nur Führer und Vertreter des den Pândavas befreundeten und verbündeten Yâdavastammes. Krischna bedeutet schwarz, Arjuna der erste der Pândava's weiss. Lassen schliesst daraus, dass die Pândavas in ihrem Kampfe mit den Kurus sich mit früher eingewanderten arischen Stämmen verbunden haben, den durch Krischna vertretenen Yâdavas, welche schon durch Einfluss des Klimas dunkelfarbiger geworden waren. Krischna wäre demnach überhaupt nicht eine wirkliche Persönlichkeit, sondern nur Ausdruck der Sage für die Verbindung der Pândavas mit seinem Volke. In der Sage vermag Krischna zuletzt diesen seinen eignen Stamm nicht vor Selbstzerstörung zu beschützen und macht sich davon, als er aus bösen Omen den Untergang seiner Hauptstadt Dvâraka erkennt. Trauernd und weinend über den Untergang seines Volks, traf ihn der Pfeil des Jägers Jarâ (Schwachheit, Alter) in die Fuss-sohle und dies war nach einem frühern Fluche für ihn tödtlich. Mit Krischna's Tod beginnt das Kaliyuga.

9. *Avatâre.* Für diese Erscheinung Vischnu's den rechten Namen zu geben, ist schwierig. Am unverfänglichsten erscheint der Name Bala Bhadra oder was dasselbe ist Bala Râma, eine Avatâre des Schlangenkönigs Sêscha. Es ist dies der 7. Sohn Nanda's und ältere Bruder Krischna's, der Patron des Ackerbaues, der den Pflug als Emblem in seiner Hand trägt. Im Gegensatz zu seinem Bruder Krischna ist er sehr treu gegen sein Weib Revati, und deshalb namentlich von Telugu-Poeten viel besungen. Aber damit ist auch die Reihe seiner Thaten fast erschöpft, obwohl nunmehr das Vischnupurâna vom Tödten vieler Riesen zu sagen weiss, und sie würden schwerlich ausgereicht haben, ihm zur Ehre einer Avatare zu verhelfen, wenn er nicht den älteren Namen Buddha hätte verdrängen sollen. Buddha der Erleuchtete, auch Sakyamûni der Einsiedler aus dem Sakyageschlecht, oder Gautama, der von Gotama, dem Ahnherrn eines angesehenen Priestergeschlechts abstammende, wurde als Sohn des Königs Suddhodana von Kosala in Kapilavastu an den Vorhöhen des Himâlaya geboren, mit sechszehn Jahren vermählte er sich und führte ein üppiges Leben, mit 29 legte er das gelbe Büssergewand an und pilgerte zu den Elasiedeleien und Sitzen der berühmtesten Brahmanenschulen, wurde nicht befriedigt und gab sich 6 Jahre lang als Einsiedler den härtesten Kasteiungen hin, bis ihm unter einem Feigenbaume sitzend die Erleuchtung zu Theil wurde, dann durchzog er 20 Jahre lang die nordindischen Länder seine Lehre verkündigend, welche in dem theoretischen Theil nur eine consequentere Durchführung von Kapila's ketzerischen Sânkhyaphilosophie, welche den menschlichen Geist zur einzigen wirklich activen und intelligenten Potenz in der Welt macht, einen kecken Skepticismus gegen die Götter und die Offenbarung richtet und kühn gegen alle Vorschriften der Priester und gegen die ganze religiöse Tradition des Volkes protestirt. So leugnet Buddha die Existenz der Götter und einer alles erfüllenden Weltseele. Die Vielheit der individuellen Geister ist allein wahrhaft (?), aber sie müssen sich von der Natur dem Körper und damit von dem ganzen Jammerthal der Welt losmachen. Das Individium muss sich vom Schmerz und vom Körper losbinden, ihm nur zusehen und schliesslich durch die Vernichtung des Nichtwissens, der intellectuellen Anlage, als

des Grundes der individuellen Existenz, durch das Auslöschen des Individuums selbst, zur Nirvâna eingehen (Duncker Gesch. des Alterth. II, 180 ff.). Der grosse Erfolg Buddha's liegt aber vielmehr in seinem moralischen Systeme, in seinem Mitgefühl für die Leiden der Massen des Volks, das er in der Landessprache anredete, von dem Druck der Kasten befreite, und durch Keuschheit, Geduld und Barmherzigkeit die Quellen des Uebels verstopfen lehrte. Buddha starb, wahrscheinlich an Altersschwäche, unter dem Feigenbaum, wo ihm einst die Erleuchtung zu Theil geworden war, in Kusinagara, der Stadt der Malla. Sein Todesjahr wird von den glaubwürdigsten Ceylonischen Berichten auf 543 vor Ch. G. angegeben, doch wird es wahrscheinlich noch tiefer herabgesetzt werden müssen, etwa auf 477 nach Max Müller. Für die Lehrentwicklung und Ausbreitung des Buddhismus sind von grosser Bedeutung die 3 grossen Concile, das erste unmittelbar nach Buddha's Tode, das zweite 100 Jahre später und das dritte unter Vorsitz des berühmten Buddhistischen Königs Asoka c. 242 vor Ch. G. Von diesem Concil datiren die erfolgreichen Missionen, schon unter Asôka's Vater Bindusâra waren die Buddhisten bis Conjeveram vorgedrungen, unmittelbar nach dem Concil ging auch Ceylon zu ihnen über; bis zum vierten Jahrhundert nach Christo scheint der Buddhismus im steten Steigen begriffen, dann aber begann jene immer gewaltsamer werdende Reaction, welche schliesslich fast die letzten Spuren und das Andenken an diese Lehre im continentalen Indien vertilgte. Die Brahmanen scheinen selbst an einen so vollständigen Erfolg nicht geglaubt zu haben und fanden es daher rathsam, als die Macht des Buddhismus gebrochen war, dessen Stifter unter die Incarnationen Vischnu's aufzunehmen. Das älteste Zeugniss dafür ist eine aus dem Jahr 948 stammende Inschrift, aber der Hass war noch so gross, dass sich auf allen Seiten Widerspruch dagegen erhob, der im Süden, wo die Vischnuiten sich kaum weniger grausam im Kampfe zeigten als die Sivaiten, nach dem Zeugniss dieser Genealogie, sich so weit verstieg, alle Bekämpfer der Buddhisten und Jainas unter dem Namen ஒருசமய Vielheit, Herrlichkeit als eine Incarnation Vischnu's zusammenzufassen. In den südlichen Kämpfen tritt die Buddhistische Secte der Jainas sehr hervor, deren tamulischer Name Samaner unzweifelhaft das Buddhistische Srâmana, Asket, ist. Die Meinungen über diese Secte sind sehr getheilt. Lassen schlägt vor ihre ersten Anfänge in das erste oder zweite Jahrhundert nach Ch. G. zu setzen. Die Secte scheint aus dem Bestreben entstanden, sich den Brahmanen wieder mehr zu nähern, sie lassen die Kasten zu, üben die althergebrachten Gebräuche, feiern auch einige Brahmanische Feste mit. Als Gründer erscheint der 23. Jaina Pârsvanâtha, als der wahre Verbreiter der 24. und letzte Jaina Mahâvira, der von den Grundlehren des Buddhismus dadurch abwich, dass er der Seele wirkliche Existenz und der Materie eine Realität beimass. Um das Jahr 500 waren die Jainas sehr mächtig im Dekhan und sicherten sich im Tamulenlande einen bis ans Ende des 10. Jahrhunderts dauernden grossen Einfluss dadurch, dass sie selbst als Vorkämpfer gegen die Buddhisten (namentlich in Conjeveram) auftraten. Dann aber kam auch ihre Zeit, die 12 Apostel des Vischnuismus und von den Sivaiten Mânikya-vâchaka mit Appar, Sundarer und Sampander brachen ihre Herrschaft, so dass jetzt nur noch geringe Reste in der Gegend von Conjeveram zu finden sind. Die Lockerung der Kastenbande und eine überaus reiche moralische Sentenzenlitteratur haben sie als ein gutes und dauerndes Andenken hinterlassen."

10. *Kalki oder Asva, das Pferd.* Am Ende des sich täglich verschlechternden Kaliyugas, wenn allein der Besitz Rang verleiht, die Erde nur noch um ihrer metallenen Schätze willen verehrt wird, wenn gegenseitige Einwilligung Ehe ist, feine Kleider die Würde geben, wenn des Menschen Leben nicht über 23 Jahre kommt, dann wird ein Theil des himmlischen Vischnu in der Familie Vischnuyasa im Dorfe Sambhala als Kalki geboren werden und wird alle Barbaren, Diebe und die sich der Ungerechtigkeit ergeben haben, erschlagen, er wird Gerechtigkeit wieder aufrichten auf Erden und die, welche der Gerechtigkeit Raum geben, werden die Väter eines neuen Geschlechts, mit dem das Kritayuga wieder anhebt. So das Vischnu-purâna im 24. Kapitel des 4. Buches. Das Pferd selbst ist darnach erst spätere Zuthat, nach Lassen erst aufgekommen, als der Ghaznevide Mahmud c. 1000 A. D. sich den indischen Fürsten durch seine Reiterei überlegen zeigte und dadurch die Periode der muhammedanischen Gewaltherrschaft einleitete, so dass die Unterliegenden ihre Hoffnung auf die noch grössere Geschicklichkeit der Götter setzen mussten.

Ausser diesen 10 Hauptavataren werden zuweilen noch 15 geringeren Ranges oder Upa-avatâra gezählt: 1, Sakana 2, Sanandana 3, Sanâta 4, Sanatkumâra, vier im Bhagavata gefeierte Rischis. 5, Nara-Nârâyana. 6, Kapila, Gründer der Sânkhya-Philosophie, 7, Vrischabha-Yôgi, der erste der 24 Jaina-Heiligen. 8, Nârada, Erfinder der Laute und erster der zehn Mûnis. 9, Hayagrîva, nicht zu verwechseln mit dem gleichnamigen Asura. 10, Dattattrêya. 11, Môhini oder Mâya. 12, Yâgapati der Herr der Opfer. 13, Vyâsa Ordner der Vêdas. 14, Dhanvantari der Götterarzt. 15, Buddha.

Vischnu hat wegen seiner Erscheinungen und Verwandlungen viele Namen, von welchen jeder eine besondre Historie in sich fasst. Die vornehmsten sind folgende: 1, விஷ்ணு Vischnu. 2, மகாவிஷ்ணு Mahâvischnu. 3, ஒடுவன் (Fürst, der gewöhnlichste Name Vischnu's, wie Isvarn für Siva) Perumâl. 4, நாராயணன் Nârâyana. 5, ஆதிநாராயணன் Adinârâyana. 6, வரமருளுபெருமாள் (der Gaben verleihende König, in

---

" Die vergötterten 24 höchsten Lehrer der Jainas führen den Namen Tirthankara, jedem von ihnen wird eine Farbe und ein Symbol zugeschrieben. Einen guten Einblick in das religiöse und philosophische Denken der Jainas und eine ausführliche Lebensgeschichte Mahâvîra's, des letzten Tirthankara, gewähren die nicht umfangreichen Uebersetzungen J. Stevenson's The Kalpa Sûtra and Nava Tatva, nur dass er das Jainathum älter sein lässt als den Buddhismus.

Conjeveram) Varadararâja-perumâl. 7, ஸ்ரீரங்கநாயகன் Srirangu-náyaka. 8, சைபெருமாளூர்ஜீ (Tripetti-Berg) Vēnkadāchala-mūrti. 9, வெங்கடபெருமாள் Vēnkadēsara-perumāl. 10, ஸவரிராஜபெருமாள் Savarirāja-perumāl. 11, அழகியமணவாளபெருமாள் (schöne Bräutigam) Arbagiya-manavāla-perumāl. 12, ஹரிகோவிந்தன் (der Hirt Hari) Hari-gōvinda. 13, சுருதவன் (Hirt) Gōpāla. 14, வாஸுதேவா Vāsudēva. 15, ஸ்ரீக்ருஷ்ணன் Krischna. 16, கேசவன் (mit schönem Haar) Kēsava. 17, நந்தகோபன் Nandagōpa. 18, பாண்டவர்தூதன் Pāndaver-dūta. 19, தேவகிமைந்தன் Dēvakimainden. 20, ஆடிஸர்ப்பன் (der mit dem Strick um den Leib ¡ fest gebunden, um nicht wieder Butter zu steblen) Dāmōdara. 21, அழைப்புண்டவன் (der grosse, der die Welt verschlang ¡ Krischna als von seiner Gespielen Essen, beim Nachsehen glänzte die Welt in seinem Munde) Ulakundapemmān. 22, கண்ணன் Kannen und 23, அநுவன் Kariyaven (der schwarze ; von 12—23 sind lauter Namen Krischna's). 24, இராமன் Rāma. 25, எருதுகன் (Rāma nach einem seiner Vorväter) Kākuttha. 26, நரசிங்கமூர்த்தி Narasingamūrti. 27, மாதன் (Frühling ¡ auch Name des Liebesgottes) Mādhava. 28, மாயன் Māyōn und 29, மாயவன் (மாயா Täuschung) Māyēn. '30, வாமன் Vāmana. 81, ஸ்ரீயன் (der Lakschmi-Träger) Sridhara. 32, திருமகன் Tirumagen. 33, கஜேந்திர (கஜம் Flagge) Kētana. 34, பதுமாக்ஷன் (Lotus-Nabel) Padmanābhā. 35, சாங்கபாணி (Bogenträger) Sārngapāni. 36, அழகு சங்குடீஜீ (der die spiralförmige Muschel hält) Surimukhasankhamēndi. 37, காளமேகவண்ணன் (wolkenfarbig) Kondelvarna. 38, அச்சன் (der Unvergängliche) Achyuta. 39, மாம் (Gröne) Māl. 40, விண்டே Vinde. 41, அபுஜிதன் (Brāhma entstand in dem aus Vischnu's Nabel entsprungenen Lotos) Undipūttōn. 42, ஜீவராஜன் Adivartha. 43, வைகுண்டநாதன் Vaikuntha-nātha. 44, கணவன் Kölven und 45, சேஷன் கணவன் (Gatte der nach Mūdēvi hervorgekommenen Lakschmi) Pinnaikölven. 46, முராரி (Feind des Riesen Mura) Murāri. 47, சுதீர்ணி (Diacus, Erde) Nēmi. 48, வலவன் (der Mächtige) Valaven. 49, வனமாலீ (der mit einem Tulasikranz) Vanamāli. 50, பூமாசூரீ (Messer des Universums) Padiyalandōn. 51, அஞ்சாடுவன் (der auf der Schlange Ananta schlafende) Ananta-sayana. 52, சேலம்பரர் (Goldgekleidete) Pītāmbara. 53, தாமரைகண்ணன் (Lotosäugige) Jalajalōchana. 54, பஞ்சாயுதன் (der mit den fünf Waffen) Panchāyudha. 55, ஒடுவு (schlank, gross ; wohl aus Bali's Geschichte) Nediyōn. 56, அரவணைசேர்வான் (der Glückliche, welcher als Bett die Schlange hat) Aravanaiselven. 57, ஜீவஜீவப்பிதாவு (Brahma's Vater) Brabmapeddadbātra. 58, முகுந்தன் (Befreiung gebend) Mukunda. 59, கணவன் (Gemahl) Kanaven. 60, பாதன் Bharata. 61, அக்கன் (Name Kāma's ; der im Körper geborene) Angaja. 62, திருக்குமுடேசுவரர் (der auf Danyanenblatte schlafende) Alilaimēl-pallikondōn. 63, வடமலை (Nordberg) Vadamalai und 64, திருமலை (heiliger Berg ¡ Namen Tripetti's) Tirumalai. 65, பெம்பெருமாள் (Herr, gross) Ayan-Perumal. 66. கோஷ்டியப்பன் Kōuēriyappen etc.

Es wird Vischnu von denen, die seiner Religion zugethan sind, eben so verehrt, als wie die Sivaiten Siva oder Isvara verehren, denn seiner Figur wird täglich dreimal in den Pagoden geopfert. Und wie die Sivaiten sich stets mit der Figur Linga herumtragen und ihr opfern, so findet man auch unter den Vischnuiten solche Leute, die Vischnu's Figur in ihren Häusern haben nebst allem Opfergeräth, welcher sie dann täglich Opfer anthun. Solche werden ஜகல்பிரமோபாசபகள் (die das Tirunāma-Baden verrichten) Tirunāmantirthampannugiraver genannt, die dann in Essen und Trinken eine sonderliche Lebensweise führen und sich mit nichts verunreinigen dürfen. Sie entsprechen den மறை Saivas unter den Sivaiten. Hiernebst sind auch Leute von einem sonderlichen Orden die ஆசி (Knecht) Dāsas entsprechend den Sivaitischen Andis. Die Gebetsformeln und Ceremonien der Vischnuiten sind vielerlei und ihnen eigenthümlich.

Von seinen Festen hat man zu wissen, dass er erstlich so viele Feste hat, als er in der Welt erschienen und Wunder gethan hat. Solche Feste werden aber gewöhnlich nur an denjenigen Orten gefeiert, wo dergleichen Erscheinungen und Wunder geschehen sind, die gleichsam als Comödie dargestellt werden. Ausserdem sind zwei allgemeine Feste jährlich சயந் (im Norden Janmaschtami) Jayanti und ஒருமாள் ஜெயந் Perumāl-tirunāl. Das erste Fest ist Krischna's Geburtsfest und fällt allezeit und überall im August (am 8. Bhadra). Es wird dann Krischna's Geburt mit allen vorgelaufenen Umständen in den Pagoden dargestellt. An einigen Orten währt es nur diesen Einen Tag, an andern mehrere Tage, je nachdem eine Pagode reich oder arm ist, denn die Feste verursachen viele Unkosten, weil sie in den Pagoden Comödien spielen und in den Strassen mit den Götterfiguren grosse Aufzüge machen müssen. Das andre grosse Fest Perumāl-tirunāl (Perumāls heiliger Tag) ist zwar auch allgemein und währt 9 Tage, es wird aber nicht zu derselben Zeit an allen Orten gehalten, sondern jeder Ort und jede Pagode hält es im Jahre, wenn es am gelegensten ist. Es wird sonst auch திருக்கல்யாணம் Tirukalyānam, heilige Hochzeit, genannt, weil dann Vischnu's und Lakschmi's Hochzeit vorgestellt wird. Auch nennen sie es தேரோட்டம் Tēröddam (Karrenlauf), weil Vischnu und Lakschmi auf einer grossen Carete am letzten Festtage in den Strassen herumgefahren werden. Denn jede Pagode Vischnu's hat solche Careta, und heilige und grosse Plätze haben fünf solcher Götterwagen, auf einem wird Vischnu als Rāma, auf dem andern Lakschmi als Sita, auf dem dritten Lakschmana, auf dem vierten Bharata und auf dem fünften Satrughna gefahren. Die drei letzten sind Vischnu's Brüder in seiner vierten Verwandlung.

Was die Fasttage anlangt, die Vischnu zu Ehren gehalten werden, so findet man sonderlich drei grosse Fasten. Das erste ஏகாதசிவிரதம் (11. Mondphase) Ekādasivrata, zweimal im Monat. Es hat solches ein König vor langen Zeiten wegen sonderlicher Begebenheiten eingeführt. Sie schreiben solchem Fasten grossen Nutzen 'zu, es steht aber in eines Jeden Belieben, ob er es halten will oder nicht. Denn sie sagen, dass alle guten Werke ungezwungen und freiwillig geschehen müssen. Das andre heisst வைகுண்ட-ஏகாதசி Vaikuntha-êkâdasi und fällt jährlich im December ein. Den ganzen Tag pflegen sie bei ihrem Fasten Vischnu zu verehren, und Abends essen sie entweder ein wenig Pfannkuchen oder auch nur etwas Saft, der aus Blättern, துளசி Tulasi genannt, gepresst wird. Die ganze Nacht bringen sie mit Wachen und Betrachtungen über Vischnu hin. Es wird dieser Fasttag sonst சொர்க்கவாசல்-ஏகாதசி Sorkavâsel-êkâdasi genannt, welches so viel heisst als ein Fasten, das die Thür (வாசல்) zur Seligkeit (சொர்க்கம்=சுவர்க்கம்) ist. Auch wird es பீமஏகாதசி Bhîma-êkâdasi genannt, weil es Bhîma, einer der obengedachten 5 Brüder eingeführt hat. Denn dieser Bhîma hat niemals ein wenig hungrig sein können, sondern stets viel essen müssen. Um sich also jährlich einmal zum Fasten zu gewöhnen, hat er solchen Fasttag eingeführt, der ihm auch grossen Nutzen gebracht haben soll. Das dritte Fasten geschieht jährlich an den 4 Sonnabenden des September, புரட்டாசிசனிக்கிழமை (புரட்டாசி das Sternbild für September, சனிக்கிழமை Sonnabend) Puraddâsi-sanikkirhamai. Von denen, die solches Fasten halten, gehen viele zur Wallfahrt nach der grossen und berühmten Pagode Tripetti, wo im September ein sehr grosses Fest gehalten wird, das einen grossen Reichthum von denen einbringt, die von allen Orten aus der Ferne dahin gewallfahrtet sind."

*Der Tempel zu Tripetti soll gegründet sein von Tondaman oder Adondai, einem illegitimen Sohn eines Cholafürsten, welcher das Land zwischen Palâr südlich und den Bergen von Tripetti und Calatri nördlich sich eroberte und Tondamandalam nannte. Die Gründung des Tempels wird in das 499. Jahr des Kaliyuga verlegt. Das nächst wichtigste Ereigniss war ohne Zweifel Sankarâchârya's Auftreten und die Besitznahme für Vischnu von Râmânuja im Anfang des 12. Jahrhunderts. Die Stadt liegt nahe am Fuss der Hügel, aber von der Pagoda fast 2 geogr. Meilen entfernt, der hinaufführende Weg ist mit 3 Portalen besetzt, und darf kein Christ oder Muhammedaner weiter als bis zum ersten Portal gehen. Wallfahrende kommen dahin von allen Seiten Indiens, und viele Gaben werden geopfert; viele Kaufleute des fernen Guzerats geben ein Procent ihres Gewinnes. Lahme bringen ein silbernes Bein, Blinde etwa ein goldenes Auge, besonders aber werden Haarschöpfe, die nach einem Gelübde von frühster Jugend an haben frei wachsen dürfen, dem Götzen, einem 7 Fuss hohen, steinernen Vischnu mit 4 Händen, dargebracht. Merkwürdig, dass von jeher der grösste Theil des reellen Werthes der Gaben von vornherein eigentlich für die jeweilige Regierung bestimmt ist. Der Gott Vênkadâchala-Svami verliebte sich in Paksche trivani, die Tochter Akâsa râjas von Nârayana-vâram im Bomrasa-Zemindarat. er hatte aber kein Geld, die Hochzeitskosten zu bestreiten, und erhielt sie von Kuvêra, dem Gott des Reichthums unter der Bedingung geliehen, dass die Anleihe an die umliegenden Fürsten zurückzuzahlen sei. Bis heutigen Tage wird diese Schuld noch von Verehrern aus allen Theilen Indiens abgetragen, und besonders während der neuntägigen Gedenkfeier der Hochzeit strömen sie dorthin in Schaaren. Die englische Regierung hat seit 1843 auf die sehr bedeutende Einnahme verzichtet. Tripetti ist etwa 18 deutsche Meilen nordwestlich von Madras und mit der Eisenbahn leicht zu erreichen. Ziegenbalg hatte sich von Madras aus einst zu Fuss dahin aufgemacht, und entging unterwegs nur durch Wachsamkeit seiner Diener einem Mordanschlage. Die Bevölkerung von Tripetti soll sprachlich gemischt sein vgl. Pharoah Gazetteer of South-Ind. p. 970 ff. Ritter, Indien II, 395 ff.

Ueber Vischnu sind mancherlei Bücher geschrieben, welche seine Anhänger alle als kanonisch annehmen und ihre Religionssachen darnach einrichten. Es hat jede ansehnliche Pagode an grossen Plätzen ihr besonderes Historienbuch von Vischnu, worin die Ortsgeschichte enthalten ist. Ausser diesen sind folgende die vornehmsten: 1, திருப்புகழ் Tiruppugarh ein Lobbuch über Vischnu's Herrlichkeit. 2, கோவில்கலம்பகம் (கோவில் Tempel; கலம்பகம் Gemisch sc. verschiedener Versarten) Kövil-kalambagam 100 Lieder auf Vischnu, die überall in den Pagoden gesungen werden. Sie sind zuerst in der grossen Pagode Sriranga gemacht, welche als ein grosses Castell gebaut ist und für sehr heilig gehalten wird. 3, வெங்கடமாலை (Tripetti-Kranz) Vēnkadamāla ein Lob von 100 Liedern über Vischnu's Thaten im allgemeinen. 4, வற்பிப்பத்து Varhippattu, ein Sterbebüchlein, das bei solchen, die mit dem Tode ringen, gesungen wird. Dergleichen Büchlein haben auch die Sivaiten, nur dass in dem einen Vischnu, in dem andern Siva des Sterbenden wegen angerufen wird. 5, ராமஜயம் (Rāma's Sieg) Rāmajaya ein Historienbuch, worin Vischnu's Thaten in seinen neun Verwandlungen beschrieben werden. 6, விஷ்ணுமேல்வண்ணம் (Ode auf Vischnu) Vischnumēl-vannam, ein musikalisches Gesangbuch. 7, கூர்வல்லூர்கலம்பகம் Kūrhvallūr-kalambagam, ein Local-Purāna. 8, பிள்ளைத்தமிழ் Pillaitamirh, 1000 Lieder über Vischnu's Geburt und Kinderspiele. 9, சம்மந்தப்பிள்ளைத்திருந்தம் Sammandapptillai-tiruntma ein Buch von 100 Liedern geschrieben von Tirumangai-ārhvar. 10, ஏகாதசிப்ராணம் Ekādasi-prāna, die Historie vom Ursprung des Fastens Ekādasi. 11, கருடபஞ்சாக்ஷரம் Garuda-panchākschara (Garuda's fünfsylbige Gebetsformeln) Gebetsformeln, die Schlangen zu beschwören und ihr Gift zu vertreiben. Hierzu muss der Vogel Garuda dienen, der als Vischnu's Gefährt von diesen Heiden sehr heilig gehalten wird, mit dem sie auch allerlei Aberglauben und Gaukelspiel treiben. 12, ஸ்ரீரங்கம் அம்மானை (அம்மானை eine Art Gedicht, bei dessen Recitirung Bälle in die Höhe geworfen werden) Srirangarāja-ammānai ein weitläuftiges Historienbuch über Vischnu. 13, பாரதம் (Mahā-) Bhārata, ein grosses Buch, darin der Krieg beschrieben wird, den Krischna und die obengedachten 5 Brüder wider den König Duryōdhana geführt, und ihr Reich wieder eingenommen haben, wobei zugleich viele andre Historien von diesen 5 Brüdern mit unterlaufen. 14, பாரத அம்மானை Bhārata-ammānai gleichen Inhalts mit dem vorigen, nur in andern und leichtern Versen geschrieben. 15, கிருஷ்ணதூதம் Krischna-dūtya, die Historie, wie Krischna von den 5 Brüdern sich als Gesandten an den König Duryōdhana hat brauchen lassen. 16, கஞ்சன் அம்மானை (கஞ்சன் Krischna's Mutter-Bruder, der das Kind tödten wollte) Kansa-ammānai. 17, பெருமாள் அம்மானை Perumāl-ammānai Vischnu's Thaten in seiner vierten Verwandlung. 18, கஜேந்திரமோட்சம் Gajendra-mōkscha, die Seligkeit des Elephanten Gajēndra, der während des Badens von einem Krokodil ergriffen, aber von Vischnu wieder erlöst und in die Seligkeit geführt

P

worden ist. 19, *சுசுவனாசுபகம் (சுபகம்* Gedicht von 100 Versen; das vorliegende ist ein kleines Gebetbuch von 38 p. aus dem 17. Jahrh. zu Vischnu-Nârâyana, von Beschi in seinem Sarvêsvara-sataka nachgebildet) Nârâyana-sataka. 20, *குடந்தை கோத்தி (குடந்தை* die Stadt Cumbaconum, wo ein Tempel Vischnu's als des Bogenträgers) Kudandai-antâdi, ein Gebetbuch, worin Vischnu theils gelobt, theils um Hülfe angerufen wird. 21, *சுஜ்ஞக்சொலை (சாலை* Kette, *ஜ்ஞே* eine Klasse Welten oder Buchstaben; ein nach dem Versmass benanntes Gedicht) Varukkai-kôvai, ein Liederbuch. 22, *சாவூஸ் சூவுலைம் (ஊலைம்* Buch über *சாவூஸ்வம்* ein schlangenähnliches lebendiges Seil, welches im Kriege von selbst sich um den Feind legt) Nâgapâsa-patala, eine Historie von dem Kriege zwischen Râma und இசுசோசு (Besieger Indra's) Indrajit dem Sohn des Riesen Râvana, in Vischnu's vierter Verwandlung. 23. *ஹனுமை ஹனுமன்* Hanumân-ammânai die Historie von dem Affen Hanumân, der wider Râvana grosse Thaten verrichtet und nebst den andern Affen eine grosse Schlacht geliefert haben soll, wodurch er so berühmt geworden, dass seine Figur hier und da in Vischnu's Pagoden gesetzt und verehrt wird (Hanumân ist Repräsentant der Ureinwohner, welche Râma in seinen Kriegen halfen, er spielt in dem Saktidienst und seinen Formeln eine grosse Rolle, die Telugus nennen ihn Hanmmanta-râjah oder Hanumal-dêva). 24, இச்சிஜிக்சூலைம் Indrajit-patala die Historie desselben Krieges. 25, இராமாயணம் Râmâyana ein Buch von 12,000 Strophen von dem Dichter Kamben über Râma's Geschichte. 26, *சாலைசாசெலாசுவசம்* (Abschnitt von Râma's Jugend) Bâlakânda-râmâyana, welches mit dem vorigen gleichen Inhalt hat, aber von einem andern Autor, dem Rischi Valmiki verfasst ist etc. (22—26 gehören alle zum Râmâyana dem beliebtesten Volksbuche Südindiens).

In einem Briefe, welchen einer dieser Heiden an uns geschrieben, wird noch folgendes von Vischnu berichtet: „Vischnu ist derjenige Herr, der alles mit Gnade ansieht und erhält, damit es nicht verderben möge. Er trägt zu allen Menschen Liebe und erlöst sie. Seine Eigenschaften sind göttliche Eigenschaften. Er ist eines heiligen Sinnes und ganz unbefleckt. Dass aber in seinen Eigenschaften und Verwandlungen einige Dinge mit untergelaufen sind, die uns Schuld und Sünde zu sein scheinen, solches kann auf vielfältige Weise entschuldigt werden. Er ist allenthalben zugegen, sein eigentlicher Sitz aber ist der Ort der Seligkeit. Daselbst ist ein Berg von Edelsteinen und auf solchem Berge ist ein Thron von Edelsteinen, und auf dem Throne sitzt er, wie wir aus unsern Gesetzbüchern wissen. Und wiederum die Ursache, warum von Vischnu, Isvara und den andern Göttern so viele unzüchtige und sündliche Dinge geschrieben stehen, ist diese. Sie haben vorher diesen und jenen grosse Gaben, Macht und Gewalt mitgetheilt, welche dann nachmals abfällig, ungehorsam und widerspenstig geworden. Gleichwohl aber haben sie selbe in eigner Gestalt wider ihre Zusage nicht tödten und ausrotten können. Daher ist es gekommen, dass sie als Götter andre Gestalt angenommen und oftmals als Weibspersonen erschienen sind, damit durch Unzucht und andere Sünde dergleichen Leute haben ausgerottet werden können. Sonst halten wir Vischnu in sich selbst für heilig und unbefleckt. Wer ihn verehrt, verehrt das höchste Wesen selbst. Er giebt allen denen, die Lieb und Glauben zu ihm haben, die Seligkeit."

Vischnu, der Beschützer, der Freund Indra's, der weitschreitende, wird schon im Rigveda häufig erwähnt: „Mit hohem Ernst preise ich die Thaten Vischnu's, der die drei Welten machte, der dreimal das Universum durchschritt, der von den Erhabenen gepriesen wird." Vischnu wird darum gepriesen, weil er in seiner Tapferkeit einem furchtbaren, gefrässigen Berglöwen gleicht, und weil in seinen drei Schritten alle Welten Raum finden. An anderer Stelle erscheint er zusammen mit Indra als Erfüller aller Wünsche, der seinen Verehrern augenblicklich lohnt, welche seinen beiden ersten Schritten auf die Erde und durch das Firmament mit den Augen folgen, aber den dritten, welchen auch die beschwingten Vögel nicht erreichen, nicht fassen können.—„Der, welcher Vischnu Opfer bringt dem alten, dem Schöpfer, dem neuen, dem selbstgebornen, welcher feiert die grosse Geburt dieses Mächtigen, in Wahrheit von aller Fülle Besessenen, der erlangt, was alle suchen müssen." Die drei Schritte bedeuten, wenn man andere Stellen hinzunimmt, Aufgang, Höhepunkt und Untergang der Sonne, und Vischnu selbst ist das glänzende Firmament. Die vorepischen Schriften kennen ihn nicht als höchsten Gott, auch im Gesetzbuch hat er noch die alte vedische untergeordnete Stellung. Der Begriff des grossen Gottes Vischnu scheint sich zuerst gebildet zu haben durch die Verschmelzung der Ansichten von dem gleichnamigen vedischen Gott und dem Nârâyana der Brahmanen, der sich als Opfer hingegeben, um die Welt zu erschaffen, welches dann in der nach Buddha's Zeit geschehenen Uebertragung des Namens Nârâyana auf Vischnu dahin erweitert wurde, dass er sich seiner göttlichen Natur entäussere, um die Welt von Uebeln zu befreien. Später sind dann die Volksgötter Hari, Janârdana und Vâsudêva mit dem Beinamen Puruschôttama, der höchste Gott des Pundra-Volkes, hinzugetreten. Diese Combination von Göttern repräsentirt das erste Stadium des Vischnuismus.

Während in den epischen Gedichten ein Cultus des Vischnu nur selten erwähnt wird, muss seine Verehrung in der Zeit zwischen Buddha und Chandragupta (c. 500—300 v. Chr.) eine weite Verbreitung unter dem Volke gefunden haben, weil man sich nicht anders erklären kann, weshalb die Brahmanen ihn mit ihrem Nârâyana identificirt und als einen der grossen Götter in ihr System aufgenommen haben. Eine weitere Verbreitung bahnte sich an mit der Aufnahme des Heroenkultus und der zuerst im Kriegerkreise sich vollziehenden Erhebung Râma's und Krischna's zu Avatâren Vischnu's, von welchem Zeitpunkt die zweite Periode zu rechnen. Schon Megasthenes in dem Bericht über seine Gesandtschaftsreise nach Palibothra c. 285 v. Ch. lässt erkennen, dass während Siva die Berggegenden beherrchte und Vischnu die östlichen Ebenen occupirte, in Mathura und Umgegend speciell Krischna verehrt wurde. Und als etwa c. 200 v. Ch. vischnuitische Kolonieen die westlichen hinterindischen Reiche besetzten (Assam fiel später den Sivaiten zu) und Vâsudêva als höchsten Gott lehrten, muss nach den überlieferten Sagen, in denen Krischna's Onkel Kansa eine grosse Rolle spielt, auch der Dienst Krischna's verbreitet gewesen sein, wie es der Râma's im 1. Jahrh. unserer Zeitrechnung war. Die um das letzte Datum herum von Kalinga nach Java ausgewanderten Vischnuiten begründeten ein etwas eigenthümliches Göttersystem, das aber später dem Sivaismus (Nilakantha) welchen musste. In der Peninsula dagegen ist der Vischnuismus jüngeren Datums, als ältester Tempel wird von der Tradition Sri Permatlûr bei Conjeveram, Râmanuja's Geburtsort, bezeichnet, der aber dann vor der Herrlichkeit Conjeverams zurücktrat. Das hohe Alter dieser letztern Besitznahme erhellt daraus, dass während auf der ganzen Peninsula Vischnu entweder als Râma oder Krischna gegenwärtig verehrt wird, er in Conjeveram ein kriegerischer König ist Varata râja,* der durch seine vielbesuchten Maifestlichkeiten die christlichen Missionare von Madras ihre Schulen zu schliessen zwingt. Der grosse Wettstreit in Conjeveram zwischen Vischnu und Siva, hat sein Prototyp in den ältesten Brahmanischen Ansiedlungen im Süden. Den sivaitischen Gründern Madura's und des Pândya's Reiches c. 600 v. Chr. folgt die vischnuitische Ansiedlung in Ceylon c. 500 v. Ch., welche in Ceylon den Dienst Utpalavarna's, des Lotosfarbigen d. i. Krischna's, einführte. Wenn aber im übrigen Indien der Krischnadienst wohl deshalb so eifrige Verbreitung fand, weil der volksbeliebten Persönlichkeit Buddha's ein anderer persönlicher Befreier von Druck und Elend gegenübergestellt werden musste, so versagte Krischna in Ceylon diesen Dienst und musste sich vor Buddha zurückziehen. In dem nahen Cherakönigreiche fasste dafür der Vischnuismus festen Fuss und hat sich dort behauptet, indem noch heute Vischnu der Schutzpatron Travancore's ist, dessen Könige ihren langen Titel mit seinen langen Beinamen noch verlängern.

In manchen Fürstenfamilien des Dekhans war der Wechsel von Siva zu Vischnu und umgekehrt sehr häufig, und als schliessliches Resultat scheint denn nun geblieben zu sein, dass die nördlichern und nordöstlichen Theile Vischnu, der Süden und Westen, das Sprachgebiet des

* Die Legende in Conjeveram ist, dass Brahma ein grosses Opfer zu Hastagiri in der Nachbarschaft machte, und durch Wirkung des Opfers entstand Vischnu als geharnischter Krieger Varataraja, dessen Name in der Upanischads Virat und Virāj auf eine der alleraltesten Formen Vischnu's, als Mannweib, dessen erstes Geschöpf eben Virāj, zurückweist. Die Kämpfe mit dem Buddhismus, sind für Conjeveram zu jung, um die Adoptirung dieser kriegerischen Form bewirkt haben zu können.

Tamil, Malayalim und Kanara, mehr Siva zugefallen sind. Um dem Vischnuismus im Süden mehr Halt zu schaffen, bedurfte es des Auftretens Râmânuja's oder tamulisch ~~~~~~~~~ Emperumânâr, unser Herr, der nicht nur zu Anfang des 12. Jahrh. Conjeveram und Tripetti für Vischnu sicherte, sondern dazu auch die grosse Tempelstadt Sriranga eroberte, dessen Hauptgötze von Vibhîschana, Râvana's Bruder, aus Oude dorthin gebracht zu sein behauptet, während der nahe Sivafels in Trichinopoli sich von dem noch nördlichern Kailâsa herleitet. Und aus Sriranga vertrieben brachte Râmânuja auf friedliche Weise das südliche Maisur vom Jainathum zurück* und gründete dort den berühmten Tompel von Mail Cotay, wo noch jetzt das Haupt der Secte residirt. Durch sein scharfsinnlges philosophisches System, wodurch er in sehr glücklicher Weise Sankarâchârya's Advaitalehre modificirte, hat er weit über den Kreis seiner nächsten Anhänger hinaus über fast alle vischnuitischen Secten und auch bei vielen Sivaiten grossen Einfluss gewonnen. Er stellte die Gestalt- und Eigenschaftslosigkeit der Gottheit in Abrede und lehrt sie in der Gestalt der Weltseele als Ursache und in der Gestalt der Materie als Wirkung erfassen, und über Geist und Materie, ihrer primären und secundären Form, steht noch die Gottheit selbst, welche sich ausserdem in mancherlei Erscheinungsformen zum Besten der Menschen sichtbar offenbart. Unter diesen Offenbarungsformen scheint nach dem im Norden gebräuchlichen Namen der Secte, Sri-Vaischnavas, anfänglich Lakschmi oben an gestanden zu haben, gegenwärtig richtet die Verehrung sich auch an Vischnu in einer seiner Erscheinungsformen, und oft in Vereinigung mit der entsprechenden Sakti. Die oft von dieser im Süden als hochorthodox geltenden Secte ausgesagte Bevorzugung Râma's und Sîta's scheint vielmehr eine Eigenthümlichkeit der in Nordindien verbreiteten Râmânandis zu sein, die sich etwa im 14. Jahrhundert abgezweigt haben mögen. Entschiedene Abneigung herrscht bei den Râmânujas gegen die Verehrung Krischna's in seiner jugendlichen Form, obwohl sie ihn als Avatâra anerkennen; es erklärt sich dies aus der weitern Entwicklungsgeschichte des Vischnuismus. Im Jahr 1199 wurde im Tuluvalande Mâdhvâchârya geboren, seine Erziehung erhielt er im Convent von Anantasvar, einem Lingatempel, wo er schon im neunten Jahre sein berühmtes Werk Bhâschya geschrieben haben soll. Er wurde dann

* Auch in der Ebene mussten die Jainas dazu dienen, die Vischnuiten für ihre von den Sivaiten erlittenen Verluste zu entschädigen, es ist schon oben von Tirumangal ârbvâr's Auftreten in Negapatnam gesprochen, möge jetzt hier die Interessante Stelle aus seiner Biographie wörtliche Wiedergabe finden : „Als es im Tempel zu Sriranga an Geld zur Instandhaltung der Gebäude und Ausführung der Gottesdienste fehlte, machte sich Tirumangal mit den Priestern auf und ging nach Negapatnam. Dort war ein Buddhatempel, in welchen Niemand eintreten konnte, weil im Eingang ein von Architecten gemachtes, stets sich drehendes Rad war. Tirumangal brachte es mit einem Palmyrabaum zum Stehen, drang ein, nahm das goldene Bild heraus, schmolz es ein und bezahlte davon die nöthigen Reparaturen."

Minister des karnatischen Königs Bukkaraja in Bisnagar. In Udipi, wo er die grösste Zeit seines Lebens residirte und nicht weniger als 37 Werke verfasst haben soll, gründete er einen berühmten Krischnatempel, dessen Oberpriester noch jetzt als Haupt der Secte anerkannt wird, nur dass er dieser Würde sich jedesmals nur 2 Jahre erfreut, denn als Mâdhvâchârya sich im 79. Jahr aus dem öffentlichen Leben zurückzog, verordnete er, dass die Häupter der 8 von ihm im Tuluvalande unterhalb der Ghats gegründeten grossen Tempel abwechselnd die Oberpriesterwürde in Udipi verwalten sollten, während die Genossen oberhalb der Ghats nur zu den Kosten beitragen sollten. Die Secte, welche in Nordindien gar keine, im Tamulenlande wenige Anhänger zählt, die äusserlich daran zu erkennen, dass der mittlere Strich des Stirnzeichens nicht roth, sondern schwarz ist, beweisen sich gegen die Sivaiten merkwürdig duldsam, indem sie beim Opfer neben die Vischnu in einer seiner Gestalten vorstellende Figur auch Siva, Durga und Ganêça stellen und verehren, auch den Rang der Priester von Sankarâchârya's Ordnung anerkennen, was ihrem Gründer, seiner Geburt nach ein Sivait, als Ausnahme von dem bekannten Convertiteneifer hoch anzurechnen. Einen grossen Namen hat Mâdhvâchârya als Haupt der Dvaitaschule, welche das Lebensprincip vom höchsten Wesen unterscheidet: „Das Leben ist eins und ewig, abhängig vom höchsten Wesen und unauflöslich mit ihm verbunden, aber nicht identisch mit demselben; sondern wie der Vogel und der ihn haltende Strick, wie Saft und Baum, Flüsse und Ocean, frisch Wasser und Salz, der Dieb und seine Beute, so sind Gott und Leben unterschieden." Daraus wird sodann die wichtige Consequenz gezogen, dass Môkscha, die höchste Seligkeit, *nicht* ein Aufgeben in den allgemeinen Geist und Verlust der besondern Existenz nach dem Tode sei, mit welcher Lehre dann allerdings eine bedeutende Annäherung an den christlichen Glauben stattfindet.*

* Um das Jahr 1800 ging von Conjeveram eine neue Scheidung in einen Nord- und Südzweig aus. Vedântâchârya behauptete einen göttlichen Auftrag zu haben, die im Süden eingeschlichenen Missbräuche zu reformiren und die nördliche Tradition wieder herzustellen. Die Südlichen legten verschiedene Stellen der heiligen Bücher anders aus, schienen auch zu weit in den Saktidienst hineingerathen zu sein. Ihm trat Manavâla mahâmûni entgegen, den wir oben von Ziegenbalgs Correspondenten unter den 12 Arhvârs aufgeführt haben. Der südliche Zweig ist bei Conjeveram besonders unter den Ackerbauern verbreitet. Vedântâchârya schrieb einen Commentar zu Vyâsa's System Vedanta bharyam und über die Bhagavat Gita und ein populäres Drama Sankalpa Suryôdaya. Die letzte Zeit seines Lebens verbrachte er als Einsiedler in einer armseligen Hütte bei Conjeveram, bei ihm sein berühmter Schüler und Nachfolger der Poet Varada, welcher am Ende des 16. Jahrh. 54 Jahre alt starb (Tayl. Hand-book of H. Myth. p. 108 ff.). Der Südzweig behauptet, Gott mache alle ohne Ausnahme selig, der Nordzweig, Gott macht nur diejenigen selig, die selig werden wollen. Jener bedient sich des sogenannten „Katzenschlusses," denn die Katze schleppt ihre Jungen auch wider deren Willen aus einem Winkel in den andern mit sich herum, dieser gebraucht den „Affenschluss," denn der Affe nimmt seine Jungen, nur wenn sie freiwillig kommen, an den Busen (Graul, Reise IV, 152). Der Streit scheint sich auch rückwärts auf die Zugehörigkeit Râmânuja's zu erstrecken.

Leitet diese Secte mit ihren mancherlei Eigenthümlichkeiten schon eine neue Entwicklungsperiode sein, so können wir nicht im Zweifel sein, dass wir die dritte Periode im Vischnuismus, wo Vischnu selbst im gesteigerten Heroenkult hinter eine seiner Formen ganz zurücktritt, von dem Auftreten Vallabhâchârya's und seiner Einführung der Verehrung Bâla Gopâla's, des jugendlichen Krischna, zu datiren haben. Vallabha ist ein Telugu-Brahmine, geboren etwa zu Anfang des 16. Jahrhunderts. Sein frühester Wohnplatz war Gokula am linken Yamuna-Ufer, von dort pilgerte er dann disputirend durch weite Strecken Indiens. In Brindavan belohnte Krischna seine Anstrengungen durch eine persönliche Erscheinung und ermächtigte ihn, den Dienst Bâla Gopâla's einzuführen, der jetzt in Indien unter allen Ständen, besonders bei den Wohlhabenden und den Frauen so weit verbreitet und populär ist. Das Geheimniss der weiten Verbreitung liegt in der Erlaubniss des heitern Lebensgenusses—der Dienst Bâla Gopâla's ist der indische Epicuräismus. Vallabha lehrte, dass Entbehrung keinen Theil der Heiligkeit bilde, und dass es Pflicht der Lehrer und ihrer Schüler sei, die Gottheit nicht nackt und hungrig, sondern köstlich gekleidet und genährt mit auserwählten Speisen zu verehren, nicht in Einsamkeit und Selbsterlödtung, sondern in den Genüssen der Gesellschaft und der Freuden der Welt, wie der Gott selbst sich den Freuden der Jugend mit vollem Herzen hingegeben. Die Priester, Gokulastha Gosains, sind gewöhnlich verheiratet, weil der Gott zu verschiedenen Malen sein Missfallen am Coelibat zu erkennen gegeben und dem Vallabha ausdrücklich befohlen, das Kloster zu verlassen, sie sind prächtig gekleidet, und es ist eine der ersten Pflichten ihrer Schüler, sie aufs beste zu bewirthen, grade wie der Gott selbst auch Aufwartung erwartet, nicht weniger als achtmal täglich: 1, Eine halbe Stunde nach Sonnenaufgang wird die Statue vom Bett genommen und angezogen und leichte Erfrischungen werden vor ihr aufgestellt. 2, Eine halbe Stunde später hält Krischna wohl gesalbt und geputzt öffentliche Audienz. 3, Achtundvierzig Minuten darauf erscheint er fertig mit der Kuhheerde auszuziehen. 4, Mittags kehrt er ermüdet von der Weide zurück und nimmt eine reichliche Mahlzeit, die feinbereiteten Speisen werden an die anwesenden Verehrer vertheilt. 5, Der Gott wird aus seiner Mittagsruhe geweckt, 2—3 Stunden vor Sonnenuntergang. 6, Eine halbe Stunde später, der Gott nimmt das Vesperbrot. 7, Um Sonnenuntergang, er macht die Abendtoilette, wird gesalbt und geschmückt. 8, Um acht oder neun Uhr legt er sich zur Ruhe, Betel, Wasser und andre Erfrischungen bleiben neben ihm stehen. Solch ein Leben, auf das eigne Haus angewandt, beangt besonders dem reichen Kaufmannsstande, und so kommt es, dass ausser den Hirten, welche durch ganz Indien Krischna verehren, kein Stand ein so reiches Contingent für Krischna stellt, als die Kaufleute, welche es auch sehr bequem finden als Wallfahrende von einem Tempel zum andern das Land zu durchziehen und bei der

Gelegenheit und unter solchem Schutze recht einträgliche Geschäfte abzuschliessen. Die Verehrung des jugendlichen Krischna wandte die Aufmerksamkeit der Verehrer Ráma's auf die Jugend dieses ihres Gottes, und sivaitischer Seits blieben dann auch die speciellen Anhänger Subhramanya's nicht zurück.

Es liesse sich von diesen in immer neue Secten sich wieder zersplitternden Secten noch so viel sagen, und es müssten dann neben ihren Schattenseiten auch die guten Wirkungen hervorgehoben werden, wie sie zur Lockerung der Kastenfesseln beigetragen und das Aufblühen einer Litteratur in den Volkssprachen befördert haben, aber die Gränzen sind uns hier zu eng gesteckt, so dass wir uns begnügen müssen, nur noch eine abwehrende Bemerkung hinzuzufügen. Es gab eine Zeit, wo von der Moralität und Milde des Buddhismus so hoch gesprochen und gehalten wurde, dass der christliche Glaube nur noch als ein reiner Nachdruck erschien. Bis auf die unvermeidlichen Bonzen im Munde einiger Zeitungsschreiber und die so gut verwendbaren, aber missverständlich ausgelegten Gebetsräder ist Entnüchterung eingetreten, und der christlichen Mission rangirt die Kirchhofstille der Buddhisten fast noch vor dem muhammedanischen Fanatismus. Umgekehrt wurde und wird behauptet, der Vischnuismus habe von den ersten christlichen Missionen her manches sich angeeignet, Krischna sei Christus und seine göttliche Mutter Devaki sei Maria, dies geht nun nach der obigen Auseinandersetzung schon der Zeit nach nicht wohl an, da der Krischnadienst vorchristlich ist, und es lassen sich wenig Aehnlichkeiten herausfinden, wohl aber ganz bedeutende Contraste. So wird jetzt nur noch die Milde des Vischnuismus und das in ihm besonders entwickelte Gefühl der Bhakti oder gläubigen Hingebung gerühmt. Es ist richtig, dass durch das Sectenwesen, welches jedesmal Einen Gott als den höchsten aufstellt, der mit allen Kräften des Geistes und Herzens zu verehren, die gläubige Hingabe an die Eine Gottheit sehr gefördert ist, aber eine Autorität auf diesem Gebiete bemerkt mit Recht dazu: „Der Glaube der Vaischnava's ruht nicht sowohl auf sittlichem Grunde, als vielmehr auf Gefühlsspielerei, Phantasie und Sinnlichkeit. Die Vaischnava-Brahminen wenigstens werden von Leuten, die mit Beiden zu thun gehabt, für sittlich verderbter gehalten als die Saiva-Brahminen." Dazu hat auch die Geschichte schon ihr Urtheil gesprochen, die apostolischen, römisch-katholischen und protestantischen Missionen haben nach einander in Südindien Erfolge erzielt, die als Ganzes angesehen für die Gegenwart schon sehr ins Gewicht fallen, während man im vischnuitischen Norden noch in den ersten Vorbereitungen steckt, doch ist ein genaueres und gerechtes Urtheil nicht möglich, so lange nicht die verschiedenen Missionen in ihren statistischen Tabellen angeben, von welcher Secte ihre Convertiten gekommen sind.

SECHSTES KAPITEL.

Lakschmi und Bhûmidêvi, Vischnu's Weiber.

Es werden dem Vischnu eigentlich zwei Weiber zugeschrieben ஓலட்ஷ் *Lakschmi* und பூமதேவி Bhûmidêvi. Ueber Lakschmi sagen die Vischnuiten, was die Sivaiten über Pârvati, dass sie im höchsten Wesen die weibliche Kraft gewesen und sich nachmals von der männlichen Kraft getrennt habe, und dies sei ihr erster Ursprung. Und wie Sakti sich vervielfältigt hat, also sind auch von Lakschmi அஷ்ட லட்சுமி Aschta-Lakschmi ausgegangen, welche acht also heissen: 1, மஹாலட்சுமி Mahâ-Lakschmi. 2, தனலட்சுமி Dhana-Lakschmi. 3, தான்யலட்சுமி Dânya-Lakschmi. 4, தைர்யலட்சுமி Dhairya-Lakschmi. 5, வீரலட்சுமி Vîra-Lakschmi. 6, வித்யலட்சுமி Vidya-Lakschmi. 7, சந்தானலட்சுமி Santâna-Lakschmi. 8, பாக்யலட்சுமி Bhâgya-Lakschmi. Mahâ-Lakschmi (in erster Geburt Tochter Bhrigu's) ist das Haupt von allen und Vischnu's Weib, in ihr sind die sieben andern enthalten. Sie ist die Göttin der Schönheit und aller acht Glückseligkeiten, unter ihrem Namen werden auch die andern mitverehrt (deren Bedeutung s. Tab. p. 9), und steht sie allenthalben unter diesen Heiden in solcher Achtung, dass auch die Sivaiten sie mit in Isvara's Pagoden setzen und verehren, während sie dies keineswegs dem Vischnu anthun.

Andere und zwar vornehmlich die Sivaiten schreiben ihr einen andern Ursprung zu und sagen, Lakschmi sei entsprungen, als die Götter das Milchmeer gequirlt, um den Trank der Unsterblichkeit zu gewinnen. Als aber nochmals in der Medicin der Unsterblichkeit schädliches Gift entstanden, so soll Siva das Gift getrunken haben, da dann sein Zeichen das Linga in solcher Medicin entstanden, welches noch in einer Pagode zu திருக்கடவூர் Tirukkadavûr stehen soll und அமிர்தலிங்கம் Amrita-Linga genannt wird. Und zur selben Zeit soll auch Lakschmi nebst ihren Gespielinnen aus dem Amrita entstanden sein, daher sie für eine Schwester Siva's gehalten wird, weil sie damals zugleich mit dem Linga entstanden ist, und darum verehren sie die Sivaiten auch in ihren Pagoden und Häusern.

Als Vischnu in seiner vierten Verwandlung als Râma in die Welt geboren worden, ist Lakschmi gleichfalls in die Welt gekommen als

---

* Zur Erklärung der Achtzahl Lass. Ind. Alt. IV, 637: „Die bei mehrern Klassen dieser Göttinnen der Sakta erscheinende Achtzahl hat vermuthlich darin ihren Grund, dass die prakriti oder die schöpferische Natur in acht Formen sich verwirklicht, so sagt z. B. Krischna Bhag. Gîtâ VIII, 4: „Erde, Wasser, Feuer, Licht, Aether, der innere Sinn, das Selbstbewusstsein und die Vernunft, dieses ist meine achtfache Prakriti." Aehnlich wie in dieser Stelle von den Sakti's der Götter Umgang genommen wird, müssen in unserm Text die 8 Glückseligkeiten für die Göttinnen eintreten.

Sita, da sie denn nachmals einander geheirathet haben, wie uns ein Heide solches vermeldet: „Es war ein König *சனிமகாராசா* Janikamahārāja, derselbe hatte keine Kinder, um weswillen er eine geraume Zeit harte Busse that. Indem er nun in solcher Busse begriffen war und einige seiner Unterthanen auf dem Acker pflügten, um etwas drein zu säen, so wurde in selbigem Acker ein Kästchen gefunden, und in dem Kästchen lag Mahā-Lakschmi als ein schönes und liebliches Kind. Sie nahmen solches Kind und brachten es dem Könige, und der König sprach: dies ist das Kind, welches mir Gott wegen meiner Busse geschenkt hat, nahm es mit grossen Freuden zu seiner Tochter an und gab ihr den Namen *சீதை* Sita und zog sie auf. Als sie nun erwachsen war, stollte der König in das Thor seiner Residenz einen Bogen mit dem Versprechen, dass wer solchen Bogen würde spannen und abschiessen können, dem wolle er seine Tochter Sita zur Gemahlin geben. Der Bogen war aber so beschaffen, dass ihn 4000—10,000 Mann nicht zu spannen vermochten. Zur selben Zeit war ein andrer König Namens *தசரதன்* Dasaratha, der hatte gleichfalls keine Kinder und that strenge Busse, um Kinder zu bekommen. Darauf wurde Vischnu demselbigen Könige geboren und *இராமன்* Rāma genannt. Rāma fing in seinem dritten Jahre an, die Fechtkunst und alle Kriegsexercitien zu lernen. Vom dritten bis zum fünfzehnten Jahr hatte er alle diese Künste nebst andern Wissenschaften ausgelernt. Hierauf ging er in seinem sechszehnten Jahr aus, alle Länder zu besehen. Als er nun so allenthalben herumzog, kam er auch in die Stadt des Königs Janika und sah am Schlossthor den Bogen aufgesteckt. Auf seine Frage, warum dies, antworten sie ihm, wer diesen Bogen spannen und abschiessen könne, dem wolle der König seine Princessin verheirathen. Rāma ging nahe hinzu und besah den Bogen nebst seinem Bruder Lakschmana. Dies wurde alsbald dem Könige angesagt, und der König ging hinaus, sah die Beiden an und fragte: aus was für einem Lande seid ihr gekommen? Rāma antwortete: wir sind Pilgrime und ziehen wallfahrend herum. Der König sprach: das ist nicht so, wenn man euch beschaut, so lasst ihr eben so, als wenn ihr Mahā-Vischnu wärt, und was steht ihr hier und seht den Bogen an? Rāma sprach: der Bogen ist ungemein gross, daher stehen wir hier voll Verwunderung. Der König fragte: kann unter euch wohl einer den Bogen spannen und abschiessen? Rāma sagte, wir wollen's versuchen, nahm den Bogen, spannte ihn und schoss ihn ab. Der König, als er solches sah, freute sich sehr und sprach zu Rāma: ich will dir meine Tochter Sita zum Weibe geben, worauf er den dazumal in der Welt befindlichen 56 Königen Betel Arek (gewürzige Nüsse mit scharfen Blättern, bei allen feierlichen Gelegenheiten gereicht) sandte und ihnen die Hochzeit seiner Tochter ansagen liess, welche denn alle zur Hochzeit kamen, unter ihnen auch Dasaratha, und alsdann wurde es offenbar, dass Rāma ein Sohn dieses Königs war. Sie machten im Hofe zur Trauung einen Pfahl von Corallen und richteten ein Pandel (Baldachin) auf von lauter Perlen, unter welchem der Trauactus verrichtet wurde. Nach verrichteter Hochzeit wurde Sita ganz prächtig in die Stadt geführt, wo Rāma's Vater residirte. Und dies ist die Hochzeit, die Vischnu mit Lakschmi auf der Welt gemacht hat."

Lakschmi wird sitzend abgebildet mit 4 Händen, zwei hat sie offen, um zu trösten und zu geben, zwei hat sie in die Höhe gereckt und hält in jeder eine Lotosblume. Auf beiden Seiten steht ein weisser Elephant und hält in seinem Rüssel einen Wasserkrug, aus welchem sie die Blumen in Lakschmi's Händen begiessen. Lakschmi's Leibesfarbe ist gelb, im Gesicht hat sie etwas rothe Farbe ஜெய்வண்ணம் Tiruchurna (heiliger Saffran), womit sich auch die malabarischen Weiber zu bestreichen pflegen. Ihr Schmuck ist sonst derselbe wie bei den andern Göttern und Göttinnen. Sie sitzt auf einem erhöhten Ort und hat ein Polster hinter sich liegen. So findet man sie in den Pagoden, auch wird ihre Figur ganz klein in den Häusern gefunden, wie denn alle Figuren, die in den Pagoden stehen, auch hie und da aus Metall, Stein oder Holz ganz klein nachgemacht in den Häusern stehen, welche entweder mit Opfern oder nur mit einigen Ceremonien von den Leuten dort verehrt werden.

Lakschmi hat keine besondern nach ihrem Namen benannte Pagoden, sondern sie hat nur in allen Pagoden Vischnu's eine grosse und in denen Isvara's eine kleine Kapelle. Dort wird sie dreimal täglich mit Opfern verehrt und zwar in Vischnu's Pagoden abermals reichlicher als bei Isvara. Sie hat auch keine besondern Feste, sondern wird an Vischnu's Festtagen mitverehrt und mitherumgetragen, sonst aber ist ihr der Freitag als wöchentlicher Fasttag gewidmet. Auch sind keine besondern Bücher über sie geschrieben, sondern nur einige Lobsprüche und Anbetungsformeln. In Vischnu's Historienbüchern aber sind zugleich viele Geschichten von ihr erzählt.

Es werden ihr viele Namen gegeben als: 1, பத்தினியம்மை (keusch) Patniammai. 2, ஸீதாலக்ஷ்மி Sita-Lakschmi. 3, பட்டலலக்ஷ்மி Pattla-Lakschmi. 4, திருவெங்கடமுடையாள் (Besitzerin von Tripetti) Tiruvēnkadamudayāl. 5, சுவர்ணமுத்து (Goldmutter) Kanaka-attai-ammai. 6, ஸமுத்ரதேவி (Meergöttin) Samudra-dēvi. 7, மலையாட்டாள் (Bergmutter) Malai-attai. 8, ஜலதேவதை (ஜலம் Wasser, மகள் Frau) Alermēlmangai. 9, திருவிளக்கு (Frau der heiligen Lampe; Freitag Abends werden daher die Lampen mit Blumen geschmückt, auch wohl noch von Christen) Tiruvilakkammai. 10, நாராயணி Nārāyanī. 11, மகடல்புரந்தகொத்தை (கடல் Guirlande met. Weib; die Oceangeborene) Mākadelpūrandakōthai. 12, மச்சாட்சி (மீன் Fisch mit spiralförmiger Muschel, oder auch die Muschel Sankha; சங்கு Liebhaberin) Māvūri-priya. 13, பொன் (die rothe) Seyāl. 14, ஐசு (Reichthum) Akkam. 15, ஒளரி (Gold) Pon. 16, ஶ்ரீதேவி Sri-dēvi. 17, ஜலமகள் (Wassertochter) Alermagōl. 18, பெருங்கொடை (glücklich an Gut) Porulselvi. 19, ஜயசக்தி (சக்தி Schlag, Uebermacht; ஜய niedere Gottheit, Weib, Leiden) Takkanangu. 20, குபரி

(die jüngere, i. e. nach Mūdévi hervorgekommene) Uelaiyâl. 21, ⸺
(die Wassergeborne) Jalajâ. 22, ⸺ (voll von
Reichthum) Selventékkumiudirai. 23, ⸺ Tirumagöl etc.

Der Lakschmi wird entgegengesetzt ⸺ Mūdēvi, die Göttin des
Unglücks, über welche uns einer schreibt: „Als Brahma, Vischnu und
Rudra, die 830,000,000 Götter, die 48,000 Rischis und andre dergleichen
mehr im heiligen Milchmeer den Trank der Unsterblichkeit
praeparirten, so entstand Gift darin, und alsdann wurde Mūdēvi geboren.
Ihre Bestallung ist, alle lebendige Creatur schläfrig und milde zu
machen. Item, dass sie die Reichen arm, die Hohen niedrig, die
Geehrten verhasst, und alle Menschen elend macht. Sie hält sich an
finstern Oertern auf und macht sich zu denen, die verderben sollen."
Ueber sie sind zwar keine besondern Bücher geschrieben, es wird
ihrer aber hie und da bei den Poeten gedacht, welche ihr allerlei
Namen geben als: 1, ⸺ (die ältere) Söddai. 2, ⸺
(die ältere Schwester) Indrā's d. i. Lakschmi's) Indiraikkumuttāl. 3,
⸺ (die ältere, welche als Zeichen die grosse
Krähe hat) Nōdunkāka-dhvaja-muttāl. 4, ⸺ (⸺ Unglück)
Köddai. 5, ⸺ (⸺ Tumult) Kalathi. 6, ⸺ (ältere Schwester)
Tavvai. 7, ⸺ (Armuth) Mugadi etc. Sie hat aber weder Opfer
noch Verehrung in den Pagoden.

Ueber Lakschmi wird uns noch folgendes geschrieben: „Lakschmi
ist aller göttlichen Eigenschaften voll. Ihre Gestalt ist die Schönheit
selbst. Sie ist dazu gesetzt, den Menschen Reichthum, die acht
Glückseligkeiten, allerlei Güter und die Gaben zu geben, die dieser und
jener von ihr bittet. Wenn einer auf dies oder jenes seine Liebe wirft
und solches gern erlangen will, so opfert und verehrt er Lakschmi.
Einige verlangen Kinder und pflegen um deswillen Vor- und Nachmittags
ihr in Liebe und Glauben ein Opfer zu bringen. Einige
verlangen von Armuth und Leiden befreit zu werden und Reichthum zu
erwerben, und thun ihr deshalb allerlei Verehrung an. Kurz, wonach
Jemand Begierde hat, das behält er im Sinn und opfert ihr. Gelehrte
und weise Leute aber halten solches alles für nichts, verwerfen es und
verehren allein Gott das höchste Wesen; die gemeinen Leute hingegen
verehren viele Götter und Göttinnen."

Vischnu's andres Weib ist die *Göttin der Erde* und heisst ⸺
Bhūmidēvi. Sie wird abgebildet als eine Weibsperson mit 2 Händen,
eine hängt leer herunter, die andre hält die Lotosblume. Ihre Haut
ist gelb, auf dem Haupt hat sie eine Krone. Der Zopf von ihren
schwarzen Haarlocken hängt herunter bis auf die Füsse, nach der Sitte
einiger Weiber unter diesen Heiden. In der Nase hat sie ein Gehänge,
im Gesicht ist sie etwas mit rother Farbe bestrichen und sonst geputzt
wie die übrigen Göttinnen. Sie steht auf der Lotosblume. Solches

Bildniss ist nur abgemalt, denn ihre Figur steht nicht mit in den Pagoden,* sie bekommt auch keine Opfer noch Verehrungen, hat weder Fast- noch Festtage, auch keine besondern Bücher, nur dass in den andern Historienbüchern ihrer gedacht wird. Sie ist in demselben Verstande Vischnu's Weib, wie Ganga Isvara's Weib ist.

Von dem Ursprunge Bhûmidêvi's schreibt ein Heide uns also: „Bhûmidêvi ist eine aus der Saktilinie. Als ehemals im Milchmeer das Amrita praeparirt worden, ist sie nebst Mahâ-Lakschmi und andern Göttinnen entstanden. Sie ist die Göttin der Geduld und alles dessen, was leiden muss. Sie ist zugleich ein Zeuge alles dessen, was auf dem ganzen Erdboden geschieht, so dass nichts vor ihr verborgen bleiben kann." Ein andrer schreibt: „Bhûmidêvi ist die Mutter, welche die Erde und alle Geschöpfe auf Erden, alle lebendigen Creaturen, alle Bäume und Gewächse ausgeboren hat. Sie ist allenthalben gegenwärtig, hegt, trägt und erhält alles wie eine gütige Mutter. Sie ist des grossen Vischnu Weib und gleichwohl so demüthig und geduldig, dass sie mit Füssen auf sich gehen lässt. Als Isvara einst Yama den Gott des Todes getödtet hatte, und daher die Menschen durch den Tod nicht von der Welt abgeholt wurden, musste sie sich endlich beschweren, dass sie die Menge der Menschen nicht mehr ertragen könnte, worauf Isvara den getödteten Yama wieder auferweckte, dass er die Menschen nach ihrer verflossenen Lebenszeit aus der Welt abholen möchte. Diese Bhûmidêvi ist die Natur und die Erde selbst, von ihr haben wir Demuth und Geduld zu lernen. Sie hat zwar keine Verehrung von uns, aber wenn wir Vischnu und Mahâ-Lakschmi verehren, so ist es eben so viel, als wenn wir Bhûmidêvi verehrten; denn was Vischnu und Lakschmi angethan wird, das wird auch ihr angethan.

Wie bei Vischnu selbst sind wahrscheinlich auch bei seiner Frau mehrere früher getrennte Göttinnen zu einer einzigen vereinigt worden. Als eine solche wird die Hausgöttin Grihadêvi in Maghada betrachtet. Von der Rukmini, Krischna's Weib, lässt sich zeigen, dass sie aus einem Wesen der epischen Sage später ein göttliches geworden. Einer der gewöhnlichsten Namen Sri gehört im Gesetzbuche einer untergeordneten Göttin an, die bei einem den Hausgeräth und Haus beschützenden Göttern dargebrachten Opfer, bei Erwähnung des Kopfkissens angerufen wurde. Ihre Entstehung aus dem Milchmeer (eine spätere Erfindung Lassen Ind. Alt. I, 786) erzählt das Vischnupurâna hoch poetisch: „Dann sitzend auf einer vollblühenden Lotosblume und eine Wasserlilie in ihrer Hand haltend stieg auf aus den Wellen die Göttin Sri, strahlend von Schönheit. Die grossen Weisen entzückt stimmten den ihr gewidmeten Lobhymnus an. Die himmlischen Choristen sangen, und die Nymphen tanzten vor ihr. Ganga und die andern heiligen Ströme warteten auf beim

---

* W. Taylor will bei Processionen auch ihre Statue gesehen haben.

Baden, die Elephanten des Himmels, in goldnen Schalen das reine Wasser aufhebend, gossen es über die Göttin, die Königin der ganzen Welt. Die Milchsee in Person überreichte ihr einen Kranz nimmer welkender Blumen, und die Künstler der Götter schmückten sie mit himmlischen Kleinodien. So gebadet, gekleidet und geschmückt, Angesichts aller Himmlischen, warf sich die Göttin an die Brust Hari's und ihr Haupt an ihn lehnend, richtete sie ihr Auge auf die Gottheiten, die durch ihren Anblick von Entzücken begeistert wurden, und Indra, der Götterkönig, erhob und pries sie: Ich beuge mich vor dir Sri, Mutter aller Wesen, sitzend auf dem Lotosthron, mit Augen gleich vollblühendem Lotos, lehnend an Vischnu's Brust; du bist übermenschliche Kraft, du bist Ambrosia, die Reinigerin des Universums; du bist Abend, Nacht und Dämmerung; du bist Kraft, Glaube, Einsicht. Du bist die Göttin der Wissenschaften. Du, schöne Göttin, bist Kunde der Andacht, grosse, mystische, geistliche Kenntniss, die ewige Freiheit verleiht. Du bist Dialectik, die drei Veden, Künste und Wissenschaften, moralisches und politisches Wissen; durch dich ist die Welt bevölkert mit anziehenden und abstossenden Formen. Wer sonst als du, o Göttin, sitzt bei dem Gott der Götter, dem Keulenschwinger? Verlassen von dir waren die drei Welten an des Verderbens Rand, aber sie sind wieder belebt durch dich. Von deinem gnädigen Blick, mächtige Göttin, erhalten die Menschen Weiber, Kinder, Wohnungen, Freunde, Ernten, Reichthümer, Gesundheit und Stärke, Kraft, Sieg, Glück sind leicht von denen erworben, welchen du zulächelst. Du bist die Mutter aller Wesen, wie der Gott der Götter Hari ihr Vater, und diese Welt, ob belebt oder unbelebt, ist von dir und Vischnu durchdrungen. O du, die du reinigst alle Dinge, verlass nicht unsere Schätze, Kornkammern Häuser, unsere Anhänger, uns selbst, unsere Weiber; verlass nicht unsere Kinder, unsere Freunde, unsern Stamm, unsere Juwelen, o die du ruhst am Busen des Gottes der Götter. Die, welche du verlässt, sind verlassen von Wahrheit, Reinheit und Güte, von allem Lieblichen und Vortrefflichen, während die niedrigen und unwürdigen, welche du gnädig anblickst, sogleich mit allen Vorzügen, mit Familie und Macht begabt werden. Er, dem dein Antlitz sich zuwendet, ist ehrwürdig, liebenswürdig, glücklich, weise, von hoher Geburt, ein Held von unüberwindlicher Heldenkraft: aber alle seine Verdienste und Vortheile sind gewandelt und werthlos, wenn du, Vischnu's Geliebte, Mutter der Welt, dein Antlitz von ihm wendest. Brahma's Zungen können deine Herrlichkeit nicht ausreden. Sei mir gnädig, Göttin, Lotosäugige, verlass mich nimmermehr (Wils. Vischnupur. p. 76 ff.).”

SIEBENTES KAPITEL.

Vischnu's Söhne mit ihren Familien.

Vischnu hat drei Söhne உசுமதி *Manmatha*, குசை *Kusa* und லவை *Lava*, unter welchen der letztere aber nur ein angenommener Sohn ist. *Manmatha* ist Cupido oder der Gott der fleischlichen Liebe, der unter Göttern und Menschen nichts als lauter unreine Liebesbrunst erweckt und zwar sonderlich bei den Frauenspersonen, wogegen sein Weib இரதி (Lust) *Rati* solch unreines Liebesfeuer bei den Mannspersonen zu entflammen pflegt, und daher die Venus heissen mag. Es wird *Manmatha* in folgender Gestalt abgebildet: Auf dem Haupt hat er eine Krone. An Ohren, Hals, Brust, Armen und Händen, um den Leib und an den Füssen hat er allerlei Perlen, Edelsteine, Gold und Silberschmuck. Ueber die Achseln hat er einen Gurt herunterhangen பாபுபட்டை (Schultergurt) *Bâhupaddai*, den er um den Leib und das eine Bein braucht, wenn er sitzt. In der einen Hand hat er einen Flitzbogen und in der andern einen Pfeil, um abzuschiessen, der Bogen ist von lauter Zuckerholz gemacht. Die Sehne am Bogen besteht aus lauter fliegenden Würmern (Bienen). Die Pfeile sind lauter spitzige Blumen von 5 Sorten. Hinten auf dem Rücken hat er einen Köcher mit Pfeilen hängen. Seine Standarte ist ein Fisch; sein Wagen, auf dem er hin- und herfährt ist ein Löwe (?), auf welchem stehend er seine Pfeile abschiesst. Sein Weib wird gleichfalls abgebildet mit einer Krone. Ihre schwarzen Haarlocken hängen in einem geflochtenen Zopf bis auf die Erde herunter, und dazu ist sie mit allerlei Zierrath behangen, über den Achseln trägt sie denselben Gurt wie Manmatha. In der rechten Hand hat sie einen Bogen und in der linken einige Pfeile. Der Bogen ist gleichfalls von Zuckerholz, die Sehne von fliegenden Würmern und die Pfeile von Blumen. Ihr Wagen, worauf sie steht und fährt, ist ein Papagei. Die Vögel tragen sich allenthalben mit den abgeschossenen Blumenpfeilern herum. Auf dem Rücken hat sie einen Köcher mit Pfeilen. Beider Leibesfarbe ist gelb.

Manmatha ist Vischnu in seiner Erscheinung als Krischna geboren worden, wie uns ein Heide schreibt: „Manmatha ist Vischnu's Sohn und hat an Schönheit nicht seines Gleichen. Ehemals hat er eine sichtbare Gestalt gehabt und ist lange König in der Welt gewesen, hat auch hin und wieder in allen Welten herum wandern können. Nachmals aber ist er unsichtbar geworden. Nämlich Isvara war einst in einer tiefen Betrachtung begriffen. Es hatten aber alle Götter und Riesen aus den 14 Welten eine wichtige Sache bei ihm vorzubringen. Und weil er sich nicht wollte stören lassen, noch mit seinen Betrachtungen aufhören, so sandten sie Manmatha zu ihm, der seine Andacht stören und in Liebesgedanken verwandeln sollte. Dieser thut solches, Isvara aber dadurch erzürnt, thut sein drittes Auge auf, das er an der Stirn hat, und verbrennt augenblicklich Manmatha zu Asche. Hierauf geht sein Weib Rati zu Isvara, betet ihn an und spricht: Herr solches alles ist daher gekommen, weil man deine Macht und Herrlichkeit nicht erkannt hat. Jedoch vergieb solche Verwegenheit und gieb meinem Manne wieder das Leben. Auf solches Gebet machte Isvara den Manmatha wieder lebendig, gebot aber, dass er ihr allein sichtbar, allen andern aber unsichtbar sein sollte etc."

Ein andrer schreibt über ihn: „Manmatha wird für Vischnu's Sohn gehalten und hat an Schönheit weder in dieser noch in der Götterwelt seines Gleichen. Seine Verrichtung ist diese, dass er bei den Weibspersonen allerlei Liebesgedanken erweckt. Denn es sind viele Weibspersonen, die an diesen und jenen Orten Busse thun, um einige Gaben von Gott zu erlangen. Deren Herzen nun zu prüfen, wird Manmatha ausgesandt. Sobald nun einige der büssenden Weiber den schönen Manmatha zu sehen bekommen, werden sie in Liebe entzündet und fangen an lauter unzüchtige Gedanken zu hegen, und hierdurch wird ihre Busse und alle ihre Andacht zernichtet. Einige aber, ob sie ihn gleich sehen, lassen sich in ihrer Bussarbeit nicht stören, sondern weisen ihn ab und suchen nichts anders, als wie sie zu den Füssen Gottes die Seligkeit erlangen möchten, auf welchen sie allein alle ihre Sinne und Gedanken gerichtet sein lassen, und auf keine Weise ihren Glauben verlassen. Diese Liebens- und Glaubensvollen Weiber erlangen die Seligkeit; die andern aber, welche durch Manmatha in böser Lust sich haben erhitzen lassen, werden mit ihrer Busse zu Schanden und haben keinen Lohn davon. Auch sind unter den Riesenweibern einige, die im Namen Gottes Busse thun; um nun ihre Herzen zu prüfen, ob sie es aufrichtig meinen oder nicht, schickt Vischnu Manmatha an den Ort, wo sie ihre Bussarten verrichten; dieser verfügt sich alsbald dahin und präsentirt sich vor ihnen. Diejenigen Riesenweiber nun, die sich beim Anschauen in ihn verlieben, deren Busse wird zernichtet. Dies thut Vischnu, um Siva zu offenbaren, wie solche Leute nicht würdig seien, dass ihnen ihrer falschen Busse wegen irgendwelche Gaben zugetheilt würden. Denn durch die Gaben, die sie hierdurch erlangen, werden sie stolz und brauchen sie nachmals zum Verderben der Welt, wie viele dergleichen Exempel in unsern Gesetzbüchern geschrieben sind. Manmatha hat solche Liebespfeile *காமபாண* Kāmabāna genannt, dass wo er einmal einer damit ins Herz schiesst, so wird sie in Liebe entzündet, wenn sie auch noch so reinen Herzens wäre, und hierdurch verliert sie ihre Keuschheit, und ihre Busse geht verloren. Unter hundert, ja unter tausend ist kaum eine Frau, die nicht mit solcher Liebe verletzt wird. Welche sich aber dadurch in ihrer Busse nicht verletzen lassen, denen wird ihre Busse Ursache grosser Belohnungen, und sie erlangen alle nöthigen Gaben. Wenn die Poeten über einen König oder über einen reichen Mann Carmina machen, so brauchen sie allerlei Gleichnisse von Manmatha und vergleichen sie mit dessen Schöne und Anmuth. Und wenn man einen nach seiner Schönheit mündlich loben und rühmen will, so sagt man, dass er diesem Manmatha gleich sei. Man soll also wissen, dass Vischnu diesen Manmatha darum zu seinem Sohn erschaffen, dass er durch ihn die Weiber prüfen will, ob sie reines und aufrichtigen Herzens sind, oder ob sie sich zur Unkeuschheit verleiten lassen etc."

Manmatha hat keine Pagoden, seine Figur wird auch nirgends weder in den Pagoden noch in den Häusern verehrt. Man pflegt ihn auch nicht anzubeten, nur dass die Poeten in ihren Liebesgeschichten viel Wesens von ihm machen, daher alle Bücher, die von fleischlicher Liebe handeln, diesem Manmatha zugeschrieben werden können als 1, ௦௭௮௬௭௮ (Tinnevelli-Kranz) Nellaimâla ein Buch von lauter unzüchtigen Liebesliedern. 2, மஜச (Frauen-Regel) Mâtunûl, ein Buch, worinnen die Frauenspersonen unziemlich herausgestrichen und allerlei hurerische Handgriffe gezeigt werden. Diesem ist entgegengesetzt(?) 3, வ்ப்ம்ி௦ஜ௫ (வ்ப்ம் Mädchen von 16 Jahren, ம்௦ ist sendend, ஜ௭ Botschaft) Vûralivûdu-dûtya ein Buch, worin die Liebesgriffe der Huren und Hurer erzählt und als schädlich, sündlich und strafwürdig vorgestellt (und so indirect gelehrt) werden und zwar in Form eines Gesprächs zwischen Mutter und Tochter. Von Manmatha liest man sonst in den alten Purânen allerlei Historien, weswegen ihm auch von den Poeten mancherlei Namen gegeben worden sind als : 1, ரு்மசெ்மாசெ (Sohn der heiligen Tochter) Tirumagölmântu. 2, மரச (Tod verursachend) Mâra. 3, ம்ஜ்செ (ம்ஜ்ம் Sinn, Herz, செ ein geborner ; der in Vischnu's Gedanken als mentaler Sohn, oder auch der in den Herzen der Liebenden geborne) Chittaja. 4, சூமரரி (Tödter Sambara's) Sambarâri. 5, உ௫ம்ி Uruvili. 6, ிஜ௫ெசெடிழமிம்ெசசெ (உமிம்ெசெசெ der, welcher hält, ெசமி die Flagge ம்ஜ welche ist ம்செ Fisch) Minurukodi-nyartôn. 7, ெசசெம்ி (König) Töndrel. 8, ம்ஜ்ம்ெஜசெ (Gemahl, Liebhaber) Rati-kâthalen. 9, செசிசெ (der Frühlingsgott, sowohl ein Name Kâma's, als seines Freundes und Kutschers des eigentlichen Vasanta) Vasanta. 10, சம்ி௦ம் ஜெசெம்செரரி (சம்ிசெெமஜ der Schönheit habende, dichterisches Füllwort ; ெசசெம்ிெ heisse Jahreszeit, ம்ி Herr) Yörhilpöru-venilâli. 11, சழி மசெடிம்ிச்ம் (der mit dem sagenhaften Zuckerkantbogen) Karuthiyakaruppuvilli. 12, சசிம்மெ (darpa entflammen, kan Brahma; der selbst Brahma entflammende) Kandarpa. 13, மஜசெம் (மஜசெம் (Lust, Leidenschaft) Madana. 14, ம்செம்ி (Blumenbogen) Pûvâli. 15, ௦ஜசெம்ெ௦ஜெசெசெ (der den Südwind Tendrel zum Wagen hat) Tendreltärinen. 16, ம்ிம்ி (der Schütze) Villi. 17, சம்சம்ிம்ி௦ஜசெசெ der Herr der 5 Pfeilarten : ஜெம்ிம்ஜம் Aravinda Lotos, ஜெ௦ெசெம்ி Asôka, ௫ம்செ Kuvala Wasserlilie, ௫ம்ி Chûta Maago, ெசம்ிம் Mullai Jasmin) Ainkanaikirhaven. 18, செம்ிம்மசெம்ிசெசம் (der schiessende Blumenbogen) eyyumalorkanai. 19, ௦ம்செ (junger Mann zwischen 16—50, gehört mit der vorigen Nummer zusammen) Völ. 20, ஜெசெம்ெசெ (der Körperlose) Ananga. 21, ௦செம்சசெம்மசெம்மாசெசெ (Sohn des rothäugigen Perumâl)

R

Senkanmâl-maînden. 22, ௦௦௵௨௭௭ (Geistgeboren) Manôbhava. 23, ௭௪௭௭ (der im Körper geboren wird ; Lust kommt aus dem Fleisch) Angaja. 24. ௨௭௭௭௭ (Freund des Frühlings) Madhusakha. 25, ௭௭௦௭௨௵௭௭௦௭௭௭ (௵௭௭ Trommel ; ௭௭௦௭௨ wenn richtige Lesart würde bedeuten ursprünglich-heiss) Adirem-muraja. 26, ௭௭௨௭௭ (௭௭௨௭௨ Leidenschaft ; der gewöhnlichste Name im Norden) Kâma. 27, ௦௨௭௭௭௭ (௦௨௭௭௨௨ Ausgelassenheit) Môha etc.

Rati, das Weib Manmatha's wird gleichfalls weder in den Pagoden, noch sonst verehrt, nur dass die Poeten viele Lobsprüche von ihr schreiben. Einer von ihnen berichtet in einem Briefe folgendes : „Rati kommt ihrem Manne Manmatha an Schönheit gleich. Man sagt, dass Brahma sie vor ihm in solcher Schönheit erschaffen habe. Als er mit ihr Hochzeit gemacht, sind die Könige, Götter und Göttinnen alle zusammengerufen worden, da man denn solche Trauung in aller Herrlichkeit vollzogen. Manmatha hat Rati darum zum Weibe genommen, dass sie gleiches Amt mit ihm führen und durch ihre Reizungen zur Liebesbrunst der Riesen Busse zu nichte machen möchte, denn solche ௭௭௭௭௭௭ Rakschasas thun harte Busse, um von Siva unüberwindliche Gewehre und grosse Gewalt zu erlangen. Und wenn sie solche erlangt haben, so richten sie lauter Böses an und erheben sich über Menschen, Könige und Götter. Wie nun Manmatha dazu gesetzt ist, dass er die Falschheit und Unkeuschheit der büssenden Weiber mit seiner List entdecken soll, so ist hingegen Rati dazu gesetzt, dass sie mit ihren Liebespfeilen die Falschheit und Unkeuschheit der büssenden Männer entdecken soll, damit sie durch ihre Bussarten nicht erlangen möchten, was sie suchen und gedenken. Wer die Schönheit Rati's sieht, der wird darüber ganz in seinem Gemüth verwirrt und entzündet, wenn er gleich vor andern noch so züchtig zu sein scheint. Wer von solchen Büssenden sich nun durch ihre Pfeile verwunden lässt, dessen Busse wird zu nichte und hat keinen Nutzen. Auf solche Weise werden die bösen Weiber bei der Heuchelei ihrer Busse von Manmatha und die bösen Riesen und andern Männer von Rati mit ihren Liebespfeilen verderbt. Dies ist nichts anders als Vischnu's Verstellung, dadurch er verhindern will, dass die, so den bösen Lüsten ergeben sind, keine Gewalt noch Gaben durch ihre verstellte Busse erlangen sollen etc."

Manmatha und Rati haben einen Sohn, der ௭௭௦௭௭௭௭௭ (? Elephantd. l. Fürst-Rudra) Anairudra genannt wird, welcher aber nicht in Betracht kommt, nur dass die Poeten dies und jenes von ihm fabuliren. Einer von unsern Correspondenten setzt ihn in die Zahl der 110,000,000 Rudras, die in der Götterwelt sein sollen und macht ihn zum Oberhaupt unter ihnen, indem er also schreibt : „Es sind 110,000,000 Rudras, und unter ihnen ist Anairudra der vornehmste und der König, dessen Befehlen alle andern zu gehorchen haben. Er ist in der Götterwelt. Seine Verrichtungen sind diese, dass er über alle andern Rudras herrscht und stets über Gott das höchste Wesen meditirt, auch immer die Gesetzlehren docirt, über Gott Lieder singt, ihm anständigen Dienst leistet und seinen Sinn stets auf ihn richtet etc."

Bisher ist Vischnu's erster Sohn Manmatha mit seiner Familie beschrieben worden. Nunmehr folgen seine beiden andern Söhne குசன் *Kusa* und லவன் *Lava*. Der erste ist ihm in seiner vierten Verwandlung von der Sita geboren worden. Den andern hat der Prophet வால்மீகி Vâlmiki aus einem Grasstengel erschaffen, welche Historie uns ein Heide erzählt: „Kusa und Lava sind zwei Brüder und Vischnu's Söhne, der unter dem Namen Rama in der Welt gewesen. Kusa ist ihm von Sita geboren, Lava aber ist vom Propheten Vâlmiki aus einem Grasstengel தர்ப்பைப்புல்லு (புல் Gras) Darbha-pullu erschaffen. Von beiden ist folgendes in unsern Historienbüchern geschrieben: „Als Sita von Ravana weggeführt und von ihrem Rama durch mächtige Kriege wieder heimgeholt und angenommen war, so trug sich's zu, dass eines Wäschers Weib ihre eignen bösen Wege zu einem andern Manne gegangen war, darüber der Wäscher sehr erzürnt wurde und zu ihr sprach: meinst du, ich soll dich eben so wiederholen und annehmen, wie Rama sein von Ravana weggeführter Weib wiedergeholt und aufs neue als Weib angenommen hat? Das lasse ich wohl bleiben, dass ich wie Rama thun sollte. Als nun Rama solche Reden zu hören bekommen, merkt er alsbald, dass er mit diesen Worten sei verspottet worden und sprach bei sich selbst: sollte wohl bei mir nicht so viel Scham und Scheu sein, als unter den Wäschern? und fing an über seine wiederholte Frau erzürnt zu werden und schickte sie im Zorn in die Wildniss. Dazumal war sie mit Kusa sechs Monate schwanger. Als sie nun von ihrem erzürnten Mann in die Wildniss getrieben wurde, ging sie in den Wald, wo sich ihr Priester der Prophet Valmiki aufhielt. Und weil sie auf dem Wege zu diesem Walde sehr betrübt einherging, so kamen alle Vögel zusammen und überschatteten sie wie ein Sonnenschirm, dass die Hitze sie nicht treffen sollte. Dann kamen auch alle wilden Thiere zusammen: Elephanten, Tiger, Bären Löwen, Hirsche, Leoparden und dergleichen viele andre, welche vor ihr einen Fussfall thaten, vor ihr hergingen und ihr den Weg zeigten, bis sie zu ihrem Priester kam. Als sie zu ihm kam, fiel sie ihm zu Füssen und machte ihre Verehrung. Der Prophet spricht zu ihr: o Mutter, warum bist du einen so weiten Weg hierher gekommen? Sie erzählte ihm, was sich mit einer Wäscherfrau zugetragen hätte, und wie ihr Mann auf die Worte des Wäschers über sie wäre erzürnt worden, darum weil er sie auf so mühsame Weise von Ravana wiedergeholt hätte, da doch ein Wäscher sich schämte sein Weib von einem andern wiederzuholen. Und um dieser Ursache willen hätte er sie in die Wildniss verstossen. Als der Prophet solche Begebenheit hörte, wurde er sehr betrübt. Er gab ihr aber zu ihrer Wohnung ein besonderes Haus, verschaffte ihr alles Nöthige, tröstete sie und sprach: bleib hier Mutter, es soll alles gut werden. Hierauf blieb sie denn in selbigem Walde und gebar einige Zeit hernach ihren Sohn Kusa. Fünf Monate nach seiner

Geburt legte sie dies Kind auf eine Matte hinter dem Propheten, als er eben in seiner Betrachtung und andern Verrichtungen gegen Gott begriffen war und sprach: mein Herr und mein Priester, gebt Acht auf dieses Kind, ich will hingehen und mich im Wasser reinigen und bald wiederkommen. Sie ging also zu einem Wasser, reinigte sich nach den gebörigen Ceremonien, kam wieder und nahm das Kind hinter dem Propheten weg. Der Prophet aber wurde solches nicht gewahr, weil er mit geschlossenen Augen noch in seiner Betrachtung versunken war. Als er wieder zu sich selbst kam und sich nach dem Kinde umsah, war es nirgends zu sehen. Er gedachte, vielleicht hat es ein Tiger oder ein andres wildes Thier genommen und verschlungen, worüber die Mutter sich sehr betrüben würde, nahm also geschwind einen Grasstengel Darbhapullu, sprengte Wasser darüber und schlug mit seinem Gewehr *....* (*.....* Stab) Dandāyudha darauf, und alsbald wurde ein Kind daraus gleich Kusa. Nach vollendeter Betrachtung und Anbetung ging das Weib abermals zum Priester, um ihm ihre Verehrung darzulegen und sah ein kleines Kind, das weinte, bei ihm liegen. Sie sprach: Herr, was ists mit diesem Kinde? Er erzählte ihr, was in seinem Gemüthe vorgegangen, als er ihr Kind nicht mehr gesehen, worauf er denn dieses Kind erschaffen, welches sie nun gleichfalls als ihr Kind aufnehmen könnte, wie sie denn auch that. Diesem Kinde wurde der Name Lava gegeben. Als die Kinder drei Jahr alt wurden, konnten sie schon lesen und schreiben, verstanden die Gesetzeslehren und lernten die Kriegsexercitien. In ihrem sechsten Jahr wussten sie fertig mit dem Bogen umzugehen. Dieser war ihr täglicher Zeitvertreib, dass sie auf die Jagd ausgingen, alle wilden Thiere, deren sie ansichtig wurden, mit den Pfeilen erschossen, auch die Räuber in den Wildnissen tödteten. Unterdess wurde es allenthalben im Lande kund, dass im Walde, wo der Prophet Valmiki sich aufhielt, zwei kleine Knaben wären, welche die Räuber, Riesen und alle wilden Thiere tödteten. Alsdann kam Rama und sein Bruder Lakschmana dorthin auf die Jagd, reitend auf weissen Pferden. Die beiden Knaben waren gleichfalls auf der Jagd, pflückten Früchte von den Bäumen und assen sie. Als sie nun Rama und Lakschmana auf weissen Pferden daherkommen sahen, hielten sie Rath mit einander, ob dies nicht Strassenräuber, oder auch solche Leute wären, die kämen, sie selbst aus dem Wege zu räumen: fingen also an mit Pfeilen auf sie einzuschiessen und jagten sie fort, dass sie ihre Pferde in Stich lassen mussten, welche sie darauf nahmen und an einen Baum banden. Hierauf lernte Rama durch ein innerliches Gesicht erkennen, dass es seine Kinder wären, wohl wissend, dass sich Niemand anders unterstehen würde, mit ihm zu streiten, hielt also mit seinem Bruder Rath, was zu thun sei. Unterdess weiss der Prophet Valmiki nicht, warum die beiden Knaben diesmal so lange auf der Jagd bleiben, und geht aus, sie zu suchen. Da er sie nun eben im Streit wider Rama und Lakschmana antrifft, ist er

Schiedsmann zwischen ihnen und spricht zu den Knaben: wisst ihr nicht, dass dies euer Vater ist? erzählte ihnen hierauf alles, was sich zugetragen hatte, rief sie alle zu seiner Wohnung, machte ihnen ein Mahl und gab Rama sein Weib wieder mit den beiden Kindern. Als sie nun alle seinen Segen empfangen hatten, gingen sie zurück in ihre eigentliche Stadt ஜுசுரிஷ் Ayôdhya, wo Rama nachmals noch 11,000 Jahre regiert hat. Als die Zeit solcher Verwandlung verflossen, ist er wiederum in die Götterwelt eingegangen."

Diese beiden Söhne Vischnu's Kusa und Lava haben keine Verehrung unter diesen Helden. Sie werden abgebildet als kleine Kinder, solche ihre Bildnisse aber stehen nicht anders als nur gemalt in einigen Pagoden, die Vischnu zugehören. In Historienbüchern liest man etwas von ihnen, auch ist ein eignes Buch über sie geschrieben ஒவ்வாசமற் (சை Erzählung) Kusalavakathai, worin die ganze Geschichte verfasst ist, was ihr Herkommen, was sie für Thaten gethan, auch wie sie erkannt und von Rama angenommen wurden. Hiermit wird also des Vischnu Familie geschlossen.

Die Söhne und die Familie Siva's spielen eine weit grössere Rolle als die Söhne Vischnu's; dem Sivaiten müssen Pârvati, Subhramanya und Ganêsa ersetzen und ersetzen auch in einem gewissen Grade die Avatâren Vischnu's. Vischnu selbst hat eigentlich keine Söhne, und nur uneigentlich werden ihm Krischna's und Râma's Nachkommen zugetheilt. Einige Schriftsteller nennen zwar Kâma einen in Vischnu's Sinn entsprungenen Gott, aber es ist dies wohl Missdeutung solcher Beinamen, die den Liebesgott im Herzen der Menschen wohnen und entstehen lassen, wie andre niedriger Denkende im Körper des Liebenden. Wird er aber wirklich ein Gedankensohn genannt, so ist vielmehr Brahma sein Vater, und dass er unmittelbar nach seiner Geburt die Kraft seiner Pfeile am Vater selbst erprobte, verschaffte ihm den Ehrennamen Kandarpa, aber brachte zugleich den Fluch über ihn, dass Siva's Auge ihn zu Asche verbrennen sollte, mit der nachträglichen Milderung seiner Wiederbelebung, sobald Siva Pârvati heirathe. So geschah es denn auch. Er wurde wiedergeboren als ältester der 108,000 Söhne des Gottes, der in Liebschaften nicht seines Gleichen hat, Krischna's, und erhielt den Namen Pradyumna; also nur indem Kâma mit Pradyumna identificirt wird, ist er Krischna's Sohn. Seine Verbrennung ist eine vielbesungene, hochpoetische Vergeistigung des Begriffes Liebe. Er fährt daher gefächelt von sanften Südwinden, gefahren von seinem Freunde Vasanta dem Frühling, ein schöngefiederter Papagei sein Gefährt, ein Fisch in rothem Grunde sein Banner, sein süsser Zuckerkantbogen mit den Blumenpfeilen und der Sehne von summenden Bienen stets zum Schusse bereit; ihn begleitet die schöne Rati, die er sich aus dem Hause des Riesen Sambara erobert. Und wenn er anhält, so ist es in schönen Gärten, in schattigen Hainen, wo ihn Nymphen umtanzen in klarer Mondnacht. Der gefällige und anziehende Dienst des Liebesgottes ist offenbar in früherer Zeit sehr populär gewesen, da seine Tempel und Haine eine grosse Rolle in den alten Erzählungen, Gedichten und Dramen spielen. Es ist ein besonders characteristischer Zug des heutigen Stands der Hindu-Religion, dass wenn sie in einiger Hinsicht weniger wild ist, sie dafür aufgehört hat sich an die lieblichen Neigungen des menschlichen Characters und an die spontanen und vergleichsweise unschuldigen Gefühle jugendlicher Naturen zu wenden. Die ausgelassene Huldigung Sakti's und Bhairava's hat wenig gemeint mit dem Dienst, der Kāma und seiner lieblichen Brant gefallen würde, und dessen sie früher sich auch offenbar erfreuten (Wils. Rel. Sects p. 25).

Dieser Tadel trifft aber nicht in gleichem Umfange Südindien. Im Tamulenlande wird am 15. Phalguna (März) das Andenken der Verbrennung Kāma's oder, da dieser Name im Süden einen bösen Klang hat, Manmatha's des Verwirrers der Herzen gefeiert. Vor einem Sivatempel wird um Mitternacht ein Feuer angemacht und herzugetragen, was nur immer verbrennbar, beweglich und durch Unachtsamkeit der Eigenthümer fassbar ist, denn was einmal auf dem Scheiterhaufen liegt, darf nicht mehr zurückgenommen werden. Mit der rückbleibenden Asche bestreichen sich die Umstehenden, nachdem sie sich vorher den Spass gemacht, einander möglichst nahe ans Feuer zu drängen. Den Haupttheil des Festes bilden Umzüge maskirter Personen, die allerlei Unsinn treiben, die Vorübergehenden mit Pulver und Flüssigkeit überschütten und ihren Witz und Spott haben, die Untergebenen dürfen sich in diesen Tagen und Nächten allerlei herausnehmen. An Orten, wo die englische Policei nicht intervenirt, wie z. B. in Mayaveram, wird dann auch die Nachtruhe etwas gestört, doch machten die Umzüge Tags auf den Herausgeber einen harmlosen Eindruck, es ist der indische Carneval und das indische In den April schicken, es ist auch nicht zufällig, dass die Zeit so zusammentrifft, denn die vergleichende Mythologie hat Frühlingsfeste ähnlichen Characters bei manchen indogermanischen Völkern nachgewiesen. Von den vielen kleinen Liedchen, die bei Gelegenheit dieses Festes gesungen werden, möge eins hier stehen: „Mein Schatz hat mir einen Brief geschickt, dass seine Braut soll in sein Haus kommen; ich erröthe ob meiner Unwürdigkeit. Wie kann ich zu ihm gehn, der all meine Mängel kennt? Ich erröthe ob meiner Unwürdigkeit. Der Brief ist geschrieben, aber keine Freundin geleitet mich. Ich erröthe ob meiner Unwürdigkeit, nun da mein Schatz mich in sein Haus ruft." Die meisten dieser Liedchen richten sich an Krischna, der selbst den Sohn nicht wenig fürchtet und also anredet: „O Gott der Liebe, nimm mich nicht für Mahādēva (Siva), verwunde mich nicht wieder, naho mir nicht im Zorn, halt nicht in deiner Hand die Pfeile, geflügelt mit Amrablumen. Mein Herz ist schon durchbohrt durch die Pfeile von Rādhā's Augen, schwarz und stechend wie einer Antilope." Um des Enkels willen aber wagte er einen Kampf auf Leben und Tod mit Siva. Manmatha's Sohn wird oben *Anairudra* genannt und zum König der

Rudras gemacht, auch ziemlich eingehend über seine Beschäftigungen gesprochen, aber wie verirrt sich der König der Rudras unter die Vischnusöhne? wie kann, wenn der Vater vom strengen Siva verbrannt ist, der Sohn mit einer der ungestümsten Gestalten Siva's identificirt werden? Der Correspondent Ziegenbalgs hat den Namen nicht recht erkannt und falsch buchstabirt, und als die beiden ersten Sylben erst einen Elephanten bedeuteten, war auch bald der Thurm dafür gebaut. Der richtige Name ist zweifellos அநிருத்தர் Aniruddha, der Unbesiegliche, welcher Name auch von den Râmânujas als eine der vier Vyûha genannten Erscheinungsformen des höchsten Wesens aufgeführt wird (Wils. Hindu Sects p. 45). Sehr bedeutend tritt Aniruddha im Vischnupurâna hervor. Uschâ, Tochter des Riesen Bâna, eines besondern Günstlings von Siva, sah in einem Traum Aniruddha als ihren künftigen Gemahl, darauf zaubert ihre mit Zauberkraft begabte Freundin, die Nymphe Chitralekha, den Jüngling von Dvârakâ fort zu der Geliebten. Da entdeckt ihn der Vater Bâna im Palaste und beginnt den Kampf mit ihm. Mittlerweile hat Krishna den Aufenthaltsort Aniruddha's ausgekundschaftet, und kommt mit seinen Genossen auf Garuda angeritten, besiegt zuerst die von Rudra um Bâna's Stadt gesammelten bösen Geister; dann sandte Siva gegen ihn das dreiköpfige und dreifüssige Fieber, dass Bala-Bhadra sich in Fieberhitze mit zitternden Augenlidern an Krischna hielt, der selbst vom Fieber ergriffen, sich dadurch befreite, dass er als erster Homöopath ein Gegenfieber in sich wachrief, so wirksam, dass in der Gegenwart, noch in Ueberbietung der europäischen Homöopathen, die blosse Erinnerung an den Kampf der beiden Fieber vor dieser Krankheit schützt. Im weitern Fortgang des Kampfes fielen alle Götter und Helden auf Siva's Seite, selbst der Kriegsgott nahm die Flucht, bis auf Siva's dringende Bitte, doch ihn nicht durch Ueberwindung Bâna's, dem er Unüberwindlichkeit versprochen, zum Lügner zu machen, Krischna sich grossmüthig erinnert, dass Siva nicht von ihm unterschieden ist: „Das, was ich bin, bist du und das ist auch die Welt mit ihren Göttern, Dämonen und Menschen. Die Menschen nur machen Unterscheidungen, weil sie von Unwissenheit bethört sind." Ein characteristisch indischer Ausgang einer Erzählung, die sicherlich von einem historischen Kampfe zwischen Sivaiten und Vischnuiten berichtet. Aniruddha aber wurde von seinen Schlangenfesseln befreit und fuhr mit seiner jungen Frau auf Garuda nach Dvaraka zurück. Nun noch einige Worte über die Râmasöhne *Kusa* und *Lava*. Nach Lassen (Ind. Alt. I, 483) wird das Râmâyana von Kusa und Lava, die es von Valmiki gelernt hatten, zuerst bei einem grossen Pferdeopfer gesungen; ihr zusammengesetzter Name Kusilava bedeutet einen Barden, später auch einen Schauspieler, als ob der Held durch seine Thaten ein Geschlecht von Sängern erzeugt hätte. In den Puranen stehen sie gewöhnlich an der Spitze langer Regentenreihen, Kusa baute Kusasthali, die Hauptstadt Kosalâ's auf der Höhe des Vindhya, und Lava regierte in Srâvasti über das nördliche

Kosala. Im Uttara Rāmāyana (Tayl. Cat. III, 771) wird von obiger Erzählung dadurch abgewichen, dass Rama ein Pferdeopfer bringen will, Kusa und Lava fangen das Pferd in der Wildniss auf, Rama und Lakschmana kommen mit einer Armee und werden getödtet, aber durch Sita, die von Valmiki darin unterrichtet, ins Leben zurückgerufen. Einige Romanze hat sich also allerdings an diese Vischnu-Söhne gehängt, aber doch so wenig, dass wir Recht gethan, haben werden, wenn wir, ungleich der Behandlung des Sivaismus, schon bei Vischnu's Person die kurzen Bemerkungen über die Geschichte und Art des Vischnuismus einstreuten, und hier nur noch mit einigen Beispielen auf den Antagonismus zwischen beiden Secten hinweisen.

Die beiderseits verehrte Lakschmi, hörten wir, geniesst doch nicht von beiden die gleiche Ehre, und der eine sivaitische Correspondent macht sie entschuldigend zu Siva's Schwester. Aehnlich ist es mit Ganesa, die Vischnuiten begrüssen ihn nur formell als Patron der Wissenschaften, und sind bedenklich über sein Recht auf Vischnu's Chakra. Pillai-perumālayengār macht sich über Ganesa am Eingang des Srirangatempels lustig: „Der huldvolle Träger der Schlachtmuschel, der lasterhafte, dickbäuchige Ganapati sitzt in der Thür der Vorhalle, um die (Sivaiten) ohne achtbuchstabige Formel oder Chakra und Diseus und ohne den Dreizack an der Stirn (kommen) zu sehen, und ärgerlich heisst er sie ihre Ohren schlagen und mit gefaltenen Armen zur Strafe auf und nieder ducken." Der Poet Kāla-mēgha* antwortete: „Merk auf, sein Vater Siva ist weder geboren, noch stirbt er, während sein Schwiegervater (Vischnu) geboren ist und am Ende jedes Kalpa stirbt; daher wie früher Siva den Sohn Vischnu's (Manmatha) tödtete, so ist er (Ganesa) nun gekommen, nach seines hinderlosen Schwiegervaters Gebiet zu sehen, wenn er sterben wird (d. h. es zu erben)." Andre erheben sich über Spott und Parteien und klagen sehnsuchtsvoll nach Wahrheit ausschauend: „Diese verwickelte sich bewegende Maschine, die ihre Eltern nicht kennt (der eigne Körper), wann wird sie sich selbst verstehen und gänzlich unterworfen sein?" Oder ein andre Klage von demselben Autor Esja Batthirigiyār: „Die Schastras sind verbrannt, die vier Veden als falsch erwiesen, die Mysterien aufgedeckt, wann wird die Zeit zur Erwerbung geistlicher Wohlfahrt kommen?"

* Dieser im 15. Jahrhundert lebende Dichter, früher ein Vischnuit, wandte sich aber auch gegen die eignen Götter, und äusserte, als er bei einem Fest Subhramanya's nicht durch die Menge konnte: „O Kumara, warum diese unnütze Parade deinetwegen? alle Welt weiss, dass dein Vater Siva ein Bettler ist, dass deine Mutter Parvati eine Furie, dein Onkel Krischna ein Dieb von Profession und dein Bruder Ganesa ein Schlemmer ist."

ACHTES KAPITEL.

Von Brahmā.

Dieser Brahma ist der dritte unter den Mummūrtis und hat gleichen Ursprung mit Isvara und Vischnu. Diejenigen, welche diese drei für einig und für das höchste Wesen erkennen, sagen, dass Brahma alles schaffe, Vischnu alles regiere und Isvara alles wieder vergehen lasse. Diejenigen aber, welche ausser diesen dreien noch ein andres höchstes Wesen statuiren, sagen, dass allein solches höchste Wesen alles erschaffen habe, auch diese Mummūrtis, welchen es aber nach der Schöpfung aller Dinge drei besondere Bestallungen gegeben hätte, nämlich Brahma, dass er die Schöpfung sollte fortsetzen und alles in der Welt geboren werden lassen, auch jedem Dinge und sonderlich den Menschen eine gewisse Zeit in der Welt setzen und mit gewissen Characteren auf sie schreiben, was ihnen in der Welt begegnen werde, sie auch nach dem Tode richten nach den Werken, die sie gethan haben; dem Vischnu, dass er allen lebendigen Creaturen ihren Unterhalt zumesse und sie regiere; dem Isvara aber, dass er alles durch Tod und Verwesung zu seinem ersten Ursprung zurückkehren lasse. Hierbei sagen sie auch, dass keiner von diesen dreien seine Bestallung nach eignem Willen und Gutdünken führen dürfe, sondern alles nach Willen und Verordnung des höchsten Wesens einrichten müsse. Diejenigen aber, die unter diesen dreien nur Einen für das höchste Wesen halten, die schreiben allein diesem Einigen alle jetzt gemeldeten drei Bestallungen zu.

Es werden Brahma fünf Gesichter zugeschrieben, von welchen er aber eins verloren hat, wovon ein Heide in einem Briefe uns schreibt: „Es war ein König, der in Brahma's Namen harte Busse that und zwar, damit ihm Brahma ein Weib nach seinem Begehr schaffen sollte. Als nun Brahma ihm wegen seiner strengen Busse ein sehr schönes Weib schaffte, wurde er selbst von Liebe zu ihr entzündet und wollte Sünde mit ihr begehen. Das Weib wollte nicht darein willigen und nahm ihre Zuflucht zu Vischnu, und als Vischnu sie wider Brahma nicht vertheidigen konnte, nahm sie ihre Zuflucht zu Isvara und beklagte sich bei ihm. Dieser nimmt sie in seinen Schutz, wird über Brahma erzürnt und reisst ihm sein eines Haupt ab, worüber aber Isvara in Raserei geräth, von welcher wieder frei zu werden, er in die Welt kommt und betteln geht." Ein andrer schreibt hierüber folgende Ursache: „Brahma hatte anfänglich fünf Gesichter. Es wurde aber eins von diesen fünfen stolz, hoffärtig und böse, daher riss er sich selbiges selbst ab, damit er den Hochmuth vertriebe etc."

Es wird also Brahma jetzt nur mit vier Gesichtern, oder Häuptern abgebildet. Auf jedem Haupt hat er eine Krone, in den Haarlocken

hat er Schnuren von Perlen liegen, auf der Stirn hat er das Zeichen
Kastūri, sonst ist er geschmückt wie die andern Götter, hat auch zwei
Hände offen und zwei in die Höhe gereckt, deren linke einen Wasserkrug und die rechte die Perlenschnur Rudrākscha hält, mit der sich
die Brahmanon, Pandarams, Andis, Pilgrime und andre zu behängen
und daraus ein gross Heiligthum zu machen pflegen, nach der sie auch
ihre Gebetsformeln zu recitiren pflegen. Seine Leibesfarbe ist gelb-
braun. Er steht auf einer Blume und hat neben sich einen Vogel
அன்னம் (Schwan) Annam, den er zu seinem Wagen oder Reitpferd
gebraucht.

Auf solche und andre dergleichen Weise wird Brahma zwar abgebildet, aber diese seine Figur wird nicht auf solche Weise in den
Pagoden gefunden, wie Isvara's und Vischnu's Figur. Er hat auch
gar keine Pagoden unter diesen Heiden, man thut ihm auch weder
Opfer, noch einige andere Verehrung an, nur dass die Brahmanen
einige Loblieder auf ihn zu singen pflegen. Er hat weder Fest- noch
Fasttage, doch wird bei diesem und jenem Opfer sein Name mitgenannt.
Von ihm sollen die vier Gesetze gekommen sein, und gleichwohl
bekommt er die allerwenigste Verehrung nach dem Gesetz. Die
Ursache meldet ein Heide in einem Briefe also: ,,Brahma hat unter uns
keine Verehrung, noch Dienst in den Pagoden. Anstatt Brahma's
verehren wir die Brahmanen, welche Brahma's Geschlecht sind, und in
welchen er wohnt. Wer die Brahmanen ehrt, ehrt auch Brahma
selbst, denn alles, was wir ihnen thun, nimmt er an, als wäre es ihm
selbst gethan, daher hat Brahma weder Opfer, noch Festtage, noch
Pagoden unter uns. Die Brahmanen aber werden an seiner Statt
täglich von uns auf vielfältige Weise verehrt, als welche nicht nur von
Brahma's Geschlecht sind, sondern auch nichts anders thun, als dass
sie das Gesetz lehren, welches Brahma gegeben hat."

In den alten Gesetzbüchern oder Purānen werden allerlei Historien
und Erlebnisse von Brahma geschrieben, nach welchen er unterschiedliche Namen bekommen hat als: 1, பிரமா Brahma. 2, உபதேவலோ
கரன் (Erschaffer der Welt) Mēdinipadaitton. 3, பிதாமகன் (Grossvater)
Pitāmaha. 4, வரன் (der Geber, der Ausgezeichnete) Vara. 5, அஜன்
(ungeboren) Aja. 6, மலரோன் (der Lotosgott) Malerōn. 7, மன்பூதாதி
பதி (Allvater der Erde) Manpōthuttandai. 8, வேதன் Vēden und 9,
வேதபுவன் (Autor der Vedas) Marniyaven. 10, இரணியகர்ப்பன் (இரணி
யம் Gold, கர்ப்பம் Mutterleib) Hiranya-garbha. 11, குருவன் (Lehrer)
Bōdha. 12, பெருமாள்நாபிகமலன் (der aus Perumāls Nabel gekommene)
Mālundivandōn. 13, குரன் (der Ältere, Lehrer) Gurava. 14, ஓதிம
முயர்த்தோன் (der den Schwan hochhält sc. als Banner) Othimam-uyert-
tōn. 15, ஓதிமமுயர்த்தகொடியினன் Othimamuyerttakodiyinen. 16,
அன்னரூடி (der auf dem Schwan reitende) Annam-Urti. 17, உரை
(Würde, König) Urai. 18, நீண்டவெண்கணன் (நீண்ட lang, poetisches
Füllwort; der achtäugige) Nūndavönkanen. 19, சுயம்பு (der Unab-
hängige) Svayambhu. 29, அனந்தன் (Endlose) Ananta. 21, பிரளி

(Weise) Njâni. 22, *ஐ* (Fatum) Vidhi. 23, *மசுமசை* (Perumâls Sohn) Mâlmagen. 24, *எசுஸிcஎசை* (Gemahl von *எசுஸி* Wort d. j. Sarasvati) Bânikölven. 25, *முஸபOஸ்ிஸசை* (der Gott, welcher den Plan sc. des Weltgebäudes kennt) Muraiteribhagava. 26, *எசுஸிமுஸசை* (der älteste der Himmlischen) Vânörmuthuven. 27, *ஸ்ிஸ்ிசை* (Schöpfer mannigfacher Arten) Virinchana. 28, *சமசcஸுசஸ்* (Lotos-Geburt) Kamala-yôni. 29, *எஸுமுசை* (mit 4 Gesichtern) Nâlumukha etc.

Diese und dergleichen Namen müssen sonderlich diejenigen wissen, welche die alten Poeten verstehen wollen, denn wer nicht die vielfältigen Namen ihrer Götter versteht, kann aus ihrem Gesetz und ihren Historienbüchern, die alle in Poesie geschrieben sind, nicht klug werden. Ausser dass Brahma's Historie mit in Javara's und Vischnu's Historienbüchern enthalten ist, findet man auch einige Büchlein speciell über ihn geschrieben, welche sein Lob enthalten, aber nur von den Brahmanen gebraucht werden, als in deren Sprache *ஒஸ்ஸ்* (das Sanscritalphabet in eigenthümlich tamulischen Characteren) Grantha sie gewöhnlich geschrieben sind. Unter selbigen sind zwei die bekanntesten *ஜ்சமசஸ்ஸிuuட்டஸ்* (das Kapitel von Brahma's *ஸ்ிஸ்ஸ்* Wunder-Pfeil, den er strengen Büssern verleiht) Brahmâstrapadelam und das andre *ஜ்சமசஸ்சை்ட்* (? *ஸ்ிcசமுஸ்ஸ்றசசை்ட்* Brahmottarakanda, das letzte Kapitel des Brahma-purâna, ein siraitischer Zusatz über Gokarna vgl. Murd. Cat. p. 82) Brahmakânda genannt.

Was sonst von Brahma mehr zu wissen ist, berichtet ein Heide in einem Briefe folgendermassen: „Brahma lässt die Menschen in die Welt geboren werden und schreibt auf, wie alt sie werden sollen und was sie in der Weltzeit ihres Lebens Gutes zu geniessen und Böses auszustehen haben. Er lässt alle 8,400,000 Arten von Creaturen geboren werden und wieder sterben; alles, was er thut, thut er nach dem Willen des höchsten göttlichen Wesens. Was Gott, das höchste Wesen, ihn schaffen heisst, das schafft er. Was der Jedem für ein Alter und für eine Zeit bestimmt, darnach richtet er sich in seinem Aufschreiben; wie Gott das höchste Wesen ihm verordnet, dass er diesen oder jenen soll sterben lassen, so thut er es, denn in allem richtet er sich nach dem Willen des höchsten Gottes. Diejenigen aber, die hierin nach Brahma's Willen thun müssen, sind die Yama-dûtas, die Boten des Todesgottes. Wenn er befiehlt, dass sie ein Leben aus der Welt holen sollen, so müssen sie es thun, denn sie sind hierin zu seinem Dienst verordnet, dass er sie hin und her schicken und durch sie die Seelen aus der Welt holen lassen kann. Was die Art und Weise anlangt, wie Brahma die Welt erschaffen habe, so steht zu wissen, dass Brahma keineswegs die Welt erschaffen hat, sondern Gott das höchste Wesen hat die Welt, die sieben Meere und alles, was darinnen ist, nebst allen Wundern und unsichtbaren Geistern erschaffen. Als er aber alles erschaffen hatte, so waren zu diesen und jenen Welten Herren und Götter nöthig, welche Gott das höchste Wesen schuf, damit es erkannt werden möchte. Da sind nun Brahma, Vischnu und Rudra die vornehmsten bei Gott dem höchsten Wesen, denen er die höchsten Bestallungen über die Welten anbefohlen hat. Solcher Gestalt ist also die Welt nicht von Brahma, sondern von Gott dem höchster Wesen erschaffen worden. Was aber nach der Schöpfung in dieser und den andern Welten geschieht, solches lässt Gott durch Brahma, Vischnu und Isvara geschehen, und er ist alles in allen. Der Ort, wo Brahma sich eigentlich aufhält, ist die Welt Brahmalôka, wo er die grossen Wunder verrichtet. Die Art und Weise, wie er das Gesetz in die Welt eingeführt, verhält sich also: Gott das höchste Wesen verordnete vier Gesetze, übergab sie Brahma und befahl, dass er sie allenthalben in der Welt kund machen lassen sollte, damit alle Menschen ihn erkennen und nach solchem Gesetz verehren möchten. Alsdann nahm Brahma dieselben Gesetzbücher, übergab sie dem Propheten Vêdavyâsa und sandte ihn damit in diese Welt. Hierauf brachte der Prophet solches Gesetz in diese Welt, that was ihm befohlen war und richtete die 4 Gesetzbücher und die 6 theologischen Systeme unter den Menschen auf, welche bisher unter uns Malabaren gelehrt worden. Die Weise anlangend, wie die Brahmanen von Brahma hergekommen sind, so steht zu wissen, dass die Brahmanen aus Brahma's Angesicht herkommen und geboren sind. Die Kschatriyas aber, das königliche Geschlecht, sind aus Brahma's Brust entstanden, die Vaisyas als das Kaufmannsgeschlecht aus Brahma's rechter Hüfte, und wir Sudras sind aus seinen Füssen geboren.* Diese vier Geschlechter sind die allerersten Geschlechter, die Brahma erschaffen hat. Weil nun die Brahmanen aus Brahma's Gesicht entstanden sind, so wird gesagt, dass sie vornehmlich Brahma's Geschlecht sind. Brahma hat nicht mehr als nur Ein Weib, nämlich Sarasvati. Es verehrt ihn Niemand unter uns als nur die Brahmanen, wir aber verehren ihn in den Brahmanen."

* Diese Anschauung ist nicht so alten Ursprungs und erst in der Purânischen Zeit entwickelt. Im Rigveda sind die Brahmanen noch keine Kaste, sondern jeder, der die Gebete darbringt, hat den Titel. Sudras werden gar nicht erwähnt, der Name gehört wahrscheinlich einem der ersten überwundenen Stämme, und hat dann einen erweiterten Gebrauch erhalten. Weil im Süden, unter Wegfall der beiden mittlern Kasten, auf die Brahminen gleich die Sudras als der eigentliche Mittelstand und Kern des Volkes folgen, so haben sie nichts mit den Sudras im Norden gemein, zu deren Stellung vielmehr die Pariahs aufgerückt sind. Dieser Stamm fasst in sich ein Zehntel der Bevölkerung und zerfällt wiederum in viele Abtheilungen, welche einander Zusammenessen und Zwischenheirathen versagen. Es giebt einen andern grossen Stamm die Paller, auf welche sie mit grösster Eifersucht und Feindschaft herabsehen. Es ist gänzlich falsch zu sagen, dass die Pariahs keine Kaste haben, oder „outcaste" sind. Die grössten Schwierigkeiten in der Kastenfrage fangen vielmehr erst an, wenn Bekehrte dieser untern Kasten zusammen zu halten sind vgl. Moor Hindu Panth. Madr. edit. p. 344 ff. Caldw. Drav. Comp. Gr. p. 77.

NEUNTES KAPITEL.

Sarasvati, Brahma's Weib.

சரஸ்வதி Sarasvati ist eine Göttin der Gelehrsamkeit und hat den Namen, dass sie Brahma's Weib sei. Ihrem Ursprung nach ist sie eine von den Śaktis, denn diese Heiden leiten alle hohen Göttinnen aus der Linie der im ersten Theil gedachten Sakti ab. Sie hat einen Anfang wie alle andern Götter und Göttinnen, als welche ursprünglich von dem höchsten Wesen hergekommen sein sollen und zwar meistentheils durch eine Schöpfung. Sie ist Brahma's einzige Frau. Jedoch wird in einem Buche அறுபத்துநாலுதிருவிளையாடல் (die 64 heiligen Spiele) Arapattunâlu-tiruvilaiyâdel eine Historie erzählt, dass Brahma noch zwei Beischläferinnen gehalten, und ein Prophet கபில Kapila schreibt von ihm, dass er es gar mit einer Pariahfrau gehalten, welches das allerverächtlichste Geschlecht ist. Es werden zugleich andre unzüchtige Dinge von ihm geschrieben, grade wie von Iswara und Vischnu viele unzüchtige Historien in den Büchern erzählt werden, welche bei den Lesern die bösen Feuerfunken in den Zunder bringen und lauter Sünden verursachen, wie denn unter diesen Heiden nichts gewöhnlicher ist, als Unkeuschheit, Hurerei und Ehebruch.

Sarasvati wird stehend abgebildet mit vier Händen. In der einen Hand zur Rechten hat sie eine Blume, die sie ihrem Manne Brahma opfert, als an dessen Seite sie stets ist. In der andern Hand hält sie ein Buch von Palmblättern, zum Zeichen, wie sie stets in Büchern studire und den Studirenden die Gelehrsamkeit mittheile. In der einen Hand zur Linken hält sie eine Perlenschnur சிவமாலை Sivamâla, nach welcher die Gebetsformeln recitirt und abgezählt werden. Und in der andern linken Hand hält sie ein klein Instrument gleich einer Trommel mit einer Schlange டமரும் Damaru. Ihre Leibesfarbe ist braun (?). In den schwarzen Haarlocken hat sie Perlen und sonstigen Schmuck liegen, auch hängt ihr der Zopf der geflochtenen Haarlocken bis auf die Füsse herunter; sonst trägt sie den Schmuck der übrigen Göttinnen.

Gleichwie aber Brahma's Figur in keiner Pagode verehrt wird, so hat auch Sarasvati's Figur gar keine Verehrung dort, ohne nur dass sie zusammen mit Brahma's Figur hie und da gemalt oder an den Pagoden und Götter-Careten ausgeschnitzt steht. Sie bekommt keine Speis-Trank- und Rauchopfer, wie die andern Göttinnen. Sie hat aber Lobbücher, die von ihr gesungen werden, unter welchen das bekannteste சரஸ்வதி-அந்தாதி Sarasvati-antâdi. Auch hat sie jährlich ein grosses Fest, das 9 Tage währt und im September-Monat einfällt. Solches Fest feiern besonders die Lehrer mit ihren Schülern, desgleichen auch die Poeten, die Schreiber und die, welche in Erlernung dieser und jener

Künste begriffen sind. Sie fasten an solchem Fest und bitten Sarasvati, dass sie ihnen guten Verstand und Wissenschaft mittheilen wolle. Auch machen sie dem Bildniss dieser Sarasvati eine Carete von Palmyrablättern, welche einige Menschen auf den Achseln in der Stadt unter Sang und Klang herumtragen. Die Lehrer und Schüler opfern ihr alle ihre eisernen Griffel und Bücher und begleiten sie allenthalben in Procession auf den Strassen. Die, so in der Miliz stehen, opfern ihr gleichfalls an diesem Feste ihre Degen, Flinten, Bogen, Pfeile und andre Gewehre, wodurch sie selbige gleichsam zu ihrem künftigen Dienst einweihen. Dies jährliche Fest heisst சரசுபூசை Sarasvati-pūja oder auch ஆயுதபூசை Ayudhapūja, an welchem zugleich der Pârvati und Lakschmi geopfert wird.

Von dieser Sarasvati findet man in den Historienbüchern unterschiedliches geschrieben, sie hat auch vielfältige Namen als: 1, சரசுபுமை Sarasvati-ammal. 2, தேவி Devi. 3, கலைமகள் (கலை Wissenschaft) Kalaimagöl. 4, பணுவல்லடி (பணுவல் Wissenschaft, அடி Dame) Panuvel-addi. 5, அருச்சி (die tägliche heilige Gebetsformel der Brahmanen aus der vedischen Zeit personificirt, und wie der Name சாவித்ரி Savitri von சாவித்ரு Savitru Sonne, welcher Name gleichfalls auf Brahma's Weib übertragen wird, ursprünglich die Sonne bedeutend) Gâyatri. 6, ஞானரூபி (Weisheitsform) Njanamūrti. 7, உலகமாதா (Welt-Mutter) Lōkamātā. 8, ப்ரம்ம Brahmi. 9, வெள்ளைமெய்யாள் (die weiss-körperige) Völlaimeyyâl. 10, தாமரைப்ரியை (die, welche Lotos liebt) Jalajam-uddâl. 11, பாஷை (Sprache) Bhârati. 12, வாச்சாரி (வாசக vâch Wort) Vâkkal. 13, வாணி Vâni. 14, நாமகள் (நா Zunge) Nâ-magöl. 15, இளம்பெண் (இளம் Ton, Musik ; பெண் ein Mädchen von 14—19 Jahr) Ilaimadandai. 16, மலரையன்மனைவி (Weib des Lotos-Herrn) Malerayen-manavi etc. Diese Namen führt sie theils wegen der mit ihr vorgegangenen Historien, theils auch wegen ihrer Eigenschaften, Bestallungen und Gaben, die sie den Lernbegierigen mittheilen soll.

Ein Heide schreibt in einem Briefe von Sarasvati also : „Gleichwie Brahma der Herr ist alles zu schaffen, so ist Sarasvati die Frau alle Künste, Verstand, Erkenntniss, Klugheit, Wissenschaft und Gelehrsamkeit zu geben. Gott das höchste Wesen hat sie beide erschaffen, dass sie Mann und Weib sein sollen. Sarasvati wird abgebildet als eine schöne Jungfrau von 16 Jahren. Ihre Eigenschaften sind göttliche Eigenschaften. Sie ist die Göttin, von welcher ursprünglich herkommen die vielen Künste, die Sprachen, das Lesen und Schreiben der Sprachen, die Rede und Beredsamkeit der Menschen, die Poesie, dass einige ohne grosse Schwierigkeit gleich Verse wegsingen können, der Witz und Verstand zu allerlei Erfindungen. Die Arznei- Stern- und Rechenkunst nebst allen andern Wissenschaften. Sie ist allenthalben unter den Menschen, ihr eigentlicher Sitz aber ist bei Brahma in der Welt Brahmalōka. Ihre Gaben, die sie giebt, sind Weisheit, Verstand, tiefer Sinn, gutes Ingenium, ein fähiges Gedächtniss und eine beredte Zunge. Ihre Verrichtung besteht darin, dass sie den Menschen Künste und

Wissenschaften mittheilt. Jährlich wird ihr ein Fest gefeiert Sarasvatipūja. An selbigem fasten alle Schulkinder, bringen allerlei Früchte herzu und opfern sie der Sarasvati. Auch opfern sie ihr alle ihre Bücher und Rechnungen. Ein Jeder bittet an diesem Feste Sarasvati, dass sie ihm guten Verstand gebe und ihn nützliche Künste erlernen lassen wolle.

Auf die Frage, ob die Mummürtis mit ihren Weibern nebst allen andern Göttern lauter materielle Leiber haben, wie wir Menschen, oder ob sie von einer geistigen und immateriellen Gestalt seien, ist zu wissen, dass man beides von ihnen sagen könne, dass sie nämlich einen materiellen Leib haben und auch, dass sie von einer ganz geistigen und immateriellen Gestalt sind; denn was sie gedenken zu sein, das sind sie alsbald und können ihre Gestalt täglich verändern."

Mit dieser Sarasvati endigt also der andere Theil der Göttergenealogie als worin das nöthige von den Mummürtis und ihren Familien nach der Kürze vermeldet worden. Wer noch diese und jene Historie von ihnen lesen will, der wird an das Buch gewiesen, das vor zwei Jahren von diesem weitläufigen malabarischen Heidenthum ist geschrieben worden.

Bezüglich Brahma's und auch wohl Sarasvati's werden wir den Verlust des Ziegenbalgschen Buchs „vom malabarischen Heidenthum" kaum zu beklagen haben, denn es ist eigentlich nur conventionelle Höflichkeit, Brahma als obersten der drei grossen Götter zuerst zu behandeln, für eine Mythologie, welche den gegenwärtigen Glauben des Volks wiedergeben will, hat Brahma nur geringe Bedeutung. Der ursprüngliche Begriff des Wortes Brahma, Gebet und Andacht bezeichnend, ist zuerst zu dem einer religiösen Handlung überhaupt, und dann, weil für die Priester ehrfurchtsvoller Geistesumgang mit der Weisheit und dem göttlichen Wort das höchste sein musste, zu dem Begriff des höchsten Göttlichen erweitert worden, man kann wohl sagen, dass er das personificirte Gebet ist. Weil mit demselben Namen zugleich auch die Priester bezeichnet wurden, deren höchster Gott und Schöpfer er war, so ist es nicht zu verwundern, dass in der vorepischen Zeit als einzig höchster Gott, nur Brahma mit seinen verschiedenen Namen erscheint, aber da bei dem eigentlichen Volk die Dankbarkeit für die vergangene That der Schöpfung vor der Hoffnung auf die erhaltende und vor der Furchtbarkeit der zerstörenden Macht zurücktrat, so ist er nie zu einem Gott des Volkes geworden und hat daher nie einen Cultus erhalten, und seine Verehrung scheint stetig abgenommen zu haben, da im Mahábhárata noch von einem grossen Brahmafest gesprochen wird: „Das grosse reiche von den Menschen sehr geschätzte Fest des Brahmà bei den Malaya, wobei Tausende von Ringern von allen Seiten zusammenkamen zur Versammlung des Brahma wie zu der des Pasupati-Siva (Lass. Ind. Alt. I. p. 776)." Gegenwärtig wird ihm noch am meisten Achtung von den Vischnuiten gezollt, die ihn als den in der aus Vischnu's Nabel emporgeschossenen Lotosblume Entstandenen in ihr System eingereiht haben und zu einer Gestalt Vischnu's machen, der wenn er am Ende eines Kalpa auf seinem Schlangenbett geruht hat, erwachend als Brahma Urheber einer neuen Schöpfung wird. Wie höchst gering ihn die Sivaiten schätzen, geht deutlich aus den obigen Correspondenzen hervor, und beweist schlagend der Verlust seines 5. Hauptes, während Siva als der fünfhäuptige, als Panchakartákkel,* erscheint. Und als der Sivait Sankurtchárya ein höchstes Wesen über Brahmá, Vischnu, Siva zur Anerkennung bringen wollte, genügte das einfache Brahma nicht mehr, und sein Brahm-parabrahm trug bald wiederum den Namen Siva.

Sarasvati's Anspruch Brahmá's Frau zu sein, ist nicht unbestritten, in Bengalen gilt sie nach Ward für Brahma's Tochter und Vischnu's Frau, doch geht nach Wilson eine populäre Legende, dass Vischnu, der ursprünglich drei Frauen hatte Lakschmi, Sarasvati und Ganga, als Streit unter ihnen entstand, die beiden letzten an seine grossen Nebenbuhler abtrat. ,,Der Grund, warum die Sarasvati oder die Vách Brahmá's Frau geworden ist, ergiebt sich daraus, dass sie in einem Hymnus des Véda als die höchste und allgemeine Seele gepriesen und daher als die höchste Eigenschaft aller Wesen bezeichnet wird, deren Schöpfer Brahmá ist. Seine Schöpfung wird auch dargestellt als die That seines Gedankens, und da das Wort der ausgesprochene Gedanke ist, darf man der Rede auch schöpferische Kraft beilegen (Lass. Ind. Alt. I. p. 785)." Sarasvati ist demnach zunächst die Göttin der Beredsamkeit, aber auch ferner aller schönen Künste und besonders der Musik.† Gegen die Geberin und Schöpferin der Sprache sündigt der Lügner, aber bei den Hindus wiegt diese Sünde sehr leicht. Im

---

* Es sei hier nachträglich bemerkt, dass W. Taylor Cat. III. p. 445 von Sadásiva dem vierten der Fünfherren sagt, dass er in der Sprache der Sivaiten Siva als höchstes Wesen bezeichnet ; den letzten der Fünf nennt er Máyésvara, Siva, welcher illusorische Formen annimmt. Die ganze Lehre von den Panchakartakkeln scheint eine Besonderheit der Subhramanya-Verehrer im Aussersten Süden zu sein.

† Eine Abschweifung auf das musikalische Gebiet bereichert das Hindu-Pantheon um eine beträchtliche Zahl von Insassen. Sarasvati theilte die musikalische Kunst ihrem geistigen Sohne Nárada mit, dem berühmten Erfinder der indischen Guitarre, der Vina, unter den Sterblichen zeichnete sich zuerst aus Bherat, der Erfinder musikalischer Dramen. Es giebt vier Hauptsysteme, welche Iavara, Bherat, Hanuman und dem Rischi Kallinatha zugeschrieben werden. Die indische Tonleiter ist : sa, ri, ga, ma, pa, dha, ni, sa ; Verlängerung des Vocals bedeutet doppeltes Mass, die halben Töne liegen wie in unserer diatonischen Scala ; die Intervalle zwischen dem ersten und zweiten, dem vierten und fünften Ton sind wie bei uns, aber zwischen fünf und sechs ist gleichfalls ein tonus major, die Differenz wird dadurch ausgeglichen, dass von pa ein sruti (Name der Viertel und Drittel, deren die Octave 22 zählt) genommen und zu dha hinzugefügt wird. Eine Lotosblume ist das Schlusszeichen. Jedes Sruti wird als eine kleine Nymphe betrachtet. Die Melodien heissen Rágas d. i. Leidenschaften, sie sollen gewissen Gemüthsbewegungen im Menschen entsprechen oder vielmehr sie ins Leben rufen. Nach den 6 indischen Jahreszeiten sind 6 hauptsächliche Rágas, die als Halbgötter betrachtet werden und heissen : Bhairava, Málava, Srirága, Vasanta, Dipaka und Mégha, jeder von Ihnen, verheirathet mit 6 Ráganis oder Nymphen, ist Vater von acht kleinen Geolen ; man erwartet darnach 36 mal 8 Melodien, aber in Gebrauch sind nur 36, oder in Südindien genauer 32, welche nun ein für allemal feststehen. Sie sind vielfach

Gesetzbuch wird ausdrücklich erklärt, dass in gewissen Fällen Lüge der Wahrheit vorzuziehen sei. Manu VIII, 103 : „In einigen Fällen soll wer falsches Zeugniss aus frommem Beweggrunde ablegt, obwohl er die Wahrheit weiss, seinen Sitz im Himmel nicht verlieren : solch Zeugniss nennen weise Männer die Sprache der Götter. v. 124: Wann immer der Tod eines Mannes, der nicht ein grosser Verbrecher ist, sei er aus der dienenden, der Kaufmanns- Krieger- oder Priesterkaste durch ein wahres Zeugniss veranlasst würde in Folge der bekannten Härte eines Königs, auch wenn der Fehler aus Unachtsamkeit oder Irrthum begangen sein sollte, so mag falsches Zeugniss abgelegt werden, es ist sogar der Wahrheit vorzuziehen. v. 125 : Solche Zeugen müssen der Sarasvati Reiskuchen und Milch als Opfer darbringen und sich an die Gottheit der Sprache wenden : und damit werden sie die erlassbare Sünde eines falschen, aus Wohlwollen abgelegten Zeugnisses völlig austilgen."

Sarasvati wird gewöhnlich als von weisser Leibesfarbe dargestellt, nach Ward findet sich in den Tempel zuweilen ihr Bildniss blau gemalt, sie ist anziehend von Gestalt und trägt einen Halbmond im Haar. Ueber ihr und Brahmâ's Fuhrwerk bemerkt Lassen : „Sowohl Sarasvati als ihr Mann hat zum Fuhrwerk die Gans, hansa. Um die Bedeutung dieses Attributs zu erklären, ist daran zu erinnern, dass dem Geschrei der Gänse von den Indern eine heilige Bedeutung zugeschrieben worden sein muss ; denn als Bhischma, der Oheim der Pândavas im Kampfe gefallen, schickte ihm die Mutter Ganga vom Mânasa-See die Rischis zu, um ihn zu fragen, wie er sterben möge, während die Sonne nach Süden gehe. Sie nahmen die Gestalt von Gänsen an, und Bhischma vernahm in der Luft göttliche Stimmen. Ja in einer andern später hinzugefügten Stelle wird dem Brahmâ selbst die Gestalt der Gans zugeschrieben : „dort in Magadha wird der heilige Herr in der Gestalt der Gans verehrt, die er aus Liebe zu Vasu, dem Sohne Kusa's, selbst angenommen hatte." Auch von den alten Griechen wurde dem Schwane ein Gesang (Hesiod. scut. v. 316) und später (Platon Phaed. p. 84 c.) die Gabe der Weissagung zugeschrieben. Auch bei den alten Deutschen galt der Schwan als weissagender Vogel. Diese Uebereinstimmung weist darauf hin, dass diese Vorstellung eine ursprünglich-gemeinsame bei den indo-germanischen Völkern war, und den Indern war es dadurch nahe gelegt, dieses Thier der Göttin der Rede zu weihen ; dass es auch dem Brahmâ geweiht worden ist, wird nicht blos deshalb geschehen sein, weil er ihr Mann war, sondern zugleich weil die Gänse den von Brahmâ erschaffenen heiligen See aufsuchten."

getheilt 1, nach Districten : Seetöne, Bergtöne, Flachlandstöne. 2. nach den verschiedenen Dichtungsarten. 3, nach den verschiedenen Gelegenheiten: Feriten, Trauerton, Kriegston etc. 4. nach den Jahreszeiten oder Tageszeiten. Eine andre Eintheilung ist nach den 4 Kasten. Die Tamulen vertheilen die 32 Töne unter 8 Götter und geben jedem drei Weiber (wie aber bei Sarasvati und Lakschmi ?): Isa, Perumâl Sarasvati, Lakschmi, Sûrya, Nârada, Vinâyaka, Tumburuva (As. Res. III, 55 ff. Stafford's History of Music p. 34 ff.).

DRITTER THEIL.

கிராமதேவதைகள் GRĀMADĒVATAS.

Die Schutzgötter der Dörfer und Häuser.

Eingang. Ausser den Mummūrtis, die im vorigen Theil mit ihren Weibern, Kindern und Bedienten beschrieben worden sind, haben diese Heiden noch eine andre Art Götter und Göttinnen, die sie கிராமதேவதை *Grāmadēvatas* nennen, denen sie göttliche Ehre erweisen und Pagoden bauen, auch Festtage halten. Das Wort கிராமம் Grāmam heisst ein Stück Land, ein Flecken, Dorf oder Stadt. Und das Wort தேவதை Dēvatas heisst Götter oder vielmehr Göttinnen (? vielmehr zunächst abstract Gottheit, und dann sowohl Gott als Göttin, letzteres allerdings vorwiegend im Tamulischen). Sie werden aber um deswillen Grāmadēvatas genannt, weil sie in den Landschaften, Feldern, Dörfern, Flecken und Städten Hut halten sollen, dass die Teufel den Menschen keinen Schaden zufügen. Auch sollen sie alle Landstrafen und allerlei Plagen, als theure Zeit, Pestilenz, Krieg, Feuer und Wassersnoth abwenden, so dass sie Schutzgötter vor Bösem können genannt werden, wie denn diese Heiden sie bloss um deswillen anbeten und verehren, dass sie ihnen kein Böses widerfahren lassen mögen. Die Namen der eigentlichen Grāmadēvatas sind: 1, Ayenār, welcher unter ihnen die einzige Mannsperson ist und zwei Weiber hat Pūranai und Podkalai. 2, Ellammen. 3, Māriammen. 4, Ankālammen. 5, Bhadra-Kali. 6, Pūdāri. 7, Chāmunda. 8, Durga, welches alles Weibspersonen sind. In Ankālammens Pagode steht zugleich Vīra-Bhadra und Periyatambirān, und in Bhadra-Kāli's der Aghōra, welche drei aber eigentlich nicht unter die Grāmadēvatas zu rechnen sind. Ayenār ist von Siva in Vischnu's Hand geboren worden. Die Weibspersonen, Nava-Saktis genannt, kommen von der Saktilinie her s. oben I, 4. Von diesen allen geben die Heiden vor, dass sie wegen ihres Hochmuths durch einen Fluch aus der Seligkeit und anfänglichen Herrlichkeit in die Welt verstossen worden, wie es in einem Briefe darüber heisst: „Die Grāmadēvatas sind ehemals um Gott die vornehmsten gewesen und haben grosse Herrlichkeit genossen, nachmals aber sind sie stolz und hochmüthig geworden, und darum, als Gott dies gesehen, durch einen Fluch in diese Welt verstossen. Der Fluch, den Gott auf sie gelegt, besteht darin, dass sie auf der Welt allenthalben herum schweben und bis ans Ende der Welt die Menschen vor den Teufeln behüten müssen, als unter welchen sie die Oberherrschaft haben. Weil sie nun in der Welt von Gott zu einer solchen Bestallung gesetzt sind, die Menschen vor Bösem zu bewahren, so pflegen ihnen die Menschen auf Befehl Gottes jährlich ein Fest zu halten, und zwar jeder Person besonders. Am Ende der Welt werden sie von ihrem Fluche befreit und wiederum zu ihrer ersten Herrlichkeit erhoben." Hieraus kann man sich einen genugsamen Begriff machen, was diese Grâmadêvatas sind, und warum sie verehrt werden. Sie kommen aber an Achtung den Mummûrtis gar nicht gleich und werden mit ganz andern Opfern verehrt als jene. Denn zum Zeichen, dass sie ihre Herrschaft und ihren Umgang unter den Teufeln haben, opfern sie ihnen lauter solche Thiere, die sonst für unrein gehalten werden als Schweine, Böcke, Hähne u. dgl., um welcher Opfer willen keiner aus dem Brahmanengeschlecht in den Pagoden solcher Götter als Priester dient, weil sie niemals etwas tödten, was Leben hat. Die den Mummûrtis gebrachten Opfer bestehen aus lauter Feld- und Gartenfrüchten und aus den Producten zahmer Thiere, wie Milch, Butter, Honig. Wenn wir bei solchen Schutzgöttinnen zugleich diejenigen betrachten, vor welchen sie die Menschen schützen als Pêgöl, Bhûtas, Râkschasas, Asuras, lauter Teufel und böse Riesen, so können wir diesen dritten Theil in sechs Kapitel fassen, die also auf einander folgen:

1. Kap. அய்யர் Ayenâr mit புராணி Pûranai und புட்கலை Pudkalai.

2. Kap. எல்லம்மை Ellammen und மாரியம்மை Mâriammen.

3. Kap. அங்காளம்மை Ankâlammen, வீரபத்திரன் Vîra-Bhadra und பெரியதம்பிரான் Periya-Tambirân.

4. Kap. பத்திரகாளி Bhadra Kâli und அகோரம் Aghôra.

5. Kap. பூதரி Pûdâri, சாமுண்டி Châmunda und திர்க்கை Durga.

6. Kap. Von den Teufeln und Riesen: பேய்கோள் Pêygöl, பூதம் Bhûtas, இராக்கதி Râkschasas und அசுரி Asuras.

ERSTES KAPITEL.

Ayenār mit seinen Weiber: Pūranai und Pudkalai.

ஐயனார் (der erlauchte Herr) *Ayenūr* ist der vornehmste der Grāmadēvatas, er wird für einen Sohn Isvara's gehalten, hat aber einen gar unreinen Ursprung. Hiervon schreibt ein Heide in einem Briefe an uns: „Es war vor Alters ein Riese, der grosse Busse that und von Isvara die Gabe erbat, dass er alles mit Feuer verbrennen möchte, was er mit seiner Hand anrühre. Diese Gabe gab ihm Isvara in Ansehung seiner strengen Busse. Sobald als er solche Gabe erlangt, wollte er sie erst an Isvara selbst probiren und suchte ihn anzurühren. Hierüber musste Isvara vor ihm flüchtig werden, versteckte sich in einen Teich und verbarg sich in eine Blume.* Hierauf suchte Vischnu diesen Riesen zu tödten und nahm die Gestalt einer schönen Jungfrau an, in welcher er sich diesem Riesen nahte. Der Riese wurde gleich durch Anschauung solcher Jungfrau entzündet und wollte sie nöthigen, mit ihm Unzucht zu treiben. Die Jungfrau sprach: ich bin eine aus der Götterwelt, und du bist von Geschlecht ein Riese, daher will es sich nicht schicken, dass wir mit einander buhlen. Jedoch wenn du dich vorher in dem Wasser reinigen und mit der Hand deinen Kopf wohl mit Oel reiben und waschen wirst, so will ich darein willigen. Als nun der Riese aus Liebe zu der Jungfrau solches that und mit seiner Hand den Kopf mit Oel reiben wollte, so verbrannte er mit Feuer, denn alles, was er mit der Hand anrührte, das verbrannte. Als nun Vischnu so diesen Riesen ums Leben gebracht hatte, kam Isvara aus der Blume des Teiches wieder hervor und fragte Vischnu, wie er den Riesen umgebracht habe. Vischnu erzählte ihm, wie er eine Frauensgestalt angenommen und ihn dadurch ums Leben gebracht. Isvara begehrte, dass er sich doch auch vor ihm in solcher Gestalt präsentiren sollte, worauf Vischnu sich alsbald wieder in dieselbe Frauensgestalt verwandelte.

---

* Im südlichen Maisur erzählt man sich nun einen hier eintretenden Zwischenfall. Als der Riese, Namens Vrika, so Isvara aus dem Gesicht verloren hatte, erkundigte er sich bei einem am Wege arbeitenden Ackersmann, welcher, um es mit keiner Partei zu verderben, laut rief, er wisse nichts von Isvara, während er mit dem Finger auf das Versteck hinwies. Isvara wollte ihn dafür mit Verlust des Fingers bestrafen, aber auf Fürbitten der dazukommenden Frau, der Familie doch nicht ihren Ernährer zu rauben, nahm er zwei ihrer Finger dafür an und verordnete, dass alle Frauen der Familie ihm künftig zwei Finger darbringen sollten. Gegenwärtig sind dort etwa 2000 Haushaltungen, wo die Mutter bei Verlobung der ältesten Tochter zwei Finger auf den Block legt und vom Dorfschmied abhauen lässt (Wilks Mysore L 442, 443 s. Dubois Manners and Customs of India Madr. edit. p. 408 ff.).

Isvara wird hierüber in Liebesbrunst entzündet und — — alsbald wird Ayenâr geboren. Auch wird er ⁓⁓⁓⁓ Hari-Haraputra genannt, weil sowohl Isvara als Vischnu ihn als Sohn anerkannte. Sobald er auf solche Weise geboren, bekommt er zum Amt, dass er in dieser Welt ein Hüter der Teufel und ein König über alle bösen Geister sei, vor welchen er die Menschen in der Welt behütet, dass sie sich nicht zu ihnen nahen oder etwas Böses anthun können."

Andere unter diesen Heiden schämen sich, solche unflätige Handlungen von ihren Göttern zu erzählen und beschreiben Ayenârs Ursprung mit ganz andern Umständen, wie denn einer uns folgendes von ihm schreibt: „Ayenâr hat den Namen, dass er ein von Gott erschaffener Sohn sei, welchen Gott zu seinem Dienst erschaffen hat. Als er nun nahe um Gott seinen Dienst verrichtete und all die Wunder mit Augen ansah, die Gott that, so gedachte er in seinem Herzen; sollte ich nicht ebenso wohl wie Gott solche Welten und Menschen schaffen können? und solches gedachten auch einige andre, die nahe um Siva und Sakti waren. Diese Gedanken wurden Gott offenbar, der da im Zorn zu ihnen sprach: wie könnt ihr wohl solche hochmüthige Gedanken in euch hegen? hierauf verfluchte er sie und sprach: geht von mir auf die Welt und bleibet dort. Sie antworteten: o Gott! du giebst den Fluch, dass wir in die Welt gehen und daselbst bleiben sollen; wann soll denn die Zeit unserer Erlösung kommen? Gott sprach: zur Zeit, wann die Welt vergehen wird, soll eure Erlösung kommen, bis dahin sollt ihr in der Welt Grâmedêvatas und Könige über die Teufel sein, welche ihr unter euch zwingen und abhalten sollt, dass sie sich nicht zu den Menschen nahen, noch ihnen etwas Uebles thun. Die Menschen sollen euch für diesen Dienst allerlei Opfer bringen und euch jährlich ein Fest feiern. Hiermit sollt ihr euch begnügen. Auf solche Weise ist Ayenâr entsprungen und in dieser Welt zu einem Schutzgott geworden."

Dieser Ayenâr wird sitzend abgebildet in rechter Menschengestalt mit ganz rother Haut. Auf dem Haupt hat er eine Krone. Die Haarlocken, darinnen er Perlen hängen hat, stehen ihm Zopfweise in die Höhe. Auf der Stirn hat er drei weisse Striche mit zwei Tippchen von der obengedachten Kubmistasche. An Ohren und Hals ist er mit Perlen behangen, auf der Brust hat er ein Ritterband von Perlen nebst anderm Zierrath. Um den Leib, an Armen, Händen und Füssen ist er gleichfalls mit allerhand Schmuck behangen. In der rechten Hand hält er sein königliches Scepter, mit welchem er als ein König die Teufel beherrscht. Um den Unterleib und um das linke Bein hat er einen Gurt ⁓⁓⁓⁓ Bâbupaddai, welchen Gurt auch die Propheten und viele andre unter diesen Heiden beim Sitzen zu gebrauchen pflegen. Ueber den Schultern hat er zusammengebundene Blumen herunterhängen. Der Oberleib ist bloss, um den Unterleib hat er ein buntes Kleid.

Es werdem diesem Ayenār zwei Weiber zugeschrieben: புரணை Pura-
nai* und புட்கலை Pudkalai. Beide werden in rechter Weibsgestalt
abgebildet mit gelber Leibesfarbe, haben auf dem Haupte Kronen, in
einer Hand halten sie eine Blume und die andre lassen sie herunterhängen, sonst haben sie den gewöhnlichen Schmuck. Pūranai hat auf der
Stirn das schwarze Zeichen Kastūri, und Pudkalai ist mit der Kuhmistasche Tirunūru bezeichnet. Eine jede hat ein Bein untergeschlagen,
und so sitzen sie neben ihrem Mann Ayenār, eine zur Rechten und die
andre zur Linken. Ueber diese zwei Weiber wird uns geschrieben:
„Pūranai und Pudkalai sind ihrem Ursprung nach aus der Saktilinie.
Einige unter uns sagen auch, dass als Ayenār in Vischnu's Hand geboren
und zum Schutzgott in dieser Welt verordnet war, so habe Brahma die
Pūranai und Pudkalai erschaffen und ihm zu Weibern gegeben. Das
Amt dieser zwei Weiber besteht darin, dass sie die Städte, Dörfer,
Flecken und Landschaften behüten, damit sie nicht verwüstet werden,
noch irgend ein Schade darin entstehen möchte. Wie sie nun mit
Ayenār gleiches Amt haben, so bekommen sie auch gleiche Verehrung
mit ihm."

Dem Ayenār werden allenthalben unter diesen Heiden Pagoden aufgebaut, so dass wenig Dörfer gefunden werden, da ihm nicht eine eigene
Pagode erbaut ist. Solche Pagoden werden nicht eben gross gebaut
und stehen gewöhnlich gegen Abend an einem von den Häusern etwas
abgesonderten Orte, der allenthalben mit Bäumen umgeben ist, gleichsam
wie in einem Haine. An der Thür solcher Pagode stehen zwei Wächter
முனாடியார் (erste Diener) Munnadiyār, die Kronen auf ihren Häuptern
und dicke Stöcke in ihren Händen haben, sie haben eine furchtbare Gestalt
wie Teufel, Löwenzähne sind in ihrem Munde. Im ersten Gewölbe
der Pagode stehen an den Seiten kleine steinerne Figuren als die எழு
மாதர் Saptamātās, sieben Frauen aus der Saktilinie, die jetzt mit
unter dem Fluch stehen, sie heissen: 1, நீலாத்தி (asu Hand, கை
Heldin, böse Gottheit; die dreibändige Dämonin) Trikarāsūri. 2,
முயகராசூரி (?) Muyakarāsūri. 3, இரத்தசாமுண்டி (Blut-Chāmunda)
Rakta-Chāmunda. 4, காட்டேரி (die in der Wildnis sich aufhält) Kād-
dēri. 5, பகவதி (Göttin) Bhagavati. 6, பாலசக்தி (die junge Sakti)
Bāla-Sakti. 7, புவனசக்தி (புவனம் Welt, Wasser) Bhuvana-Sakti.
Diese bekommen gleichfalls mit Ayenār Opfer und Verehrung. Auch
stehen inwendig an beiden Seiten der Thür zwei Figuren von Vighnēsvara,† denen auch geopfert wird. In dem andern und innersten Ge-

---

* Dass Pūranai und Pudkalai die rechten Namen sind, ergiebt sich nachher auch
deutlich aus Ayenār's Namenliste. Im Text wird Pūranai constant mit einem
blossen Beinamen genannt, der am häufigsten எனும் Sāthagi geschrieben wird, was
auch einen guten Sinn giebt, da nach Benchi சாதம் Sāthagam eine Schaar Bhūtas
bedeutet, also Sāthagi: Herrin der Bhūtas.

† Vighnēsvara, Subhramanya, Hanumān und Ayenār werden mit gemeinschaft-
lichem Namen als diejenigen Götter zusammengefasst, welche je nach dem Begehren
des Verehrenden gut oder böse sind, d. h. Gutes oder Böses geben, während man
die höhern Gottheiten nicht mit bösen Ansinnen beschweren soll. Subhramanya

wölbe sitzt Ayenär auf vorgemeldete Weise mit seinen zwei Weibern aus Steinen gebauen. Und um ihn herum stehen in einem Gange 7 Jungfrauen, die aber keine Opfer bekommen. Vor der Thür zu der Pagode steht ein steinerner Altar, darauf geopfert wird. Zur Seite der Pagode ist gewöhnlich ein Gewölbe gebaut, worin grosse Figuren als Pferde, Elephanten, Vögel und Bhûtas stehen, auf denen an Festtagen Ayenär mit seinen Weibern herumgetragen wird, welche aus Holz geschnitzt und mit allerlei Farben bemalt sind. Vor solchen Pagoden sieht man auf beiden Seiten sehr viele Figuren aus Thon gemacht, welche unter freiem Himmel auf der Erde stehen, unter selbigen sind die 70 உஷ்ணவாசி (உஷ்ணவ் Lager, Armee) Pollgurs, Ayenärs Generale.

Die andern Figuren lassen die Einwohner jedes Ortes machen, denn wenn Jemand krank wird, so verspricht er dem Ayenär, dass er ihm diese oder jene Figur machen lassen wolle, wenn er solch Uebel von ihm nähme. Sobald dann die Krankheit von ihm gewichen, lässt er bei dem Töpfer eine solche Figur aus Thon machen und bringt sie seinem Versprechen nach vor Ayenärs Pagode nebst einigen Opfergaben, die der Priester bekommt. Solche Figuren sind mancherlei, theils männlicher theils weiblicher Gestalt, auch sind viele Pferde, Böcke und andere Thiere mit darunter.

Ayenär wird täglich 2—3 mal mit Opfern verehrt. Die Opfer bestehen aus Trank- Speis- und Rauchopfern und werden mit besondern Gebetsformeln und Ceremonien verrichtet. Solches geschieht im innersten Theil der Pagode und wird gewöhnlich noch von einem Brahmanen verrichtet. Ausser diesem Opfer bekommt Ayenär auch solche, die aus starkem Getränk, aus Schweinen, Böcken, Hähnen und andern Thieren bestehen, welche alle ausserhalb seiner Pagode bei dem gedachtem Altar geköpft werden. Mit solchem Opfer haben die Brahmanen nichts zu schaffen, sondern es ist allezeit ein வேட்டாடி Pandâram (Sudra), der solches verrichten und in Empfang nehmen muss. Auch alle übrigen Opfer, die dann und wann an gekochtem Reiss und andern Ess- und Trinkwaaren herzugebracht werden, nimmt dieser Pandâram zu sich.

Jährlich wird dem Ayenär von den Einwohnern jedes Ortes ein Fest gehalten, welches ஐயனார்திருநாள் Ayenär-Tirunâl heisst. Solches wird gewöhnlich nach der ersten oder andern Ernte gefeiert. Ein jeder Ort ersieht hierzu seine bequemste Zeit. Es darf aber solches Fest kein Jahr überschlagen werden, es währt an einigen Orten sieben, an andern neun Tage. An solchen Tagen werden die Figuren Ayenärs und seiner zwei Weiber Morgens einmal und Abends einmal auf unterschied-

ist von allen Brahmanischen Göttern dei den Verehrern der Grâmadêvatas und der Teufel, besonders bei den Schanars oder Palmyrabauern, der populärste. In der Verehrung Subhramanya's, des zweiten Sohnes Siva's, der im peninsularen Indien von frühen Zeiten an populär gewesen, sympathisiren die Schanars mit den hohern Kasten, und besuchen das grosse Fest ihm zu Ehren in Trichendur (Caldw. Tinn. Shen. p. 12).

lieben Thieren wohl ausgeschmückt in den Strassen herumgetragen. Am neunten Tage werden sie Abends auf einer Carete herumgeführt. An diesem Fest sind alle Einwohner jedes Orts verbunden, ein Opfer zu bringen, es sei entweder gekochter Reiss oder andre Ess- und Trinkwaaren, oder auch Böcke, Schweine und Hähne. Ein jedweder bringt das Seinige vor die Pagode und thut hierin nach seinem Vermögen. Ayenâr wird alsdann mit seinen Weibern gelobt und gepriesen, dass er das ganze Jahr über an selbigem Orte gute Hut gehalten und sie vor Bösem behütet hat, und wird angerufen, dass er inskünftige gleichfalls alle Teufel sammt allem Bösen abhalten wolle. Geschiehts dann an einem Orte eine Krankheit grassirt oder sonst eine grosse Strafe vorhanden ist, so bringen die Einwohner diesem Ayenâr häuflg Opfer und bitten, dass er die Teufel, die solches alles verursachten, von ihren Gränzen vertreiben wolle.

Von diesem Ayenâr sind keine besondern Bücher unter diesen Heiden vorhanden, wie denn von den Grâmadêvatas überhaupt keine eigenen Bücher geschrieben sind. Man findet aber in den Büchern der im andern Theil gedachten Götter allerlei Historien, Lieder, Lobsprüche und Gebetsformeln von ihm. Und darum weil diese und jene Historie mit dem Ayenâr vorgegangen ist, hat er unterschiedliche Namen bekommen, damit er von den Poeten benannt wird als: 1, பூஞ்சவை (பூஞ்சு heilige Krone, சவை Krieger) Tirumudi-sêvaka. 2, நல்ல சவை (der gute Kämpfer) Nallasêvaka. 3, புறசை (புறு Seite; der immer zur Seite &c. zum Schutze ist) Purattavēn. 4, பூங்கவர்ணை (der schönseefarbige) Pūnkadelvarna. 5, சத்தை Sattēn." 6, புரணகொல்வை (Gatte von Pūranai) Pūranai-kōlvēn. 7, புடகலை மணலை (Gatte von Padkalai) Pudkalai-manālēn. 8, யோகி Yōgi. 9, ஒருமஸித்தை Orumsittēn. 10, சண்டாயுதை (சண்ட eine Waffe) Sendāyudha. 11, ஆரியை (Name von Priestern und Vorgesetzten) der Arier. 12, அறப்பாசிப்புசை (அறு Tugend, ஸ bewahren, beschützen) Arattaikkāppōn. 13, ஒண்பேரவை (der auf weissem Elephanten reitende) Vōllaiyānai-ūrti. 14, ஆரிவா Hari-Hara. 15, குமரை Kumara. 16, ஆயை (Herr) Ayen. 17, ஆரிவபுத்திரை Hari-Haraputra. 18, பரசுராமை Parasurāma etc.

In den bei uns eingelaufenen Briefen wird noch folgendes von Ayenâr berichtet: „Wenn die Teufel wider Ayenârs Willen den Menschen einigen Schaden zufügen, so straft und peinigt er sie. Seine Wohnung ist in der Welt, er ist gegenwärtig an allen den Orten, wo Menschen und Teufel zu finden sind. Wir opfern ihm deshalb in und ausser seinen Pagoden, dass nicht etwa die Teufel sich zu uns nahen möchten

---

* Die alten Missionare haben sich offenbar durch diesen Gleichklang bestimmen lassen, das Wort Satan für Teufel unverändert beizubehalten, aber Satten ist auch ein Beiname des höchsten Jainagottes und Pārvati's. Es ist wahrscheinlich ein rein tamulisches Wort von sicherlich nicht schlechter Bedeutung, denn in der Grammatik wird es bei Angabe von Beispielen statt eines bestimmten Namens gebraucht wie unser A und B, in zweiter Stelle folgt dann கொப்பை Kodden.

und uns besitzen. Damit er nun alle Arten Teufel von uns abhalte und vor ihrer Macht uns beschütze, auch alles Böse abwende, bringen wir ihm allerlei Opfer und Verehrung als Böcke, Schweine, Hähne, Wein, gekochten Reiss und dergleichen Ess- und Trinkwaaren mehr. Nur aus diesem Grunde pflegen wir ihm Opfer zu bringen. Diejenigen, die ihn also verehren, haben den Nutzen, dass die Teufel sich nicht zu ihnen nahen, noch ihnen etwas Böses zufügen können. Ausserdem haben wir Menschen keinen Nutzen von Ayenâr, denn er kann uns weder etwas Gutes, noch die Seligkeit geben. Wir beten ihn auch nur deshalb an, dass er uns vor dem Bösen behüten und alle Teufel von uns abhalten wolle.

Wir haben nun dem Gebiet des Brahmanenthums, dem gelegentlich miterwähnten Antibrahmanenthum der Buddhisten und Jainas sowie dem wenigsten berührten unbrahmanischen Saktidienst den Rücken gekehrt und sind in das Halbbrahmanenthum, unauflöslich verschlungen mit dem nicht brahmanischen Teufelsdienst, eingeführt, um mit Dr. Graul Ind. Reise IV, 125 zu reden und so kurz die fünf religiösen Hauptrichtungen Indiens zu bezeichnen. Als die Brahmanen nach Süden vordrangen, fanden sie dort den Teufelsdienst, in dem noch jetzt die niedern Klassen gefangen sind, als Urreligion vor, und als ihre Götter sich nicht mächtig genug erwiesen den Teufelsdienst zu überwinden, wurde eine Art Union eingegangen, wie ja auch die Ceylonischen Buddhisten sich zu Concessionen haben verstehen müssen. „Der Sivadienst, wie er sich auf der einen Seite anlehnt an die ursprünglich immerhin rein natürlich gefasste Nachtseite der sonst so sonnenlichten, aber doch auch von finstern Naturmächten wissenden Vedas, musste er andrerseits in ebendemselben Masse, wie die ursprünglich natürliche Auffassung auf das sittliche Gebiet hinüberschlug, im Laufe der Zeit von dem vorgefundenen Dämonenthum der Urbevölkerung beeinflusst werden, und umgekehrt darauf Einfluss üben. Der Gott des Todes und der Zerstörung brahmanischer Seits, und die gehässigen, nur Unheil und Verderben sinnenden Dämonen auf Seiten der nichtbrahmanischen Hindus stimmten zu wohl mit einander, als dass sie nicht in ein näheres Verhältniss zu einander hätten, treten sollen. Dieses Verhältniss wurde aber wie es scheint, zuerst hauptsächlich durch die Sakti d. i. die weibliche Hälfte des Gottes vermittelt, und das um so natürlicher, als sie die göttliche Energie oder schöpferische Wirksamkeit sinnbildlich darstellt, nach Hinduanschauung aber alle und jede Thätigkeit der in unveränderlicher Ruhe seligen Gottheit unwürdig erscheint. In diese Göttin denn, hauptsächlich unter der Form und unter dem Namen der Ammen (Mutter—Pârvati) scheint eine ganze Masse von Ortsdämonen aufgegangen zu sein. Für eine nähere Verbindung des Ammen- und Dämonendienstes spricht schon der Umstand, dass in den Tempeln der Ammen ein ähnlicher Spuk getrieben wird

wie beim Teufelsdienste selbst—Teufelstanz mit Besessenenorakel und
allem, was dahin gehört: Trommelwirbel, Augenverdrehen u. s. w. —;
so wie auch die Schmach, die auf den Brahmlnen fällt, der sich etwa mit
dem Ammendienst befasst. Es ist jedoch der Ammendienst nicht der einzige Anknüpfungspunkt zwischen Brahmanismus und Dämonenthum.
Man hat hier noch einen dritten Sohn des Siva erfunden, den Ayenâr (in
Tinnevelli Schâstâ), den erleuchten Herrn, und ihn dem Heer der blutdürstigen nächtlichen Unholde an die Spitze gestellt. Hier ist der eigentliche
Knotenpunkt der brahmanisch-dämonischen Union. Denn während in
den Tempeln der Ammen blos Sudras dienen (zuweilen Marula-makköl
Kinder der geistigen Verwirrung betitelt), finden wir in einigen Heiligthümern des Ayenâr Sudra, in andern aber Brahminenpriester, je nachdem das Gebäude (in erster Einweihung und Ueberlieferung, von der
nachher nicht abgegangen werden darf) der düstern oder der lichten
Form (Ugra oder Santa-mûrti; auch soll die lichte Form Ayenâr appan,
die düstere Ayenâr Perumâl genannt werden) gewidmet ist. Ausserdem
aber giebt es noch ein ganzes Heer meist sivaitischer Unholde und
Unholdinnen. Das sind denn die eigentlichen Volksgottheiten, und so
dient die Masse des Volks mehr den finstern als den lichten Göttern,
und die meist elenden Tempelchen auf den Dörfern mitten im Lande
legen fast alle Zeugniss ab von dem durch den Brahmanismus nur halb
überwundenen Dämonenwesen der Urbevölkerung."

Die Vischnuiten sollen die Historie von Ayenârs schmutziger Entstehung als Spott der Sivaiten betrachten, als ob die Entstehung der
heiligen Salagramsteine etwa anständiger wäre, und als ob der Spott
nicht im selben Grade auf Siva zurückfiele. Es scheint vielmehr, als
hätten sich beide Secten ihrer Unionen mit dem Teufelsdienst geschämt
und sich gleichsam damit entschuldigen wollen, dass sie nur die unterste
Hefe ihres Systems den Urbewohnern Preis gegeben, im Uebrigen
können beide Theile sich auf diesem Punkte wohl mit den Worten eines
grossen Dichters an gewisse Freunde anreden: „Kaum habt ihr mich je
verstanden, selten auch verstand ich euch, doch wenn wir im Dreck
uns fanden, so verstanden wir uns gleich." Gewöhnlich, wie auch
die obige Namenliste Ayenârs zeigt, wird der nordische Hari-Hara
d. i. Vischnu-Siva mit Ayenâr identificirt, aber diese Verbindung
präsentirt viel mehr eine Union zwischen Vischnuismus und Sivaismus,
denn zwischen Sivaismus und Teufelsdienst, und nur der schmutzigste
Ausläufer dieses Sagenkreises wurde geeignet gefunden, auf die doch
wohl ältere Gestalt Ayenârs übertragen zu werden. Die Dynastie von
Bisnagar oder Vijayanagara zeichnet sich in der Religionsgeschichte
dadurch aus, dass sie ungewöhnliche Namen und neue Combinationen
von Göttern aufbrachte. Diese Fürsten zuerst erbauten dem Trimurti
einen Tempel, in ihrem Lande erhielt Vischnu die Namen Vetâla und
und Venkadapati, und Siva wird genannt als Pampâpati, Virûpâksha
und Kâlabastisitri. Dort treffen wir auch um 1370 einen König Haribara, sammt seinem Vater ein besonderer Verehrer Siva's unter den Namen

Virūpākscha und Sambbu. Lassen (Ind. Alt. IV, 171) bemerkt zu dem Namen dieses Königs: „Eine Mischgestalt ist Harihara, welche Gottheit ihrer Benennung zu Folge eine Verbindung Vischnu's und Siva's sein muss. Da dieser Gott besonders in einer Gestalt hervorgehoben wird, unterliegt es keinem Zweifel, dass diese ungewöhnliche Verschmelzung der Kräfte der zwei grossen Volksgötter damals in Karnāta Eingang gefunden hatte. Diesen Synkretismus beider Kulte bestätigt der Umstand, dass in derselben Inschrift zugleich Hara und Vischnu in seiner Verkörperung als Eber um Schutz angefleht werden. Diesem toleranten Grundsatze blieben die spätern Vertreter dieser Dynastie getreu. Krischnaraja's Inschriften werden mit Gebeten an Krischna und Harihara und an Sambbu eröffnet." Ebenso lassen Wards Nachrichten aus Bengalen (Hindu Rel. Madr. edit. p. 149) Harihara nur Union zwischen Vischnuismus und Sivaismus bedeuten: „In Harihara erscheinen Vischnu und Siva in Einem Körper, der erste schwarz, der letzte weiss. Das Bild hat vier Arme und zwei Füsse. Die Verehrung findet statt, wo immer einem es beliebt. Steinbildnisse werden an einigen Stellen beständig aufbewahrt, andre werde aus Erde gemacht, verehrt und ins Wasser geworfen. Die Sagen über den Ursprung sind: „Lakschmi und Durga sassen einst zusammen in Siva's Gegenwart, als Lakschmi behauptete, ihr Gatte wäre grösser denn Siva, was Durga bestimmt verneinte. Während des Gesprächs trat Vischnu ein und, um Lakschmi zu überzeugen, dass beide gleich wären, ging er alsbald in Siva's Körper ein und beide wurden eins. Eine andre Version: Als einmal Vischnu und Siva sich mit einander unterhielten, forderte Siva Vischnu auf, die schöne Frauengestalt wieder anzuziehen, die er einst beim Quirlen der See gehabt, worein er auch willigte; worauf Siva überwältigt von Begier die fliehende Schönheit verfolgte, bis sie vor Müdigkeit sich hinter einem Baum verbarg und Vischnu's Form wiederannahm. Siva jedoch umarmte Vischnu mit solchem Ungestüm, dass Beider Körper eins wurden." In diesem ganzen Berichte passt auch nicht Ein Zug auf Ayenar, nur dass etwa die letzte Ursprongssage in weiterer Entwicklung für ihn schmutzig genug befunden wurde. Wir behaupten demnach, dass die Erzählung von Ayenārs Ursprung ein später Zusatz ist, der mehr irre führt als aufklärt, und deshalb in künftigen mythologischen Darstellungen nicht blos wie oben nothwendigst gekürzt, sondern ohne sachliche Nachtheile gänzlich übergangen werden könnte. Sachlich wichtiger ist uns daher folgende Nachricht aus dem Mahrattenlande: „Der Gott, der im Sanskrit Mallāri heisst, hat diesen Namen nach dem von ihm erschlagenen Daitya Malla empfangen; in den Volksprachen heisst er Kaulb Khāndirāo und weniger richtig Khandrao. Khāndā bezeichnet in der Mārathī-Sprache eine besondere Art von Schwert, mit dem dieser Gott bewaffnet dargestellt wurde; sein Name bedeutet somit König des Schwerts. Dieser Gott ist der Vertilger der Schaaren der bösen Geister und erfreut sich noch einer weitverbreiteten Verehrung, sein berühmtester Tempel besteht noch in Jejuri, 6 geogr. Meilen südöstl. von Puna (Lass. Ind. Alt. IV, 265)." Dieser mahrattische Gott entspricht dem südlich vom Palár als Ayenár bekannten Gotte viel mehr als der bengalische Harihara, und wir muthmassen nach dieser Zusammenstellung, dass der Herr über die bösen Geister nicht eine brahmanische Schöpfung und Zuthat, sondern vielmehr ein schon der Urreligion angehöriger Gott war,* nur dass, während das zweideutige Linga† unbedenklich adoptirt und herübergenommen, Ayenár etwas umgestaltet wurde.

* Lassens Zusatz : „Diese Gottheit (Khándiráo) ist zwar neuern Ursprungs, ihr Vorkommen beweist jedoch, dass auch in der spätern Zeit neue Götter bei dem Volk Eingang gefunden haben," spricht auch für diese Annahme, denn erweist die Urreligion in so später Zeit sich noch so einflussreich, wie vielmehr früher. Caldwell obwohl er nicht die Anwendung auf Ayenár macht, plaidirt doch für ihn : „Einige Dämonen, die früher unabhängig waren, mögen gezähmt und in den Dienst niederer Gottheiten genommen sein, oder ein einzelner Teufel mag als ein früherer Gott, degradirt weil er einer höhern Gottheit nicht die schuldige Verehrung gethan, dargestellt werden. Oder die Brahmanen, welche die Peninsula civilisirten und für jede Klasse die Gegenstände und die Weise der Verehrung festsetzten, mögen die Verehrung gewisser localer Gespenster und Dämonen für die niedrige Urbevölkerung passend gefunden und darum sanctionirt haben. Aber alle diese Thatsachen erklären die Entstehung des Dämonendienstes so wenig, dass sie vielmehr denselben als bestehend voraussetzen ; und es giebt viele directe Gründe, den Dämonen einen vom Brahmanismus unabhängigen, ja der Einführung des letztern ins Tamulenland nicht nur, sondern selbst in Indien vorgängigen Ursprung zuzuschreiben (Shan. p. 24)." Ja es wird sich, nachdem man die Einführung aus Aegypten allseitig hat fallen lassen, die Entstehung des ganzen Sivaismus, der offenbar nicht eine reine und natürliche Entwicklung der vedischen Religion ist wie der Vischnuismus, nur aus dem mächtigen Einfluss der Urreligion erklären lassen.

† Die hauptsächlichsten Beweise dafür, dass das Linga ein ursprünglich der Urreligion eigenendes nichtbrahmanisches Emblem ist, sind folgende : 1, Bei der Gründung des südlichen Madura c. 600 v. Ch. wird die Stadt an einer Stelle gegründet, wo ein dem *Mulalinga* oder Chokanáyaka und seiner Gattin Minákachi-Ammen gewidmeter alter Tempel gestanden. 2, Von Ravana dem Vertreter der südlichen Ureinwohner wird in Uttarakánda-Rámáyanam erwähnt, dass überall wohin er ging, ein goldnes Linga mit ihm getragen wurde, welches er mit Weihrauch und Blumen verehrte. Ferner die Sage, nach welcher Vinayaka in etwas bübischer Weise dem Ravana die übliche Verehrung abzwingt, zeigt ihn uns ein Linga nach Lanka bringend (freilich angeblich von Kailása), der Tempel welchen Linga jetzt Gokarna heissen soll (Saiva Sam. V. V. III Fr. 18ff.). Also Ravana erscheint immer mit dem Linga. 3, Die im nordwestlichen Dekhan verehrte Göttin Mahásabá gilt als Mutter der Götter und wird in der Gestalt eines Linga oder eines Phallus angebetet (Lass. IV. 263). Da nun die Hauptsitze der Lingaverehrung grade die von den frühsten brahmanischen Ansiedlungen entferntesten nordöstlichen und südlichen Theile sind (obgleich in älterer Zeit sicherlich nicht minder Kaschmir und die angrenzenden Theile des Himálaya), so spricht allerdings vieles dafür, dass das nicht in natürlicher Verbindung mit dem vedischen Dienst der Elemente stehende Linga-Symbol von den Urbewohnern entlehnt ist. Auch mehrere Stellen der Vedas können zum Beweise mitgebraucht werden : „Möge der glorreiche Indra triumphiren über feindliche Wesen, lass nicht die, deren Gott das Sisna (membrum virile) ist, sich unsern geheiligten Ceremonien nähern." „Indra unwiderstehlich die, deren Gott das Sisna ist, erschlagend hat die Reichthümer der Stadt mit 100 Thoren erbeutet."

———▶▶◀◀———

ZWEITES KAPITEL.

Ellammen und Māriammen.

Die "⁎⁎⁎⁎⁎⁎"* Ellammen hat ihren Ursprung aus der Saktilinie und wird für eine der 9 Saktis gehalten, die wegen ihres Verbrechens von Gott zur Erde verstossen sind. Einige aber leiten ihren Ursprung anders ab, wie einer uns schreibt: „Ellammen ist eines Brahmanen Tochter, welche von Kindheit an sehr weise und heilig gelebt. In Ansehung ihrer steten Heiligkeit nahm sie ein grosser Prophet zum Weibe. Von ihr ist Parasurāma geboren und mit ihm noch drei andre Brüder. Sie war eine Frau von sehr grosser Keuschheit. Wenn ihr Mann der Prophet opferte, so konnte sie vermöge ihrer Keuschheit das Wasser aus dem Fluss Kāvēri (!) zu solchem Opfer als Kugeln herzuwellen bis an den Ort, wo es von dem Propheten verrichtet wurde, mit solchem Wasser verrichtete er stets alle seine Opfer. Es begab sich einmal, als sie solches Wasser als eine Kugel getrieben brachte, so flogen die Gandharber in der Luft, deren Schatten sie in dem Wasser, das sie getrieben brachte, erkennen konnte. Diesen Schatten beschaute sie sehr genau im Wasser, und als sie sah, wie schön die in der Luft fliegenden Gandharber gestaltet waren, verwunderte sie sich darüber. Ausser diesem beging sie keine andre Sünde. Den folgenden Tag, als der Prophet opfern wollte, ging sie zum Fluss Kavēri und wollte auf vorige Weise Wasser herzutreiben. Allein das Wasser wollte sich nicht mehr also forttreiben lassen. Da sprach der Prophet: was ist dies, dass sich das Wasser nicht mehr will forttreiben lassen? sie sprach: ich weiss von keiner Sünde. Gestern aber als ich zum Opfer das Wasser getrieben brachte, so flogen in der Luft die Gandharber, und den Schatten ihres Fliegens sah ich im Wasser. Und um zu wissen, was solches wäre, sah ich in die Luft und wurde der Gandharber gewahr. Ausser dem weiss ich von keiner Sünde. Der Prophet sprach zu ihr: Deine Keuschheit ist verloren. Wärest du eine rechte keusche Frau, so würdest du dich nicht nach den Gandharbern umsehen und dich von ihrer Schöne in Verwunderung setzen lassen. Hierauf rief er einen seiner Söhne und befahl, dass er seiner Mutter den Kopf abhauen sollte. Der Sohn sprach: sie ist die Mutter, die uns geboren hat, wie könnten wir ihr den Kopf abhauen? Als er solches nicht thun wollte, rief der Vater Parasurāma als den jüngsten Sohn und fragte ihn, ob er solches thun wollte.

---

* Der Name kann in Verbindung gebracht werden entweder mit ⁎⁎ Licht, Glanz oder mit ⁎⁎⁎⁎ Gränze, die welche die Gränzen des Dorfes behütet. Der in einigen christlichen Districten in der Rogatewoche übliche Umgang um die Gränzen der Felder wird auch von vielen Hind usecten mit grosser Aengstlichkeit als religiöser Brauch beobachtet.

Er sagte ja, ich will sie tödten. Sobald als er solches versprochen, schickte der Vater ihn nach ihr aus. Sie aber nahm ihre Zuflucht zu den Pariahs, die sie in Schutz nahmen und nicht ausliefern wollten. Parasuráma tödtete sie alle und auch seine Mutter, nahm ihren Kopf ab und brachte ihn zum Vater. Der Prophet war sehr befriedigt, dass der Sohn die Sache nach seinem Befehl vollzogen hatte und sprach: Sohn, was willst du, dass ich dir thun soll? Parasuráma sprach: Herr, ich will, dass du mir meine Mutter wieder geben wollest. Der Vater sprach: gut, nimm das abgehauene Haupt, setze es wieder auf den Körper und rufe sie her. Er ging hin an den Ort, wo er seine Mutter getödtet hatte, konnte aber daselbst ihren Leib unter den vielen todten Körpern nicht finden. Er setzte demnach das Haupt seiner Mutter auf den Leib einer Pariahfrau, da sie denn wieder lebendig wurde. Als er sie nun zum Vater brachte, sprach der: ei, ist sie nun eine Pariahfrau geworden? und hiess Sohn und Mutter fortgehen. Dieser Parasuráma war Vischnu selbst, wurde nachmals ein gewaltiger König und rottete alle die Könige in der Welt aus, die böse waren. Seine Mutter ward hierauf unter den Menschen zu einer Schutzgöttin verordnet. Und dies ist nun die Ellammen, die in dieser Welt von uns verehrt wird. Auf solche Weise wird ihre Historie unter uns agirt. Sonst aber wird sie auch für eine Sakti gehalten, mit welcher sich diese und andere Begebenheiten sollen zugetragen haben."

Wir haben in dieser Legende einen andern Versuch, Localgottheiten mit brahmanischen Persönlichkeiten zu identificiren, zu diesem Zweck wird Parasuráma mit seiner Mutter Renuká ins Tamulenland an den Kavéri verpflanzt. Im Mahábhárata wird von Renuká, der Tochter des Königs Prasenajit, welche von ihrem Manne Jamadagni 5 Söhne hatte Rumanvat, Suschena, Vasu, Visvávasu und Parasuráma, erzählt, dass sie auf dem Wege zum Flusse um zu baden den Fürsten Mrittikávati mit seiner Königin im Wasser tändeln sehend auf deren Glück neidisch wurde. Befleckt von unwürdigen Gedanken, benetzt aber nicht gereinigt vom Strom, kehrte sie voller Unruhe zur Einsiedelei zurück, wo ihr Mann ihre Aufregung bemerkte, und sehend, dass sie aus dem Stand der Vollkommenheit gefallen, wurde er ausserordentlich aufgeregt und befahl seinen Söhnen, die Mutter zu tödten, alle verweigerten es bis auf Parasuráma, der ihr ohne Zaudern den Kopf abschlug. Sein Vater darüber sehr erfreut, erlaubte ihm eine Bitte zu thun, und so bat er seine Mutter ins Leben zurück, so dass sie auch nachher nichts von ihrer Enthauptung wisse. und es wurde gewährt (Wilh. Vischnupur. p. 400,401). Von einer Pariahfrau ist in dem ganzen Bericht noch gar keine Spur. In Taylors Catalogue aber sind nicht nur Gebetsbücher für die Verehrung Renuka's angegeben, sondern er erzählt auch die Sage von den miterschlagenen Pariahs und Parasuráma's Irrthum beim Aufsetzen des Kopfes, dann wörtlich hinzufügend (Cat. III, 210): „Es wird behauptet, dass auf diese Legende die Pariahs ihre Verehrung verschiedener Localgottheiten gründen, die eben nichts andern seien, als ideale Formen des göttlichen Weibes Jamadagni's, welche die betreffende Incarnation der Gottheit geboren hat."

Es wird Ellammen sitzend abgebildet mit röthlicher Haut und sehr feurigem Angesicht. Auf dem Haupt hat sie eine Krone und über der Krone lauter Schlangen, wie denn diese Heiden vorgeben, dass sich in ihren Pagoden viel Schlangen aufhalten. Diejenigen, die Schlangen sehen, rufen sie allezeit an, dass sie selbige unbeschädigt von ihnen treiben soll. Auf der Stirn hat sie drei weisse Striche von Kuhmistasche, und sonst ist sie geziert wie die übrigen Göttinnen. In den vier Händen hält sie besondere Sachen als in der aufgehobenen Rechten die Trommel Damaru, die mit einer Schlange umwickelt ist, in der andern Hand den Dreizack Sûla, welches ihr Strafgewehr ist, in der aufgehobenen linken Hand ein Bund Stricke Pâsa und in der eingebogenen Hand die Hirnschale von Brahma's abgerissenem Haupte. Von dieser Hirnschale sagen die Heiden, dass sie alles Blut an sich zöge, das auf der Welt an Menschen und lebendigen Thieren vergossen würde, und könnte doch niemals voll werden. Weil nun bei den Opfern der Grâmadêvatas Blut vergossen wird, so haben sie gewöhnlich Brahma's Hirnschale in der Hand. Auf jetzt beschriebene Weise steht die Ellammen, aus Metall gegossen, in ihren Pagoden und wird an Festtagen in solcher Positur herumgetragen. Ihre eigentliche Figur aber, der stets in den Pagoden geopfert wird, ist aus Stein gehauen und zwar so, dass man nur den Kopf oben sieht, der Leib aber in der Erde steht, zum Zeichen, dass ehemals nur ihr Kopf lebendig gemacht und auf den Leib einer andern Frau gesetzt worden ist.

Es hat Ellammen allenthalben ihre Pagoden, die aber an einigen Orten ganz klein sind. Ausser ihrer eignen Figur, die darin verehrt wird, stehen noch folgende darin: 1, ௪௫௺ஃ஺ ௺஺௳ Jamadagni Mârischi, ihr Mann, der sie hat tödten lassen. 2, ௪௳௺௫௺௪ (௳௺௪ wilder Ochse oder Tiger) Pötturâja ihr Herold. 3, ௺௺௸௺௫௺௳ (௺௺ ௺௳ Sansc. Wort, ௺௺௳ Tel. Wort—im nördlichen Tinnevelli sind viele Telugus — für Kämpfer, Ringer) Mallajetti, ein Held, den sie im Streite gebraucht. 4, Parasurâma, ihr Sohn, der Vischnu selbst gewesen. 5, ௺௳௺௺௺௫௺௳௺ (௺௺ Leben, ௺௺௳௺ Angel) Uyirüödilkärer, die derjenigen Leben, welche plötzlich eines gewaltsamen Todes sterben, mit einem Hamen auffangen und zu Ellammens Gesellschaft bringen, die ja selbst also gestorben, um dann die gleiche Bestallung zu bekommen. 6, Vighnêsvara der Sohn Isvara's mit dem Elephanten-Schnabel (sic !). 7, ௺௺௺௺௳ Bhadra-Kâli, von welcher unten mit mehrerm soll geredet werden. 8, ௺௺௺௺௳ (vulgäre Form für ௺௺௺௳ Madangi, wohl von der Wurzel *mada* erheitern, trunken machen) Mâttangi, welches die Pariahfrau ist, auf deren Leib der Ellammen Kopf gesetzt worden. Ausser diesen Figuren stehen gewöhnlich in ihren Pagoden auch grosse Schlangen-Figuren, vor welchen gleichfalls ein Salam (aus dem Arabischen: Friede, der gewöhnliche Gruss, und daher Gruss selbst) gemacht wird. Der Priester an ihrer Pagode ist ein Pandáram.*

Ihre Verehrung ist die folgende: Der Priester opfert ihr zum wenigsten alle Freitage einmal, welches Opfer mit gewissen Gebetsformeln verrichtet wird. Wenn Jemand wegen giftiger Schlangen in Gefahr steht, so ruft er sie um Hülfe an. Wenn die Fischer keine Fische fangen können oder kommen etwa auf der See in Gefahr, so thun sie ihr mancherlei Gelübde. Fangen sie grosse Fische, so opfern sie ihr etwas davon und setzen zum Gedächtniss ihrer Hülfe die grössern Gebeine von solchen Fischen vor ihre Pagode. Auch andre, die in Gefahr kommen, thun ihr Gelübde. Jährlich hat sie ein grosses Fest, das acht Tage währt, an welchem sie herumgetragen und herumgeführt wird. Es werden ihr an solchem Feste Schweine, Böcke und Hähne geopfert, denen vor der Thür ihrer Pagode die Köpfe abgehauen werden. Das Blut lassen sie vor sich auslaufen, lassen die Köpfe von solchen getödteten Thieren dem Priester und essen das übrige selbst. Einige kochen auch etwas von den geschlachteten Thieren und legen es auf Blätter vor die Figur Pötturája's und der Uyirtümdilkárer. Von gekochtem Reiss bringen sie eine grosse Quantität herzu, welche theils dem Priester, theils den Arbeitsleuten, welche die Figuren an selbigem Feste herausgetragen und herumgezogen haben, zugehört. An solchem Fest pflegen sie allerlei Gaukelspiel zu treiben. Einige lassen sich wohl gar einen Haken ins Fleisch am Rücken stecken und sich an einer grossen Stange, die über einem Pfahl liegt, als wie beim Ziehbrunnen zu sehen, in die Luft ziehen, welches allerdings dem Leibe Schmerzen und Schaden verursachen muss. Dergleichen Spiel nehmen sie auch am Festtage des Ayenár und der Máriammen vor. Jedoch geschieht es nicht alle Jahr, sondern nur etwa alsdann, wenn sie solcher Göttinnen Hülfe sonderlich von Nöthen zu haben vermeinen (gegenwärtig von der Regierung gänzlich untersagt).

Was ******* (und das Tödten, tödtliche Krankheit, besonders Pocken) *Máriammen* anlangt, so wird ihr Ursprung gleichfalls von *Parásakti* hergeleitet, welche neun Gespielinnen hat, von welchen Máriammen eine ist, die nachmals nebst den andern wegen ihres Hochthums aus der Seligkeit in die Welt verstossen worden.† Sie ist

---

* Ein sivaitischer Mönch. Wilson (Rel. Sects p. 225) meint, das Wort heisse eigentlich Pándurangu, von welchem Ansehn, weil sie sich mit Asche beschmieren, andre identificiren es mit Pindári, religiöser Bettler, aber der eigentliche Pandáram bettelt nicht. Der Bettelordensmann ist sivaitisch Andi, vischnuitisch Dása, daher das Sprüchwort ************* unter den Idayern (den ausnahmslos vischnuitischen Birten) kein Andi, unter dem Kusavern d. i. Töpfern (ausnahmslos Sivaiten) kein Dása.

† Aehnliche Information empfing Pettitt (Tinn. Miss. p. 486) von einem Eingebornen, dessen Profession es war, die rechten Plätze zum Brunnengraben und Hausrbauen anzugeben: „Die Dämonen sind eine grosse Schaar böser Geister, die

eine mit von den vornehmsten Schutzgöttinnen und wird sonderlich für
diejenige Göttin gehalten, von welcher die Pocken, Masern und Blattern herkommen und wieder weggenommen werden. Wenn also Jemand
unter diesen Heiden die Pocken bekommt, welche dreierlei sind, so
sagen sie gleich, dass Mariammen auf ihn erzürnt sei. An einigen
Oertern werden solche Leute, die an Pocken darniederliegen, von allen
andern verlassen, damit nicht der Zorn der Mariammen auch über sie
kommen möchte. An der einen Art Pocken und Masern, die die
schlimmsten sind, sterben ihrer viele. Von diesen sagen sie, dass
Mariammen sie in ihre Gesellschaft nehme, da sie denn unruhig in der
Welt herumschweben müssten. Sie wird sitzend abgebildet und ist
ganz geschmückt wie Ellammen, hält auch in den 4 Händen dieselben
Stücke. Ihre Figur ist gleichfalls aus Metall, aber in den Pagoden eine
unbewegliche aus Stein. Ihre und aller andern Schutzgöttinnen Figur
wird auch, ganz klein aus Steinen oder Holz gehauen, hie und da in den
Häusern gefunden, denn solche Grâmadêvatas werden fast als wie
Hausgötter angesehen.

Es hat diese Mariammen allenthalben ihre eignen Pagoden, die aber
gewöhnlich von den Häusern der Eingebornen etwas abgelegen sind
und gleichsam in Hainen ganz apart stehen. Einige sind gross und
haben auf der Seite ein offenes Gewölbe, wo diejenigen Figuren stehen,
auf welchen sie an Festtagen herumgetragen wird. Auch sind sie
an einigen Oertern mit einer Ringmauer umgeben, vor der Pagode steht
ein steinerner Opferaltar బలిపీఠం Bali-pîṭha. Ausser ihrer Figur
steht Vighnêsvara darin. Ihrer Pagode gegenüber steht eine Kapelle
mit folgenden Figuren : 1, Vîra-Bhadra, von welchem bei der Ankâlammen unten wird zu lesen sein. 2, Mâttângi die vorher bei Ellammen
erwähnt. 3, *పాండారుబత్తుడు* (*పాండారం* Stab der Pandârams und
Waffe niederer Gottheiten) Sukkumâttadikkârer, welches gleichsam
zwei Wächter sind, die inwendig an beiden Seiten der Thür stehen.
4, *అరిగొనడు (? అలా* beschützen, *అగరం dâruṇa* Schrecken ; der
gewöhnliche Name ist Kâttavarâja oder Kâttân, welcher als Kâli's
Pflegesohn bezeichnet wird) Kâttân, einer der vornehmsten Teufel. Es
schreibt einer von ihm Folgendes : „Kâttân ist von eines Brahmanen
Weib in Ehebruch geboren worden, welche das Kind gleich nach der
Geburt fortwarf. Solches fand ein Pariah und zog es auf. Als er gross
wurde, befliss er sich lauter böser Künste. Er wusste die Stunde seines
Todes und die Beschaffenheit desselbigen, nämlich, dass er würde auf

von einem höhern Stande niedergeworfen, weil sie ihre Obern verletzten, ihre
Genugthuung im Quälen der Menschen suchen. Sie wären auf eine Region zwischen Himmel und Erde eingeschränkt, indem sie die Atmosphäre von einem Fuss
über dem Grunde bis zu einer gewissen Höhe bewohnten (der Abstand von der Erde
richtet sich nach dem Range), und dürften sie nie den Grund berühren." Diese
Angabe scheint etwas gewandt zu sein, um den unverkennbaren Anklang an den
biblischen Fall der Engel noch deutlicher zu machen, und ist Ziegenbalgs Beschränkung auf die Schutzgötter vor den bösen Geistern innerlich wahrscheinlicher.

dem Pfahl gespiesst sterben. Er war sonderlich der Unzucht ergeben und schändete alle Weiber der Pariahs an selbigem Ort. Die Männer hielten zusammen, wollten ihn fangen und auf einen Pfahl spiessen, sie konnten ihm aber nicht beikommen. Endlich aber steckte er selbst einen auf, sagte zum Volke, sie würden ihn nicht bekommen, es wäre aber die Stunde seines Todes vorhanden, daher wollte er sich selbst vor ihren Augen spiessen. Als er sich gespiesst, wird er von Märiammen in Dienst genommen, dass er alle diejenigen, die sich erhängen und spiessen werden, in ihre Gesellschaft bringen soll." Vor diesem Kāttān fürchten sie sich mehr als vor Märiammen selbst, daher bekommt er die meisten Böcke und Hähne zum Opfer. Ausser diesen ist auch in der Kapelle 5, ஆடிபோடை (Hirtenweib) Idaippōn, eine Pariahfrau, die ihm, da er sich auf dem Pfahl gespiesst hatte, Buttermilch gegeben, um seinen Durst zu löschen. 6, பாப்பீப் (Frau eines பாப்பாச் Parppān, vulgär Pāppān, Aufsehers d. i. Brahminen) Pappāti, welches eines Brahmanen Tochter gewesen, die aber Kāttān gestohlen, zur Sclavin gemacht und mit ihr Unzucht getrieben hat. 7, செட்டிபோடை (Kaufmannsfrau) Söddippōn ist eines Wechslers Tochter gewesen, die gleichfalls von Kattan gestohlen und missbraucht worden. In den Ringmauern der Pagode und auch ausser selbiger vorne an beiden Seiten des Einganges stehen allenthalben viele Figuren aus Thon gemacht, wie bei Ayenārs Pagode, denn diejenigen, die an Pocken krank liegen, thun ihr Gelübde, dass sie ihr diese und jene Figur wollen machen lassen, wenn sie ihnen von dieser Krankheit helfen würde. Nachmals muss denn der Töpfer solche Figuren machen, die aber keine Verehrung haben, sondern nur zum Zierrath daselbst stehen, unter selbigen sind sonderlich மாடி (ஆடிம், eine Provinz im obern Dekban) Lāder, die für die vornehmsten gehalten werden.

In solchen Pagoden wird Māriammen mit Opfern und Anbetung verehrt, ist das Einkommen der Pagode gross, so opfert der Priester ihr täglich einmal, wenn nicht, so bekommt sie nur wöchentlich Freitags ein Opfer. Die Weiber bringen ihr auch dann und wann ausser den ordentlichen Opfern dies und jenes an Ess- und Trinkwaaren, die sie vor ihrer Pagode hinlegen und dabei etwas von ihr erbitten oder auch danken, wo sie einige Hülfe von ihr schon erlangt haben. Die geopferten Ess- und Trinkwaaren bekommt der Priester oder die andern Bedienten der Pagode. Jährlich wird ihr ein Fest gefeiert wie Ayenār und Ellammen, welches acht Tage währt, da ihre Figur Morgens und Abends herumgetragen wird. Der letzte Tag ist der herrlichste. An selbigem versammeln sich viel tausend Menschen und zwar sonderlich Frauenspersonen Abends bei ihrer Pagode. Alle haben Feuer und kochen Reiss und andre Esswaaren, die sie dieser Märiammen zum Opfer haufenweise vorlegen. Die Männer bringen Böcke, Schweine und Hähne herzu und hacken ihnen die Köpfe ab. Es werden auch allerlei Tanzspiele vorgenommen. Ein Jeder, der so opfert, bittet von Märiammen, dass sie im künftigen Jahre ihn und die Seinigen vor allem Bösen behüten wolle. Dieses Fest hat keine bestimmte Zeit, sondern wird bald in diesem, bald in jenem Monat des Jahres hier und dort gefeiert. Von Máriammen sind keine Bücher vorhanden, wohl aber findet man in ihren Puránen allerlei Historien von ihr, daher hat sie auch unterschiedliche Namen als: 1, உசப்பத்தி Mattángi. 2, குமை (மை eine Pfeife, deren Ton Schlangen und Teufel herbeilockt) Môdi. 3, வெற்றி (வெற்பு Sieg, Starke) Koddi. 4, ஆள் (Heldin) Sûri. 5, அம்மை (Mutter von அம்மை Vadugen d. i. Bhairava) Vadugi. 6, அம்மைப்பாட்டி (wie 5; பாட்டி Mutter) Vadugenty. 7, மாரி Mâri. 8, மாரியம்மை Máriammai. 9, கண்ணகி (die in Cannanore, der vom König Kannen gebauten Stadt, verehrte) Kannanûrâl. 10, மாபெருந்தேவி (die sehr grosse Göttin) Mahâperundêvi. 11, காடெரி (காடு Wildniss, dann auch der Brennplatz der Leichen) Kâdukâl. 12, காடுகாலம்மை Kâdukâl-ammai. 13, காமலை ஆள் (காமலை Schönbeit; வளை Schlingpflanze, Weib) Kômala-valli. 14 மகமாரி (vulgär für மகாமாரி=மகாமாரி Mahâmâri) Mahamâyi. Ein Heide schreibt in einem Briefe Folgendes über sie: „Die Parâsakti hat andre neun Saktis unter sich; deren eine Mariammen. Sie ist die Göttin der Pocken und alles dessen, was mit solchen Verwandtschaft hat. Wenn Jemand dergleichen bekommt, der betet diese Máriammen an, dass sie ihn wieder gesund machen wolle und lässt ihr desbalb Opfer bringen. Da wird denn nun dafürgehalten, dass durch solche Anrufung und Opfer dergleichen Krankheiten weggehen. Denn alle solche Krankheiten kommen von ihr her und werden auch von ihr unbeschädigt wieder gehoben bei denen, die sie anbeten und mit Opfern verehren. Einige unter uns, wenn sie ihr opfern, bilden sich fest dabei ein, dass sie Parâsakti selbst sei. Wenn unter denjenigen, die sich ihr zu Sclaven und Sclavinnen übergeben haben, etwa einige vom Teufel besessen werden, aber alsbald zu ihr die Zuflucht nehmen und sie anrufen, so befreit sie selbige wieder von dem Teufel und giebt ihnen ihre vorige Gesundheit, denn die Teufel müssen ihr pariren, unter welchen sie mit der Ankalammen, Ellammen, Bhadra-Kâli, Durga als eine Königin herrscht. Wir feiern ihr jährlich ein Fest von acht Tagen, man schlachtet ihr Böcke, Schweine und Hähne und kocht ihr auch Reiss, Milch und andere Esswaaren zum Opfer. Sie ist die Göttin, die in allen Landen unter uns gerühmt und geehrt wird. Ihre Wohnung ist auf der Welt, wo sie ihr Amt so lange verrichten muss, als Menschen in die Welt geboren werden."

* Pathi (Tinn. Miss. p. 486, 495) hält einige der Dämonen für personificirte Epidemien, denn sie pflegen dargestellt zu werden, wie sie Kinder und Erwachsene mit grosser Wuth verschlingen. Die Kranken werden als Besessen betrachtet, bisweilen vor die Altäre gebracht, im Staub gerollt, geschüttelt und geschlagen, um den Dämon auszutreiben, so dass sie in einzelnen Fällen darunter sterben. Vorkehrungen dürfen nicht getroffen, Medicin nicht angewandt werden, denn so sagen sie, die Körper sind das Kâli gehörige Culturfeld, über welches sie ihre Saat säet, die Pocken, und sollten sie Schutzmittel wie Impfen (welches durch ganz Indien, vielleicht nicht so grossem Bedauern, als bei den Engländern gewöhnlich, auf grossen Widerwillen stösst) oder irgend ein Heilmittel gebrauchen, so würde die Gottheit sie als Plünderer ihres Gebiets betrachten und noch grössere Rache über sie bringen.

DRITTES KAPITEL.

Ankâlammen, Vîra-Bhadra und Periyatambirân.

தேவதைகள் Ankâlammen ist eine von den Schutz- oder Landgöttinnen und wird für eine Sakti gehalten, die ihren ersten Ursprung von Parâsakti haben soll. Sie wird sitzend abgebildet mit 4 Händen, zwei reckt sie in die Höhe und zwei hat sie eingebogen. In den zwei ersten hält sie zur Rechten ein von Holz und Leder gemachtes Instrument, um welches eine Schlange gewunden ist und zur Linken den Strick Pâsa, mit dem sie die Seelen der Verstorbenen an sich zieht. Von den zwei andern Händen ist eine offen, die andre hält die Hirnschaale von Brahma's Haupt. Auf dem Haupt hat sie eine Krone, hinter den Ohren zwei Blumen und in den Ohren grosse Ohrspangen. Ihre Haarlocken stehen empor, der übrige Schmuck wie bei den andern Göttinnen. Neben ihr stehen zwei Lampen, die aber eben nicht allezeit brennen.

Es hat diese Ankâlammen gleichfalls ihre besondern Pagoden, die an einigen Orten ganz klein, an andern aber gross sind, je nachdem an einem Orte ihre Thaten mehr oder weniger bekannt sind. Sie kommen der Ellammen und Mariammen fast in allem gleich. Ankâlammens Figur steht im innersten Gemach, im vordersten stehen: 1, *பெரியதம்பிரான்* (der grosse Gott) Periyatambirân. 2, *ஜூலை* (Waldmann) Jrulen sein Nebenkamerad. 3, *ரணவீரர்* Ranavîrn, ein tapferer Held im Streit unter den bösen Geistern. 4, *வீரபத்ரர்* Vîra-Bhadra. 5 *உயிர்உண்டில்காரர்* Parâdaivîrn ein gleicher Held mit Ranavîra. 6, *உயிர்உண்டில்காரர்* Uyirttândilkârer welche die Seelen derer, die eines gewaltsamen Todes sterben, wegfischen und in die Gesellschaft Ankâlammens bringen, die dann weder in den Himmel noch in die Hölle kommen, sondern unter dem Himmel unter den unruhigen Geistern herumschweben müssen. 7, *தீக்குளிப்பான்* (*தீக்குள்* ins Feuer springen) Tikkulibittammâl, ein Weib, das ins Feuer gesprungen und sich selbst verbrannt hat, welche nach ihrem Tode viel Zeichen gethan, um derentwillen diese Heiden sie in die Gesellschaft der Ankâlammen gezählt und ihr Bildniss mit in deren Pagode gesetzt haben. 8, *காளி* Kâddêri, ist eine gewaltige Teufelin, vor welcher sich diese Heiden sehr fürchten und ihr um

---

* Die Schanars oder Palmyrasteiger in Tinnevelli und Travancore, die eigentlichen Repräsentanten des Dämonendienstes, glauben weder an Strafe oder Belohnung, noch überhaupt an eine Fortdauer der Seele nach dem Tode. Nur bei plötzlichem und gewaltsamem Tode besonders von Verbrechern geht die Meinung, dass ihr Geist nahe dem Mörder umherwandere, aber auch in diesem Fall ist es nicht eigentlich der Geist des Abgeschiedenen sondern mehr ein neugeborner Dämon mit den schlechten Charakterzügen des Verstorbenen (Caldwell, Tinn. Shanars p. 10).

deswillen einige Verehrung mit anthun, dass sie an ihnen nichts Böses ausüben möchte. Alle diese Figuren sind gewöhnlich aus Holz geschnitzt. Innerhalb der Ringmauer der Pagode und ausserhalb derselben stehen unter freiem Himmel allerlei grosse und kleine Figuren aus Thon gemacht, die aber keine Verehrung geniessen.

Unter den Personen der jetzt gedachten Figuren sind sonderlich zwei, nämlich பெரியதம்பிரான் Periyatambirān und வீரபத்ரர் Vīra-Bhadra, die nach Gestalt und Ursprung etwas umständlicher zu beschreiben sind. Periyatambirān heisst der grosse Gott und wird fast ebenso abgebildet als Isvara. Vīra-Bhadra aber wird folgender Gestalt abgebildet: Auf dem Haupt hat er eine Krone und giebt lauter Feuer von sich zum Zeichen seines Zorns. Die schwarzen Haarlocken stehen ihm auch empor. Hinter den Ohren hat er zwei weisse Blumen, auf der Stirn Isvara's Zeichen, Gesicht und ganzer Leib ist feuerig, in Munde hat er Löwenzähne, er hat 14 Arme und Hände, 4 davon leer, in den übrigen rechts hält er Schwert, Blume, Pfeil und ein Instrument உடுக்கை Urukkai und zur Linken Dreizack, Schild, Glocke und Pfeil. In zwei Häuden hält er einen grossen Speer. Von oben bis unten hat er eine grosse Schnur Menschenköpfe um sich hängen, welche alle er dazumal erschlagen, als er auf Isvara's Befehl Dakscha's Vornehmen vernichtet, welche Historie aus dem Folgendem wird zu ersehen sein. In solcher Figur mit dem gewöhnlichen Schmuck steht er in Ankālammens Pagode, da er denn in einigen nur viere, in andern aber wohl 16 und mehr Köpfe hat, je nachdem die Pagode und seine Figur gross oder klein ist. Eigentlich aber werden ihm in den Historienbüchern 1000 Köpfe und 2000 Hände zugeschrieben, welches Monstrum in keiner Pagode Raum haben würde, wenn alle Köpfe und Hände sollten aus Holz ausgeschnitten werden.

Vīra-Bhadra's und Periyatambirān's Ursprung wird aus dem Skandapurāna uns von einem Heiden also erzählt: „Es war ein König தக்கன் Dakschu, der grosse Busse im Namen Isvara's that, weil er kein Kind hatte. Als Isvara nun erschien und nach seinem Begehr fragte, sprach der König: ich will, dass du mir Kinder geben und mich zum König über alle Welten machen wollest. Isvara sprach: wohlan, ich habe dir solches gegeben. Dies geschah in der Götterwelt, nachher kam Dakscha wiederum in die Menschenwelt, und Isvara beschloss seine eigne Frau Pārvati ihm als Tochter geboren werden zu lassen. Da nun Dakscha über alle 14 Welten als ein Monarch herrschte, wurde Pārvati wirklich von seiner Frau geboren. Sobald sie aber 12 Jahr alt geworden, kam Isvara selbst in diese Welt und heirathete sie. Als er nach vollbrachter Hochzeit mit Pārvati wieder nach Kailāsa fahren wollte, sagte Dakscha: o Gott, ich habe eine Bitte an dich. Isvara sprach: sag frei heraus, ich will dir geben, was du verlangst. Er sagte: ich will, dass du täglich früh und Abends einmal kommen und mir die heilige Asche bringen wollest, mich damit zu bestreichen. Isvara sprach: ich will kommen und solches thun, aber ich fürchte, dass du mich deshalb gering achten möchtest. Dakscha sagte: solches soll niemals geschehen, sondern ich will dich allezeit gebührend respectiren. So versprach ihm Isvara solches und ging nach Kailäsa, kam seinem Versprechen nach täglich zweimal zu Daksch a und brachte ihm die heilige Asche aus Kailäsa. Dies währte eine geraume Zeit. Einstmals aber, als Isvara sie wiederum brachte, empfing ihn Daksch a nicht mit gebührendem Respect, achtete ihn gering und gab nur auf seine eignen Geschäfte Achtung. Isvara gedachte: sieh, wie verachtet er mich, weil ich ihm solchen Dienst erweise, dies wird er künftig noch viel mehr thun, daher ist es besser, ich bringe ihm die Asche nicht mehr. Daksch a aber wurde darüber stolz, rief alle Götter zusammen und fing an ein *wraü* (Feueropfer) Yāga zu machen, es kamen alle Götter, sogar auch Brahma und Vischnu zusammen. Als Daksch a mit ihnen gerathschlagt und sie für sein Vornehmen gewonnen hatte, setzte er das Yāga fort und wollte damit Siva absetzen und einen andern grossen Gott machen, aus welcher Absicht er ein Bild hierzu in das Yāga gesetzt hatte, woraus solcher grosse Gott durch Recitirung der dazu gehörigen Gebetsformeln werden sollte. Da sprach Pārvati zu Isvara: Herr, mein Vater macht ein Yāga, gieb mir Licenz hinzugehen und von diesem Vornehmen abzumahnen. Isvara sprach zu ihr: gehst du hin, so wird er sich gar nicht um dich bekümmern, sondern dich verächtlich behandeln. Sie hielt aber ferner an und sprach: solches wird er nicht thun, lass mich nur zu ihm gehen. Alsdann liess er ihr solches zu. Sie ging demnach hin in den grossen Saal, wo das Yāga angerichtet war. Ihr Vater Daksch a sah sie scheel an, machte ihr gar keine Verehrung, sondern hielt sie ganz verächtlich. Dies nahm sie zu Herzen, dachte an die Worte Isvara's, kam wieder nach Kailāsa, fiel zu seinen Füssen und bat, dass er doch Daksch a's Yāga zu nichte machen wolle. Er sprach zu ihr: mein Weib, warum hast du meinen Worten nicht Gehör geben wollen? doch wohlan, ich will Daksch a's Yāga zu nichte machen. Hierauf schickte er erstlich Vighnèsvara dazu aus, und als dieser sich auf dem Weg aufhalten liess, sandte er Subbramanya. Sie verzogen aber alle beide und das Yāga wurde nicht zerstört. Hierauf wurde Isvara erzürnt, dass ihm der Schweiss auf der Stirn ausbrach. Solchen Schweiss fing er mit dem Fingernagel auf und spritzte ihn von sich. Dieser Schweiss nun war der Samen und die Erde, auf die er fiel, die Mutter, woraus *ωρυβσαïr* Vira-Bhadra mit 1000 Häuptern und 2000 Händen entstand. Dieser stellte sich vor Gott, that einen Fussfall und fragte, zu welchem Endzweck er ihn erschaffen hätte. Isvara sprach: Daksch a hat ein Yāga unter Händen und rebellirt wider mich, du sollst hingehen und das Yāga mit seinem Unternehmen zu nichte machen. Sobald Vira-Bhadra diesen Befehl Gottes gehört, so eilte er schleuniger als der Wind dahin und machte Daksch a's Yāga zu nichte, so dass nichts als Staub und Asche davon übrig blieb.

Daksch, Brahma, Vischnu und alle übrigen Götter bekamen ihre Strafe. Als solches geschehen, ging Iswara selbst zu dem Saal, wo sie das Yāga angerichtet hatten, und sah, wie Vīra-Bhadra unter ihnen gehaust hatte. Er gab allen, die darein gewilligt hatten, den Fluch. Das Bild aber, welches Daksche in das Yāga gesetzt hatte und zum grossen Gott machen wollen, hiess er auf die Erde gehen und befahl, dass die Menschen selbigem einige Opfer anthun sollten. Dies ist nun der ஒபெரியதம்பிரான் Periyatambirān d. i. der grosse Gott, weil Daksche ihn anstatt Iswara's zum grossen Gott hat einsetzen wollen. Periyatambirān und Vīra-Bhadra stehen beide mit in Ankālammens Pagode und werden mitverehrt."

Ein andrer Heide schreibt: "*Periyatambiran* ist unter den Feld-Haus- und Schutzgöttinnen gleichsam der Geheime Rath. Daher steht seine Figur in etlichen ihrer Pagoden. Ja, es wird gesagt, dass Ankālammen seine Frau sei. Daher werden ihre Pagoden bald nach ihrem, bald nach seinem Namen genannt. Er ist nichts anders als ein grosser Teufel, nach dessen Willen die andern Teufel thun müssen. Diejenigen, die sich ihm zu Sclaven und Sclavinnen begeben haben, bringen ihm jährlich ein- oder zweimal Böcke, Hähne, aus Reiss gebrannten Wein, schwarze Leibbinden, bemalte dicke Prügelstöcke u. dgl. zum Opfer und legen solches Haufenweise vor ihm hin. Es hält sich Periyatambirām nirgends anders auf als in dieser Welt. Man kann ihn nicht sowohl einen Gott als einen Teufel nennen. Unter uns Malabaren sind einige, die sich ihm zu Sclaven übergeben, diese nun, wenn sie nicht jährlich ihm die schuldigen Opfer bringen, werden von ihm besessen und übel geplagt, dass sie ganz ihre Gestalt verlieren und wie unsinnig in den Wäldern herumirren. Dergleichen Böses richtet er an, aber wer ihm dient und opfert, dem thut er kein Böses, sondern handelt mit ihm ganz freundlich. Dass ihm so geopfert wird, geschieht allein deshalb, dass er nichts Böses thun möchte."

Damit wir aber wieder auf Ankalammen kommen, so ist zu wissen, dass ihre Figur, die im Inwendigsten der Pagode steht, zum wenigsten wöchentlich alle Freitage einmal mit Trank- Speis- und Rauchopfer verehrt wird. Die, welche sie zu ihrer besondern Schutzgöttin erwählt haben und etwa aus dieser aus jener Noth errettet worden sind, bringen ihr gleichfalls aus Dankbarkeit diese und jene Opfer. Jährlich hat sie ein Fest, wie alle andern solchen Göttinnen, das von den Einwohnern eines jeden Orts bald in diesem, bald in jenem Monat gefeiert wird, und 9 oder 7 Tage währt. An solchen Tagen wird ihre Figur von Metall nebst den andern Figuren Morgens und Abends unter Tanzen, Springen und Pfeifen herumgetragen. Am letzten Tage versammeln sich des Abends fast alle Einwohner vor ihrer Pagode, und zwar sonderlich die Weiber mit ihren Töchtern, die daselbst allenthalben Feuer machen und Reiss kochen, welchen sie nachmals in etliche Theile theilen, dass Ankâlammen, Periyatambirâm, Vira-Bhadra und andre davon etwas zum Opfer bekommen, und sie selbst auch etwas für sich behalten, um selbigen Abend davon zu essen. So sieht man um die Pagode viel hundert angemachte Feuer auf der Erde, worüber sie solchen Reiss kochen. Die Männer opfern Schweine, Böcke, Hähne u. dgl, von welchen sie auch etwas kochen und vor dem Opferaltar Haufenweise auf ein Tuch hinsetzen, wie denn auch aller gekochte Reiss Klumpenweise auf ein ausgebreitetes Tuch geworfen wird. Nachmals wird solches alles unter diejenigen vertheilt, die zu der Pagode gehören und die an selbigem Festtage die Figuren mit herumgetragen oder andre Dienste gethan haben.

Von Ankâlammen wird noch in einem Briefe geschrieben: „Ankâlammen ist aus der Saktilinie und hat die Wald- Feld und Haustenfel abzuhalten, dass sie die Menschen nicht besitzen, noch ihnen sonst Uebles anthun. Und wenn dennoch Jemand von solchen Teufeln besessen wird, so führt man ihn zu der Pagode Ankâlammens, thut vor ihr Opfer und Anbetung, stellt den Besessenen vor sie, rührt ein Instrument உடுக்கு (Trommel) Pambai und singt Loblieder auf Ankâlammen nebst einigen Ceremonien, alsdann weicht der Teufel von den Besessenen Wenn es so geschieht, dass sie der Ankâlammen Hülfe mit Augen gesehen haben, so begeben sie sich ihr zu Sclaven und Sclavinnen angeud, dass sie nunmehr die Göttin ihres ganzen Geschlechts sein sollte, der sie insonderheit dienen und opfern wollten. Und auf solche Weise begeben sich viele zu Sclaven und Sclavinnen dieser und jener Göttin an dieser und jener Pagode, welcher sie nachmals bis an ihren Tod dienen und குலோதெய்வம் (Familien-Gottheit) Kuladevam nennen, auch selbige ihren Kindern und Nachkommen zu ihrer besondern Göttin empfehlen."

Wie verschieden auch in den verschiedenen Puranen über Daksha's Opfer berichtet wird, über den Zweck und wie Siva dabei beleidigt worden, und wie weit Siva's Gattin hineinverflochten sei, immer ist die Schreckensgestalt Vira-Bhadra's, des von Tamil und Telugupoeten so hoch gefeierten (eine Hauptpagode hat er in Combaconum) Zerstörer des Opfers. Einige lassen ihn bewaffnet aus Siva's drittem Auge hervorspringen, andre entstehen als Siva eine abgerissene Haarlocke im Zorn auf die Erde warf. Im Vâyu-Purâna geht er aus Siva's Mund hervor und es wird dann eine genaue Beschreibung des Ungethüms gegeben (Wils. Vischnupur. p. 61 ff.) Dort erklärt Daksha: „Ich opfre in goldner Schaale dies ganze durch viele Gebete geweihte Opfer, als ein stets Vischnu gebührendes Opfer, dem Herrn des Alls, der nicht seines Gleichen hat." Doch heisst es weiter: „Der wilde Vira-Bhadra, wohnend in der Region der Geister (Gespenster), ist der Diener des Zorns der Dêvi (Parvati). Und er schuf dann aus den Poren seiner Haut kraftvolle Halbgötter, die mächtigen Diener Rudra's von gleicher Stärke und Kraft, welche zu Hunderten und Tausenden ins Dasein traten." Von da ist es nur noch ein Schritt bis zur Annahme, dass Vira-Bhadra mit Hülfe der Dämonen Siva's Superiorität (immerhin gegen Vischnu) behauptet. Caldwell's Vermuthung, dass Daksche's Opfer eine Erinnerung daran sei, dass sich Sivaismus und Dämonendienst verbunden haben, wird durch die obige genaue Erzählung und durch die Einflechtung Periya-tambirâns, glänzend bestätigt, nur die Zusammenstellung Vira-Bhadra's, dessen gewöhnlicher Titel உதரகேசன் Bhadra-kölven Bhadra's Gemahl, mit Anklammern ist auffällig. Caldwell nennt Vira-Bhadra den Gatten Bhadra-Kâli's, worauf auch schon beide Namen führen, und im Vâyu-Purâna, so lasen wir, ist er Diener der zornigen Devi „welche in ihrem Zorn, als die furchtbare Göttin Rudrakâli, ihn mit ihrer ganzen Schaar begleitete, um Zeuge seiner Thaten zu sein."* Aber auch Ziegenbalg giebt ihm einen Platz in Bhadra-Kâli's Pagode, rechtfertigt sich über seine Ordnung durch den Inhalt des folgenden Kapitels, und nennt später Châmunda als Vira-Bhadra's Gattin. Dagegen möchte man den vorher als Ellammens Herold genannten Pötturâja vielmehr hier erwarten, wenigstens ist Potarâja Autor einer weit verbreiteten Dichtung über den Triumph Vira-Bhadra's „Vira-Bhadra vijayam."

* Die Zerstörung des Daksche-Opfers ist ein Lieblingsvorwurf indischer Sculptur, besonders sivaitischer Seits, in den Felsentempeln von Elephante und Ellora finden sich sehr hervorstechende Darstellungen namentlich der Zerstreuung und Verstümmelung der Götter. Die Beschreibung in den Purânas ist allerdings darnach angethan, die Meissel orientalischer Bildhauer in Bewegung zu setzen: Indra wird zu Boden geschlagen und mit Füssen getreten, Yama wird sein Stab zerbrochen, der Sarasvati und des Matris werden die Nasen abgeschnitten, Mitra die Augen ausgerissen, Puscha die Zähne eingeschlagen, Chandra braun und blau geknufft, Vahni die Hände abgehauen, Bhrigu des Bartes beraubt, die Brahmanen mit Steinen beworfen, die Prajapatis durchgeprügelt, und Götter und Halbgötter mit Schwertern durchbohrt und mit Pfeilen durchschossen. Dazu die Gestalt der Siegers: Sein Kleid ein Tigerfell triefend von Blut, ein ungeheures Maul mit schrecklichen Fanern, ein dicker Bauch, aufrechte Ohren, niederhängende Lippen, eine feurige Zunge, die Hand den Donnerkeil schwingend, Flammen strömen aus von den Haaren, eine Feuerguirlande hängt nieder auf die Brust, kurz er ist anzuschauen wie das Endfeuer, welches einst die Welt verzehren wird. An Umfang ist er wie ein grosser Feigenbaum, er scheint wie 100 Monde auf einmal, ja er glüht wie 1000 feuriger Sonnen Gluten, wie 1000 unverdunkelte Monde, seine Statur ist wie der Berg Meru oder Kailasa mit all den scheinenden Gewächsen. Bower in einem trefflichen und reichhaltigen Artikel über Indien in seinem Bibellexicon Gaspariss, auf den nicht früher aufmerksam geworden zu sein, wir bedauern, giebt in seiner kurzen Zusammenstellung über Vira-Bhadra noch manche Ergänzungen.—Da der Raum dazu einladet, wollen wir die Bemerkung nicht zurückhalten, dass zu den früher so häufigen Bücherreihen, wo wir uns nur auf Taylor's und Murdoch's Catalogue beziehen konnten, auch das ehrwürdige Missionar Gericke bätte angeführt werden sollen, der für einen Freund einen allerdings nicht so umfangreichen Catalog tamulischer Bücher (dreiundvierzig) mit kurzer Characteristik verfasste, welcher dann im Asiatic Journal veröffentlicht und auch sonst wieder abgedruckt ist.

x

VIERTES KAPITEL.

Bhadra-Kāli und Aghōram.

பத்ரகாளீ *Bhadra-Kāli's* Ursprung wird aus der Saktilinie hergeleitet. Einige sagen, dass sie zuerst Isvara's Frau gewesen. Sie hätte sich aber allzu sehr erhoben, so dass Isvara sie verflucht und gesagt, dass sie zu einer Teufelin werden sollte, worauf sie denn aus ihrer vorigen Seligkeit zur Gesellschaft der Teufel auf die Erde verstossen worden, jedoch so, dass sie gleichsam die Königin unter den Teufeln und zwar sonderlich unter den Teufeln weiblichen Geschlechts sein sollte, da ihr denn auch zugleich dies Amt aufgetragen worden, dass sie die Menschen auf der Erde vor den Teufeln behüten sollte. Aus dieser Ursache wird Isvara's Weib in einigen Poeten Aghora-sakti genannt.

Sie wird tanzend abgebildet, wie sie denn einmal in die Wette mit Isvara getanzt, der sie aber hierin übertroffen und um deswillen den Namen பேயோடாடி Pēyōdādi der mit einer Teufelin tanzende bekommen hat. Sie hat auf dem Haupt eine feurige mit Schlangen umgebene Krone, in den Haarlocken hat sie allerlei Schmuck. Das Angesicht und der ganze Leib ist feurig. Auf der Stirn hat sie Isvara's Zeichen, zum Munde ragen ihr zwei Löwenzähne heraus. Sie hat zehn Hände, zwei schlägt sie in einander und zwei lässt sie leer herunterhängen. In den übrigen 6 Händen hält sie besondre Dinge, als zur Rechten einen Strick, einen Papagei und das Gewehr Vēl, zur Linken aber die mit einer Schlange umwundene Trommel Damaru, Feuer und den Dreizack.

Es hat Bhadra-Kāli besondere Pagoden, wo ihre Figur aus Metall und Stein steht, ausserdem ist Vighnēsvara und Vīra-Bhadra darin, desgleichen auch அகோரம் (Furchtbarkeit, Wildheit) Aghōra, welcher Bhadra-Kāli gleich gegenüber steht und zwar gewöhnlich, als tanzte er mit ihr. Diesen Aghōra halten einige für eine Ausgeburt Isvara's, einige aber geben vor, dass es Isvara selbst sei, der im Zorn solche Gestalt an sich genommen, wie denn Aghōra nichts anders als brennender Zorn heisst, daher auch unter des Isvara Namen einer gefunden wird, der ihm nach solcher Historie gegeben ist, Aghōramurti (eins von Siva's fünf Gesichtern).

Dieser *Aghōra* wird abgebildet mit 14 Händen, in welchen er die oft benannten Instrumente hält als zur Rechten die Trommel Damaru, eine Schölle, Strick, Schild und Prügelstock, zur Linken Hirsch, Feuer, Angusa die Elephanten zu dirigiren, und eine andre Art Trommel Udukkai, mit zwei Händen hält er einen grossen Dreizack und zwei sind auf der Brust offen. Auf dem Haupt hat er eine Krone. Die Haarlocken stehen ihm vor Zorn alle empor, in selbigen ist zur Linken die Ganga seine Frau, wo sonst die Sonne hingebildet wird, gleichwie zur Rechten in den Haarlocken der Mond steht. Auf der Stirn trägt er das Zeichen der Sivaiten, unten an den Füssen hat er hölzerne Pantoffeln, darauf er mit Bhadra-Káli getanzt hat. Ueber den Achseln hat er nach Art aller Götter und Göttinnen Blumen herunterhängen. So steht er in Bhadra-Káli's Pagoden, und hat an einigen Orten mehrere, an andern weniger Hände.

Ueber Aghōra wird uns von einem Heiden geschrieben: „Es war ehemals ein gewaltiger Riese ம௫த்துவன் (Gott der Maruts oder Winde) Maruttuven, der that vor Gott eine sehr lange Zeit strenge Busse, und als er in solcher Busse begriffen war, kam einmal Gott selbst und fragte ihn, was er begehre. Der Riese sprach: Meine Bitte ist diese, dass alles, was ich gedenke, alsbald geschehen möge, und dass ich von Niemandem weder getödtet, noch überwunden werden kann. O Gott, gieb mir diese Gabe! Dies gewährte ihm Gott. Hierauf schlug dieser Riese viele Könige und bemächtigte sich ihrer Länder. Alsdann gingen alle diese Könige zu Gott, fingen an zu klagen und sprachen: Herr Gott, es ist ein Riese Namens Maruttuven, der uns alle geschlagen, verjagt und uns all unsere Königreiche genommen hat. Erzeige uns doch Hülfe wider ihn. Gott sprach: geht nur fort, ich will ihn tödten lassen und ausrotten. Hierauf schickte er Bhadra-Káli aus, dass sie diesen Riesen umbringen sollte, aber sie konnte es nicht vollziehen. Alsdann sandte er alle Götter in den Krieg wider den Riesen Maruttuven, aber er konnte auch von diesen nicht überwunden werden. Alsdann kam Isvara selbst in einer Zornsgestalt aus dem Linga heraus und tödtete den Riesen. Dies ist nun der Aghōra, der in Bhadra-Káli's Pagoden steht und um deswillen solchen Namen führt, weil er im Zornesfeuer aus dem Linga herauskommen und den Riesen getödtet hat."

Diese Historie soll passirt sein in einem Orte திருவெங்காடு Tiruvenkádu, wo Aghōra in grosser steinerner und messingner Figur als das Hauptbild mit Opfern in einer grossen Pagode verehrt wird, wo er auch die Bhadra-Káli neben sich stehen hat. Der Tanz aber, welchen Isvara mit Bhadra-Káli gehalten hat, soll in der Stadt Sittambaram sich zugetragen haben, wo eine sehr grosse und prächtige Pagode ist, in der sie beide tanzend abgebildet stehen. Jährlich wird daselbst ein grosses Fest gehalten und solche Historie als Comödie agirt und nach allen Umständen vorgestellt.

Bhadra-Káli wird in ihren Pagoden, so sie gutes Einkommen haben, täglich einmal mit Opfern verehrt. Die Opfer, welche im Inwendigen der Pagode vor ihrem steinernen Bildnisse verrichtet werden, sind Trank- Speis- und Rauchopfer, welche nur mit andern Gebetsformeln verrichtet, eben so beschaffen sind wie Vischnu's und Isvara's. Solche Opfer kann noch ein Brahmane verrichten, aber die andern Opfer, die ihr vor der Pagode auf dem Opferaltar an Schweinen, Böcken, Hähnen, starken Getränken und andern Waaren gebracht werden, rühren die

Brahmanen nicht an und haben nichts damit zu schaffen, weil Blut lebendiger Thiere dabei vergossen wird, welches ihnen ein Gräuel ist. Jedoch sagen sie, dass solche Schutzgöttinnen und Königinnen der Teufel nebst ihrer Gesellschaft mit nichts' anderm könnten versöhnt und gesättigt werden, als durch Blutvergiessen. Hierzu werden einige Pariahs oder Soldaten gemiethet, dass sie den lebendigen Opferthieren die Köpfe ablacken. Menschen pflegen sie ihren Göttern nicht zu opfern, es sei denn, dass sich einer aus sonderlichem Triebe nach seinem eignen Willen den Göttern zu Ehren aus Leben bringen wollte, welches aber jetzt nirgends gehört wird.* Wenn aber ein besessener Schatz aus dem Erdreich soll gegraben werden, so pflegen sie dem bösen Geist den Menschen zu opfern, den er selbst benennt. Jedoch muss solches ganz geheim geschehen, sonst wenn es offenbar wird, erfolgt harte Strafe, nur dass die Könige es offenbar thun mögen, als welche oftmals auch ihre Schätze mit einem Menschenopfer vergraben, damit sie von Niemandem gefunden und aufgegraben werden können.'

Bhadra-Káli wird nebst den andern Feldgöttinnen von den Hexenmeistern zu ihren bösen Verrichtungen gebraucht. Denn diese, wenn sie nach ihrer Kunst etwas ausrichten wollen, pflegen mit gewissen Characteren einen Kreis zu machen und drinnen allerlei geheime Gebetsformeln an solche Teufel zu recitiren. Einer präsentirt allezeit die Person solcher Teufel. Selbiger fängt an den Kopf zu drehen und ausser sich selbst zu kommen. Alsdann reden solche Teufel durch ihn mit dem, der die Gebetsformeln recitirt. Da sagt nun dieser, was er von ihm haben wolle ; der Teufel sagt gleichfalls, was er im Gegentheil ihm anthun müsse, wenn er anders sein Begehren in Ausführung bringen soll. Und auf solche Weise haben die Teufelbanner solche zu ihren Patronen

* Was Menschenopfer betrifft, so urtheilt Ziegenbalg zu milde. Dubois in seinen Manners and Customs of India beweist in einem Kapitel über Menschenopfer das Gegentheil. Dr. Graul (Reise IV. 128) sagt: „Ich müsste mich aber sehr irren, wenn nicht früher noch ein Zug in dem Teufelsdienst der indischen Urbevölkerung war, der an afrikanischen Fetismus erinnert, das Menschenopfer. Im sogenannten Blutkapitel des Kalica Purana steht die merkwürdige Stelle: Wo das Opfer von Löwe, Tiger oder Menschen erfordert wird, da sollen die drei ersten Kasten ein Bild aus Butter oder Mehl machen und es gleich als ein lebendiges Wesen opfern. Das deutet doch wohl darauf hin, dass von den übrigen, den niedern Kasten, zu irgend einer Zeit gelegentlich auch Menschenopfer gebracht wurden, und die Muthmassung liegt nur allzunahe, dass dieser barbarische Brauch ursprünglich unter der rohen Urbevölkerung im Schwange ging und von den brahmanischen Ansiedlern lange nicht überwunden wurde, ja bis heute nicht vollständig, wie die noch immer nicht ganz abgestellten Menschenopfer unter den Gonds bezeugen." Wilson will aber auch von dieser Ausnahme der blutscheuen Brahmanen nichts wissen, (auch Dr. Graul giebt in einer Anmerkung (IV. 333) die Betheiligung der Arier zu), er beweist in einem höchst lesenswerthen Aufsatze über „Menschenopfer in der alten Religion Indiens," aus der Geschichte der durch Stellvertretung umgangenen Opferung Sunahsephe's, welcher nicht nur im Rámáyana, sondern in dem noch ältern Aitareya Brâhmana erwähnt wird, dass wenigstens 10 oder 12 Jahrhunderte vor unserer Aera in Indien von den Brahmanen Menschenopfer gebracht sind, so jedoch dass sie nie so häufig waren, wie bei andern alten Nationen.

erwählt, darum weil sie unter den Teufeln die vornehmsten sind und zu solchem schädlichen Vornehmen ihnen Hülfe leisten können.

Wie alle andern Haus- Wald- und Feldgöttinnen unter diesen Heiden ihr jährliches Fest haben, so hat gleichfalls Bhadra-Kāli ihr jährliches Fest von 7—9 Tagen, an dem ihre Figur nebst den andern Morgens und Abends herumgetragen wird. Der letzte Tag ist der herrlichste, und am Abend geht es mit dem Opfern von Reiss und Opferthieren grade zu wie bei Ellammen, Māriammen und Ankālammen. Sie bekommt auch ausser diesem Feste dann und wann von einigen Einwohnern jedes Orts einige Opfer und zwar sonderlich alsdann, wenn in ihrer Pagode von einigen die Teufel ausgetrieben werden. Von Bhadra-Kāli findet man zwar unter diesen Heiden keine besondern Bücher geschrieben, wie denn auch überhaupt von keinen solchen Personen, die Grāmadēvatas heissen, einige Bücher zu finden sind, aber gleichwohl liest man von ihr allerlei Historien in den Büchern, die über Isvara geschrieben sind. Und wegen der vielen Geschichten, die mit ihr vorgegangen sind, haben ihr die Poeten allerlei Namen gegeben, unter welchen die vornehmsten sind : 1, சூரி (Heldin) Sūri. 2, மாலினி (Vischnu's Schwester) Mālini. 3, தோளுடை (achtschulterig) Yöndöli. 4, சூலி (die mit dem Dreizack) Sūli. 5, சாந்தம (சாந்தி Ceremonie und Opfer, böse Geister zu versöhnen) Sāndigai. 6, தேவி Dēvi. 7, வீரி (Heldin) Vīri. 8, மாத்ரி (Mutter) Mātri. 9, கங்காளி (கங்காளம் Skelett) Kankāli. 10, கௌரி (Mädchen von 10 Jahren) Gauri. 11, சமரி (சமரம் Hausgeister, niedere Teufel) Vētāli. 12, மதங்கி Matangi. 13, தாரகாசூப்பமசூர் (அழகு Schönheit, Weib, welches den Riesen Tāraka getödtet) Tārakasödda-tayel. 14, பைரவி Bhairavi. 15, சாமுண்டி Chāmunda. 16, ஆகமி (ஆகமம் heilige Schriften, also die in den Vēdas erwähnte, vielleicht aber, da dies sonst eine Ableitung locus a non lucendo sein würde, von ஆரண்யம் Wildniss) Arani. 17, வல்லனங்கை (das mächtige Weib) Vallanangu. 18, ஆயை (Herrin) Ayai. 19, உலூகி (உலூகம் grüne Farbe ; grüner Safi spielt bei Zaubereien eine grosse Rolle) Yūmalai. 29, முக்கண்ணி (dreiäugige) Mukkanni. 21, அலகு கொடிஉயர்த்தோன் (die einen ஆமை Dämon in der Flagge tragende) Alagaivenkodi-uyerttōn. 22, மதுபதி (Herrin der Spirituosen) Madhupati. 23, யாளியூரி (die einen Löwen zum Gefährt hat) Yāliyūrti. 24, உலாவியம்மா (die herumwandelnde Māya) Ulaviyamiya. 25, யோகினி (eine Teufelin und Dienerin Kāli's) Yögin. 26, காளி (die schwarze) Kāli etc. Diejenigen Teufel, die von Bhadra-Kāli zu allerlei Diensten gebraucht und hier- und dorthin gesandt werden, haben gleichfalls in den Büchern der Poeten besondre Namen und Historien.

Ein Heide schreibt von Bhadra-Kāli folgendes : ,,Bhadra-Kāli wird für eine der grössten Schutzgöttinnen gehalten. Sie ist einmal mit Isvara in Streit gekommen und hat sich unterstanden, mit ihm in die Wette zu tanzen, und daher ist ihr der Name பத்ரகாளி (பத்ரம் Stärke, Festigkeit) Bhadra-Kāli gegeben worden, wie sie denn auch Aghora-Bhadra-Kāli heisst wegen des heftigen Zorns, der bei ihr wohnt.

Sie ist eine Beschützerin des Landes, der Städte, Dörfer, Felder und der Menschen, dass die Teufel nirgends einigen Schaden verursachen möchten. Unter den Teufeln ist sie eine grosse Teufelin und hat die Oberherrschaft unter ihnen, sonderlich aber unter den Teufelinnen. Sie lässt den Einwohnern des Landes von ihnen kein Leid geschehen und hat zugleich das Amt, dass sie alle Sünden der Einwohner über sich nimmt, damit sie ihnen nicht zugerechnet werden.* Solches ihr Amt aber wird aufhören, wenn die letzte Zeit kommt, da alles vergehen und zu seinem ersten Ursprung zurückkommen wird."†

* Caldwell bemerkt dagegen (Tinn. Shanars p. 21) : „Der einzige Zweck des Opfers ist, den Zorn des Teufels oder die Unglücksfälle, welche sein Zorn mit sich bringt, zu entfernen. Man darf durchaus nicht wähnen, dass jemals Opfer wegen Sünden der Anbeter dargebracht würden, des Teufels Zorn wird nicht durch irgend welche moralische Verstösse erregt. Doch giebt auch dieser Forscher zu, dass die Bekanntschaft mit blutigen Opfern und ihrem Zweck, Uebel abzuwenden, dem niederen Volk die Lehre des Christenthums verständlicher und annehmbarer macht. Eine Art stellvertretender Genugthuung ist auch weder den arischen Hindus noch den Teufelsdienern fremd. In der Geschichte Sunahsepha's wird ein Menschenopfer für ein andres substituirt, während in gleichalten parallelen Fällen Thiere dafür eintreten. Im Süden wird zur Zeit grosser Dürre eine Menschenfigur gemacht, die man Kudumpâvi, den grauen Sünder nennt. Man schleppt sie lärmend durch die Strassen, misshandelt sie und verbrennt sie endlich unter Weinen und Heulen auf dem öffentlichen Todtenacker. Dubois erzählt, dass Menschenfiguren aus Lehm gemacht, in die Tempel gebracht und dort vor dem Götzenbild enthauptet oder sonst verstümmelt würden.

† Baldaeus, wo er in seiner Beschreibung Malabars und Coromandels über Bhadra-Káli spricht, ist besonders ausführlich und lässt aus seiner Beschreibung erkennen, wie sehr die Göttin in den südlichen Provinzen der Westküste vor etwa 200 Jahren verehrt war. „Bhadra-Kali, hat sonderlich ihren Wohnplatz in der Pagode auf Cranganor, welche wegen des grossen Zulaufs des Volks genannt wird die Pagode der Wallfahrt. Auf ihren Festtag werden hier zu tausend und abertausend Fanams (2 Groschenstück) aufgeopfert, und hierin besteht wohl der meiste Reichthum des Königs von Cranganor. Weil aber der König von Cochin auch gern Theil haben wollte an diesen Geschenken, so hat er sein Volk an die Flüsse und Pässe gelegt, den reisenden Mann anzugreifen und zu berauben, denn er will haben, dass sie gehen nach seiner Pagode, die er in seinem Königreich zu Palurti gestiftet und aufgerichtet. Der alte König zu Cochin, der in grossem Glück lebte, hatte zuvor mit 10000 Kriegsknechten eine sehr berühmte Pagode Ammadiri beraubt und hernach noch gespottet, dass er die Schätze als Erbe und rechtmässiger Sohn der Göttin sich zugeeignet. Bhadra-Káli aber wurde vielmehr nach ihrer Verstossung von Siva von der Königin in Coulang aufgenommen und erzogen, und dann an den Sohn des Königs von Couleta, ein Land sieben Meilen von Calicut nordwärts, verheirathet. Verheirathet, aber blieb sie doch Jungfrau, bis nach zwölf Jahren ihr Mann vom König von Pandy auf einem Palmyrabaum gespiesst wird, welches Veranlassung giebt, von mancherlei wunderbaren Begegnungen bei Aufsuchen des Leichnams zu reden, den sie in Bellapenate 10 Meilen nördlich von Cranganor zwar wieder erweckt und mit Opfern zu Ehren bestellt, selbst aber wegen seines schimpflichen Todes ihn als unrein verlässt. In jene berühmte Pagode im Lande Cranganor haben die Helden zum übrigen noch einen Mann gesetzt, von Marmelstein gemacht, sehr lang und gross, welcher (damit er nicht länger möge wachsen) alle Tage von einem Brahminen mit Hammerschlägen auf sein Haupt begrüsst wird."

———▶◀———

FUENFTES KAPITEL.

Pūdāri, Chāmunda und Durga.

Die letzten drei Schutzgöttinnen .... (vielleicht von .... Schlangenfänger) *Pūdāri*, ... ('Tödterin von Chanda und Munda) *Chāmunda* und .... (die schwerzugängliche) *Durga* werden auch von der Saktilinie hergeleitet und mit zu den neun Personen .... Navasakti gezählt, die Grāmadēvatas geworden sind. Obwohl sie eine ganz gräuliche Gestalt haben und unter den Teufeln wohnen, beten diese Heiden sie dennoch als Göttinnen an und sagen, dass sie zwar jetzt ihrer früheren Herrlichkeit beraubt sein müssten und unter dem Fluche mühsam in der Welt herumschweben, gleichwohl aber, weil sie auf Befehl Gottes in solchem ihren Stande des Fluches zu Obersten unter den Teufeln gesetzt worden wären und auf der Welt das Amt führten, die Teufel von Beschädigung der Menschen abzuhalten, so wären auch die Menschen verbunden, ihnen einige göttliche Ehre zu erweisen, und zwar nicht allein in Ansehung ihrer jetzigen Dienste, sondern auch ihrer vorigen und künftigen Herrlichkeit, sintemal sie zur bestimmten Zeit wiederum von ihrem jetzigen mühseligen Amt zu ihrer vorigen Herrlichkeit würden erhoben werden.

Pūdāri wird sitzend abgebildet. Auf ihrem Haupt brennt lauter Feuer, ihren heftigen Zorn anzudeuten, wie denn auch ihr Gesicht und ganzer Leib feuerroth gemalt wird. Sie trägt eine Krone, auf der Stirn hat sie Siva's Zeichen, ihre Haarlocken stehen in die Höhe und ist Schmuck eingeflochten. In den aufgespaltenen Ohrlappen hat sie oben und unten Gehänge, hinter den Ohren stecken zwei Blumen. In den vier Händen hält sie die Trommel Damaru an einer Schlange, den Dreizack, Brahma's Hirnschaale und den Haken zum Lenken der Elephanten. Sie sitzt auf einem Altar als auf einem Thron. Sie hat allenthalben besondre Pagoden, grosse und kleine, neben ihrer Figur in Stein oder Metall steht auch Vighnêsvara darin. Am Eingang der Pagode stehen zwei gewaltige Teufel .... Munnadiyār in grosser und scheusslicher Gestalt. Ist die Pagode gross, so stehen ihre 18 Generale mit ihren Soldaten rings herum, bei kleinen Pagoden aber sieht man sie nicht, wie denn auch die übrigen Figuren von Metall herausgenommen und in andern grossen Pagoden bis zum jährlichen Fest verwahrt werden, weil sie besorgt sind, dass die Diebe aus solchen kleinen Pagoden dergleichen Götter ihnen stehlen möchten, wie es auch wirklich dann und wann zu geschehen pflegt. Das steinerne Bild Pūdāri's aber bleibt beständig darin stehen, als welchem sie wöchentlich einmal Trank- Speis- und Rauchopfer bringen, vor der Pagode steht ein Opferaltar, wie auch in allen andern Pagoden, auf welchem diejenigen ihre Opfer niederlegen, die etwa der Pŭdári ein Gelübde gethan haben, oder etwas von ihr bitten wollen. Auch ihr Fest währt 7—9 Tage.

In einem Briefe heisst es. „Pŭdári ist wegen ihrer Bosheit von Gott zur Erde verstossen worden. Als sie also verstossen wurde, kam eben Vischnu auf die Welt. Zu selbigem sprach sie : „Herr, ich bin wegen meiner Bosheit zur Erde verstossen worden, was soll ich nun anfangen? Alsdann sagte Vischnu zu ihr: „Bleib auf der Erde bis ans Ende der Welt und sei eine Königin über alle Teufel. Regiere aber so über sie, dass sie den Menschen nicht Gewalt, noch Böses anthun. Um dieset willen sollen dir die Menschen auf der Erde jährlich ein Fest feiern und dir an selbigem die nöthigen Opfer bringen. Nachmals am Ende der Welt sollst du wieder zur Seligkeit gelangen." So ist sie denn nun eine Königin unter den Teufeln und über alle diejenigen, die zum Geschlecht der Teufel gehören. Sonst ist ihr Herkommen von der Parāsakti, weil sie aber stolzen und hoffärtigen Sinn gehegt, ist sie zur Erde verstossen. Wegen ihres Amts feiern ihr die Menschen jährlich ein Fest von 8 Tagen. Am letzten Tage bringen sie ihr allerlei Opfer. Die Teufel müssen ihrem Befehl gehorsamen und ihr unterthänig sein. Sie ist gleichfalls eine der Grâmadêvatas. Diejenigen, welche sich erhängen oder mit Gift vergeben oder von den Schlangen getödtet werden, oder die sich aus Bosheit die Zunge aus dem Halse reissen und sterben, oder die sich im Wasser ersäufen, alle diese und dergleichen Leute, die eines jähen Todes sterben, es sei auf was Weise es immer will, dieselben werden zu Teufeln und kommen in Pŭdári's Gesellschaft; über solche Teufel herrscht sie nun und ist die Königin unter ihnen, verhütet aber, dass sie den Menschen kein Böses thun dürfen etc."

Die ergyair y. Chamunda wird stehend abgebildet. Ihr Haupt brennt vor lauter Zornesfeuer, wie denn ihr Gesicht und ganzer Leib feurig abgemalt wird. Die Haarlocken stehen ihr empor, sie hat in selbigem oben auf dem Haupte Gold und Perlenschmuck. Auf der Stirn ist das Zeichen der Kuhmistasche. Zum Munde ragen ihr zwei Löwenzähne heraus. In den Ohren hat sie Gehänge und Ohrspangen, wie sie denn auch am Halse, auf der Brust, um den Unterleib, an Armen und Füssen mit dergleichen Schmuck nebst zwei Blumenbinden über den Achseln behangen ist. Von den vier Händen hat sie zwei eingeschlagen und hält sie offen, zwei reckt sie in die Höhe und hält Vischnu's Gewehre Sankha und Chakra, womit sie einen Riesen getödtet, dessen Kopf, der ein Büffelkopf ist, sie unter ihren Füssen hat. Wie denn alle Gewehre, die Isvara und Vischnu in Händen tragen, solche Gewehre sind, damit man alles überwinden und ausrichten könne, daher liest man in ihren Büchern gar viele Historien solcher Personen, die grosse und langwierige Busse gethan haben sollen, um ein solches Gewehr von Isvara oder Vischnu zu erlangen.

Chamunda wird von einigen für Pārvati selbst gehalten, die durch einen Fluch zur Erde verstossen und dem Vira-Bhadra zum Weibe

gegeben worden, wie sie denn überhaupt sagen, dass nicht mehr als
Eine Sakti sei, die sich aber in zehn Theile getheilt hätte. Neun Theile
von ihr wären durch einen Fluch auf die Erde gekommen, und solche
wären die Navasaktis, die jetzt Grâmadêvatas genannt würden. Das
zehnte und vornehmste Theil aber wäre noch bei Siva und würde sein
Weib genannt. Am Ende der Welt würden alle 10 Theile wieder
zusammenkommen und nur Eine Sakti sein. Wie Pârvati zur Châmunda geworden, wird in folgendem Briefe berichtet: „Châmunda ist
Pârvati selbst. Diese wollte einst ihres Vaters Dakscha Yâga oder
Feueropfer sehen, nahm deshalb Urlaub von Isvara und ging hin es
zu besehen. Als sie aber dahin kam, that ihr Dakscha keine
gebührende Ehre an, sondern sah sie scheel an und tractirte sie
schimpflich. Hierüber wurde sie sehr entrüstet und eilte wiederum zu
Isvara. Unterdess hatte der Prophet Agastya einen Büffelochsen, den
er zu seinem Gefährt gebrauchte, verflucht, dass er der Riese மகிஷ
அசுர (மகிடர் Büffel) Mahischa-asura werden und Nachts auf dem
Wege wachen und Niemand vorbei gehen lassen sollte, wäre es auch
Pârvati selbst. Als nun Pârvati eben selbigen Weg zu Isvara zurück-
ging, wollte er sie nicht passiren lassen. Sie sprach, ich muss zu Gott
gehen, halt mich nicht auf. Aber dieser Riese gab ihr kein Gehör,
sondern setzte sich wider sie. Alsdann kam es unter beiden zu einem
Streit, Pârvati hieb den Riesen, dass das Blut herausströmte, und er
zu Boden fiel. Allenthalben aber, wo sein Blut hingeflossen war,
entstanden viele andre mächtige Riesen daraus. Da Pârvati sah, dass
allenthalben, wo sein Blut hinspritzte, viele andre Riesen entstunden,
so betete sie in dieser Noth zu Vischnu, welcher ihr alsbald seine zwei
Gewehre Sankha und Chakra zukommen liess. Solche Gewehre
liessen das Blut nicht auf die Erde fallen, sondern trockneten es auf und
zogen es vermöge ihrer feurigen Natur in sich hinein, also dass sie den
Sieg davon trug. Nach solchem Kampf kam sie in Feuerbrennender
Zornesgestalt wieder zu Isvara. Als dieser seine Frau so zornig sah,
sprach er: Weih, wie bist du zu einer solchen Furie geworden? Und
als sie erzählte, was ihr bei Dakscha und auf dem Wege begegnet wäre,
so schuf Isvara den Vîra-Bhadra und sandte ihn zu Daksha, dass er
dessen Opfer zu nichte machen sollte. Und da er solches gethan,
befahl Isvara, dass er die zornige Pârvati zum Weibe nehmen sollte,
worauf sie alle beide zur Erde verstossen wurden."

Diese Châmunda hat zwar ihre eignen Pagoden unter diesen Heiden,
man zählt aber derselben gar wenige. Es stehen darin 1, die Figur der
Châmunda selbst und zwar beides in Stein und Metall. 2, Pûleyâr
oder Vighnêsvara. 3, Vîra-Bhadra gewöhnlich aus Holz geschnitzt.
4, Die Uyirttândilkârer. 5, சாணைச்சூனி (ein Dienst thuender Teufel)
Yêvelkârappêy, welcher Teufel stets um sie ist und sich allenthalben
hin verschicken lässt. Alle dergleichen Personen bekommen an Festtagen mit ihr Opfer und Verehrung, Vighnêsvara aber bekommt auch von

den wöchentlichen Opfern etwas. Alle Opfer, wie auch alle Feste der Grámadévatás, sind von gleicher Beschaffenheit.

Ein andrer Heide schreibt uns noch über Chámunda: „Ihr besonderes Amt ist, ihren Verehrern Tapferkeit mitzutheilen, auch ist sie den Hexenmeistern in ihrer Kunst behülflich, wenn sie mit Opfern darum angerufen wird. Solche Hexenmeister haben gewisse Gebetsformeln und wissen solche Worte und Ceremonien zu gebrauchen, wodurch Chámunda zu ihnen gerufen wird, die alsdann ihr Vornehmen wohl von Statten gehen lässt. Diejenigen, welche im Kriege Helden werden wollen, erwählen Chámunda zu ihrer Patronin und rufen sie mit grosser Begierde an, da sie ihnen denn Muth und Sieg wider alle Feinde mittheilt.".

Die *Durga* wird abgebildet, wie sie einen Riesen Sihamukhasura (Löwen-Angesichts-Helden) Sinhamukhasura getödtet hat. Ihr Gesicht ist ein Schafsgesicht. Ihr Haupt, auf dem sie einen Schmuck von Gold, Perlen und Edelsteinen trägt, brennt von feurigem Zorn. Auf der Stirn hat sie von Kuhmistasche einen Halbmond. Sie hat 6 Hände und hält Ring, Schwert, einen grossen Dreizack, das eiserne Instrument zum Lenken der Elephanten und einen Menschenkopf. Mit den Füssen steht sie auf dem getödteten Riesen und auf seinem Löwenkopfe. Sie erzählen, dass diesem Riesen immer wieder ein neuer Kopf gewachsen sei, wenn einer abgehauen worden, und dennoch habe ihn die Durga erlegt. Durga wird auch für eine der neun Saktis gehalten und viele Historien von ihr erzählt, von welchen ein Heide uns die Geschichte von Erlegung des Riesen und wie sie zu dem Schafsgesicht gekommen, folgender Massen erzählt: „Es war eine Riesin *marumau* Mahá-máya, welcher Name so viel bedeutet als grosse Verstellung; diese that grosse Busse, weil sie ihrem Geschlecht nach weder ein Mann, noch ein rechtes Weib war, damit Isvara sie zu einem rechten Weibe machen und ihr offenbaren möchte, wen sie zur Ehe nehmen sollte. Da erschien Isvara und gewährte ihr solche Bitte, sagte auch, dass gegen Norden ein Prophet sich aufhielte, Namens Kasyapa, der solle ihr Mann werden. Hierauf ging sie gen Norden zu diesem Propheten. Und als sie sah, wie er in der Busse begriffen war und niemals die Augen aufthat, ersann sie eine List, ihn aufsehen zu machen. Er ass bei seiner Busse nichts anders als die dürren Blätter, die von den Bäumen fielen, welche er mit den Händen aufraffte. Sie machte aber von Honig und allerlei Saft Esswaaren, die er aufraffte und ass. Auch präparirte sie ihm allerlei Gebacknes und gabs ihm zu essen. Durch solche Speisen wurde in ihm eine Brunst zur Unzucht erweckt, also dass er aufsah. Sobald er aber der Riesin ansichtig wurde, beschlief er sie und da warde von ihr ein Riese geboren Súrapadma. Hierauf kam der Prophet wieder zu sich selbst in eine tiefe Betrachtung und erwägte, was er für eine grosse Sünde gethan, dass er diese Riesin beschlafen habe, wurde darüber sehr betrübt und gedachte, wie hast du doch diese Sünde begehen können? Siehe meine langwierige Busse ist hierdurch auf einmal zu nichte geworden und hat nunmehr keinen Nutzen. Bleibst du noch länger hier, so wird diese Riesin dich noch ferner verführen. Hierauf nahm er alsbald die Gestalt eines Elephanten an, aber die Riesin verwandelte sich gleichfalls in eine Elephantin, da sie sich denn mit einander besprangen, worauf der Riese Táraka-asura mit einem Elephantenkopf geboren wurde. Der Prophet wollte ihrer Brunst entfliehen und verwandelte sich in einen Löwen, aber sie wurde gleichfalls eine Löwin und verfügte sich zu ihm, da denn der Riese Sinhamukhasûra mit 1000 Häuptern und 2000 Händen geboren wurde. Der Prophet verwandelte sich in einen Schafbock, sie verwandelte sich gleichfalls in ein Schaf, und von beiden wurde die ஆட்டுமுகி (ஆடு Schaf) Ajômukhi mit einem Schafskopf geboren. Diese hält man nun für Durga, die unter der Zahl der Grâmadêvatas von uns verehrt und mit einem Schafsgesicht abgebildet wird. Der Prophet, von welchem sie geboren ist, ist Devêndra's Vater (Kasyapa). Ihr ältester Bruder Sûra genannt, hat 2000 Jahre harte Busse gethan, um etwas mehr zu werden als Devêndra, der König unter den Göttern. Und weil er aus Ungeduld, dass ihm Isvara nicht erscheinen wollte, ins Feuer fiel und verbrannte, so setzte der andre Bruder die Busse andere 2000 Jahre fort. Durga aber ging einstmals in Ayenárs Garten und hauste sehr darin. Als der Riese Sinhamukhasura, den Ayenár zum Wächter gesetzt hatte, ihrer ansichtig wurde, stritt er mit ihr, aber Durga warf ihn unter die Füsse und tödtete ihn. Hierauf befahl Isvara, dass sie in der Welt eine Wächterin der Menschen sein und nach Ayenárs Befehlen sich richten sollte, da denn die Menschen ihr eben diejenigen Opfer bringen würden, die sie Ayenár zu bringen pflegten.

Durga hat ebenfalls besondre Pagoden, die ebenso gebaut sind, wie Ayenárs. Ausser ihrer Figur stehen auch andre darin, besonders Vighnèsvara, Vîra-Bhadra und Bhadra-Káli. Auswendig sind ihre Pagoden rund herum mit vielen Figuren aus Thon besetzt, welche die Einwohner bei diesen und jenen Zufällen der Durga nach einem gethanen Gelübde machen lassen. Unter ihnen stehen auch ihre Generalspersonen, die sie im Streite unter den Teufeln zu gebrauchen pflegt. Der Priester an ihrer Pagode, welcher ein Pandáram ist und பூசாரி (contr. aus பூசாரி Pûjáchári Opferpriester) Pûjári genannt wird, opfert ihr gewöhnlich alle Freitage einmal und nimmt diejenigen Opferwaaren in Empfang, welche diese und jene Einwohner nach gethanem Gelübde herzubringen. Die Feier des jährlichen Festes ist wie bei den andern Göttinnen. Ihre vorzüglichsten Namen sind: 1, பகவதி Bhagavatî. 2, நீலி (schwarz-blau) Nîli. 3, எருமைமேல் (எருமை Büffel, மேல் Kopf; die mit Büffelkopf sc. des Riesen Mahischa-asura, der Name käme also vielmehr Chámunda zu; übrigens bildet offenbar dies Wort erst mit der folgenden Nummer zusammen Einen Namen) Mêlisenni. 4, எருமைமேல்மிதித்தாள் (மேல் auf, மிதி treten, தாள் abschlagen, tödten; zusammen mit der vorhergehenden Nummer: die Tödterin, welche auf den Büffelkopf tritt) Melûdarugiravöddöl. 5, மகி

(viele Gottheiten haben diesen Namen, und auch das Weib des Riesen Táraka) Sauri. 6, ~~~ Ayai. 7, ~~~~~~~~~~~ (~~~ Schwert, die das Schwert haltende) Válkaikondōl. 8, ~~ Sūli. 9, ~~~~~ (die hartnäckige, Durga als Ueberwinderin Mahischa-sura's) Chandhika. 10, ~~~~ (Jungfrau) Kanya. 11, ~~~~ (schön) Sundari. 12, ~~~~~~ ~~~~~~~ (~~~~~ jüngere Schwester, ~~~~ Weib; Perumáls d. i. Vischnu's jüngere Schwester) Malinukkūlayanangai. 13, ~~~~ ~~~~ Nōdiyakātti, und 14, ~~~~~ (Kātyāyani d. i. Tochter des berühmten Gesetzgebers Kātyāyana; liess die beiden letzten Namen als Einen ~~~~~~~~~ ~~~~ lang ist nur poet. Füllwort) Ayini. Unter diesem Namen fasst ein jeder eine Historie in sich, man hat aber besonders den ersten Bhagavati zu merken, weil viele von ihren Pagoden darnach benannt sind (als Bhagavati führt sie den Beinamen Malayālim-Bhagavati, als die dort vorherrschend verehrte Gottheit). Unter den bei uns eingelaufenen Briefen findet sich noch einer mit folgender Passage über Durga: „Durga ist eine Sakti und führt das Amt einer Schutzgöttin, denn es schweben viele Teufel und böse Geister in der Welt herum, die den Menschen Böses zu thun gedenken. Da ist nun die Durga eine mit, die über solche Teufel herrscht und die Menschen beschützt. Mit ihr sind 9 Saktis, die alle einerlei Amt führen, indem sie vor den Teufeln beschützen und behüten, und von uns Grāmadēvatas genannt werden. Wir thun ihnen keine andre Verehrung an, als dass wir ihnen jährlich ein Fest halten und an selbigem für ihre Dienste einige Opfer bringen, sie auch anrufen, dass sie alle Teufel von unsern Städten und Dörfern, von Land und Häusern abhalten. Sonst aber sind auch einige, die ganz genaue Gemeinschaft mit diesen Schutzgöttinnen haben und sie auf besondere Art verehren. Und solches sind die Soldaten, Generalspersonen und Hauptleute des Kriegs, auch die Hexenmeister. Die Kriegsleute wissen Ihnen solche Opfer zu bringen, durch welche sie grosse Tapferkeit erlangen, so dass sie im Kriege niemals unterliegen, sondern allezeit den Sieg davon tragen. Den Hexenmeistern erzeigen sie auch grosse Hülfe, als welche sonderliche Bekanntschaft mit ihnen haben und viele Dinge durch sie ausrichten können. Unter ihnen ist Durga eine sehr zornige Sakti. Wenn mans am Ende besieht, so ist überhaupt nicht mehr als Eine Sakti, die Namen aber und die Begebenheiten sind vielfältig, denn gleichwie Isvara nicht mehr als Einer ist, aber viele Namen hat und wegen seiner Erscheinungen unter vielerlei Gestalt verehrt wird: so ist es auch mit der Sakti, als welche nicht mehr als Eine ist, aber wegen ihrer vielfältigen Verrichtungen und Geschichten viele Namen hat und unter mancherlei Gestalt verehrt wird."

Dem Schlussurtheil des Correspondenten werden viele Leser beifallen, welche sich vergebens bemüht haben, die neun Saktis (wenn wir die beiden Weiber Ayenārs einbegreifen) an characteristischen Merkmalen aus einander zu halten. Was in einer Provinz mit dem einen Namen der Göttin verknüpft ist, hat sich in einer andern an einen andern Namen angeschlossen. In Nordindien sind die *leitenden* Namen Kali und Durga unter einer verwirrenden Schaar von Göttinnen, wie ein Blick in Wards Werke lehrt. Auch dort die Lehre, dass Durga zur Ueberwindung von Riesen zehnfache Gestalt angenommen, besonders wird der Riese Mahischa genannt. Göttin der Pocken ist anstatt Ellammens in Bengalen Schltala, sie hat dort nichts wider das Impfen, welches nicht Doctoren, sondern Astrologen, eine niedre Brahmanen-Klasse verrichten und zwar, wenn die Kinder zwei Jahre alt sind. Die Göttin wird beim Beginn und dann nach der Genesung angerufen. Schützerin vor Schlangenbiss ist dort des Schlangenkönigs Vasuki Schwester Manasa-dévi. Es sind dies aber wohl nicht blos dem Namen nach, sondern auch überhaupt gänzlich verschiedene Göttinnen, und es würde falsch sein zu sagen, dass wo die Verehrung Kâli's oder Durga's vorwaltet, dies ein Anzeichen von Dämonenverehrung sei. In den nordindischen Beschreibungen ist nichts, was über die allerdings dämonisch geartete Verehrung der schrecklichen Formen der sivaitischen Gottheiten auf directe Teufelsverehrung hinwiese, während diese mit dem südindischen Ammendienst so eins geworden ist, dass wenigstens nach der vorhergehenden Beschreibung die mit dem Brahmanenthum verknüpfenden Fäden kaum sichtbar sind. Wenn also diese Ammen wirklich brahmanische Gottheiten ursprünglich sind, und nicht etwa vorgefundene Localgöttinnen, ausgestattet mit verhältnissmässig modernen und indirect durch den Teufelsdienst erzeugten brahmanischen Sagen, so erweist sich der Teufelsdienst als ein dem Brahmanismus völlig entgegengesetztes feindliches System. Und wirklich sind Anzeichen vorhanden, dass während die diplomatischen Brahmanen es politisch angemessen finden mochten, nach Herleihung einiger Gewänder und Farben, den Dämonendienst anzuerkennen, die Teufelsdiener selbst nicht so willig waren. Soweit z. B. das brahmanische System bei den Schanars eingeführt wurde, galt es als ein feindlicher und rivalisirender Glaube und wurde als solcher ausdrücklich bekämpft. Das grosse und einzig allgemeine Nationalfest am 1. Adi (July) gilt dem Andenken des Rákschasakönigs Rávana von Ceylon, der an dem Tage Rāma's Weib Sita entführte. Rávana's Premier-Minister Mähödara soll ein Schanar gewesen sein, und bis auf den heutigen Tag rühmen sich die Schanars der hohen Stellung, welche ein Mitglied ihres Stammes erlangt hat, und jubelnd über Rāma's Schmerz stimmen sie ein in Rávana's Freude, ja sie haben zur Vergeltung sogar Rāma in einen Dämon verwandelt (Caldw. Shanars p. 28). Das nächste Kapitel wird uns mehr Gelegenheit geben von der Urbevölkerung und der Urreligion zu reden, indem wir jetzt von dem Halbbrahmanenthum des Ammendienstes zu dem Nichtbrahmanenthum d. i. der directen Teufelsverehrung übergehen.

SECHSTES KAPITEL.

Teufel und Riesen: Pêgöl, Bhûtas, Râkschasas und Asuras.

Nachdem in den vorhergehenden Kapiteln die Grâmadêvatas nach Herkunft und Verrichtungen als Beschützerinnen der Menschen beschrieben worden, so ist nunmehr zum Beschluss des dritten Theils noch etwas von denen zu melden, wider welche sie die Menschen beschützen sollen, den Teufeln und Riesen. Die *Teufel* theilen sie in zwei unterschiedliche Sorten சுடலை Pêgöl oder பேய் Pischas und பூதம் Bhûtas. Die Riesen zerfallen gleichfalls in zwei Klassen இராட்சதர் Râkschasas und அசுரர் Asuras. Die Teufel, welche diese Heiden சுடலை Pêgöl nennen, malen sie ganz schwarz mit sehr scheusslichem Gesicht und sehr dürrem Leibe, in der Positur, als schwebten sie in der Luft und als hätten sie grossen Hunger, Durst und Plage. Von dem ersten Ursprung solcher Teufel haben sie nicht einerlei Meinung. Einige und zwar die meisten statuiren, dass Gott sie gleich anfänglich als Teufel in solchem ihrem Zustande erschaffen hätte, damit Böses und Gutes erkannt werden möchte, wie sie denn durchgehends den Ursprung alles Guten und Bösen Gott zuschreiben. Viele sagen auch, dass Gott die Teufel den Menschen zur Strafe erschaffen habe. Verständige und gelehrte Heiden aber statuiren, dass Gott anfänglich die Teufel nicht als Teufel erschaffen habe, sondern sie hätten alle einen guten Ursprung, wären aber nachmals aus dieser und jener Welt wegen grosser Verbrechen zu ihrer rechtmässigen Strafe verflucht und zu Teufeln geworden, auf welche Weise sich die Zahl der Teufel immer noch vermehre.

Von denen, die statuiren, dass Gott die Teufel als Teufel erschaffen habe, schreibt einer: „Die Teufel sind gewisse Geschöpfe Gottes, von welchem sie vor Alters also erschaffen worden. Die Ursache, warum sie Gott also erschaffen, ist diese: unter den Menschen sind viele, die sehr grosse und erschreckliche Sünden begehen. Um solche zu strafen hat Gott die Teufel erschaffen, als welche sie schon bei ihrem Leben quälen und endlich gänzlich tödten, da sie denn nach dem Tode den Teufeln zur Qual übergeben werden und also in der Gesellschaft solcher Teufel bleiben. Sie schweben theils als unruhige Geister in dieser Welt herum, theils aber werden sie zur Hölle verstossen, wo sie von den Teufeln gefoltert und geplagt werden, welchen sie unterthänig sein und allen Dienst thun müssen. Unter ihnen sind Ayenâr, Pidâri, Durga und die andern Grâmadêvatas Könige und Oberste und herrschen sowohl über diejenigen, die von Gott als Teufel erschaffen worden, als auch über die, so da wegen ihrer Sünde aus Menschen zu Teufeln geworden, so dass weder diese noch jene wider ihren Willen etwas thun oder die unschuldigen Menschen tödten dürfen."

Von denen, die statuiren, dass die Teufel anfänglich gut erschaffen gewesen und nachmals der Sünde wegen zu Teufeln geworden, schreibt einer also: „Es sind bei Iavara, Vischuu und Brahma, desgleichen auch in der Götterwelt bei Dévéndra und in den andern Welten viele solche Personen gewesen, die da ihre Gewalt und erlangten Gaben geniessbraucht haben und stolz geworden sind, so dass sie nichts nach Gott gefragt haben, auch sind viele Propheten, Riesen und andre grosse Leute gewesen, die durch ihre strenge Busse grosse Gaben von Gott erlangt hatten und nachmals stolz geworden sind: alle dergleichen Personen hat Gott wegen ihrer Sünde verflucht und sie im Zorn theils zur Hölle, theils in diese Welt verstossen mit dieser Strafe, dass sie so und so lange Teufel seien und geplagt werden sollen. Auch sind viele unter den Menschen auf dieser Welt, die sich entweder selbst das Leben nehmen oder in ihren schweren Sünden sterben: diese kommen gleichfalls in die Zahl solcher Teufel und werden zu Teufeln. Und diese alle sind diejenigen, die wir Pégöl oder (mit dem Sanscritwort) Pisáchas nennen, die Sünden aber, welche die Menschen zu Teufeln machen, sind viel tausenderlei und können nicht alle aufgezählt werden."

Es werden von diesen Heiden erstlich die Grâmadêvatas insgesammt zu Obersten der Teufel gesetzt, nebst ihnen specificiren sie noch viele vornehme Teufel, welche diesen Grâmadêvatas zur Hand geben und mit in und um ihre Pagoden gestellt werden. Auch benennen sie eine grosse Anzahl solcher Teufel, welche die Menschen besitzen. Ferner haben sie noch ein sehr langes Register solcher Teufel, die das Verderben der Menschen suchen, von welchen man allhier nur wenige anführen will: 1, கலபப்பேய் (கலபம் Aufruhr) Kalaba-péy, der Teufel, welcher stets Unruhe anrichtet. 2, கபாலிப்பேய் (கபாலம் Schädel heftige Kopfschmerzen; Kapâlin Name Siva's und Bhairava's als einen Schädel tragend, von den Dämonen als Trinkgefäss benutzt) Kapâlippéy der Hurenteufel (dieser Bedeutung käme näher வசை Jugend). 3, தலைசுற்றுத்துஞ்சனடலப்பேய் (சலனம் Dämon, verworfne Person, welche தலை den Kopf சுற்றும் spielend herumdreht) Talaisuddiyâ-dunchandâlappéy, derjenige Teufel, welcher bei den Menschen ein ungestaltnes Kopfdrehen verursacht. 4, வண்டப்பேய் (வண்டன் unzerschämter Vagabond) Vandappéy, der die Menschen ganz unverschämt macht. 5, மாயமப்பேய் (grosse Zauberei) Mâyâlappéy beraubt die Menschen der Sinne, dass sie eine Zeitlang als Todte darniederliegen. 6, குண்டனிபகாலங்கொரணிப்பேய் (குண்டன் ein kleines, verwachsenes, schlechtes Weib, பாகம் Schädel, கொரணி Verdrehung des Gesichts, Verspottung) Kundanibhagâlankóranippéy macht die Menschen närrisch, dass sie von andern Leuten allerlei reden. 7, சாடையப்பேய் (am

Teichufer) திரைப்பேய் (Nachtteufel) பகற்பேய் (Tagteufel) Yérikkarayilirāppèy-pagelpèy, der Tag- und Nachtteufel, der sich bei den stehenden Wassern sehen lässt. 8, அங்கதப்பற்புப்பேய் (அங்கிஸ verführen, கப்டும் Grausamkeit ; der grausame, zu Grunde richtende) Nilaikulaittaniechdūrappèy der bei den Menschen krumm macht, was gleich ist und Tyrannen anrichtet. 9, சூதுபேய் (Spiel, Betrug) Dyūtappey der Spielteufel. 10, ஆதரப்புப்பேய் Kūttādippey der Tanzteufel. 11, தசையினுகுசன்டாசப்பேய் (தச Fleisch, தினது welcher entzündet) Tāthavūlakkuncbandālappèy erregt böse Lust und Unzucht. 12, சீதஞ்சீதவீச (stets zitternd, சிதச leidend oder auch hinschwindend und einen geringern Grad des Zitterns bezeichnend) சித்டூம் (stehend-lassend) பேய் Nadukkinadukkīnalindunindrādumpèy verursacht stetes Zittern und Frieseln im Leibe. 13. இடிக்கும் (இடி donnern) பேய் Uedikkumpèy der Donnerteufel. 14, தொளுப்பு (Stolz, Anmassung) பேய் Uerumāppuppèy der Teufel der Unachtsamkeit. 15, உள்ளிடப்பேய் (Heimathsort, wo man sich aufhält) Ullūrppèy der Stadtteufel. 16, உபாயமுரைப்பேய் (உபாயம் Verschlagenheit, முறை Weise, Methode) Upāyamuraippèy der listige Teufel. 17, ஆச்சுப்புப்பேய் (ஆச்ச Milchbaum, பூ Fnss, als Praepos. am Fuss) Kalliyadippèy hält sich in den Milchbäumen auf. 18, முள்ளப்புப்பேய் (முள் Dorn) Mulladipyèy in Dornsträuchern. 19, அக்கிணப்பேய் (அக்கிணம் Feuer, வரு Mund ; der Teufel mit Feuer im Munde, so wird nämlich das Irrlicht erklärt) Kollivàyppèy der Irrwischteufel. 20, அச்சேமுப்பேய் (Grausamkeit) Kodamaippèy Teufel der strengen Unbarmherzigkeit. 21, அகட்டலப்பேய் (Spott, Scherz, Unsinn) Köddālaippèy thut lauter unbesonnene Dinge im Menschen. 22, எற்றுப்பேய் (எதி Volk, Kaste ; தசு Familie) Jatikulappèy, der Geschlechtsteufel, welcher dem Menschen einbildet, dass er seines Geschlechts wegen besser sei als andre. 23, அக்குகுகு நுசின்றனப்பேய் (அக்ஸ் Schmerz, அருசம் kast kommen, நின்ற அசு Weisheit, Geschicklichkeit) Vēdenaiverattumvūnnānappèy der Plageteufel, der alle Dinge vergeblich macht. 21, அசத்திரசுகதப் அரிசைப்பேய் (அறிசைசக்தியசும் Kumāla Herumspringen, Ausgelassenheit ; உவ wohnen ; ந்ப்பேய் Gōtra Stamm) Kōttirattaraindakōmālappèy, der Teufel, den jede Familie besondern hat. 25, எண்ணிப்பேய் Sāstrappèy Teufel derjenigen Gelehrten, die diese und jene zukünftigen Dinge wissen wollen. 26, தடை (Hinderniss) பேய் Tadaippèy Verhinderungsteufel. 27, மடப்பேய் (மடம்) Opfer bösen Gottheiten gebracht, auch Thorheit, die folgende Erklärung fordert aber முடம் Mudam Lähmung) Mudappèy der Lähmungsteufel. 28, எப்ப்ப்பேய் (Schlechtigkeit) Duschtappèy Bosheitsteufel. 29, குவப்ப்பேய் Sūnyappèy Hexereiteufel. 30, அஞ்சனப்பேய் Vanjchanappèy Teufel der Falschheit. 31, அகிலப்பேய் Kolaippèy Mordteufel. 32, வாமப்பேய் Varmappèy Neidteufel. 33, வைராக்கியப்பேய் (Ausdauer, Hartnäckigkeit) Vairāgyappèy der Hassteufel. 34, காமப்பேய் Karmappèy Sündenteufel. 35, காமகாரப்பேய் Kāmakārappèy Unzuchtsteufel. 36, குவப்ப்பேய் Sūrāvalippèy Sturmteufel. 17, சேடகதுரைப்பேய் Sādukāduraippèy hält sich am Ort auf, wo die Todten verbrannt werden. 38, சையப்பேய்(? சீஸப்பூச்சு (சீஸ்ச் böse Neigung) Vicappâgiyavikârappēy der Teufel im Menschen, der die andern zum Narren hat. 39, காமப்பேய் Kâmappēy erregt unreine Liebesbrunst. 40, கயிராடெல்பேய் Kayirâdelpēy Seiltanzteufel. 41, புலம்பாலா (Weltbegier) பூராதிசீபு (Gefallen habend) புய் Blūstalatdasiporundiyapēy Teufel der Weltliebe. 42, சோகையத்து ஸை (Wohlleben der Welt) ஸாடிதூம் (suchend) புய் Lokavârkkainâdüdumpēy pflanzt die Eitelkeit der Welt ins Herz. 43, மனப்பேய் Manaippēy Haasteufel. 44, கனவில் (im Traum) ஒறிசீபு (ergreifend) புய் Kanaviltottiyapēy der Nachtteufel, der im Traum allerlei böse Dinge vorstellt. 45, கானப்புய் Kânanappēy Waldteufel. 46, குசாசு புய் Angârappēy Hochmuthsteufel. 47, கொண்டாட்டப்புய் (gesellschaftliche Freuden) Kondâddappēy der Teufel des Wohllebens. 48, அடுப்புரப்புய் Aduppuraippēy Küchenteufel. 49, காசானு (heftigen Zornes) இடிசு (Feuer anzünden) புய் Kanaköpatlivâlaippēy der Teufel des nicht zu stillenden Zorns. 50, உச்சிப்புய் (Scheitel, Zenith) Utschippēy Mittagsteufel. 51, காலைப்புய் Kâlaippēy Morgenteufel. 52, சந்திப்புய் Sandhippēy Nachmittagsteufel. 53, இராப்புய் Râppēy Nachtteufel. 54, சுய்புய் (der eigne Teufel) Svayappēy der Hūlfsteufel oder spiritus familiaris. 55, பூச்சாசப்புய் (bittere Sorge) Pongârappēy der hitzige Teufel. 56, அகம்ப்புய் Agandaippēy Hoffartsteufel. 57, ஆசாப்புய் Achârappēy Complimentirteufel. 58, பெருமைத்தோரணப்சீபு (vollkommen seiend) புய் Perumaitörinapēy Ehrgeizteufel. 59, கசிவுப்புய் (? பனப்பிரிய Panapriya) Vânaviyappēy der Geldgeizteufel. 60, உடம்பைப்பர்த்துச்சீபைவுப்புய் (சும் Körper; ப்ற berühren, färben, சீகீ schmücken, பசம்ப–பதாசீ Unterwelt) Jadattaippaddumminukkiyapatalappēy, der höllische Schmuckteufel, der den Leib mit allerhand Zierrath zu behängen anregt. 61, தம்மார்க்கப்புய் Tunmârkappēy Lasterteufel. 62, சோடுசப்புய் Sudamukhappēy der Sauergesichtsteufel. 63, சகுஜப்புடப்சீர்சீரசீ புய் (சிபம் Barmherzigkeit, அறப entfernen, சீசாதச் Chhadikâren Verräther) Dharmattai-agaddiya-chhadikârappēy der Verführungsteufel, der alle Gutthat verhindert. 64, கள்ளப்புய் Kallappēy der Stehlteufel. 65, அரசடிப்புய் (அரசு–இச்சாதச்) Arasadippēy hât sich auf dem Königsbaum auf. 66, நட்டனக்காப்புய் (Dorfgränze) Nattankaraippēy Feldteufel. 67, குடிப்புய் Kudrappēy Lügenteufel. 68, தசுவுப்புய் Dukkhappēy Trauerteufel. 69, சோம்பப்புய் Sömbelpēy Faulheitsteufel. 70, மாயப்புய் Mâyappēy Heuchelei- oder Verstellungsteufel. 71, புறப்புய் (புற Höhle) Puddadippēy der Teufel, welcher sich bei Schlangenlöchern aufhält. 72, பூதலப்புய் Bhūtlökappēy Weltteufel. 73, கள்ளப்புய் (சகிய Palmwein) Kalluppēy Saufteufel. 74, சள்ளுப்புய் Sulluppēy Fressteufel. 75, தோசப்புய் (Betrug, Unbescheidenheit, besonders von Frauen) Tödakappēy Aufhaltungsteufel. 76, பசைப்புய் (Spott) Paribâsappēy Vexirteufel. 77, ரனச்சப்புய் (Schlachtfeld) Samarkalappēy Kriegsteufel. 78, நிற்சுப்புய் (völlige Vernichtung) Nirmūlappēy der Ausrottungsteufel. 79, சம்மளப்புய்

z

(Streit) Sandaippey Zankteufel etc." In Summa sie specificiren so viele Teufel, als sie Sünden unter sich zählen können. In ihren Büchern werden gar viele Historien gefunden von den Teufeln, was sie nämlich für Böses unter den Menschen angerichtet haben, wie sehr sie sich verstellen und ihre Gestalt verwandeln können, auf wie grausame Weise sie die plagen, die von ihnen besessen werden, und wie sie aus den Besessenen können ausgetrieben werden. Auch findet man unter ihnen einige Bücher, darinnen Specialbegebenheiten erzählt werden, wie dieser und jener gewaltige Teufel sein Spiel unter den Menschen gehabt und viel Verderben angerichtet. Unter solchen Büchern sind die bekanntesten சூரசமை (Vētāla-Erzählung) Vētālakathai und சீலாட்டம் (Nili-Drama oder Tanz) Nilinātaka, in jenem wird ein gewaltiger Teufel Vētāla† nach seinen Verrichtungen beschrieben, und in diesem ist eine weitläuftige Historie von einer listigen Teufelin Nūli enthalten. Weil nun diesen Helden bekannt ist, wie viel Böses die Teufel unter den Menschen anrichten, und wie sie fast alle Krankheiten und alles Unglück verursachen, so verehren sie die Obersten unter selbigen, nämlich die Grāmadēvatās mit Anbetung und Opfer, dass sie vor solchen Teufeln sie schützen sollen. Und wenn Jemand unter ihnen von den Teufeln besessen wird, deren gar viel gefunden werden, so führen sie ihn in ihre Pagoden und treiben die Teufel daselbst aus, welches unter ihnen eine gar leichte Kunst.

Was die andere Sorte der Teufel anlangt, die sie பூதங் Bhūtas nennen, so werden sie ganz roth, klein und dick abgebildet. Ihre Haarzöpfe hängen ihnen um den Kopf herum. Sie haben furchtbare Gesichter und Löwenzähne im Munde, sind aber am übrigen Körper mit Schmuck behangen. Aus ihrer Zahl brauchen die Götter manche zu ihrem Dienst, diese heissen பூதகண் (Bhūta-Uchaar) Bhūtagana, besonders die um Isvara, die sich, wenn sie wohin wollen, von andern tragen lassen, während einige vorausgehen und pfeifen nach Art des ostindischen Staats. Es geben diese Heiden vor, dass die Bhūtas insgesammt zum

* Vgl. zu dieser Aufzählung Graul Reise IV. 333 : „Man unterscheidet zwischen Duschta-dēvatā (böse Gottheit) und Bhūta (Dāmon). Ich besitze eine Liste von 123 Namen der erstern und von 40 Namen der letztern Klasse. Die Zahl der namhaften Bhūtas wurde mir übrigens als sich auf 721 belaufend angegeben. Man sagte mir ausserdem von 1008 Sāttām. Darunter sind Kuddi-S. der kleine, Paṛbukki- S. der nicht alternde, Malal- S. der Bergsatan, Pī-S. der Dreck-S., Sappāni-S. der lahme S., Nūnampūdunkie-S. der Fett verschlingende S., Pūnantindrl der Leichenafressende etc." Die obige Liste nach den Sünden der Menschen und diese nach Eigenschaften der Teufel möchten doch vielleicht fortgesetzt zusammen treffen, obgleich wir früher Satten als Titel Ayenārs fanden.

† „Der Fortbestand einer ältern Götterverehrung giebt sich auch kund in der Verehrung der Vētāla, mit welchem Namen Geister bezeichnet werden, denen die Fähigkeit zugeschrieben wird, in Leichen hineinzukriechen, diese in Bewegung setzen und aus ihnen heraus reden zu können; dann in der Rolle der Bhūta gehaissenen bösen Geister bei den ihnen geweihten Festen." Lass. Ind. Alt. IV. 365.

Dienst der Götter und anderer Personen erschaffen waren (Muhammedaner schreiben ihre Erschaffung Adam zu). Und obgleich sie stets den allergeringsten und verächtlichsten Dienst thun müssten, so käme ihnen solcher doch nicht als Plage vor, weil sie zu nichts anderm erschaffen wären. Daher könne man ihren Zustand nicht mit dem unseligen der Peygöl vergleichen. Von diesen Bhūtas schreibt ein Heide in einem Briefe: „Unsere Poeten sagen, dass Isvara die Bhūtas zu seinen Thürwächtern gebraucht, damit sie Acht haben sollen, wer da kommt und wer da geht, auch diesen und jenen holen und hinwegtragen. Sie sind nicht geboren wie wir Menschen, sondern auf einmal erschaffen worden. Sie werden in den Welten hin- und her verschickt und sind von solcher Natur, dass sie verstellter Weise bald hier bald da sein können. Sie werden auch zur Strafe gebraucht und haben allerlei Verrichtungen."

Ein andrer schreibt von ihrem Ursprunge aus dem Skandapurāna also: „Die Bhūtas sind anfänglich von Brahma erschaffen worden und zwar in einer sehr grossen Anzahl. Denn als der Riese Sūra über alle 14 Welten regierte und seine von Isvara erlangte Gewalt missbrauchte, flehten alle Götter Isvara an, dass er ihn ausrotten wolle. Isvara beschloss seinen Sohn Subhramanya wider diesen Riesen in den Streit zu schicken, rief Brahma und sprach, dass er so viel Bhūtas zu diesem Krieg schaffen solle, als in einem Raum von 1000 Meilen stehen könnten, nämlich 10 Vellam voll. Sobald Isvara solches gesprochen, schuf Brahma diese 10 Vellam voll Bhūtas. Mit diesen zog Subrahmanya in den Streit und nahm ausserdem noch 100,000 Helden mit und 9 Generalspersonen. Auch gingen alle 330,000,000 Götter mit in den Streit wider Sūra. Von ihrem Marsch wurden nicht nur die 7 Meere ausgetrocknet, sondern der Staub bedeckte auch Mond und Sonne. Die Sterne am Himmel schienen, als wenn es Perlen auf ihrem Haupt wären. Der König des Meeres kam zu Subhramanya und beklagte sich, dass alle Meere mit Land zugeteäubt wären und bat um Rath. Dieser liess alsbald seine Generalspersonen rufen und befahl, dass alle Personen im ganzen Heer ihr Wasser lassen sollten. Und als solches geschehen, wurden die 7 Meere wieder voll Wasser, wie zuvor. Die Bhūtas gingen voran und brauchten die Berge als Schleudersteine, sengten und brennten alles weg und hausten sehr grausam."

Diese Schöpfung der Bhūtas halten sie für die erste Schöpfung und setzen diesen Krieg zur Ursache ihrer Schöpfung. Nach vollendetem Kriege und erhaltenem Siege sind diese Bhūtas in der Götter Dienst genommen worden, da haben denn Ayenār und alle Grāmadēvatas ihre besondern Bhūtas, welche die Teufel, unter welchen sie herrschen, plagen und zum Gehorsam bringen, auch sonst als Executoren an den bösen Menschen und an den Seelen der Sünder allerlei Strafe ausüben, sie quälen und martern.

Die Unterscheidung zwischen Bhûtas und Peygöl" ist im Tamulischen möglich, weil mit dem sanskritischen Wort Bhûta (Wesen, Element von der Wurzel bhû sein) sich naturgemäss die auf brahmanischem Boden entsprungene Idee von den Teufeln vereinigte, während die im Lande ursprüngliche dem einheimischen Wort verblieb, auf der Westküste und im Maisurschen decken sich dagegen die Begriffe Bhûtaverehrung und Teufelsdienst. Dubois schliesst aus der einen Bedeutung des Wortes Bhûta, dass der ganze Dienst aus Verehrung der Elemente entstanden, aber alle neuern Forscher führen ihn vielmehr auf Heroenkultus zurück, geht doch unter den Schanars, den eigentlichen Vertretern der Teufelsverehrung, in gleicher Weise die Entstehung neuer Teufel noch immer vor sich. ,,Es giebt eine fortdauernde Succession von Teufeln, welche Ansprüche auf die Verehrung der Schanars erheben und nach einiger Zeit wieder in Vergessenheit sinken, aber nicht Einer neuern Ursprungs hat Verbindung mit brahmanischen Sagenkreisen. Einer der gegenwärtig unter den Schanars meist gefürchteten Dämonen, Palavêscham, war ein Marraver, der sich durch seine Räubereien und Gewaltthaten von Madura bis Quilon berühmt machte während der letzten Periode der muhammedanischen Herrschaft. Auch von Muhammedanern glaubt man, dass sie Teufel geworden sind, noch mehr ein englischer Capitain Pole, der 1809 im Kampfe fiel und in einer sandigen wüsten Gegend begraben wurde, war wenige Jahre später Gegenstand der Verehrung geworden und seinen Manen wurden Brantwein und Cigarren als Opfer dargebracht (Caldw. Tinn. Shan. p. 27).″ So sagt auch Dr. Graul, wo er vom Dämonendienst im Tululande spricht (Reise III, 164 ff.) ,,Es scheint überhaupt, als ob sich dieser ganze Dämonendienst auf eine ursprüngliche Verehrung von Heroen zurückführen lasse, die vordem im Lande als Nimrods geschaltet und gewaltet, und vielleicht auch als kühne Jäger das Land von schädlichen Thieren gesäubert haben. Darauf scheint wenigstens der Umstand zu deuten, dass bei allen öffentlichen Tempeln ein bemalter Reiter mit fliegendem Gewande, dem bei feierlichen Umzügen Pfeil und Bogen in die Hand gegeben wird, figurirt, daneben aber der Eber, der Büffel und der Tiger,—alles Thiere, die den Saaten und den Heerden gefährlich sind,—eine bedeutende Rolle spielen. Auch finden sich in dem Innern des Tempels neben dem Sessel für den unsichtbaren Bhûta, den Krügen für Blumen und Opfer u. s. w., Schwerter. So ist es gewiss mehr als wahrscheinlich, dass die jetzigen Bhûtas anfangs alle Geister von Verstorbenen waren, dass sich aber im

---

* ,,Auf der Westküste fand ich das Sanscritwort Bhûta für Dämon in gewöhnlichem Gebrauch; im Tamulenlande bedient man sich in der Regel des echttamulischen Pey (Peykôvil Teufelstempel). Wenn dieses Wort einem Thiere, einer Pflanze oder sonst einem Dinge adjectivisch vorgesetzt wird, so bedeutet es; wild, schlecht, toll. Eine Ableitung weiss ich nicht anzugeben (Graul, Reise IV, 333)″. Pettitt bringt es mit fairy Fee zusammen und allerdings, wenn Gleichklang entscheidet, so kann ein völligeres Zusammentreffen namentlich mit der deutschen Form gar nicht gedacht werden, da das abendländische F im Tamulischen nur durch ein P ausgedrückt werden kann.

Laufe der Zeit aus der heidnischen Furcht heraus diese zu Teufeln umgestalteten, besonders wenn die betreffenden Heroen zugleich Tyrannen gewesen waren. Was die sieben Geister der Verstorbenen betrifft, welche die Tululeute (im nördlichen Malabar um Mangalore) gegenwärtig von den eigentlichen Bhûtas* unterscheiden, so sind das vielleicht „gewaltige Leute" jüngsten Ursprungs."

Die Ausdehnung und der Sitz der Dämonenverehrung wird uns von den beiden citirten Forschern dahin angegeben, zunächst von Caldwell: „In allen Theilen Indiens sind unzählige Erzählungen über Gespenster und ihre Bosheit im Umlauf, aber kaum eine Spur ihrer Verehrung im eigentlichen Sinne des Worts, viel weniger ihrer ausschliesslichen Verehrung, kann ausserhalb der Gränzen, wo Schanars oder andere aboriginale curturlose Stämme wohnen, entdeckt werden. Wenn man vom Norden nach Tinnevelli reist, so ist der erste von Schanars bewohnte Ort, Virduputty, etwa 6 geogr. Meilen südlich von Madura, auch der erste Platz systematischer Dämonenverehrung, und so scheint auch in Travancore der Teufelsdienst zugleich mit dem ersten Auftreten der Schanars nahe bei Trevandrum aufzutauchen, von wo er in dem Grade mehr vorherrschender wird, je mehr man sich Kap Komorin nähert." Und Graul sagt vom Tululande: „Der Dämonendienst ist die ursprüngliche Volksreligion. Grade die Klassen, die den Kern der Bevölkerung ausmachen, die Reis- und Palmbauer, so wie überhaupt die untersten Schichten des Volkes sind ihm zugethan; auch findet er sich bei wilden Bergstämmen, die offenbar der Urbevölkerung angehörten, als z. B. bei den Malekudiya's. Dies Beweises genug, dass der Dämonendienst die ursprüngliche Landesreligion war." Landesreligion aber nicht blos in den Schanardistricten und im Tululande, sondern in der ganzen Peninsula, zum wenigsten so weit das dravidische Sprachgebiet reicht, welches hauptsächlich Tamil, Malayalim, Telugu, Kanaresisch begreift, findet sich bei den Bewohnern der Berge und Wälder überall dieselbe Religion mit ihren drei wesentlichen Zügen Besessenheit, wilder Tanz, blutige Opfer. Die Teufelsdiener haben keinen besondern Priesterstand, der angesehenste im Dorf, aber auch jeder andre, Mann oder Weib, kann als „Teufelstänzer" auftreten, er oder sie wird dann in die phantastischbunten mit Schellen besetzten Gewänder gekleidet, die begleitende Musik ist erst sanft und langsam, der Tänzer steht still oder bewegt sich etwas in dumpfem Schweigen. Allmälig mit der Musik wachsen auch seine Bewegungen. Bisweilen wird nun mit allerlei Tränken nachgeholfen, oder er schneidet sich ins Fleisch und trinkt das fliessende Blut, saugt den geopferten Thieren das Blut aus. Plötzlich scheint neues Leben in ihn zu kommen, er beginnt seinen Stab mit den Schellen

---

* Man zählt dort ihrer zehn: 1. Mundadi (Vorvater? männl. Maske) 2, Djarandei (männl. Maske). 3. Djomadi (weibl. Maske). 4. Kodomandei (männl. Maske). 5. Markedjomadi (männl. Maske). 6. Melamandei (Büffel). 7. Baudjurli (Schwein). 8. Bildjandi (Tiger). 9. Galige (?). 10. Bopara (Menschenfigur). s. Graul Reise III, 331.

zu schwenken und in schnellem, wildem und unregelmässigem Schritt zu tanzen. Plötzlich wird er wie von oben erfasst, der wilde Blick, die wahnsinnigen Sprünge lassen sich nicht verkennen, er schnauft, sieht starr, verdreht den Kopf, der Teufel hat nun leiblich von ihm Besitz genommen; und obwohl er die Kraft der Aeusserung und Bewegung behält, steht doch beides unter des Dämons Controlle, und sein besonderes Bewusstsein ist herrenlos. Die Umstehenden signalisiren den Eintritt dieses Ereignisses mit einem durchdringenden Jauchzen und einem eigenthümlich vibrirenden Ton, hervorgebracht von Zunge und Hand. Der Teufelstänzer wird nun als gegenwärtige Gottheit verehrt und von den Umstehenden über Gegenwärtiges und Zukünftiges befragt." Wir haben es hier jedenfalls mit Besessenheit zu thun, wenigstens nach Anschauung der dabei agirenden Personen,* und dies scheint ein Fingerzeig zu weitern historischen Untersuchungen. Teufelsdienst ist ausserdem im Schwange bei vielen tartarischen Stämmen, namentlich in Sibirien, und wird dort sehr unpassend mit einem vom buddhistischen Priestertitel entlehnten Wort Schamanenthum genannt, und bei westafrikanischen Stämmen. Caldwell in seinen Schanars vergleicht den südindischen Teufelsdienst mit dem afrikanischen Fetischismus, wo auch alle darauf bezüglichen Begriffe mit Worten der einheimischen Sprachen bezeichnet werden, während alle übrigen religiösen Begriffe und Gegenstände mit arabischen Worten, dem Sankrit Africa's, bezeichnet werden, dort dieselbe Umbildung abgeschiedener Geister zu Teufeln, blutige Opfer, rasende Tänze, Besessenheit und Exorcismus, dennoch schliesst er dann: „Es kann mit Sicherheit behauptet werden, dass beide Systeme eine grössere Aehnlichkeit mit einander haben, denn jedes von ihnen zu irgend einer andern heidnischen Religion. Es ist aber nicht der geringste Grund vorhanden, eine engere Verbindung zwischen ihnen zu vermuthen, als die beiderseitige Entstehung aus gleicher Character- und Geistesrichtung und Einflüsterungen desselben bösen Geistes." Deshalb berücksichtigt er denn auch in den Schlutzaufsätzen seiner vortrefflichen Comparativen Grammatik der dravidischen Sprachen nur den Schamanismus; und wie in der Grammatik selbst doch wohl noch zu viel auf Gleichklang gegeben ist, so kommt auch die Differenz beider Religionssysteme nicht zur Sprache. Graul (Reise IV, 126) füllt diese Lücke für uns aus: „Für den südindischen Teufelsdienst scheint mir mehr das afrikanische als das tartarische Teufelswesen in Betracht zu kommen. In dem letztern tritt eine gewisse Freiheit des Menschengeistes hervor: der Schamane beschwört die Geister mit ruhiger Besonnenheit, wählt sich aus den herzunahenden Schaaren seinen Mann heraus, ringt mit ihm in

---

* „Ich habe bis jetzt noch keine Gelegenheit gehabt gegenwärtig zu sein, wo übernatürliche Symptome sich zeigten, obgleich ich darnach, wohnend in Mitten der Teufelsdiener, etwa zwölf Jahre suchte. Dies ist die Erfahrung, so viel ich gehört, aller britischen und amerikanischen Missionare. Unsere deutschen Brüder scheinen mehr Glück gehabt zu haben." Caldw. Shan. p. 15.

krankhaften Zuckungen und ertheilt dem Besiegten seine Aufträge. Nicht also in dem südindischen Teufelswesen. Der südindische Teufelstänzer überwindet den Dämon nicht, sondern wird von ihm *besessen*, und obgleich die Vorbereitungen darauf hin in ihrem Anfange von der menschlichen Freiheit ausgehen, so geht doch dieselbe im Verlaufe der sinneverwirrenden Ceremonie stufenmässig zu Grunde und endet mit Verlust des Selbstbewusstseins und der Selbstbestimmung, wie man meint an den besitzenden Dämon; zu allerletzt bleibt auch nicht ein Fünkchen Erinnerung an die in diesem Zustande dem befragenden Zuschauer mitgetheilten Orakel. Dieses unfreie Wesen des südindischen Teufelsdienstes ist wesentlich afrikanisch. Ob dasselbe aber durch ein vorwaltend afrikanisches Element der indischen Urbevölkerung geschichtlich vermittelt ist, oder ob dieselbe sengende Sonne und das in gleichem Masse kochende Blut (wie Caldwell will) die gleiche Erscheinung hier und dort zu Stande gebracht hat, das lasse ich hier unerörtert." Der Forscher neigt offenbar der erst aufgestellten Möglichkeit zu, aber er stellt sicherlich den durch die Sprachwissenschaft nachgewiesenen Zusammenhang der dravidischen Völker mit den nördlichen tartarischen Stämmen nicht in Abrede, und von dieser indischen Urbevölkerung werden uns nun im Folgenden wahrscheinlich einige sagenhafte Ueberlieferungen berichtet.

Was nun zweitens die Riesen anlangt und zwar zunächst diejenigen, die ஆரட்சதர் *Rākschasas* genannt werden, so ist இராவணன் Rāvana unter ihnen der vornehmste und ihr Haupt. Er hat zehn Häupter, wird aber gewöhnlich der Proportion wegen nur mit neun Häuptern abgemalt, unter welchen das mittelste das grösste ist, auf allen Häuptern hat er Kronen, auf jeder Stirn einen weissen Strich von der heiligen Asche Tiruṇīru. Aus dem Munde eines jeden Gesichts stehen ihm Löwenzähne heraus, er hat 20 Arme und Hände, welche allerlei Gewehre und Instrumente halten, die er von Isvara empfangen, als zur Rechten von oben ein Gewehr ஆதெரெயம் (ஆதேயம் Diamant, gebraucht für alles Harte; eine Hornband von Boxern getragen) Vajrâyudha, Angusa zum Lenken der Elephanten, eine Schlange, Feuer, Pfeil, Beil genannt கன்டாரடசி (கன்ட brechen, டார்ஜ்சி Axt) Khandakōdāli; zur Linken aber von oben herunter hält er Dreizack, Schwert, einen dicken bemalten Prügel சுக்குமட்டடி Sukkumāttadi genannt, ein Gewehr யமதண்டம் (Yama's Stab) Yamadanda, ein kurzes Handgewehr சமுட்டு (Rappier) Samuḷḍu, Bogen und Schild, und in den letzten beiden Händen zwei messingne Instrumente தாளம் (Cymbel) Tâlam. In der Mitte hat er ein Instrument, welches einer Laute ähnlich ist und மியுற் Tamburin genannt wird. Er sitzt auf einem erhabenen Throne und ist allenthalben mit Schmuck behangen. Seine zwei Brüder sind கும்பீசுரன் (கும்பீசு Anhalten des Athems) Kumbhakarna und விபீஷணன் (Furcht erregend) Vibhīschana, welche mit Rāvana die berühmtesten sind. Kumbhakarna

soll ein Schläfer gewesen sein, der alle Jahr einmal aufgewacht ist und
gegessen hat, dabei er allezeit eine Schlacht gethan nnd einen Feind
erlegt. Seine grossen Kriegsthaten, die er besonders im Kriege wider
Rama bewiesen, sind beschrieben in einem Buche ~~~~~~~~~~~~
Kumbhakarnapatala. ~~~~~~ Bāna-asura ist auch einer der grau-
samsten Riesen, welcher 1000 Köpfe und 2000 Hände haben soll, er
wird aber gewöhnlich nur mit Einem Kopf und zwei Händen abgebildet.
Alle ihre grosse Macht und Gewalt sollen sie erst durch harte Busse
erlangt haben, da ihnen denn Isvara unüberwindliche Gaben mitgetheilt, die sie aber nebst ihrer Gewalt gemissbraucht haben und von
Vischnu deswegen ausgerottet sind ausser Vibhischana, der sich zu
Vischnu geschlagen hat. Ausser diesen ist auch ~~~~~~ Hiranya
sehr bekannt, welchen zu vertilgen Vischnu seine siebente Verwandlung
angenommen hat.

Vom Ursprung solcher Riesen haben diese Heiden zweierlei Meinung;
einige sagen, dass sie ein besonderes Geschöpf Gottes wären, die man
nicht unter das Geschlecht der Menschen zählen könnte, weil sie durch
Statur und äusserliche Gestalt von den Menschen sich unterschieden und
unmenschliche Dinge verrichten könnten. Andre sagen, dass sie
anfänglich bei den Göttern in grossem Ansehn gewesen und hohe
Bestallungen gehabt hätten, wären aber gewisser Verbrechen halber von
den Göttern verflucht und durch solchen Fluch zu ungestalteten Riesen
geworden, in welchem Zustande sie sich nachmals vermehrt hätten.
Diejenigen, welche glauben, dass sie anfänglich von Gott so wären
erschaffen worden, sagen zugleich, dass sie erstlich Gott unterthänig
gewesen wären, hätten harte und langwierige Busse gethan und dadurch
hohe Gewalt, Unsterblichkeit und unüberwindliche Gewehre erlangt,
welche sie aber nachmals missbraucht und sich über die Götter erhoben
hätten, da sie denn nachmals durch Vischnu's Verwandlungen wären
ausgerottet worden. Hiervon schreibt ein Heide in einem Briefe:
„Die Rākschasas sind Rāvana's Geschlecht. Sie haben anfänglich
harte Busse gethan und dadurch von Gott allerlei Gaben erlangt.
Besonders hat Ravana mit seinen Brüdern Kumbhakarna und Vibhischana solche Gewalt empfangen und nachmals die Könige, Götter und
andere Leute zu seinem Dienst gezwungen und in solcher Strenge 50,000
Jahre regiert. Seine Residenz ist auf der Insel Ceylon gewesen, welche
Residenz aber anjetzt von der See bedeckt ist. Nachmals haben sich die
Götter und Könige der Erde bei Isvara über Ravana beschwert und so
viel erlangt, dass Vischnu in die Welt geboren worden und den Namen
Rama angenommen, zu welcher Zeit er den Ravana mit seinem ganzen
Riesengeschlecht bis auf Vibhischana ausgerottet hat. Und als nachmals ein andrer Riese Hiranya wegen seiner durch harte Busse erlangten
Gewalt sich selbst hat zum Gott machen wollen, hat ihn Vischnu gleichfalls in seiner siebenten Verwandlung getödtet. Ueberhaupt sind nunmehr alle Riesen auf der Welt durch Vischnu vertilgt worden, so dass
zu diesen Zeiten keiner mehr gesehen wird."

Ein andrer schreibt: „Die vornehmsten unter den Riesen, die wir Rakschasas nennen, sind Ravana, Kumbhakarna und Vibhischana, drei Brüder, und இசைசசச Indrajit Ravana's Sohn, von welchen allen viele Historienbücher unter uns geschrieben sind. Ravana ist von Isvara wegen seiner strengen Busse mit vieler Gewalt begabt worden und hat die Stadt இலைசரயம் (Lanka- d. i. Ceylon-Stadt) Lankapuri, die 700 Meilen gross gewesen, aber jetzt in die See gesunken ist, zu seiner Residenz bekommen. Hierdurch ist er nachmals sehr stolz geworden und hat sogar die Götter und Propheten zu seinem Dienst gezwungen und ihnen allerlei Schmach angethan. Diese aber klagen bei Isvara, worauf Vischnu in die Welt geboren worden und zwar als Sohn des Königs Dasaratha. Als er gross wurde, heirathete er Sita und begab sich eine Zeitlang in die Einöde. In selbiger Einöde wurde ihm die Sita von Ravana weggestohlen. Der Affe அனுசி Hanumân ging aus, sie zu suchen, und traf sie bei Ravana in der Stadt Lankapuri, da er denn in Ravana's schönem Garten alle Bäume umriss, worauf Indrajit kam und mit ihm stritt, der ihn auch in seine Hände bekam und vor Ravana brachte, welcher befahl, dass man ihm Cattun um den Schwanz wickle, selbigen in Oel tauche und mit Feuer anstecke. Als sie solches thaten, brannte von ihm die ganze Stadt Lankapuri ab. Hierauf kam er wieder zu seinem Herrn Rama und erzählte ihm alles, der dann sogleich Ravana Krieg erklärte und dessen ganzes Riesengeschlecht auszurotten beschloss. Vibhischana ermahnte seinen Bruder Ravana dringend, Sita auszuliefern, aber der wollte ihn nicht hören, worauf Vibhischana endlich zu Rama überging und so lange mitkriegen half, bis die Riesen erlegt waren und endlich Ravana selbst getödtet wurde, da denn Rama diesen Vibhischana zum König selbiger Stadt an seines Bruders Stelle einsetzte.

Mit der andern Art Riesen den அசி Asuras hat es fast gleiche Bewandtniss. Sie werden wie die Rakschasas abgebildet und fast noch ärger beschrieben, wie denn dafür gehalten wird, dass sie zur Strafe der Götter und Propheten erschaffen worden seien. Die Historie ihres Herkommens fasst ein Heide kurz in einem Brief zusammen: „Es war König über alle 14 Welten சாச Daksch̃a. Ihm war Parvati als Tochter geboren worden, welche nachmals Isvara heirathete, indem er zugleich den Dakscha sehr erhob. Dieser aber wird stolz und achtet Isvara nicht mehr gross, endlich untersteht er sich gar Isvara von seinem göttlichen Thron zu stossen und einen andern Gott zu machen. In dies Consilium willigten alle Götter und Propheten, sogar auch Vischnu und Brahma, die alle bei Dakscha zusammenkamen und ein Yâga machten. Dies Vornehmen zerstörte Isvara durch Vira-Bhadra und verfluchte alle Götter und Propheten die darein gewilligt hatten. Dieser Fluch bestand darin, es sollte eine grosse Riesin மாசுசை (grosse Täuschung) Mahâmâya entstehen, und von ihr sollte ein Geschlecht Riesen mit dem Namen அசி (Nicht-Götter) Asuras herkommen. Diese sollten die Götter und Propheten eine Zeit von viel 1000 Jahren plagen, weil sie ohne Isvara's Licenz in Dakscha's Vornehmen gewilligt hätten. Hierauf entstand nun die grosse Riesin Mahāmāya, verfügte sich in einen Wald zu einem büssenden grossen Propheten, dem Vater des Götterkönigs Devēndra. Diesen störte sie mit ihrer List in seiner Busse, dass er sich mit ihr verging, und da wurde denn von ihr der grosse Riese சுரபன்மன் (ஒரு Krieger) Sūrapadma geboren und nachmals noch zwei andre சிங்கமுகசுரன் (Held mit dem Löwengesicht) Sinhamukha-sūra mit 1000 Köpfen und 2000 Händen und தாரகாசுரன் Tārakāsūra mit einem Elephantenrüssel. Als diese von ihrem Geschlecht benachrichtigt wurden, dass Devēndra's Vater sie gezeugt, so wollten sie noch etwas mehr sein als der Götterkönig und thaten etliche tausend Jahre harte Busse, wodurch der älteste Bruder zum Könige über die 14 Welten eingesetzt wurde, dass er selbige 108 Weltzeiten beherrschen sollte. Hierauf breitete er sich in seinem Riesengeschlecht aus und war eine Plage der Götter und Propheten und aller Könige, welche er zu seinen Sclaven machte. Endlich als diese lange so geplagt worden waren, thaten sie mit ihrem Könige sehr strenge Busse, um von Isvara als Gabe zu erlangen, dass er Sūrapadma mit seinem Riesengeschlecht ausrotten wolle. Und weil die Zeit ihres Fluches vorbei war, so gewährte ihnen Isvara solche Bitte und liess durch seinen Sohn Subhramanya das ganze Riesengeschlecht gänzlich ausrotten. Es war Sūrapadma ein so gewaltiger Monarch, dass seiner Hofräthe allein 7004 gezählt wurden. Man sagt, dass Ravana ein sehr zahlreiches Kriegsvolk gehabt habe. Aber Sūra hatte mehr Musikanten als bei Ravana Soldaten gezählt wurden. Wie aber Ravana mit seinem Riesengeschlecht durch Vischnu ausgerottet worden, so der gewaltige Sūra mit seinem Geschlecht von Subhramanya." Ein andrer Heide schreibt: „Die Asuras sind Riesen vom Geschlecht Sūrapadma's. Sie haben grosse Busse gethan und dadurch von Isvara Herrschaft über die Götter, Propheten und Könige erlangt in allen 14 Welten, über welche sie ein sehr strenges Regiment geführt und sie mit vielen Plagen beschwert haben. Nachmals aber hat Isvara sie wieder gestraft und ihr Geschlecht durch Subhramanya ganz ausrotten lassen. Solche Asuras sind grausame, böse und schädliche Leute. Sie sind Personen ohne Mitleid, Liebe, Erbarmen und Demuth. Ihrer Grösse nach reichen sie weit in den Lufthimmel hinauf und sind ein Schrecken aller derer, die sie ansehen. Sie sind stolz, hoffärtig und zornig. Nunmehr aber ist keiner von solchem Riesengeschlecht mehr vorhanden, sondern sie sind alle ausgerottet."

Obgleich nun zwar diese Heiden sagen, dass solche Riesen von der Welt vertilgt seien, so glauben sie doch dabei, dass selbige noch als böse Geister allenthalben herumschwebten und Böses anrichteten. Daher wenn sie opfern und zwar sonderlich, wenn sie ein Yāga oder Feueropfer anrichten wollen, auch wenn sie in einer Pagode ein Fest halten, so stellen sie die acht Hüter der acht Weltenden, von welchen im letzten Theil wird gehandelt werden, um das Opfer oder um die Pagode rund herum und bitten von ihnen, dass sie weder die Teufel, noch die bösen Riesen nahe herzukommen lassen wollen, damit sie dergleichen Vornehmen nicht etwa zu Schanden machten. Auch werden die Grâmadêvatas angerufen, dass sie nicht allein die Teufel, sondern auch alle bösen Geister der Riesen von Land, Städten, Dörfern, Häusern und Menschen abhalten möchten.

Hiermit wird also der dritte Theil der Götter- Genealogie beschlossen. Und weil darin so gar oftmals vorkommt, dass diejenigen Personen, die vorher in grosser Herrlichkeit gestanden von Gott verflucht und ins Elend verstossen worden sind; desgleichen auch, dass diejenigen, die hohe Gewalt, Unsterblichkeit und viele göttliche Gaben erlangt hatten, nachmals dadurch stolz, hoffärtig und böse geworden, wodurch sie die Strafe Gottes auf sich gezogen haben: so kann man daraus abnehmen, dass diese Heiden etwas vernommen haben von dem grossen Adel, welchen die Teufel und Menschen anfänglich gehabt, und wie sie selbigen zur Hoffart gemissbraucht und wegen solcher Sünde von Gott verflucht und ins Elend verstossen worden sind, welche Erkenntniss aber bei ihnen auf vielfältige Weise aus Eingebung des Satans von ihren Poeten verdreht und in Lügen verkehrt worden ist.

In den indischen wie in den alten classischen Theogonien ist, gleichwie Nacht dem Tage vorhergeht, die Schöpfung der Asuras oder Titanen früher denn die der Götter. „Brahma begierig die vier Klassen von Wesen: Götter, Dämonen, Patriarchen und Menschen, zu schaffen sammelte seinen Geist, und während er sich so concentrirte, durchdrang Finsterniss seinen ganzen Körper, und so wurden die Dämonen, die Asuras, zuerst geboren, hervorgehend aus seinen Lenden. Brahma gab dann diese Form auf, die aus Elementen der Finsterniss zusammengesetzt, von ihm verlassen, zur Nacht wurde. Indem er fortfuhr zu schaffen, aber eine andre Gestalt annahm, empfand er Wohlbehagen, und daher gingen aus seinem Mund die Götter hervor, begabt mit der Eigenschaft des Guten (Vischnupur. p. 39. 40)." Seit dieser Schöpfung nun sind Suras und Asuras in stetem Streit, vor allen Indra der Götterkönig, der darum im Rigveda (Wils. I, 28) angeredet wird: „Die Alten haben von deiner Heldenthat gewusst, o Indra, dass du die ein Jahr durch mit Wällen und Gräben vertheidigten Städte der Asuras zerstört und ihre Vertheidiger gedemüthigt hast." Wiederum finden wir Suras und Asuras beim Quirlen der Milchsee, die ersteren Söhne Kasyapa's und der Aditi,* die letztern Söhne Kasyapa's und der

---

* „Was auch die etymologische Bedeutung von Aditi sein mag (Boehtlingk und Roth leiten es ab von a und diti und diti von da oder do schneiden, daher wörtlich die Unbegrenzte), so viel ist klar, dass sie in Verbindung steht mit der Dämmerung—dass sie diejenige darstellt, was jenseits der Dämmerung liegt, und dass sie dann zum Emblem des Göttlichen und Unendlichen erhoben ist. Aditya, Sohn Aditi's wurde nicht allein Name der Sonne, sondern auch einer Klasse von 7. Göttern, und der Götter im Allgemeinen." M. Müller Lect. on the Science of Lang. II, 500.

Diti, so dass also, wie oben gesagt, Indra und die Asuras oder Daityas von demselben Vater abstammen. Während des Quirlens stieg nun auf aus der See des Meergottes Tochter Varuni, die Göttin berauschender Getränke (suri), wurde aber von den Daityas zurückgestossen, welche daher den Namen Asuras erhielten, während die Götter, welche die Varuni aufnahmen mit Freude erfüllt wurden und seitdem Suras genannt werden. Die oben mit Namen genannten Asuras sind wohl richtiger Yakschas, ein sonst gewöhnlich mit den Rakschasas zusammengenanntes Riesengeschlecht, so dass dann unter Asuras die überirdischen dämonischen Feinde der Götter, unter Yakschas und Rakschasas die gewaltigen erdgebornen Gegner der vedischen Götter zu verstehen wären.

Vom Ursprung der Rakschasas giebt das Vischnupurâna folgenden Bericht: „Von Brahma in einer Form, gebildet aus der Eigenschaft der Hässlichkeit, ging der Hunger aus und Hunger erzeugte Zorn, und der Gott brachte hervor in Dunkelheit von Hunger ausgedörrte Wesen, scheusslich anzusehen mit langen Bärten. Diese Wesen eilten auf die Gottheit zu und die, welche ausriefen, o erhalte uns (rakscha erhalten), wurden Rakschasas, die andern, welche ausriefen, lass uns essen (yakscha essen), wurden Yakschas genannt. Im Rigveda erscheinen sie als Störer der Opfer, Indra wird angerufen sie mit seinem Donnerkeil zu vertreiben und zu erschlagen. „Rotte aus die Rakschasas, Indra, von Grund aus, zu welchen fernen Gegenden du auch den Sünder getrieben hast, wirf auf den Feind des Veda deine vernichtende Waffe." Nach der frühesten Auffassung scheinen demnach die Rakschasas eine Klasse jener Gestalten der Finsterniss zu sein, welchen der Aberglaube aller Zeiten und Völker die Uebel dieses Lebens und boshafte Gelüste den Menschen zu schaden beimisst. In der epischen Periode dagegen, und vielleicht finden sich die Ansätze zu dieser Auffassung schon in den Vedas, sind sie Personificationen der Urbewohner Indiens. Die Häuptlinge dieser Urbevölkerung betrachteten die in ihre Wälder eindringenden Schaaren brahmanischer Einsiedler, welche sie für gefährliche Zauberer halten mochten und deren Fluch so sehr gefürchtet war, gewiss nicht ohne Grauen, suchten sie daher wohl in Mitten ihrer als Zauberei aufgefassten Opfer zu stören und auch, wenn sie nicht freiwillig abzogen, zu erschlagen, bis endlich von den berühmten Vânaprastha-Brahmanen keine Spur mehr zurückblieb. Ihre Stammesgenossen aber rächten sich, indem sie diese Feinde der Vedas als ungeschlachte hässliche Riesen schilderten, welche zur Strafe in die Unterwelt verstossen; dies ist die Auffassung der puranischen Periode, welche drei Klassen von Rakschasas kennt 1, Sclaven Kuvêra's und Wächter seiner Schätze 2, böswillige Teufel, deren grösste Freude die Frommen in ihrer Andacht zu stören 3, gewaltige Riesen, die Bewohner der Hölle. In der epischen Periode ist Râvana mit seiner Familie Hauptrepräsentant der Rakschasas und, haben wir Recht, auch der Urbewohner; Râvana tritt so bedeutend hervor, dass während als Stammvater des ganzen Geschlechts eigentlich wiederum Kasyapa bezeichnet wird, der mit Khasā zwei Söhne hatte Yaksche und Rakschas, oft kurzweg Pulastya der Vater von Visravas, dessen Söhne eben Ravana, Kumbhakarna und Vibhischana, als Ahnherr der Rakschasas erscheint. Ravana's Herrschaftsgebiet war jedenfalls im südlichen Indien, wenn nicht das jetzige Ceylon, da die Ortsangabe vielmehr auf die südlichen Malediven hinweist, so vielleicht das heutige Ceylon als Bruchstück eines grössern Ganzen. Die Völker des Königs Sugriva oder seines viel bekannteren Generals Hanuman, Rāma's Hülfstruppen, wären darnach Völker von den Ufern des Godavery, Bewohner des einen grossen Theils des nördlichen Dekhans einnehmenden Dandaka-Waldes. Aus diesem Walde hatte ja Ravana Sita entführt, welche er früher vergebens durch Spannen des Bogens zu gewinnen getrachtet.* Ravana der kupferfarbige Riese, hatte seine Macht durch ausserordentliche Busse erlangt, 10000 Jahre hatte er in Mitten von 5 Feuern im Walde Gokarna gestanden, die Füsse nach oben gestreckt und sich so Brahma's Gunst erworben. Aadre aber liessen ihn, mit grösserer Wahrscheinlichkeit für einen so berühmten Verehrer des Linga, neun seiner Häupter Siva aufopfern. Dies Riesengeschlecht hatte besondres Unglück im Erbitten seiner Bussfrüchte, so versprach sich Kumbhakarna im entscheidenden Augenblick und erbat sich, statt Unsterblichkeit *ἀήφισμενώ* Nityatva, Schläfrigkeit *ἀήβηιγμενώ* Nidrātva. Ravana in seinem Stolz erbat sich Unbesieglichkeit von allen Geschöpfen, die stärker seien als Menschen. So besiegte er denn allerdings Daityas, Gandharber und Götter: Indra musste ihn mit Blumenguirlanden schmücken, Agni die Küche besorgen, Surya Tags und Chandra Nachts leuchten, Varuna das Wasser, Kuvera die kleine Münze liefern. Brahma hatte als Herold alltäglich die Titel des Riesen und das Monatsdatum anzurufen, Siva war Hofbarbier, Vischnu Lehrer der Tanzmädchen, Yama hatte das Linnen zu waschen, die Göttin Bhavani war oberste Amme oder Ayah, und wehe denen, die etwas versahen, Schelte und Schläge wurden nicht gespart. Dennoch passirte es diesem stolzen Monarchen, dass der fromme König Karttavirya den siegstrunken von seinen Kriegszügen heimkehrenden in der Narmada gefangen nahm und wie ein gezähmtes wildes Thier in einem Winkel seines Palastes gefan-

* Baldaeus, der im letzten Theil seiner Beschreibung Malabars, Coromandels und Ceylons ausführlich von der Abgötterei der ostindischen Heiden handelt, giebt natürlich p. 497—512 Ravana's Geschichte besonders eingehend. Die hierhergehörige Stelle lautet: „Alsbald trat der zehnhauptige Ravana in den Kreis, nahm den Betel an und sagte mit Vermessenheit: Wozu sind allhier so viel Menschen zusammenberufen? Ich, ich allein vermag den Bogen zu spannen, abzudrücken und von einander springen zu machen, mir denn und Niemandem andern soll Sita zur Braut werden; er spannte den Bogen, wie er aber denselben abdrücken wollte zu schiessen, entschlüpfte ihm die Sehne und schlug ihm den Daumen zu Stücken, so dass er in Ohnmacht zur Erde fiel, und that einen so schrecklichen Schlag, dass die Erde bebte, da wusste er nicht, wo er sich vor Scham hinwinden sollte." Ravana wurde dann später noch dadurch gereizt, dass Rama's Bruder Lakschmana seiner Schwester, die ihn verführen wollte, Nase und Ohren abschnitt.

gen hielt." Das Unglück hatte seinen Stolz nicht gedemüthigt, überredet, Siva bereue das ihm gegebene Versprechen, vergriff er sich selbst gegen den eingegangenen Vertrag an Kailasa, wonach denn Siva freilich nicht umhin konnte die Unterwerfung eines so eifrigen Verehrers durch Rama zuzugestehen. Die Beschreibung der prächtigen Stadt Lanka gelegentlich Hanuman's Gesandschaft, Vibhischana's überall gerühmte edle Gesinnung, der Umstand dass sowohl Vibhischana wie Sugriva Herrscher ihrer Völker bleiben, weist offenbar auf historische, geordnete Reiche zurück, welche im Süden bereits vor Ankunft der Brahmanen bestanden und einen nicht unbedeutenden Culturgrad vertraten, denn wie Hanuman eine Grösse auf musikalischem Gebiet, so ist auch Ravana ein gelehrter Mann, der auch die Künste in seinen Dienst zu ziehen weiss. Gewöhnlich wird der Culturzustand dieser Südvölker bei dem ersten Zusammentreffen mit den Brahmanen zu niedrig gedacht, während Lassen das Bestehen einer gewissen Litteratur mit Ausnahme des religiösen Gebiets nicht bestreiten will. In welchem Zusammenhang nun diese Völker mit andern Völkern der Erde stehen, vermag allein das einzige unvertilgbare historische Denkmal, die Sprache, uns zu erzählen, und die Sprachwissenschaft, welche schon so viel Licht auf die in tiefem Dunkel begrabene Urgeschichte geworfen hat, ist auch nicht völlig stumm über die Bewohner Südindiens—die dravidischen Völker. Unter diesem Namen werden sprachwissenschaftlich etwa 32 Millionen Seelen befasst, 5 Culturvölkern und etwa 4 culturlosen Völkern angehörig. Am zahlreichsten sollen die Telugu sein mit etwa 14 Millionen, welche die ganze Küstenstrecke von Pulicat bis Orissa besetzt halten. Obwohl in Bezug auf Wohlklang den ersten Rang behauptend, steht Telugu doch in Alter der Cultur und in Wortreichthum weit hinter dem Tamil zurück, der südlich ans Telugu grünzenden Völkerschaft mit etwa 10 Millionen, welche nicht nur das Land bis Kap Komorin, sondern auch noch die südliche Landschaft der Westküste bis Trevandrum und den Norden und Nordwesten Ceylons bewohnen, ausserdem aber als Arbeiter und Handelsleute in allen bedeutenden Plätzen Südindiens, auch in Hinterindien, wie in Mauritius und selbst auf den westindischen Inseln gefunden werden. Als Vater der tamulischen Litteratur wird gewöhnlich der Weise Agastya bezeichnet, der geistliche Führer oder Vorläufer der ersten brahmanischen Colonie in Madura, dessen Zeitalter daher etwa auf 600 v. Ch. festzusetzen, obwohl viele ihn für noch älter halten. Der Tamil Plutarch hat über ihn folgendes bemerkenswerthe Urtheil: „Er wird als Lehrer der Medicin, Chemie, Astronomie und anderer Wissenschaften genannt. Die Sage aber, welche ihm die Erfindung des tamulischen Alphabets zuschreibt, ist fern von Wahrscheinlichkeit, vielleicht hat er es nur durch Einfügung der

---

* Baldaeus erzählt auch, dass Sugriva's Bruder Bali, der seinem Bruder Weib und Reich geraubt und dafür von Rama getödtet wurde, Ravana desgleichen vorher so überwunden hatte, dass er ihn sieben Monate lang mit dem Kopf unter seinen Achseln hielt.

Buchstaben bereichert, welche zur Wiedergabe von Sanscrittönen dienen. Obgleich nicht geleugnet werden kann, dass die Tamulen einen grossen Theil ihrer Civilisation Agastya verdanken, so darf man doch keineswegs wähnen, dass sie vor seiner Ankunft in Barbarei versunken waren und noch nicht mit der Kunst des Schreibens bekannt waren. Das Wort für Buchstabe *eழுத்து* yörhuttu und für Buch *சுவடி* suvadi ist rein tamulisch.* Doch ist kein Zweifel, dass Agastya zuerst die tamulische Grammatik nach Sanscrit- Principien regelte und verfeinerte. Am Schluss seines Lebens zog er sich noch weiter südlich auf den Pothiya-Berg zurück, seitdem der tamulische Parnass. Taylor nennt ihn etwas voll den Fürsten der indischen Doctoren, einen von Indiens grössten Philosophen, der was Ueberlegenheit über die Irrthümer seiner Zeitgenossen betrifft, vielleicht auf eine Stufe mit Socrates und Plato gesetzt werden muss. Dass übrigens das Tamulische von allen dravidischen Sprachen sich am erfolgreichsten gegen den Einfluss des Sanskrit, oder wie es die Tamulen stolz bezeichnen, des Nordtamil, gewehrt hat, ist allseitig zugestanden und wird eben darum Tamil oft als die ganze Sprachengruppe repräsentirend aufgeführt. Das Malayalim, von Trevandrum bis gegen Mangalore an der Westküste von etwa 2½ Million Seelen gesprochen, steht dem Tamulischen am nächsten, so nahe, dass es in der ältern Form und vor dem übermässigen Aufnehmen sanskritischer Wörter als ein tamulischer Dialect betrachtet werden konnte. Malayalim, in der corrumpirten Form Malabar, ist nicht nur Name der Westküste geworden, sondern im 17. und 18. Jahrhundert Name der tamulischen Sprache gewesen, wahrscheinlich, weil die ersten tamulischen Drucke von den römisch- katholischen Priestern zu Cochin und Ambalacate in Malabar geliefert wurden, von welchen Arbeiten

---

* Mit grösserer Sicherheit kann der erste tamulische Druck etwa 100 Jahre früher angesetzt werden, als die gewöhnliche Annahme ist. Miss. Walther berichtet 1732 von einem Buche *Spasustomami* kristlyáni vanakkam des Christen Anbetung, welches von P. Henricus Henriques verfasst im Nov. 1579 im Collegium der Mutter Gottes zu Cochin gedruckt worden, und spricht die Vermuthung aus, dass das Flos sanctorum, welches demselben Stil habe, ebendort gedruckt sei. Bei der Einnahme Cochins durch die Holländer scheint die Druckerei zerstört zu sein denn nach Bertrand La Mission du Madure III, 118, 247. 265 ist um 1660 der P. Hyacinthe de Magistris nach Rom reisend mit Sammlung einer Collecte beschäftigt zur Errichtung einer tamulischen Druckerei in dem nördlicher gelegenen Ambalacate (Beschi starb dort 23. Febr. 1747). Dort ist zum wenigstens seit 1673 P. Freire mit dem Druck der Werke Rob. de Nobili's beschäftigt, unterstützt von P. d'Ahren. Auch Baldaeus sagt in seiner 1672 gedruckten (Amsterdam bei Johannes Janssonius van Waesberge und Johannes van Someren) Beschreibung von Malabar, Ceylon und Coromandel p. 187, dass die Portugiesen ganze Bücher malabarisch d. i. tamulisch gedruckt haben. In jenem Buch des Baldaeus ist mit ausgezeichneten Typen der Glaube und das Vaterunser tamulisch gedruckt, schon ein Jahr früher hatte Baldaeus einen tamulischen Lehrbegriff drucken lassen Rotterdam bei Joan Boratius 1671 ; wenn nun dieselbe Druckerei mit den guten Typen auch das Tamulische in hortus Malabaricus Amsterdam 1678 gedruckt haben sollte, so müsste Ziegenbalgs Urtheil von der Unleserlichkeit gewisser tamulischer Druckaschen in der Vorrede seiner Grammatik auf die katholischen Drucke bezogen werden.

leider bis jetzt noch keine Spur wieder aufgefunden ist. Aus diesem Sprachgebrauch erklärt es sich denn auch, warum dem Leser hier eine „Genealogie der *malabarischen* Götter" vorliegt. Den dritten Platz behauptet nach der Seelenzahl eigentlich das Kanaresische mit c. 5 Millionen Bewohnern der Maisurschen Hochebene und einiger westlicher Provinzen des Nizam-Landes. Die Badagas, der zahlreichste Stamm der Nilgherrys, sprechen einen Dialect des Kanaresischen, die Sprache des kleinen Korglandes in den westlichen Ghats, welche uns durch Dr. Mögling erschlossen worden, ist dem Tamulischen und Malayālim näher verwandt. Im Kanaresischen giebt es wie im Tamulischen zwei Culturdialecte den ältern und den neuern, ihr Unterschied ist nicht wie zwischen don durch häufige Aufnahme von Sanscritwörtern von der Umgangssprache unterschiedenen classischen Dialecten des Telugu und Malayālim, sondern es sind fast ganz andre Sprachen mit andern Flexionsendungen und geringerem Beisatz vom Sanscrit, wenigstens im Hochtamul. Das Kanaresische ist auch Hauptsprache in dem District Kanara, dem lange von Kanaresischen Fürsten beherrschten Tuluvalande, wo aber jetzt das Tulu, eine dem Kanaresischen nächst stehende Sprache nur noch von 100—150 tausend Seelen gesprochen wird. Am weitesten entfernt von einander sind unter diesen 5 Cultursprachen Tamil und Telugu. Die culturlosen dravidischen Völker zählen vielleicht nur eine halbe Million, es sind zwei Nilgherrystämme die Todas und Kōtas, die Gonds die Gebirgsbevölkerung in Theilen von Goodwana, Nagpore und den Nerbuddaländern, die Khonds oder Küs im östlichen Goodwana und den bergigen Gegenden Orissa's. Nicht zu begreifen dagegen unter die dravidischen Völker, obwohl ihnen näher stehend als den Sanscritstämmen, sind die Gebirgsstämme der nordöstlichen Gränzländer Hindustans, wie auch manche Central-Indiens, von welchen letzteren jedoch Urāon und Rajmahal, und namentlich Rajmahal, ein zu den Köl-Dialecten hinüberführendes Glied, ein stark hervortretendes dravidisches Element hat, so dass demnach die Spuren dieser Race sich nördlich bis zum Ganges verfolgen lassen. Noch weiter führt eine Untersuchung der Brahuisprache, welche von Gebirgsbewohnern Belutschistans im Khanat Kelat gesprochen wird. Die Sprache als ein Ganzes leitet sich aus derselben Quelle her wie Panjābi und Sindhi d. i. vom Sanscrit, aber sie enthält unbestreitbar ein dravidisches Element, welches wahrscheinlich von dem Rest der alten dravidischen Urbevölkerung, die in die Brahuis aufgegangen ist, herstammt. „Die Entdeckung dieses dravidischen Elements in einer jenseits des Indus gesprochenen Sprache beweist,'dass die Dravidier, wie die Arier, Graeco-Scythen und Turko-Mongolen, Indien von Nordwesten her betraten. Derselbe Forscher (Dr. Caldwell Missionar der Ausbreitungs-Gesellschaft zu Edeyenkody nahe bei Kap Komorin, seit Januar 1838 im Lande, der wissenschaftlich bedeutendste aller südindischen Missionare) aber führt uns in seiner Dravidian Comparative Grammar noch weiter. Er weist die dravidischen Sprachen nach Grammatik und Wortschatz unter die scythische Gruppe, welche gewöhnlicher als die turanische bezeichnet wird. Diese Gruppe zerfällt in viele Familien : Türkisch, Ugrisch oder Finnisch, Mongolisch.* Das Dravidische bildet eine eigne Familie, am nächsten verwandt mit den finnischen Sprachen und darunter wieder zumeist mit der Sprache der Ostiaken in Sibirien, welches also zusammenfällt mit der früheren Bemerkung, dass zwischen dem Schamanismus Sibiriens und dem Teufelsdienst des äussersten indischen Südens so grosse Aehnlichkeit sich finde. Ein Glied in der Beweiskette bildet die Auffindung der Behistun-Tafeln, Inschriften, welche die politische Autobiographie des Königs Darius Hystaspes in Altpersisch, Babylonisch und der Sprache der scythischen Bewohner des medisch-persischen Reiches enthalten. Die scythische Inschrift aber weist auf eine sehr nahe Verwandtschaft mit der ugro-finnischen Familie hin, derselben, mit welcher das Tamulische schon nach vielen andern Auzeichen in Verbindung steht. So ist also eine Möglichkeit geschaffen, die alte tamulische Litteratur mit einer schon im 5. Jahrh. v. Chr. vollkommen entwickelten Sprache zu vergleichen.

Wie merkwürdig, dass so die nächste und sehr hervortretende Verwandtschaft der dravidischen Sprachen des tropischen Indiens in den Sprachen der Esthen, Finnen und Lappen Nordeuropa's, der Ostiaken und anderer Ugrier Sibiriens entdeckt werden musste, und dass folglich die vorarischen Bewohner des Dekhans, bei gänzlichem Schweigen der Geschichte, einzig und allein durch ihre Sprache als Verwandte der Stämme sich erweisen, welche vor der Ankunft der Gothen und Pelasger, ja selbst vor den Celten über Europa verbreitet gewesen zu scheinen. Welch eine Bestätigung der Aussage heiliger Schrift : „Gott hat gemacht, dass von Einem Blut aller Menschen Geschlechter auf dem ganzen Erdboden wohnen und hat Ziel gesetzt, zuvor versehen, wie lange und weit sie wohnen sollen." An den Gestaden des baltischen Meeres wie des bengalischen Busens sind demnach Indogermanen und ugro-finnische Völkerschaften auf einander gestossen, und wie von Deutschland der christliche Glaube und darnach auch Luthers reine Lehre in die jetzigen russischen Ostseeprovinzen getragen ist, so gebührt es sich, dass jetzt die Nationalen mit ihren deutschen Lehrern, wie es schon im vorigen Jahrhundert Thatsache war, zum gemeinsamen Werke der tamulischen Mission sich vereinen. Und gesegnet in aller Beziehung, nicht nur in sprachwissenschaftlicher, sei der hoffentlich nicht mehr ferne Tag, wo der erste Nationale jener schönen Länder seinen Mund öffnet, um tamulisch durch die evangelische Botschaft von der Genealogie des ins Fleisch gebornen Sohnes Gottes die tamulischen Göttergenealogien wie Wolken vor dem Winde in die Flucht zu treiben.

* Vgl. die übersichtliche Sprachentabelle in Vorlesung über Wissenschaft der Sprache von M. Möller. I, 377—379, Leipzig 1863, und die Schilderung der characteristischen Eigenthümlichkeiten der turanischen Sprachen eben daselbst 244—246.

VIERTER THEIL.

Die Dēvas mit den Propheten, Götterdienern und Welthütern.

Eingang. Es sind in den vorigen drei Theilen alle die Götter beschrieben worden, welchen diese Heiden Opfer und göttliche Verehrung anthun. Ausserdem sind noch andere, die sie theils wirklich Götter nennen, theils mit unter die Gesellschaft der Götter zählen. Solche haben zwar keine Pagoden, noch formalen Dienst, gleichwohl aber werden in ihren Puranen viele Historien von ihnen geschrieben, und man macht auch bei den Opfern der vorigen Götter einige Ceremonien für sie und hält sie in hohen Ehren, daher denn nöthig ist, dass sie gleichfalls in diesem 4. Theil beschrieben werden, welcher füglich den Hauptnamen *Gemiss* Dēvas führen kann, weil zü deren Zahl fast alle andern Personen, welche darin zu betrachten sind, gebracht werden können. Das Wort Dēvas heisst Götter, deren sie 330 Millionen zählen, welche aber ganz von den früher gedachten Göttern unterschieden und weit geringer sind. Sie haben einen König unter sich, der Dēvēndra genannt wird, dessen Weib Indrāni und dessen Sohn Chitraputra. Unter ihrer Gesellschaft sind die 48,000 Propheten oder Rischis und allerlei Bediente und Musikanten, die zugleich auch in dem Paradies um Isvara und Vischnu ihre Dienste verrichten. Die 8 Hüter der 8 Weltecken sind gleichfalls aus der Zahl der Götter oder werden doch zu ihrer Gesellschaft gerechnet. Diese alle müssen in diesem Theil beschrieben werden, und weil in den vorigen Theilen die Feste und Opfer der Götter zwar überhaupt benannt, aber nach ihren äusserlichen Umständen und Ceremonien nicht ausführlich beschrieben sind: so soll zum Beschluss des ganzen Buches davon umständliche Meldung gethan werden. So haben wir 6 Kapitel:

1. Kap. Die 330 Millionen Dēvas mit Dēvēndra, Indrāni und Chitraputra.
2. Kap. Die 48,000 Propheten oder Rischis.
3. Kap. Bediente und Musikanten.
4. Kap. Die Aschtadikpālakas oder 8 Welthüter.
5. Kap. Aeusserliche Beschaffenheit der vornehmsten Feste.
6. Kap. Von den Opfern.

ERSTES KAPITEL.

Die Dēvas mit Dēvēndra, Indrāni und Chitraputra.

Es statuiren diese Heiden 14 Welten und placiren in eine jede Welt besondre Menschen und Geschöpfe Gottes. Unter selbigen heisst nun eine Dēvalōka, welches so viel bedeutet als die Götterwelt, deren Einwohner nennen sie nicht Menschen, sondern Götter, welche sie in eine gewisse Zahl gebracht, die sich auf 330 Millionen Götter beläuft, und weil sie in ihrer Sprache Dēvas heissen, so wird auch die Welt, worin sie sein sollen, Dēvalōka genannt, von welcher die Poeten sehr viel fabuliren, wie ihnen denn eben dieses, dass sie 14 Welten statuiren, die meiste Gelegenheit zu allerlei Historien und Mährlein gegeben hat, die sie dann mit nichts anderm beweisen, als dass sie schreiben, wie sie in dieser und jener Welt vorgegangen und durch diesen und jenen Propheten ihnen entdeckt worden seien. Da denn solche Heiden alles ungeprüft als Wahrheit angenommen und noch bis dato dergleichen poetische Fabeln vertheidigen, ob sie gleich keinen andern Beweis vorbringen können, als dass sie um ihres Alters willen, und weil sie von den Göttern durch die Propheten geoffenbart wären, geglaubt werden müssten.

Diese Dēvas halten sie alle für erschaffene Götter und schreiben ihnen fast diejenigen Eigenschaften und Verrichtungen zu, die wir Christen den Engeln zuschreiben. Denn sie sagen von ihnen, dass Dēvalōka zwar ihr eigentlicher Ort sei, da sie sich aufhielten, gleichwohl aber könnten sie an allen den Oertern sein, wo sie nur gedächten, dass sie gern sein wollten. Sie wären stets um Isvara, Vischnu und Brahma, verehrten sie mit Opfern und Loben, stünden stets zu ihren Diensten und liessen sich zu allerlei Verrichtungen von ihnen gebrauchen, so jedoch, dass sie dabei eine grosse Herrlichkeit genössen und vor allen andern den Vorzug hätten, daher sie auch würdig wären, dass man ihrer auf dieser Welt gedächte und bei den Opfern, die Isvara und Vischnu gebracht würden, zugleich gegen sie einige devote Bezeugungen machte. Sie brauchten nicht zu arbeiten und diese oder jene Handthierung treiben, sondern sie hätten in der Götterwelt einen Baum *அபஷ்டிரூபம்* (*அபஷம்=அபம்* Absicht, *ரூபம்* Baum) Kalpavrikscha genannt, der gäbe ihnen allerlei Esswaaren, die sie verlangten. Auch hätten sie einen Brunnen *அமிர்தஊறு* Amritahōaru, der ihnen reichlich das Wasser der Unsterblichkeit hervorquillen lasse. Hiernebst hätten sie auch eine Kuh *அபுஷம்* (*ஆசம்* Wunsch, *கஷ* Milchkuh) Kāmadhēnu, die alles gäbe, was man von ihr begehre.

Von ihrer Schöpfung und dessen Ursache schreibt ein Heide in einem Brief: „Die 330 Millionen Götter, die wir Dēvas nennen, sind von

Gott erschaffene Creaturen, die Ursache, warum sie Gott erschaffen, ist folgende : Der ewige Gott ist niemals ohne Anbetung und Verehrung gewesen. Ehe nun wir Menschen in diese Welt erschaffen wurden und ihn anbeten und verehren konnten, schuf er diese 330 Millionen Götter, dass sie ihn erkennen, anbeten und verehren sollten. Solche schuf er zu Einwohnern der Welt Dévalöka, gleichwie Gott nachmals uns Menschen zu Einwohnern dieser Welt Bhûlöka erschaffen hat. Ihre Schöpfung ist geschehen, als Gott alle Welten mit den Himmeln, Erden und Meeren schon erschaffen, da er sie denn zu geistlichen Menschen in die Welt Dévalöka erschuf. Es sind also diese 330 Millionen Dévas geistliche Geschöpfe und haben ein weit vortrefflicheres Wesen als wir Menschen, können Gott sehen und sind stets um ihn. Weil sie nun solche Personen sind, die Gott gefallen und ihm angenehm sind, so pflegen wir Menschen auf Erden sie hoch zu halten und ihnen einige Verehrung zu geben, denn sie stehen in einer grossen Seligkeit. Jedoch zur letzten Zeit, da alles wiederum in seinen Ursprung zurückkehren wird, werden diese Götter und alle 8,400,000 Arten der lebendigen Creaturen* vergehen, dass nichts als nur das ewige und höchste göttliche Wesen allein übrig bleiben wird. Der jetztgedachten Götter Amt und Verrichtung ist, dass sie Gott dienen, ihn verehren und von ihm heilige Lehren unter sich handeln, auch ihn loben und preisen und nach seinem Willen thun."

Diese Götter haben sie zwar in eine gewisse Zahl gebracht, aber sie wissen sie nach ihren Namen nicht zu specificiren, daher findet man auch keine Figuren von diesen Göttern, weder in den Pagoden, noch in den Häusern, nur dass die Bildschnitzer, Maler und Schilderer diese und jene Figuren an die Wände der Pagoden schnitzen oder auf Papier malen und auf Cattun schildern. Sonderlich pflegen diejenigen Historien, die sich in der Götterwelt mit diesen Göttern zugetragen haben, auf Cattun geschildert zu werden, welche Schildereien entweder in den Pagoden oder in grosser Herren Häuser zum Zierrath und zur Erinnerung der vorgefallenen Gesetz-Historien hängen; wie denn fast kein Historienbuch unter diesen Heiden gefunden wird, darinnen nicht einige Geschichten von diesen Göttern mitunterlaufen. Die Historien aber, die bis und da von diesen Göttern geschrieben stehen, sind meistentheils ganz ungereimt und geben zu erkennen, dass unter ihnen noch Sünde und Unseligkeit sein muss, denn beurtheilt man sie nach dem, was von ihnen geschrieben steht, so zanken sie oftmals unter einander, werden betrübt und erzürnt, kommen in diese und jene Noth, werden von den Feinden überwunden und zu Sclaven gemacht, stellen lauter sündliche

---

* Dieser Zahl entsprechend giebt es auch 8,400,000 Arten von Seelen, welche in zwei Klassen zerfallen 1, Chara (beweglich) alle Creaturen in sich begreifend, die gehen, fliegen oder kriechen können 2, Achara (unbeweglich) Creaturen, welche nicht die Macht der Selbstbewegung besitzen als Berge und Bäume, welche auch von den 5 Sinnen nur Einen, den Gefühlssinn haben und daher Seelen mit Einem Sinne genannt werden. Balv. Sam. V. V. Frage 149.

Zusammenkünfte an, sich vortanzen und vorspielen zu lassen, haben Weiber und begehen mit Frauenspersonen sündliche Dinge, werden verjagt, verflucht, getödtet und kommen in manches Elend, aus dem sie sich nicht herauszuhelfen wissen. In Summa, es sind lauter solche Dinge von ihnen geschrieben, die da unheilig, sündlich, ungereimt und unflätig sind und die auch wider alle Weisheit, Heiligkeit, Gerechtigkeit und Wahrheit, ja wider alle menschliche Vernunft laufen, so dass man sich wundern muss, wie sie bei ihrem noch habenden natürlichen Verstande solche närrische Fabeln glauben können.[1] Einmal kamen diese 330 Millionen Götter im Milchmeer zusammen und wollten darin den Trank der Unsterblichkeit quirlen, zu welcher Action sich auch Isvara, Vischnu, Brahma einfanden und ihnen hülfreiche Hand leisteten. Und als sie mit grosser Mühe solchen Trank präparirt hatten, entstand Gift darin, welches die Poeten für den Ursprung der Göttin des Unglücks Mūdēvi halten. Solches Gift aber soll Isvara nachmals getrunken haben. Aus der zubereiteten Universalmedicin Amrita sollen unterschiedliche Göttinnen ihren Ursprung genommen haben, und dahinein läuft auch die Historie von Vischnu's zweiter Verwandlung.

Als diese Götter einmal zusammengerufen waren, dass sie einem Spiel und Tanz zusehen sollten, geschah es, dass sich der vornehmste Priester (Vrihaspati) in der Götterwelt versteckte, darum weil man ihn bei seiner Ankunft in die Gesellschaft nicht mit den nöthigen Complimenten empfangen hätte. Hierüber entstand nachmals unter solchen Göttern viel Unglück, Elend und Jammer, so dass endlich ihre Götterwelt ganz verheert wurde, weil die gewaltigen bösen Riesen überhand nahmen und die Götter in sehr grosse Enge trieben, von welchem Elend sie weder Brahma noch Vischnu erretten konnte, sondern es musste solches Isvara thun, welches aber doch nicht ohne grosse Schwierigkeiten abliof.

Als Daksche, der König über alle 14 Welten, den grossen Gott Isvara absetzen und anstatt seiner einen andern grossen Gott machen wollte, kamen die 330 Millionen Götter auch dazu, und suchten solches mit werkstellig zu machen, bekamen aber deswegen von Isvara den Fluch, dass sie viel 1000 Jahre von den gewaltigen Riesen, den Asuras, mussten geplagt und zu Sclaven gemacht werden. Und obgleich sie lange mit ihnen Krieg führten, wurden sie doch allezeit überwunden, bis endlich Isvara's Sohn Subbramanya mit ihnen wider die Asuras zu Felde zog und sie durch Erlegung derselben von ihrer Sclaverei befreite. Dergleichen ungereimte Fabeln sind unzählige in ihren Historienbüchern anzutreffen. Desgleichen, wenn in diesem oder jenem Buch Isvara in seinem Paradies Kailasa und Vischnu in seinem Paradies Vaikuntha oder auch Brahma in seiner besondern Welt Brahmalōka einen solennen Act vorgenommen, so wird zugleich vermeldet, dass diese 330 Millionen Götter selbigem beigewohnt haben. Item wenn etwa eine Göttin Hochzeit gehabt, oder auch Isvara und Vischnu in dieser Welt erschienen sind und Jemandem sichtbarer Weise die Seligkeit gegeben haben, so wird dabei gedacht, dass solche Götter mitserschienen seien.

Und weil ihrer nun so gar vielfältig in ihren Gesetzbüchern gedacht wird, so pflegen sie gewöhnlich jedesmal nach vollbrachtem Opfer einige Lobworte über sie zu sprechen. Denn wenn sie zu opfern anfangen, so stellen sie mit gewissen Ceremonien und Gebetsformeln Iswara, Vischnu, Brahma und alle diese 330 Millionen Götter nebst den 48,000 Propheten und den Hütern der 8 Weltecken um sich herum. Wenn solches geschehen, verrichten sie das Opfer. Nach dem Opfer geben sie diesen allen eine Danksagung und lassen sie mit gewissen Ceremonien und Gebetsformeln wieder von sich. Ausser diesem geschieht den 330 Millionen Göttern keine Verehrung.

Diese Götter haben einen König unter sich σςωείβειν Dēvēndra, sie bilden ihn ab mit 4 Händen, eine hält er bloss, in zweien, die er in die Höhe reckt, hält er das Gewehr Vēl und in der andern die Waffe ωέθευημώ Vajrāyudha, welches sein besondres Gewehr ist, das da allezeit im Krieg den Sieg davon tragen soll. Wer in seinem Namen Busse thut, der erlangt solches Gewehr von ihm als Gabe. Daher liest man gar viele Historien solcher, die dies Gewehr erlangt und damit grosse Wunder verrichtet haben sollen. Auf dem Haupt hat er eine Krone und in den Haarlocken Perlen und Edelsteine. In den Ohren, um Hals, Brust, Unterleib, an Armen und Füssen hat er allerlei Schmuck, über den Achseln hat er Blumen hängen, er sitzt auf einem erhabenen Thron. Der ganze Leib Dēvēndra's ist voller Augen, die er durch Fluch eines Propheten zur Strafe seines begangenen Ehebruchs bekommen hat, denn sie schreiben von ihm, dass er eines Propheten Weib beschlafen habe und zwar auf folgende Weise: Der Rischi oder Prophet pflegte täglich des Morgens, wenn die Raben anfangen zu schreien, an einen Fluss zu gehen und sich darin zu reinigen. Weil nun Dēvēndra in böser Lust wider dessen Weib entzündet war, verwandelte er sich einstmals in einen Raben und kam noch vor Mitternacht vor des Propheten Haus und schrie. Der Prophet meinte deshalb, es wäre die Zeit, sich im Flusse zu reinigen, stand alsbald auf und ging hin zum Flusse. Unterdess geht Dēvēndra zur Frau und treibt Ehebruch mit ihr. Der Prophet aber sieht, dass die Ganga oder der Fluss noch schläft und noch nicht sich recht zu bewegen angefangen habe, als er des Morgens zu thun pflege. Und daran merkt er, dass es noch späte Nacht sein müsse und geht wieder nach Hause. Indem er nun Dēvēndra in solcher Sünde antrifft, spricht er zu ihm: geziemts sich wohl einem solchen Manne, dass er solche böse Lust hat und anderer Leute Weiber schändet? Hierauf giebt er ihm diesen Fluch und spricht, weil du eine solche grosse Thorheit begangen und eines Weibes Scham entblösst hast, so müsse nun dein ganzer Leib davon voll werden. Dēvēndra fällt dem Propheten zu Füssen und spricht: Du giebst mir diesen Fluch, wie kann ich in solcher Gestalt hinführo Dēvēndra sein! Hierauf mildert der Prophet solchen Fluch und spricht: Vor deinen Augen allein sollen solche Maalzeichen in ihrer rechten Gestalt an deinem Leibe gesehen werden, des Augen der andern aber sollen sie scheinen, als wären sie Menschen-Augen. Um dieser Ursache willen wird er nun von diesen Heiden mit vielen Augen des Leibes abgebildet und ஆயிரங்கண்ணன் Ayirankannen genannt d. i. einer, der tausend Augen hat. Der Audienzsaal Dēvēndra's ist so gross, dass alle 330 Millionen Götter und 48,000 Propheten auf einmal Raum darin haben, als welche er oftmals zusammenrufen lässt, um diese und jene Lustbarkeiten anzustellen, wie er denn stets allerlei Musikanten und Tänzerinnen um sich hat, unter welchen die உருவசி Urvasi eine von den vornehmsten ist, welcher es keine andere in der Tanz- und Singkunst zuvor thun soll. Es pflegen stets Propheten hinter Dēvēndra zu stehen und ihm Blumen zu opfern. Auch steht sein Sohn Chitraputra mit einem Buche bei ihm, und es befinden sich zugleich stets welche von den Göttern um ihn herum. Wenn er ausgeht, so reitet er auf einem weissen Elephanten ஐராவதம் Airāvata, von welchem viele Historien erzählt werden. Ausser ihm darf Niemand in der Götterwelt auf einem weissen Elephanten reiten. Alle Sachen, die unter den Göttern und Propheten vorgehen, werden vor ihn gebracht und von ihm entschieden. Wenn sie ihm aber allzu schwer zu entscheiden sind, so referirt er sie an Brahma und Vischnu, welche sie ausmachen. Der jetzige Dēvēndra oder Dēva-Indra ist eines Propheten Sohn, sein Vater heisst Kasyapa, von welchem oben im vorigen Theil eine sündliche Historie angeführt worden ist. தேவேந்திரப்பட்டம் (பட்டம் Regentschaft, Reich) Dēvēndrapatta heisst so viel als die königliche Herrschaft unter den Göttern in der Welt Dēvalōka, und Dēvēndra ist der Name, mit dem ein solcher König unter den Göttern stets benannt wird. Ein Heide schreibt in einem Briefe folgendes: „Der, welcher 1000 Pferde auf einmal ausgehen lässt und so viel Yāga oder Feueropfer macht, als Fuss-spuren der ausgelassenen 1000 Pferde gefunden werden, auch an selbigem Tage alles giebt, was von ihm gebeten wird, und Niemandem etwas versagt, der wird unter den Göttern und Propheten Dēvēndra. Er muss aber alles am selbigen Tage vollenden und mit Geben völlig auskommen, sonst wo in einigem ein Mangel gespürt wird, kann er kein Dēvēndra werden. Daher untersteht sich Niemand so etwas anzufangen weder von den Göttern, noch von den Propheten, es sei denn, dass er durch strenge Busse bei Gott ein grosses Ansehen bekommen und hohe Gewalt erlangt hat, denn so kann es keiner mit blossem Reichthum vollenden. Wenn es aber einer vollendet, so wird er von den vornehmsten Propheten auf einem Palanquin herumgetragen und ihm als König der Götterwelt gehuldigt. Aledann kommen alle 330 Millionen Götter, die 48,000 Propheten, die Kinnaras, Kimpuruschas, Garuda-Gandharber, Gananāthas und alle andern herzu und setzen ihn auf den Thron. Das Amt Dēvēndra's besteht alsdann darin, dass er über alle Götter und Propheten als ein absoluter König herrscht, und falls unter ihnen dies oder jenes vorfällt, so muss er alles nach Recht und Billigkeit verhören und anrichten. Item wenn strafwürdige Sachen vorfallen, so muss er nach Recht verfahren und das Böse bestrafen. Alle Rechtssachen müssen vor dem Urtheil erst an ihn kommen. Kann er sie nicht entscheiden, so weist er sie zu Brahma; kann Brahma sie auch nicht ausmachen, so schickt er sie zu Vischnu, und wenn auch Vischnu sie nicht beilegen kann, so wird Isvara belangt, der allen Dingen ein Ende macht und einen Ausschlag giebt.

In ihren Historienbüchern findet man viele Geschichten von Dēvēndra, welche aber, wie alle ihre andern Götterhistorien lauter ungereimte Dinge in sich fassen. So schreiben sie von ihm, dass er gar einmal die Raserei bekommen, die ihn so gequält, dass er aus der Götterwelt in diese Menschenwelt gekommen, wo er Busse gethan und nun wiederum von seiner Raserei in einem Orte ௪௫௬௭௮ Vēdanallūr befreit worden sei. Wegen der vielen Historien, welche die Poeten von ihm geschrieben, führt er unterschiedliche Namen als: 1, ௪௪௫௪௫ (௪௪௫ Wolke, ௪௫௪௫௭ Geführt) Mēghavāhana. 2, ௪௪௭௪௨௪௪௫௪௫ (௪௪௭௪ König über ௪௪௪௫ Opfer) Völvikkuvēnden. 3, ௪௪௮௨௨௪௫ (Herrscher des Firmaments) Vūnmurbuthāli. 4, ௪௫௪௪௪௪௫ (Tödter des Riesen Pākasa) Pākasāsanu. 5, ௪௪௮௫௨௪௫௫ (der den Donnerkeil hält) Vajrapāni. 6, ௪௫௪௭௮௪௨௪௫ (König der Himmlischen) Vānōrkōmān. 7, ௪௨௫௪௫ (viel angerufen) Puruhūta. 8, ௪௮௪௨௪௫ (௪௮ = karman, Act, Ritus; Name einer Gattin Indra's) Sachimanālen. 9, ௪௨௪௮௪௫ (Praepositus, Priester) Purōhita. 10, ௪௮௪௪௫ (der schwarze? ௪௮ vielleicht ௪௪௪௫ Diamant, dann Donnerkeil ௪. 4; es soll aber wohl sein ௪௮௪௫௪௪௫ Karivāhana der den Elephanten zum Geführt habende) Kariyaven. 11, ௪௫௪௮௫௫ (Leiter der himmlischen Schaaren) Sunāsīra. 12, ௪௪௫௪௫௪௫ (Berge brechend, Feinde vernichtend) Akhandala. 13, ௪௪௫௮ (schwarz) Kāri. 14, ௪௪௫௮ (TödterBala's) Balāri. 15, ௪௫௮ Hari. 16, ௪௪௫௮௨௪௫ ௪௪௫ Ayirankannen. 17, ௪௫௮௫௪௫ (nach Benfey von derselben Wurzel wie indu tropfen, also Jupiter pluvius) Indra.

In einem Buche ௪௪௫௪௫௪௫௪௫௨ Trikālachakra wird gedacht, wie lange ein Dēvēndra seine königliche Herrschaft unter den Göttern führt und wann sein Ende kommt. Erstlich wird erzählt, wie von Anfang der Welt schon 18 grosse Weltzeiten verflossen, die zusammen 1,072,038,400 Jahre ausmachten. „Wenn nun, so heisst es ferner daselbst, diese 1,072,088,400 Jahre 88 mal wiederkommen und herumgedreht werden, wie ein Töpfer die Scheibe oder das Rad herumdreht, so ist solche Zeit für Dēvēndra ein Fingerschnips oder eine Minute. 360 solche Fingerschnipse machen eine Stunde, 60 solcher Stunden machen einen Tag, 30 solcher Tage allemal einen Monat, 12 solcher Monate machen ein Jahr, 60 solcher Jahre machen bei ihm ein ௪௪௫௪ Andu, 100,000 solcher Andu machen ein ௪௨௪௫ Yuga, 18 solcher Yuga machen bei ihm ein ௪௪௪௫ (Gesundheit, Glückseligkeit) Sukha oder bequemes und gesundes Alter. Wenn 20,700 solcher Sukha verflossen sind, so stirbt Dēvēndra."

Diesem Devēndra schreiben sie ein Weib zu, welches sie ௪௫௪௫௪௫௪ Indrāni nennen; von ihr schreibt einer: „Indrāni ist eine mit unter den 7 Jungfrauen, die da entsprungen sind, als die 330 Millionen Götter im Milchmeer das Amrita, den Trank der Unsterblichkeit, durch Quirlen praeparirten. Sie bleibt ihrer Gestalt nach allezeit in so blühender Kraft, als wäre sie nur 16 Jahre alt. Sie ist die Frau aller Devendras, die in der königlichen Herrschaft auf einander folgen, denn sie hat die Gabe erlangt, dass sie, so lange Brahma sein Amt führt, Königin und Frau aller Devendras sein soll. Es hat aber Brahma noch 12 grosse Weltzeiten von unzähligen Jahren sein Amt zu führen, und alsdann geht in selbigem eine Veränderung mit ihm vor, da denn Indrāni gleichfalls aufhört eine Königin der Devendras zu sein. Wie viele Devendras nun bis dahin noch regieren, denen allen ist sie ein Weib.

Diese Indrāni steht zwar in dieser und jener Pagode abgemalt, gleichwie auch Devendra und viele von den Göttern und Propheten, aber sie hat, wie diese alle, weder Verehrung noch Opfer. In den Historienbüchern aber werden allerlei Geschichten von ihr geschrieben. Wegen ihrer Unfruchtbarkeit hat sie grosse Busse gethan und Isvara um ein Kind gebeten, da ihr denn nachmals von ihrer Kuh ein Sohn geboren worden. Ihre vornehmsten Namen, die ihr die Poeten gegeben haben, sind diese: 1, ஒப்பில்லாதிரானி (die unvergleichbare Indrāni) Poruvil- Indrānī. 2, புலோமஜி (Tochter Pulöma's) Pulömaji. 3, பெரும்பற்றம்பிரானி (die viel Vergnügen verleihende Airāni) Pēriu- bamtarum Airāni. 4, இந்திராணி (Indra's Gattin) Indra-manaivi.

Der Sohn, welchen ihr Isvara von ihrer Kuh hat geboren werden lassen heisst சித்திரபுத்திரன் (சித்திர Gemälde, denn kunstvolles Schreiben; புத்திரன் Sohn) Chitraputra, er ist der Schreiber bei Siva oder Isvara, der alles Gute und Böse, das in allen 14 Welten gethan wird, aufschreibt. Die Art und Weise, wie er dem Devēndra und der Indrāni als Sohn geboren worden, berichtet ein Heide in einem Briefe also: „Devendra's Weib Indrāni that vor Isvara harte Busse, damit er ihr ein Kind geben sollte, weil sie von allen als eine unfruchtbare ausgeschrieen war und geschmäht wurde. Isvara erschien ihr im Traum und sprach zu ihr: dir ist von Anfang kein Kind zugedacht worden, und es ist keine Ursache vorhanden, dass in deinem Leibe ein Kind geboren werden sollte. Sie antwortete: Herr, nicht also, die Begierde nach einem Kind ist bei mir sehr gross. Es mag geschehen, auf was Weise es immer will, ich muss ein Kind haben. Da sprach Isvara zu dem bei ihm stehenden Chitraputra: du musst hingehen und der Indrāni als Sohn geboren werden. Dieser antwortete: Gott, man findet nirgends in den Büchern, dass ihr jemals wäre die Geburt eines Kindes zugedacht worden, wie soll ich denn nun als ein Kind von ihr geboren werden? Solches wäre ja eine grosse Sünde. Hierauf sprach Isvara: du sollst nicht von ihr, sondern von ihrer Kuh und aus deren Leibe zu ihrem Sohn geboren werden. Dieser musste es sich gefallen lassen und ja dazu sagen. Die Kuh aber, welche bis dahin Indrāni als ein Kind auferzogen hatte und die ganz schwarz war, ging zu einem Flusse, um zu trinken. In selbigem Flusse war eine Blume, welche sie mit hinein schluckte. Diese Blume nun war die Ursache, dass Chitraputra in ihrem Leibe empfangen wurde. Als die Zeit zum Gebühren kam, öffnete sich die eine Seite der Kuh, aus welcher Chitraputra herauskam und zwar in solcher Gestalt, dass er in seinen Händen ein Buch hielt und über den Leib die Schnur usurú Pununūl hängen hatte. Als Indräni das Kind sah, nahm sie es alsbald als ihr Kind auf und fühlte auch zur selbigen Stunde eben diejenigen Schmerzen in ihrem ganzen Leibe als eine gebährende Mutter vor und nach der Geburt in sich empfindet. Auch wurden ihre Brüste voller Milch das Kind zu säugen. So zog sie das Kind als ihren Sohn auf. Die eigentliche Ursache aber, warum Iswara diesen Chitraputra also von einer Kuh der Indräni zum Sohn hat geboren werden lassen, ist diese: Als er aller Personen Verrichtungen und Werke, sowohl das Gute als das Böse, aufschrieb und solches Iswara wissen liess, so wurde er einstmals in seinem Sinne hochmüthig und dachte bei sich selbst: wenn du nun nicht wärest, wie könnte Iswara wissen, was die Creaturen, die eine lebendige Seele haben, für Gutes und Böses thun? Diese hoffärtigen Gedanken konnte Iswara alsbald wissen und befahl, dass er auf solche Weise der Indräni sollte als Sohn geboren werden, damit er für seinen stolzen Sinn hierdurch büssen und ihn ablegen möchte. Nachher aber, als der stolze Sinn bei ihm gedämpft und abgelegt wurde, hat ihn Iswara wiederum zu seinem vorigen Dienst angenommen. Es ist aber gleichviel, wenn hie und da in unsern Büchern geschrieben steht, dass dieser Chitraputra bei Siva oder auch bei Brahma der Schreiber alles dessen sei, was von Jedem Gutes und Böses gethan wird, denn diese alle sind eins."

Ein anderer schreibt folgendes: „Chitraputra ist bei Gott derjenige Schreiber, der da alles aufschreibt, was ein jeder für Sünde und gute Werke thut, davon er Gott Rechenschaft ablegen muss; denn sein Amt besteht darin, dass er alles ohne Mangel aufzeichnet, was in den Welten und zwar sonderlich in dieser Welt unter uns Menschen an Bösem und an Gutem vorgeht, es sei mit Gedanken, Worten oder Wandel. Auch muss er aufschreiben, wie viel Menschen jeden Tag geboren werden, und wie viel ihrer gestorben sind. Wenn Jemandes Lebenszeit verflossen ist, so übergiebt er Gott die Rechnung über sein geführtes Leben, nach welcher er gerichtet wird. Wenn die Menschen geboren werden, so schreibt er auf, wie alt sie werden und wie viel Tage sie in der Welt leben sollen, auch was ihr zugedachtes Glück oder Unglück sei. Ueber alle diese und dergleichen Dinge ist er zum Schreiber gesetzt und muss Gott von allem Rechenschaft geben. Wegen dieses seines Dienstes pflegen wir Malabaren einmal in seinem Namen zu fasten, denn es ist der Aprilmonat nach ihm Chitramäsa benannt, auch ist unter den 27 Sternbildern, die für jeden Monat in unserm Calender vorkommen, eins nach ihm Ṛṣβσωιͅѧѱβσѽ Chitra-nakschatra genannt. Wenn nun im April dieser Stern einfällt, so pflegen wir an selbigem Tage zu fasten,

kochen Reiss mit Milch und geben es den Armen, gedenken dabei an unsere Sünden und rufen Chitraputra an."
Die Poeten fabuliren gar viel von ihm, geben ihm allerlei Namen und specificiren viele Bücher, die er bei seinem Schreiberamt halten müsse, sagend, dass er in einigen nur allein die Stunden der Geburt, in andern die Stunden des Todes, in andern lauter Sünden und in andern allein die guten Werke aufschreibe, und bei Uebergebung der Rechnung alles gegen einander hielte, nach welcher dann die Sentenz gesprochen würde, wie denn diese Heiden völlig überzeugt sind von einem Gericht nach dem Tode, nur aber haben die Poeten diese und andre dergleichen Wahrheiten mit vielen Fabeln ganz verdunkelt und in Lügen verwandelt. Sie haben über Chitraputra ein grosses Buch geschrieben *सिसि चिप्रसम्स* Chitraputra-katha genannt, worin seine ganze Historie und sonderlich, wie er dem Dēvēndra als Sohn geboren worden, weitläuftig enthalten ist.

„Es ist von der comparativen Philologie nachgewiesen, dass es nichts Unregelmässiges in der Sprache giebt, und was früher in Declination und Conjugation als unregelmässig betrachtet wurde, ist nun als die regelmässigste und ursprünglichste grammatische Bildung anerkannt. Dasselbe, so hoffen wir, wird in der Mythologie geleistet werden und anstatt wie bisher sie entstehen zu lassen *ab ingenii humani imbecillitate et a dictionis egestate*, wird das Räthsel ihrer Entstehung richtiger gelöst werden *ab ingenii humani sapientia et a dictionis abundantia*. Mythologie ist nur ein Dialect, eine alte Sprachweise. Mythologie liess sich auf alle Dinge anwenden, obgleich sie es hauptsächlich mit der Natur und in der Natur wieder zumeist mit solchen Erscheinungen, denen der Character von Gesetz und Ordnung, Macht und Weisheit aufgeprägt ist, zu thun hatte. Nichts ist mythologischer Ausdrucksweise entzogen ; Ethik wie Philosophie, Geschichte und Religion, sie alle konnten dem Zauberspruch dieser alten Sibylle nicht entrinnen. Aber Mythologie ist weder Philosophie noch Geschichte, weder Religion noch Ethik. Sie ist, einen scholastischen Ausdruck zu gebrauchen, ein *quale* nicht ein *quid*—etwas Formales, nicht etwas Substantielles und wie Poesie, Sculptur und Malerei fast auf alles anwendbar, was die alte Welt bewundern oder verehren konnte." Diese Schlussworte einer höchst anregenden Abhandlung über comparative Mythologie (M. Müller in den Oxford Essays 1856 p. 87), welche zugleich das eigentliche Wesen der Mythologie, wie den unter den Gelehrten entstandenen Zwiespalt über ihren Ursprung uns offenbaren, mögen an der Spitze unserer Besprechung über diesen letzten und obwohl für den Volksglauben des heutigen Indiens unwichtigsten, doch für die Wissenschaft bedeutendsten Theil der indischen Mythologie stehen. Mythologie, versteht sich in ihrem Anfange, nicht der für comparative Mythologie ziemlich bedeutunglose Sivaismus oder Vischnuismus, ist ein Dialect, ist eine Sprachform. Die älteste Periode, der Sprache nun, wo die Ausdrücke für die nothwendigsten Ideen sich prägten und die ersten Anfänge einer Grammatik sich bildeten, welche die Wurzeln zu den arischen und semitischen, wie auch turanischen Sprachen noch ungeschieden enthält, wird die *Rhematische Periode* genannt. Es folgt die *Dialectische Periode*, wo zum wenigstens zwei grosse Familien, die arische und semitische, sich vom Hauptstock trennten und von der nomadisch-agglutinativen zur festeren inflexionalen Sprachstufe fortschritten. Nach diesen zwei ersten Perioden und vor dem ersten Auftreten einer nationalen Litteratur tritt das *Mythologische Zeitalter* ein. Die mythische Ausdrucksweise, welche alle Dinge in Personen, alle Beziehungen in Handlungen verwandelt, ist etwas so eigenthümliches, dass zu ihrer Ausbildung eine eigene Periode in der Civilisation jedes Volkes angesetzt werden muss. Die arischen oder indo-germanischen Völker haben diese Periode noch vereinigt durchlebt. Auf der östlichen iranischen Hochebene, wo nach Nord-Westen der Belurtag und nach Nord-Osten der Mustag schützende Mauern bildeten, haben die Stammväter der arischen Inder und Iranier, der Griechen und Römer, Celten, Teutonen und Slaven friedlich beisammengewohnt. Art und Weise ihres Zusammenlebens und des von ihnen erreichten Culturgrades kann einzig, aber auch unbestreitbar aus den gemeinsamen Worten aller arischen Familien erschlossen werden. Gemeinsam sind die Ausdrücke für Gott, Vater, Mutter, Sohn, Tochter, für Hund und Kuh, für Herz und, Thränen für Axt und Baum (M. Müller Hist. of Sansc. Lit. p. 13). Gemeinsam ist also der Ausdruck für Gott. Wie aber die erste mythologische Auffassung der Gottheit Wurzel geschlagen, das ist Gegenstand einer lebhaften wissenschaftlichen Discussion. Max Müller, wie wir oben sahen, weist auf die Beobachtung der regelmässigen Naturerscheinungen hin, der Lauf der Sonne, Morgen- und Abenddämmerung ist nach ihm die nimmer versiegbare Quelle der Mythologie. Sonne und Dämmerung leisten diesem berühmten Gelehrten dieselben Dienste, wie die unvergleichbare Fruchtbarkeit Diti's und Aditi's in den genealogischen Tafeln der Purānen. Die meisten Forscher, wie Kuhn und Wilson, haben die meteorologische Auffassung; Regen, Donner, Stürme sind ihnen die Hauptfactoren des mythologischen Bildungsprocesses, wogegen M. Müller sich mit folgenden Worter erklärt (Lect. on the Sc. of Lang. II, 524): „Ich kann mir nicht denken, wie Leute, die auf Einer Stufe mit unsern Hirten stehen, sich unterhalten haben sollen über eine dunkle Sturmwolke, welche durch eine Heirath mit Licht oder Sonne die ersten menschlichen Wesen hervorbringt, oder dass sie den blauen Himmel Sohn der Wolke genannt hätten, weil der Himmel erscheint, wenn die Sturmwolke von der Sonne entweder umarmt oder vernichtet ist."

Und in der That scheint grade die Ableitung des ersten wichtigen Wortes, mit dem wir es hier zu thun haben, mehr gegen als für die meteorologische Anschauung zu sprechen. Wir handeln in diesem Theil von den *Dēvas* und zunächst dann von Devēndra, dem Indra der Dēvas. „Die bei den indogermanischen Völkern am weitesten verbreitete allgemeine Benennung Gottes lautet im Sanskrit *dēvas*, im Griechischen Ζεύς, im Lateinischen *deus*, im Litthauischen *diewas*, im Irländischen *dia*, in den deutschen Sprachen ist sie auf einen besondern Gott beschränkt worden, der im Althochdeutschen *Zio* und in der Edda *Tyr* heisst, aber im Gothischen *Tius* genannt sein muss (vgl. Tuesday, Dinstag und auch Tuisco, Deutsch); in der Mehrzahl bedeutet *tivar* in der Edda Götter und Helden (Lass. Ind. Alt. I, 755)." Andre Wörter derselben Namenreihe wie Jupiter, Juno, Janus, Diana, Zeus würden schwerlich ohne die ursprünglichere Sanscritform als verwandt erkannt sein. Aus den Vedas, deren Entzifferung und Erklärung für die vergleichende Mythologie, was die Entdeckung der Sanscritsprache für die vergleichende Philologie, ist die wichtige Entdeckung gemacht, dass ursprünglich *Dyu* die glänzende himmlische Gottheit auch in Indien bedeutete, während es sich in der gewöhnlichen Sprache nur als Name für Tag und Firmament erhalten hat. Die Bedeutung der Wurzel *dyu* ist hervorbrechen, scheinen, durch gewisse phonetische Aenderungen wird daraus *div*, und dieses gunirt giebt *dev*, dessen erste Bedeutung glänzend. „Die ersten Gegenstände religiöser Poesie der vedischen Barden waren die glänzenden Objecte als Sonne, Firmament, Tag, Morgendämmerung, Morgen, Frühling. Diesen wurden bald entgegengesetzt die Mächte der Nacht und Finsterniss, bisweilen adeva genannt d. i. wörtlich : nicht glänzend, dann ungöttlich, übel, böse, verderblich. Weil dêva so auf alle glänzenden und wohlthätigen Erscheinungen angewandt wurde, in denen die ältesten Arier die Gegenwart von Uebernatürlichem, Unvergänglichem, Unsterblichem erkannten, wurde es mit der Zeit der allgemeine Name für das, was allen verschiedenen Göttern oder Namen Gottes gemeinsam ist. Es folgte wie ein Schatten dem Wachsthum der reineren Idee der Gottheit, und als dies seinen höchsten Gipfel erreicht hatte, war es fast das einzige Wort, welches einige Lebenskraft in diesem reinen, aber aufzehrenden Gedankenkreise behauptet hatte (Lect. on the Sc. of Lang. II, 454. 455)."[a]

[a] Eine schärfere indirecte Verurtheilung des neuerdings der protestantischmulschen Kirche in nichtgeistlicher Weise aufoctroyirten Gottesnamens *deus* kann kaum gedacht werden. Hatte zur Apostel Zeiten die Entwicklung des Begriffes dêva theils durch die Septuaginta, theils durch die griechische Philosophie den Höhepunkt erreicht, so ging es natürlich bei den heidnischen Völkern, welche sich gegen die apostolische Predigt verschlossen, worunter doch auch die südindischen zu begreifen sind, schnell bergab. Es ist gewiss nicht zufällig, dass die Missionare der teutonischen Völker es vorzogen, ein allem Anschein nach wenig gebrauchtes, wohl schon in der Ableitung dunkles Wort anstatt dêva einzuführen (Gott engl. God hängt sicherlich mit *gut* nicht zu sammen). Für China verbot ein päpstliches Edict 1715 das *deo* entsprechende Wort Tien, und wenn sich dort der Sprachgeist mächtiger zeigen sollte als päpstliche Erlasse, so könnte es hingegen wohl mit der Zeit noch dahin kommen, dass vielmehr die tamulische Christenheit sich gegen so unbefugte Uebergriffe nur scheinbar entgegengesetzter protestantischer Bullen ernstlich wehrt. Mit den vedischen Göttern ist eben auch das Wort dêva von seiner Höhe gefallen, nicht ganz so sehr wie im Persischen, aber in der Bezeichnung Gramadêvatas kommt es doch dem Teuflischen sehr nahe, ferner ist es ein sehr gewöhnliches Wort geworden, selbst ein Kastentitel z. B. für Klassen von Mar-

Eine etwas vermittelnde Stellung scheint von Lassen (Ind. Alt. I, 756) eingenommen zu werden: „*Deva* stammt von der Wurzel *div* leuchten, ravern und Agambadiern. Die, welche solchen Gottesnamen eigenwillig und eigenmächtig einführten, ohne Befragung der eingebornen Christen oder unter deren Protest und bei ausgesprochener Abneigung mehrerer der Geistlichen, denen die ohnehin unnöthige Bibelrevision aufgetragen, einführten aus dem rein äusserlichen Grunde, dass die tamulischen Christen, wenigstens dreiviertel der evangelischen Christen Indiens, ihren Gott mit demselben Namen nannten, als andere indische Völker, haben schwere Verantwortung auf sich geladen und sind für andre Versucher geworden, den Namen Gottes zu missbrauchen. Die ersten lutherischen Missionare, um nicht den Römisch-katholischen Anstoss zu geben, behielten das Wort Sarvésvara Allhert bei, obwohl es ihnen mit dem Sivaismus zu nahe verknüpft schien. Frühzeitig findet sich aber daneben in ihren Schriften Parâbaravastu, etwa „das höchste Wesen," aber ein neutrischer Begriff, wie sehr er auch nach Auswels des tiefen Gedichts Parâbarakannâdi und der ganzen mystischen Schule die Tiefen der Seele erfasst, ist für den christlichen Gott unbrauchbar. Da bildete der geniale Missionar Walther, der gelehrteste aller alten Missionare, der eine Sanscritgrammatik geschrieben und zuerst in den handschriftlichen tamulischen Lexicis die Sanskritwörter markirt hat, aus dem Neutrum Parâbaram das in der heidnischen Litteratur ungebrauchte und daher von allem Anstoss freie Masculinum Parâbaren. Es ist uns nicht zweifelhaft, dass dies Wort auch darum gewählt ist, weil es dem katholischen ziemlich gleichbedeutend war, und dass es darum von unsern ersten Missionaren übersetzt ist „der höchsten Wesens". Das Wort kam sogleich in allgemeinen Gebrauch, und als man später dennoch in Tranquebar noch einmal gemäss heimlicher Ordre die Bibel unverändert abzudrucken anfing, so erklärte der von Gott gesandte und wohl ausgerüstete Bibelrevisor Fabricius, der Gebrauch dieses Einen Wortes genüge, um Einstampfung alles schon Gedruckten nöthig zu machen. Was würde der sel. Mann erst sagen, wenn er nun in neuen Bibeln, die sich auf seine Uebersetzung gründen wollen, dēva läse, welches Wort er zur Bezeichnung der heidnischen Götter zum Unterschiede von dem Gotte Israels gebraucht? Unzweifelhaft, wenn die Wahl ist zwischen Sarvêsvara dem höchsten Gottesnamen und dem so häufig gebrauchten, und wenn nicht Adjectiva dazu kommen, nur für Halbgötter und Menschen gebrauchten dēva, jeder Christ, dem die Ehre seines Gottes am Herzen liegt, müsste Sarvêsvara vorziehen. Aber diese Wahl ist eine selbstaufgelegte Qual. Parâbaren nur im Singular gebraucht und ohne ein Adjectiv ist in sich selbst der Christengott, Parâbarakôvil nennen die Heiden unsere evangelischen Kirchen, solch ein klarer Eigenname ist in einem Heidenlande etwas werth, und wenn nun durch diesen Namen allen Missverständnissen vorgebeugt ist, dann mag in Zusammensetzungen und adjectivisch dēva gebraucht und so wieder gehoben werden, und wenn auf diese Weise zwei Bezeichnungen für Gott aufkommen sollten, ist es sicher nicht zu bedauern. Aber in gegenwärtiger Zeit ist das Streichen des Wortes Parâbaren ein Verwerfen der reichen Litteratur unserer Väter, die man auch absichtlich scheint in Vergessenheit begraben zu wollen, ein Zurückstossen der durch sie gewonnenen lebendigen Seelen, die wenn man auch ihre Geistlichen durch Geldstrafen zum Gebrauch der neuen Uebersetzung zwingen kann, doch für das häusliche Gebet sich schwerlich den Namen nehmen lassen, den sie als Kinder zuerst betend aussprachen. So lange nicht die eingebornen Christen sich gegen Parâbaren erklären, so lange nicht angesehene europäische Sanskritgelehrte Parâbaren als durchaus unstatthaft verwerfen, sollten Fremdlinge sich nicht zu Herren aufwerfen, wo sie in Christi Sinn nur zu dienen haben, und bevor sie nicht den Muth gehabt haben, das Wort God aus den englischen Bibeln zu streichen, sich aller Eingriffe enthalten. Die schweren Erfahrungen der tamulischen Kirche legen den von Dr. Graul erhobenen Ruf nach einer Missionslinguistik allerdings sehr nahe, vorläufig aber lässt sich aus v. Zezschwitz „Profangracität und Biblischer Sprachgeist" und R. v. Raumer „die Einwirkung des Christenthums auf die Althochdeutsche Sprache" viel lernen.

und hat noch in der Vêdasprache als Adjectiv die Bedeutung leuchtend. Dieses beweist, dass bei den Indogermanen der Begriff des Göttlichen aus dem des Lichts sich gebildet habe und dass der Gegenstand ihrer ältesten Götterverehrung die Erscheinungen und Wirkungen des Lichts waren. Diese traten am deutlichsten und wohlthätigsten in dem die Erde erleuchtenden, erwärmenden und befruchtenden Tageslichte der Sonne hervor; in der feierlichen Stille der Nacht strahlt es dem Menschen aus geheimnissvoller Ferne entgegen in den zahllosen Sternen des Himmels. Seine furchtbare und zerstörende Kraft zeigt sich in dem Blitze bei den Gewittern, die aber auch eine wohlthätige Wirkung ausüben, indem sie den befruchtenden Regen bringen, und der Blitz, welcher das Gewölk zerreisst, musste der einfachen Naturanschauung der ältesten Menschen als That eines zugleich mächtigen, furchtbaren und eines gütigen Gottes erscheinen. Man erklärt sich hieraus, warum die Sitze der Götter in die Luft und in den Himmel verlegt wurden. Auf der Erde unter den Menschen und in ihren Wohnungen ist das Feuer mit seiner Flamme der Stellvertreter des Lichts, und es lag daher nahe, neben dem Lichte ebenfalls das Feuer als eine Wirkung einer göttlichen Macht zu betrachten." Obwohl nun in den ältesten Theilen des Vêda, den in der sogenannten Chhandas-Periode c. 1200—1000 v. Chr. verfassten (Mantra-Periode von 1000—800, die Schriften welcher beiden ersten Perioden zusammen mit denen der auf sie folgenden Brâhmana-Periode als Offenbarung *Sruti* bezeichnet werden, im Gegensatz zu den kurz vor der Buddhistischen Zeit verfassten Sûtras, welche zusammen mit den Gesetzbüchern die Rechtstradition oder *Smriti* bilden), Dyu als Masculinum den Herrn des Firmaments, den alten Gott des Lichtes bezeichnet, so wohnte diesem Namen doch nie eine mächtige mythologische Bildungskraft inne, und er wurde nie mit der höchsten Gottheit verknüpft. Das Sanscritvolk als der älteste Bruder, der die väterlichen Traditionen am treuesten bewahrt hat, muss nachdem alle andern Stämme schon weiter nach Nordwesten aufgebrochen waren, noch lange mit den Iraniern, den spätern Persern zusammengewohnt haben, bis wie es scheint religiöse Differenzen die Trennung veranlassten. Die Iranier haben sie dadurch documentlich verewigt, dass sie seitdem das Wort daêva einen bösen Geist bedeuten liessen, das Sanscritvolk dagegen, als es nun mit einer dem ältesten Bruder geziemenden Entschlossenheit nicht den übrigen nach gen Westen, sondern gen Süden sich wandte, um dann von Nordwesten durch die Kabul-Pässe nach Indien einzudringen, liess das Wort *dyu* als Bezeichnung der Gottheit bald ganz fallen, und brauchte es nur noch femininisch für Firmament, indem es dafür Indra, den allerdings auch im Zendavesta als daêva bezeichneten, zum höchsten Gott erhob. Freilich nur so weit im ältesten vedischen Zeitalter von einem höchsten Gott gesprochen werden kann; denn es gehört mit zu den grössten Vorzügen des Vedastudiums, dass wir in den zahlreichen Hymnen noch das allmälige Wachsthum der Götter überwachen können, den langsamen Uebergang appellativer Bezeichnungen in Eigennamen, den ersten versuchenden Schritt zur Personification. „Das vedische Pantheon wird nur durch die losesten Bande von Familienverwandtschaft zusammengehalten, auch giebt es keinen anerkannten Supromat, wie ihn Zeus unter den homerischen Göttern behauptet. Jeder Gott wird als höchster gedacht oder wenigstens als nicht geringer denn irgend ein anderer Gott zu der Zeit, wenn er von den vedischen Sängern gepriesen oder angerufen wurde, und das Gefühl, dass die mannigfaltigen Gottheiten nur verschiedene Namen, verschiedene Auffassungen des unbegreiflichen Wesens sind, welches kein Gedanke erreicht, keine Sprache ausredet, ist im Gemüthe einiger der einsichtvollsten Rischis noch nicht ganz erloschen (M. Müller Lect. on the Sc. of Lang. II, 411. 412)."

Am häufigsten genannt und am höchsten gepriesen werden drei: Agni, Varuna und Indra, von welchen die beiden ersten gelegentlich der Welthüter zu besprechen sein werden. Von *Indra*, der im Lauf der Zeit sich allerdings den höchsten Rang erwarb, ohne ihn jedoch behaupten zu können, ist oben gesagt, dass der Name von derselben Wurzel wie *indu* tropfen herkomme und daher mit Jupiter pluvius gleichbedeutend sei. Lassen lässt ihn mit Kuhn die blaue Luft bedeuten und bemerkt ferner über ihn (Ind. Alt. I, 746—748): „Indra der Gott des leuchtenden Himmels, der blauen Luft und der Gewitter, ist vor den andern Unsterblichen geboren, die er mit Kraft geschmückt hat. Er hat die schwankende Erde festgemacht und die erschütterten Berge eingerammt, er hat dem weiten Luftkreise Maasse gegeben und den Himmel gestützt. Er wird daher Sakra der mächtige, Sachivat der mit Macht begabte genannt und seine Frau Sachi die Macht, woher sein Name Sachipati. Er führt daher den Blitz vajra oder den Donnerkeil, den Tvaschtri der Künstler ihm verfertigt hat, mit welchem er die bösen Geister erschlägt, welche die Gewässer des Himmels gefangen halten. Von diesen heisst einer Vrita der Bedecker, der Einhüller, die schwarzen Wolken, die den Himmel bedecken, und Ahi die Schlange. Zwei andre sind Bala und Pani, von welchen der zweite nach den Erklärern der Diener des ersten ist. Diese entführten den Göttern ihre Kühe aus dem Himmel und hielten sie in den Bergeshöhlen gefangen. Indra suchte sie in ihrem Verstecke auf, spaltete mit seinem Blitze die Höhlen und führte die Kühe wieder zurück. Sie bedeuten die hinter den Bergen verschwindenden und in ihren Höhlen gefangen geglaubten Wolken, welche Indra zurückführt, damit sie ihren Regen ergiessen. Er wird dabei von den Marut, den Göttern der Winde begleitet. Indra ist demnach der kämpfende Gott, welcher die bösen Geister der finstern Gewölke besiegt und der Erde, den Heerden und den Menschen den befruchtenden und erfrischenden Regen bringt, der mächtigste der Götter, der Beschützer und der Schätze verleihende. Er ist der Gott der Schlachten, zu welchen er vom Soma-Tranke berauscht, auf seinem mit falben

Rossen bespannten Wagen auszieht und die Feinde des ihm das Sôma-Opfer darbringenden Opferers überwindet." Wären nicht die Namen identisch, so sollte man es kaum für möglich halten, dass diese aus den Veden geschöpfte Schilderung und die von Ziegenbalg aus Briefen und mit Worten gebildeter Hindus gegebenen Berichte auf denselben Gott gingen, wie ist Indra und mit ihm alle Dêvas so herabgezogen und gering geworden? Der gegenwärtige König der Halbgötter ist nur ein durch Busse und Opfer emporgekommener Mensch, der 100 Götterjahre regiert und dann längst bestimmten Nachfolgern Platz macht, wie er selbst seine Vorgänger gehabt. Der Name des jetzigen Indra ist Purandara, seine Vorgänger waren Sânti, Sivi, Vibhu, Manojava; ihm werden folgen nach Ward: Bali, Sruta, Sambhu, Vaidbrita, Gandhadama, Divaspati und Suchi (Divaspati aber zum wenigsten ist nur bekannter Beiname des alten vedischen Indra), nach dem Vischnu-Purâna: Bali, Adbhuta, Sânti, Vrischa, Ritadhâmâ, Divaspati, Suchi. Nach Ward müsste auch für Bengalen berichtigt werden, dass dort Indra allerdings ein eigenes Fest hat. Am 14. des Donnenmonats Bhadra wird durch ganz Bengalen, besonders von den Frauen, Indra mit grossen Festlichkeiten und Opfern von 14 Fruchtarten gepriesen und angebetet, dass er Reichthümer oder ein Haus, einen Sohn oder auch nach dem Tode einen Platz in seinem Himmel verleihe. Die schmutzige Geschichte, wie Indra Ahalyâ die Gattin seines geistlichen Vaters Gautama verführt, erfunden, um den nicht mehr verstandenen Namen des Tausendäugigen, d. i. des mit Tausenden von Sternen gezierten Firmaments, zu erklären, wird in sehr mannigfaltiger Weise erzählt, doch haben selbst verhältnissmässig jüngere Schriftsteller noch die Bedeutung dieses Namens und überhaupt Indra's erkannt. So schreibt Kumârila, der Apologet gegenüber den Boddhisten, als die Gegner hart auf ihn eingedrungen waren wegen der unsittlichen Handlungen seiner Götter: „Es wird gefabelt, dass Prajâpati, der Herr der Schöpfung, seiner eigenen Tochter Gewalt angethan hat. Aber was bedeutet dies? Prajâpati, Herr der Schöpfung, ist ein Name des Sonnengottes, und er wird so genannt, weil er alle Creaturen beschützt. Seine Tochter Uschas ist die Dämmerung, und wenn gesagt wird, dass er eine Liebschaft mit ihr hatte, so bedeutet dies nur, dass bei Sonnenaufgang die Sonne hinter der Morgenröthe herläuft, während die Morgenröthe zugleich Tochter des Sonnengottes genannt wird, weil sie aufsteigt, wenn er sich nähert. In gleicher Weise, wenn gesagt wird, dass Indra der Verführer Ahalyâs war, so ist damit nicht gesagt, dass der Gott Indra solch Verbrechen begangen; aber Indra bedeutet die Sonne und Ahalyâ (von ahan und li) die Nacht, und weil die Nacht von der Morgensonne verführt und zu Grunde gerichtet wird, deshalb wird Indra der Liebhaber Ahalyâ's genannt."

Wir haben den ersten Theil dieser für das Verständniss der Mythologie sehr lehrreichen Vertheidigung eines eingebornen Gelehrten mitaufgenommen, weil Uschas darin erwähnt wird, deren Liebesabenteuer mit Aniruddha, gleichfalls ein Beiname der Sonne, früher berichtet wurde und hierdurch nun erklärt ist. Ein anderer, noch berühmterer Name der Dämmerung und gleichbedeutend mit Uschas ist die oben von Ziegenbalg namentlich erwähnte Urvasi, deren Liebesabenteuer mit Purûravas, einem andern Namen der Sonne, in lieblichen hochpoetischen Zügen vielfältig verherrlicht ist. Urvasi hatte es ihrem Liebhaber Purûravas zur Bedingung gemacht, ihn nie unangekleidet zu sehen, oder sie würde ihn alsbald verlassen. In einer Nacht nun stahlen die Gandharbas von Urvasi's und Purûrava's Bett die daran angebundenen Lieblingslämmer Urvasi's. Auf ihre Klage : sie nehmen meine Lieblinge, als lebte ich in einem Lande, wo kein Held und kein Mann ist, sprang Purûrava auf, Im selben Moment erleuchteten die Gandharbas das Zimmer, und Urvasi—verliess ihren Mann, weil er die Ehebedingung nicht gehalten. Purûravas suchte trauernd die Geliebte durch die weite Welt und kam schliesslich zu einem See, wo er die Geliebte wieder findet, und durch die Drohung sich hinabzustürzen und nimmer wiederzukehren, bewirkt, dass sie sich wieder zu ihm gesellt und ihn zu den goldenen Sitzen der Unsterblichen führt. Die vor dem Tageslichte, der unverhüllten Sonne, fliehende Dämmerung findet sich an den westlichen Seen wieder ein und verlässt zugleich mit der Sonne die Welt der Sterblichen (M. Müller Comp. Mythol. p. 62 ff, Vischnupur. 394 ff.). Urvasi war es auch, welche das oben angedeutete Verstecken des Götterpriesters und das daraus fliessende Unglück verursachte, denn Indra von ihren Reizen gefangen und beschäftigt ihr Aufmerksamkeiten zu erweisen, achtete gar nicht auf das Eintreten seines Priesters Vrihaspati, und beleidigte ihn dadurch so schwer, dass er sich versteckte. Die Sache führt in weiterer Entwicklung dazu, dass Indra einen Brahminenmord begeht, wahrscheinlich wird nun jene oben erwähnte Raserei, wie einst bei Siva, als Strafe dafür angesehen. Indrâni, obwohl gemeinsame Gattin der abwechselnden Indras hat doch zu ihrem gegenwärtigen Gatten besondere Zuneigung. Als während langer Abwesenheit ihres sich versteckt haltenden Mannes ein neuer Indra erhoben wurde, der sie als Gattin begehrte, floh sie zu Brahma und erlangte, dass der neue Indra sie nur auf glänzendem, unübertrefflichem Gefährt heimholen dürfe. Dieser seines Erfolgs recht sicher zu sein, liess sich auf den Schultern der berühmtesten Propheten hintragen, aber in seiner Ungeduld, Indrâni bald zu sehen, stiess er mit seinem Fuss an Agastya's Kopf, um alsbald vom zornigen Propheten verflucht als Schlange zu Boden zu fallen. Der Bericht über Chitrapotra's oder Chitragupta's Geburt, der sonst auch stets als Yama's Schreiber erscheint, ist uns anderwärts nicht aufgestossen, und ist wohl ganz speciell Tamulisch.

ZWEITES KAPITEL.

Von den 48,000 Propheten oder Rischis.

Ausser den 330 Millionen Göttern statuiren diese Heiden auch 48,000 Propheten, welche sie ●●●●●● *Rischis* nennen, und zugleich mit in die Götterwelt lociren. Sie beschreiben sie als grosse und heilige Leute, die allerlei Bussarten durchgegangen und dadurch viele Gaben erlangt haben und zu grosser Gewalt gekommen sind, so dass die, welche sie segnen, gesegnet bleiben, und die, welche sie verfluchen, verflucht bleiben. Sie schreiben ihnen die Macht zu, dass sie sein können, wo sie wollen, und dass sie weder Speise, noch Trank, noch Schlaf oder des etwas von nöthen haben. Sie schreiben ihnen auch einige Schöpferkraft zu, dass sie aus Grasstengeln lebendige Kinder schaffen und sonst grosse Wunderwerke verrichten. Von ihnen sollen der Welt grosse Geheimnisse, heilige Lehren, die Bussarten, die Gebetsformeln, die Gesetzbücher und alle andern Religionssachen offenbart worden sein. Sie geben vor, dass Gott anfänglich diese Propheten als Propheten erschaffen habe, damit durch sie seine Herrlichkeit erkannt und andern kund gethan werden möchte. Hiervon schreibt einer aus diesen Heiden also: „Die 48,000 Rischis sind besondere göttliche Geschöpfe, welche zugleich mit den 330 Millionen Göttern erschaffen worden. Die Ursache ihrer Schöpfung ist diese, dass sie vor Gott in steter Busse stehen und den Menschen zur Ausübung dieser oder jener Busse ein Exempel und Spiegel sein möchten, item dass sie Gottes Weisheit, Heiligkeit und grosse Macht erkennen und ihn heiliglich verehrend dahin bemüht sein möchten, dass die Menschen auf der Welt Gott gleichfalls erkennen und ihn seiner Würde gemäss preisen möchten. Sie haben weder Schlaf, noch Ruhe von nöthen, sie bedürfen weder Speise, noch Trank. Ihre stete Verrichtung ist diese, dass sie von Gott Lieder singen, ihn anbeten, loben und preisen, auch in steter Busse und tiefen Betrachtungen begriffen sind."

Die Namen dieser 48,000 Propheten haben sie nicht specificirt, jedoch finden sich in ihren Historienbüchern etliche Namen gemeldet, auch liest man, dass viele von ihnen in diese Welt gekommen und hier Busse gethan haben. Unter den Menschen sollen gleichfalls viele ihre Jünger und endlich gar mit ihnen zu Rischis geworden seien. Ja man liest auch, dass in der Götterwelt und bei Isvara, Vischnu und Brahma auf diese und jene Weise solche Rischis und Propheten entstanden sind. Gleichwohl aber bleiben sie bei der einmal eingeführten Zahl und benennen nach wie vor nur 48,000 Propheten. Die Historien aber, die man hie und da von diesen Propheten liest, kommen vielmals gleichfalls ganz abgeschmackt heraus, wie sie ohnehin nichts anders sind als Fabeln der alten Poeten. Dergleichen Propheten werden von diesen Heiden alle büssend abgebildet, so viel ihrer aus den Gesetzbüchern bekannt sind, unter ihnen sind folgende die vornehmsten und bekanntesten: 1, அகத்தி Agastya 2, நாரதர் Narada 3, கௌதம Gautama 4, வசிஷ்ட் உசி Vēdavyāsa 5, புண்டரிகர் Pundarika 6, வால்மீகி Valmīki 7, சூத் ட்சி Vasischtba 8, திரோணமுனி Durvāsamuni 9, விசுவாமித்ரா Visvamitra 10, சுமபரிசி Sūramabārischi 11, கபில Kapila 12, காசியபர் Kāsyapa etc. Diese alle stehen unter diesen Heiden in grossem Ansehn, von welchen sie auch viele Historien geschrieben haben, die sonderlich die Büssenden wohl wissen und ihnen nachzuahmen suchen.

அகத்தி Agastya wird abgebildet mit einem grossen eisernen Reif um den Hals, der அசைர்மூ Harikhanda genannt wird, womit er Busse thut. Auf der Stirn hat er das Zeichen von der Kuhmistasche, die Zöpfe von seinen Haarlocken hängen ihm herunter, um den Unterleib hat er ein Tigerfell, wie alle andern Propheten. Seine Wohnung, worin er sich bis dato noch aufhalten und Busse thun soll ist im Berg Qurpுவாமை Pothiyamāmalai. Ein Heide schreibt von ihm folgender Maassen: „Es sind drei vornehme Tänzerinnen உருவசி Urvasi, றம்பை (ஐ Maal, uttama ausgezeichnet) Tilōttamā und திலோதமி Rambha, die bei der Zusammenkunft der Götter zu tanzen und zu singen pflegen. Als nun Brahma einstmals dem Tanzen der Urvasi zusah, wurde er gegen sie entzündet, und es wurde ihm ohne Urvasi Agastya geboren, welcher alsbald Brahma fragte, warum er ihn auf solche Weise hätte geboren werden lassen. Brahma sprach, es ist Siva's Wille, dass du hast so geboren werden müssen. Agastya sagte, habe ich dann eben von einer solchen Frau auf solche Weise geboren werden müssen? Brahma sprach: du bist ein grosser Prophet und sollst Agastya heissen. Was liegt dir eben daran, woher und auf was Weise du geboren bist. Du hast die Weisheit gleich aus der Geburt mitgebracht, und in dir sind alle Dinge enthalten, also dass du deines Gleichen nicht hast. Damit du nun von Gott die Gnade und Gabe erlangen möchtest, nach welcher du nach deinem eigenen Begehren alle Dinge schaffen und darstellen könnest, so gehe in die Welt und erwähle zu deiner Busse den Berg Pothiyamāmalai, daselbst kannst du bleiben und sollst dabei die Freiheit haben allenthalben zu sein, wo du nur zu sein gedenkst. Dieser Agastya ist nun bis auf gegenwärtigen Tag noch auf dieser Welt und hält sich büssend auf in dem gedachten Berge, welcher 8 Tagereisen im Lande liegt. Es halten sich auf selbigem viele büssende Menschen auf, aber sie können den Agastya nicht zu sehen bekommen. Viele aber die ihn gesehen haben, kommen nicht wieder zu den Menschen, sondern bleiben bei ihm im Berge und setzen ihre Busse fort."

Der Prophet நாரத Narada hat seine Hände über dem Kopf zusammengeschlagen, die Beine reckt er in die Höhe zum Haupt und hat einen Fuss durch den dicken Arm hindurchgesteckt. Um den Unterleib hat er ein Tigerfell und einen Gurt, damit er den Unter- und Oberleib zusammengegürtet hat. In solcher Positur sitzt er im Feuer und thut Busse. Von ihm schreibt einer also: „Nârada ist ein Prophet, der in der Strenge der Busse sehr mächtig geworden ist. Wo irgend von diesem und jenem ein Rath gehalten und beschlossen wird, so weiss er gleich, was beschlossen worden, und offenbart es denjenigen, über welchen dies und jenes beschlossen ist. Er kann dasjenige, was über den andern zum Nachtheil beschlossen ist, nicht verschweigen, sondern er muss es Jemandem sagen, sollten es auch die Bäume sein, mit denen redend er dergleichen Sachen offenbart." Der Prophet Gawṛusi *Gautama* thut in folgender Positur Busse: Unten auf die Erde hat er einen messingnern Wasserkrug gesetzt, auf demselben liegt eine Lemone, auf der Lemone steckt eine spitzige grosse Nadel, auf die Spitze der Nadel hat er seinen Kopf gesteckt, reckt den Kopf und den Leib stets in die Höhe, und hat die Hände zusammengefaltet. Gaṛṛdussi *Vēda-vyāsa* thut knieend Busse und hat die Hände zusammengeschlagen, Gott stets anrufend. Die Zöpfe von seinen Haarlocken hat er oben auf dem Haupt zusammengebunden, von welchen die Faden herunter hängen. Um den Hals hat er die Rudrākscha-Schnur hängen, desgleichen hat er auch das Band Bahupaddai um sich. Sein Kleid ist ein Tigerfell, neben sich hat er eine Wasserflasche stehen, worin das Wasser niemals alle werden soll. Dergleichen Wasser soll sehr heiliges Wasser sein, welches solche Propheten nicht sowohl zum Trinken als vielmehr brauchen, wenn sie durch einen Segen oder Fluch dies oder jenes ausrichten wollen, da sie denn die Person oder Sache mit solchem Wasser besprengen und dabei ihre Gebetsformeln recitiren. Von diesem Vēdavyāsa schreibt ein Heide: „Vēdavyāsa ist einer, der durch seine Busse grosse Gaben erlangt hat, er hat von Brahma das Gesetz empfangen und selbiges in die Welt gebracht und hier ausgebreitet. Ueberdies hat er auch in der Welt den Menschen die mancherlei Bussarten gezeigt und sie über die Mittel belehrt, durch welche sie rechte Busse thun sollen. Von ihm sind etliche Bücher geschrieben worden, und er ist einer von den grössten Propheten, die in der Welt uns bekannt geworden sind."

ųaiṛLṛai *Pundarika* wird ganz nackend abgebildet und thut stehend Busse. Die Hände hat er über dem Haupt zusammengeschlagen, da ihm dann an den Fingern grosse Nägel gewachsen sind. Auf dem Haupt hat er den Perlenkranz Rudrāksha liegen, wie ihn auch meist alle andern Propheten zu haben pflegen. Die Zöpfe von den Haarlocken hängen ihm über die Achseln herunter. Er ist ein Sohn des jetzt gedachten Vēdavyāsa, von ihm schreibt einer folgendes: „Als Vēdavyāsa in der Welt das Gesetz eingeführt und ausgebreitet hatte, bekam er eine grosse Begierde ein Kind zu haben, weswegen er vor Siva harte Busse that, dass er ihm ein Kind verschaffen wolle. Hierauf nahm er einen Papagei und zog ihn auf. Von diesem Papagei nun wurde Pundarika geboren. Sobald aber, als er nur geboren war, ging er ganz nackend und bloss fort, um Busse zu thun. Und als er solcher Gestalt zu einem Ort eilte, da er Busse thun könnte, so sind an dem Wege die Weiber der Götter in einem Teiche und baden sich. Diese sahen zwar solchen jungen Menschen einhergelaufen kommen, legten aber ihre Kleider nicht an. Als sie aber Vēdavyāsa kommen sahen, der seinem Sohn nachjagte und ihn wieder zurückholen wollte, so zogen sie geschwind ihre Kleider an. Der Vēdavyāsa ging nahe zu ihnen, redete sie an und sprach: Ihr göttlichen Weiber, ich bin ein alter Mann, und da ihr mich seht, legt ihr eure Kleider an, vorher aber, als ihr meinen Sohn, einen ganz jungen Menschen vorbeilaufen saht, so legtet ihr die Kleider nicht an. Was bedeutet denn solches? sie antworteten hierauf also: dein Sohn, ob er gleich noch ein junger Mensch ist, so hat er doch zu solchen Sachen weder Liebe noch Begierde, sondern steht in einer Verläugnung aller Dinge und sucht durch Busse Gott angenehm zu werden. Du aber hast noch bei deinem Alter solche Lust und Begierde in dir, denn dein Sohn, sobald er nur geboren, gedachte er bei sich selbst: siehe, wenn du hier bleibst, so ist es nicht gut, und lief also gleich an einen einsamen Ort, da er Busse thun könne. Du aber eilst hinter deinem Sohn her und rufst ihn wieder zurück, daraus wir erkennen können, dass bei dir noch grosse Lust und Begierde zu Kindern und Weibern ist. Vēdavyāsa erkannte bei sich, dass es wahr sei, was diese Weiber sagten, verläugnete alles und ging zugleich mit seinem Sohn an einen Ort, da er noch grössere Busse that." Ein andrer Heide schreibt von Pundarika: „Pundarika hat in der Stadt Nagapatnam lange Zeit harte Busse gethan. Er geht einmal zu einer guten Stunde daselbst in Iswara's Pagode, der dort *అనుగ్రహి* Kayaruner,(? *అనుగ్రహి* Kayaröner p. 50, vielleicht *కరుణాలయ* Karunālaya Wohnung des Wohlwollens) genannt wird und thut seine Verehrung vor Gott. Während er nun Gott also pries, standen zur selbigen Zeit viele andere Personen in der Pagode und thaten ihre Anbetung. Hierauf kam eine Stimme aus dem dortigen Linga heraus, Pundarika trat näher und alsbald that sich der Fuss am Linga auf, da denn der Prophet mit seinem Leibe hineinging, worauf sich der Fuss am Linga wieder zuthat. Weil er also grosse und schwere Busse gethan hatte, und weil er voller Liebe und Glauben war, auch weil er die herrlichen Thaten Gottes, die sich an selbigem Orte zugetragen, in ein Buch geschrieben hatte, so wurde er mit Leib und Seele zu den Füssen Gottes aufgenommen und in Gott verwandelt, daher haben sie nun den Ort, wo er Busse gethan hat, zu einem heiligen Teich gemacht, um darinnen sich von Sünden zu reinigen. Solcher Teich wird noch bis auf den heutigen Tag nach Pundarika's Namen genannt. An selbigem Teiche in der Pagode steht sein Bildniss, welchem Opfer und Verehrung angethan wird. Während seiner Busszeit hat Pundarika viele Bücher geschrieben, darinnen Siva's Historien enthalten sind, die an diesem und jenem Ort auf Erden sich zugetragen haben; er hat auch viele Lobbücher geschrieben *చరిత్ర* Dēvārams genannt. Solches alles ist in dieser Weltzeit Kaliyuga vorgegangen und mögen nunmehr etwa 530 Jahre verflossen sein, seit sich solche Wunder mit diesem Propheten zugetragen haben."

Der Prophet *వాల్మీకి* Vālmīki ist einer von Vischnu's Religion und hat das Zeichen der Vischnuiten auf seiner Stirn und auf seinen Armen. Er steht nur auf Einem Bein und hebt das andre in die Höhe. Die beiden Arme hält er auch in die Höhe. Die Zöpfe seiner Haarlocken hat er oben auf dem Haupt zusammengewunden, von welchen die Enden herunterhängen. In solcher Positur thut er Busse, da denn wegen seines steten Stehens die Schlangen über ihn ihre Häuser von Koth gebaut haben, mit welchen er ganz bedeckt ist. Seine Fingernägel sind ihm zu grossen Klauen geworden. Von ihm schreibt einer aus diesen Heiden folgendes: „Válmíki ist vor Alters erst ein Schütze gewesen, der sich in der Wildniss aufgehalten hat, da er denn alle wilden Thiere, die Vögel und dergleichen Creaturen, die das Leben haben, getödtet und mit seiner Frau gegessen hat, welches Wesen er sehr lange getrieben. Einstmals aber kamen die 7 grossen Propheten selbigen Weg einhergegangen, welche diesen Válmíki zu sehen bekamen und ihn fragten, wer er wäre. Er sprach: ich bin ein Schütze, lebe allhier mit meiner Frau in diesem Walde und esse die wilden Thiere. Sobald als er nun diese Propheten gesehen und mit ihnen etwas geredet hatte, bekam er etwas Verstand und Erkenntniss. Hierauf kam er zu seiner Frau und sprach: ich tödte täglich so viele lebendige Thiere, wem werden wohl solche Sünden zugerechnet werden? Die Frau antwortete: was soll ich thun, was du herzu bringst, das muss ich kochen und vorlegen; dir selbst werden alle solche Sünden zugerechnet werden. Hierauf ging Válmíki zu den 7 grossen Propheten und sprach: bis hieher habe ich sehr viele lebendige Thiere getödtet und ihr Fleisch gegessen, was gebt ihr mir wohl in dieser Sache für Recht? Die Propheten fragten ihn: was verstehst du? Er sprach: ich verstehe nichts. Hierauf zeigten ihm die Propheten einen Baum und fragten ihn, was für ein Baum es wäre. Er sprach: es ist ein Mangobaum. Sie sagten: es ist ein grosser und heiliger Baum. Der Schütze glaubte solches festiglich, reinigte sich alle Tage im Wasser, kam und verehrte selbigen Baum. Einige Zeit hernach kamen die sieben Propheten wiederum selbigen Weg einhergegangen. Da sie nun sahen, wie dieser Schütze ihren Worten geglaubt hatte, und sie daran erkannten, dass er einen treuen und geduldigen Schüler abgeben würde, so unterrichteten sie ihn in der Lehre von der Gebetsformel ◌◌◌◌◌◌◌ Panchâkschara und befahlen, dass er solche Gebetsformel bei seiner Wasserreinigung gebrauchen und Liebe und Glauben haben solle. Wie sie ihm nun befahlen, so that er und bewies Liebe und Glauben, und auf solche Weise wurde er ein angenehmer Jünger Gottes und erlangte auf geistliche Weise Weisheit, Verstand, und Erkenntniss, also dass er nachmals das grosse Buch Ramayana im Grantha geschrieben, darin Vischnu's vierte Verwandlung in 24,000 langen und schweren Versen enthalten ist. Hierauf wird es allenthalben auf dieser Welt und in der Götterwelt kund, dass Valmiki zu einem sehr grossen und heiligen Mann geworden sei, daher riefen die Götter und Propheten ihn zu sich, liessen das Ramayana vor sich singen und alle Verse erklären, worüber sie dann ihre Freude bezeugten und nannten solches Buch nach seinem Namen Valmiki-Ramayana. Und als die 330 Millionen Götter und 48,000 Propheten versammelt waren, machten sie Valmiki zu einem Propheten und gaben ihm den Namen Valmiki-Rischi. Nachmals ist das Buch Ramayana allenthalben auf der Welt bekannt geworden, dasselbe hat der Poet Kamben in 12,000 Verso, ـپـيـروـ Vrüttam genannt, gebracht. Als Vischnu unter dem Namen Rama auf dieser Welt gewesen, hat er Valmiki zu seinem Priester angenommen. Anjetzt hat er grosse Seligkeit und die Gabe der Unsterblichkeit erlangt, ist auch einer mit von den grössten Propheten. Er ist in solcher Busse begriffen, die nicht ermessen werden kann, worin er stets dem Gebet und dem Lobe und Betrachtung Gottes obliegt."

Der Prophet ـپـاـ Vasischtha wird ganz weiss abgebildet. Seine Busse besteht in stetem Schreien, und er hat dabei einen Fuss und einen Arm aufgehoben. Die Zöpfe von seinen Haarlocken hat er auf dem Haupt wie eine Mütze zusammen gebunden, deren Enden aber herunter hängen. Auf dem Haupt und um den Hals hat er die Perlenschnur Rudraksch, vor dem Unterleib hat er ein Tigerfell und neben ihm steht die Wasserflasche ـوـ Kamandalu. Von ihm schreibt einer also: „Vasischtha ist unter den Propheten sehr berühmt und angesehen. Der fromme König ـرـ Haris-chandra ist sein Schüler gewesen. Als einstmals Devendra alle 330 Millionen Götter und 48,000 Propheten zusammen gerufen hatte, so fragte er Vasischtha, ob wohl unter den Menschen in der Welt Bhulöka einer gefunden würde, der ausser seinem eignen Weibe keine andre begehre, und der keine Lügen rede. Vasischtha antwortete: ich habe daselbst unter den Menschen einen Jünger, nämlich den König Haris-chandra, derselbe ist von solcher Redlichkeit, dass er niemals eine Lüge redet. Als solches der Prophet Visvâmitra hörte, widersprach er Vasischtha und sagte: Haris-chandra ist voller Falschheit und Lügen, wie kannst du in einer solchen Versammlung von ihm sagen, dass er niemals einige Lügen rede? Vasischtha sagte: eine Blume verliert nicht ihren Geruch, ob sie gleich übel gescholten wird; kann Haris-chandra in einer Sache einiger Lügen überwiesen werden, so will ich mir meine Haarzöpfe abschneiden lassen und kein Prophet mehr sein, auch niemals wiederum hieher in Devendra's Versammlung kommen. Visvâmitra antwortete: wohlan, wird er ohne die geringste Lüge befunden, so will ich ihm allen Nutzen meiner gethanen Busse geben; allein ich besorge, dass du gleich zu ihm gehen und ihm solches sagen wirst. Vasischtha aber that einen Eid, dass er sich nicht zu ihm nahen, noch mit ihm reden wollte, bis die Sache ausgemacht wäre. Hierauf begab sich Visvâmitra auf diese Welt, hielt sich in einem Walde auf und versuchte den König Haris-chandra auf vielfältige Weise, konnte ihn aber nicht dazu bringen, dass er eine Lüge gesagt oder widerrufen hätte, was er einmal gesprochen. Endlich gab ihm Visvâmitra allen Nutzen seiner gethanen Busse. Solches steht weitläufig geschrieben in einem Buche ـرـ Haris-chandra katha."

Der Prophet *श्रीरुद्रुपाई* *Duroāsamuni* wird im Feuer sitzend abgebildet, worin er Busse thut. Um den Unterleib hat er ein Tigerfell und einen Gurt, womit er die Beine und den Unterleib zusammengebunden hat. Die Hände hält er stets in die Höhe, die Fingernägel sind ihm lang herausgewachsen, seine langen Haarzöpfe hat er gleichfalls als eine Hauptbinde über dem Kopf zusammengebunden, an den Ohren hat er Gehänge, gleichwie auch die andern Propheten, um den Hals die oft gemeldete Perlenschnur. Die Lohe des Feuers schlägt über ihn zusammen, gleichwohl aber verbrennt er nicht, denn diese Helden glauben, dass dergleichen Propheten zwar einen eben solchen Leib haben wie die Menschen, aber solcher ihr Leib könne weder im Feuer verbrennen, noch durch sonst andere Marter getödtet werden, daher beschreiben sie auch ihre Bussarten so streng, dass ein menschlicher Leib es unmöglich ausstehen könnte.

Der Prophet *विश्वामित्र* *Visvāmitra* ist aus einem Könige zum Propheten geworden. Seine Bussart ist die folgende: Die Beine hält er schwebend in der Luft und mit Einem Arm stemmt er sich auf die Erde, den andern Arm hat er unter das Gesicht gelegt. In solcher Stellung verrichtet er Gebet, Betrachtung und Busse. Von ihm wird uns geschrieben: „Visvāmitra ist vor Alters ein Mensch und zwar ein König unter den Menschen gewesen. Nachmals aber hat er die Heiligkeit und Weisheit erlangt. Hierauf hat er sein Königreich und alle seine königliche Herrlichkeit sammt seiner ganzen königlichen Familie verlassen und verläugnet, ist in eine Einöde gegangen und hat Busse gethan. Nachdem er nun eine lange Zeit strenge Busse gethan hatte, so erschien ihm einstmals Gott und sprach zu ihm: mein Sohn, was bedeutet es, dass du solche Busse thust? was verlangst du von mir? Visvāmitra sagte: ich begehre ein Prophet zu werden und bitte um diese Gabe, dass der, welchen ich segne, möchte wirklich gesegnet sein, und der, welchem ich fluche, wirklich möchte verflucht sein, auch dass ich hinführo nimmermehr sterben, sondern die Gnade Gottes haben möge, stets zu deinen Füssen dir zu dienen, und dass alle Dinge, die ich anfange, glücklich möchten von Statten gehen. Dieses alles wollest du mir gewähren. Solche Gaben wurden ihm von Gott gegeben, der ihn alsbald zu einem Propheten machte und den Befehl gab, dass er *वरराज* *Rāja-Rischi* d. i. ein königlicher Prophet heissen sollte. Solcher Gestalt wurde er ein königlicher Prophet. Jedoch gedachte er bei sich selbst, solches ist den andern Propheten kein Respect, dass du ein königlicher Prophet heisst, ging noch einmal hin und that Busse. Hierauf versammelten sich alle 48,000 Propheten, und weil Vasischtha sagte, er soll Brahma-Rischi heissen, wurde solches von den andern approbirt, dass er ein Prophet von Brahma genannt würde. Dieser hat nun grosse Gewalt und Gaben erlangt, er ist stets in hohen Betrachtungen begriffen und lobt Gott ohne Unterlass, er hält sich unter den Sternen in der 6. Himmels-Sphäre auf."

Der Prophet ☘︎☘︎☘︎☘︎ *Sātamahārischi* wird in seiner Busse knieend und betend abgebildet. Es soll Isvara ihm aus den Wolken erschienen sein und zwar in der Gestalt, wie er halb Mann und halb Weib ist, da er ihn denn mit sich in die Seligkeit aufgenommen hat. Man findet in den Büchern dieser Helden gar viele Historien, dass büssende und recht lebende Menschen sichtbarer Weise mit Leib und Seele von den Göttern in die Seligkeit sollen eingeholt worden sein. Der Prophet ☘︎☘︎☘︎ *Kapila* ist auch einer von den berühmtesten Rischis. Er steht auf Einem Bein und hat das andre in die Höhe zum Haupt geschlagen. Am Munde hat er ein sonderliches Eisen, auch hält er ein Saiteninstrument ☘︎☘︎☘︎ *Kinnari*. Die Hände hat er wie ein Betender zusammengeschlagen. In solcher Stellung steht er unermüdet und thut Busse. Er soll ein vortrefflicher Poet sein und viele Bücher geschrieben haben. In dem kleinen Büchlein, das nach ihm ☘︎☘︎☘︎☘︎ *Kapila-agavel* genannt wird, sind ganz feine Lehren von der Thorheit der Menschen und von der Nichtigkeit des menschlichen Lebens enthalten. Der Prophet ☘︎☘︎ *Kāsyapa* thut sitzend Busse und hat die Beine auf die Brust und zum Munde geschlagen, reckt einen Arm über den Kopf stets in die Höhe und hält eine Blume in der Hand. Er ist Dévendra's Vater, dessen Busse eine Riesin zernichtet hat, da sie ihn zur Unzucht verleitete, aus welchem sündlichen Beiwohnen die grossen Riesen Asuras ihren Ursprung genommen, wie schon im vorigen Theil vermeldet werden ist.

Der ☘︎☘︎☘︎☘︎ *Mrikandu* ist halb ein Löwe und halb ein Mensch. Seine Busse besteht darin, dass er stets eine Lampe in Händen hat und sie immer brennend erhält. Von ihm wird uns berichtet: „Mrikandu ist ein Brahmana, der im Ehestande gelebt hat und lange Zeit hat kein Kind bekommen können. Um also ein Kind zu erlangen, fängt er an harte Busse zu thun; als er nun lange eine solche Busse ausgehalten hatte, erschien ihm Gott und fragte ihn, warum er solche Busse thäte. Hierauf antwortete er: ich habe kein Kind und thue Busse, damit ich ein Kind erlangen möchte. Gott sprach: ich will dir ein Kind geben, aber sage mir, willst du ein Kind haben, das 100 Jahr alt werden soll und immer krank ist, oder willst du ein solches Kind haben, das nur 16 Jahre alt werden soll und dabei immer gesund ist? Der Brahmane sagte: ich will lieber einen Sohn haben, dessen Alter nur 16 Jahr ist und der immer gesund bleibt, als einen, der 100 Jahr alt werden und immer krank sein soll. Solche Bitte gewährte ihm Gott, denn seine Frau wurde alsbald schwanger und gebar einen Sohn. Diesen Sohn nahm der Vater, hiess ihn ☘︎☘︎☘︎☘︎ *Mārkandēya* und trug ihn zu allen Propheten und heiligen Leuten und legte selbigen ihnen zu Füssen. Diese alle gaben ihm den Segen und sagten: wenn er 16 Jahr alt geworden, so soll er stets in solchem Alter bleiben. Als er nun 15 Jahr alt geworden und seine Mutter ihm beim Waschen das Oel auf dem Haupt einrieb, so gedachte sie: ach Sohn, du bist nunmehr 15 Jahr alt geworden und siehe, wenn noch ein Jahr vorbei ist, so musst du sterben; sie wurde also darüber sehr betrübt und weinte. Mārkandēya aber sprach zur Mutter: was weinst du? Sie wollte solches dem Sohn nicht sagen und sprach: ich gedenke, wie du ein Sohn bist, der durch Busse geboren worden. Der Sohn sagte: Mutter, ich bin ein Mensch, der doch sterben muss, ich mag leben so lang, als ich immer will, darum wollest du dich nur nicht betrüben. Von dem Tage an, da sich seine Mutter deswegen über ihn betrübt hatte, fing er an stets Gott zu dienen und in der Pagode seine Verehrungen zu thun. Auf solche Weise brachte er die Zeit zu und wurde 16 Jahre alt. Weil nun Yama wusste, dass ihm nur 16 Jahre zu leben bestimmt waren, so schickte er seine Gesandten, dass sie sein Leben abholen sollten, und als sie seiner nicht habhaft werden konnten, kam Yama selbst und wollte ihn mit seinem Strick fortschleppen. Dieser aber steht in der Pagode bei dem Linga und that seine Verehrung vor Gott, welcher ihn wider Yama schützte, als der ihn ergreifen wollte, und Yama selbst tödtete. Diese Begebenheit findet man im Márkandêya-Purâna beschrieben."

Weil nun so viel Historien von der strengen Busse solcher Propheten unter diesen Heiden vorhanden sind, so haben solche Gelegenheit gegeben zur Anrichtung vieler Bussorden, dass noch bis auf den heutigen Tag viel Büssende gefunden werden. Busse aber heisst bei ihnen eine strenge Lebensart, wodurch der Leib auf allerlei Art und Weise gepeinigt und alle leibliche Gemächlichkeit sammt dem Weltwesen verläugnet wird. Hiervon schreibt ein Heide uns also: „Die Busse ist unter uns mancherlei, einige verläugnen alles und begeben sich in die Einöden und in die Wälder, um daselbst Busse zu thun. Durch solche Busse suchen sie entweder einige Gaben von Gott zu erlangen oder begehren Gott selbst zu sehen. Einige, wenn sie schon lange Zeit in der Ehe gelebt und im Weltwesen herumgeschwebt haben, fangen dann erst an alles zu verläugnen, begeben sich entweder zu den Bergen oder an die Oerter, die für heilig und für besondre Wohnungen der Götter gehalten werden, oder sie gehen auch in die Einöden, Wildnisse und zu den heiligen Flüssen, und erwählen sich daselbst eine Bussart. Einige sitzen stets und thun Busse, einige ruhen niemals, sondern thun stehend Busse; einige haben ein Bein in die Höhe gehoben und stehen nur stets auf Einem Bein; einige recken die Hände in die Höhe, loben stets Gott und bleiben unermüdet in solcher Busse stehen; einige schlagen die Hände und Füsse hinten auf den Rücken und bleiben also büssend an Einem Orte liegen. Einige von solchen Büssern brauchen zu ihrem Unterhalt nichts andres als Wasser, welches ihnen Speise und Trank ist; einige essen Baumfrüchte in ihrer Busse; einige essen und trinken bei ihrer Busse nichts anders als Milch; einige essen nur die Blätter von Bäumen und was sonst von Bäumen fällt; einige schnappen den Wind auf und gebrauchen ihn in ihrer Busse zu ihrer Speise. Ein Jeder richtet sich hierin nach der Beschaffenheit seiner Bussart und desjenigen Ortes, wo er Busse thut. Ein Jeder erwählt sich nach Belieben eine lange oder kurze Zeit zu solcher Busse, vor der gesetzten

Zeit darf er dann nicht ablassen, sonst erlangt er nicht, was er wünscht. Die Ursache solcher so gar schweren Busse ist vornämlich diese, dass sie Gott in der Welt sehen und eine gute Seligkeit erlangen wollen. In unserm Gesetz steht geschrieben, dass nach Aussage vieler heiliger Männer diejenigen Gott das höchste Wesen zu sehen bekommen können, die da mit einem solchen Herzen Busse thun, das auf eins sich gesammelt und gerichtet und Reinigkeit, Liebe und Glauben habe. Solchen Personen giebt sich Gott zu empfinden. Wenn in der Wildniss die Elephanten, Bären, Löwen, Tiger und dergleichen wilde Thiere solche Leute sehen, so fürchten sie sich vor ihnen, thun eine Ehrenbezeugung und gehen aus dem Wege. Solche Büsser kommen aus allerlei Geschlecht (Kaste) und Volk. Jeder, der Lust dazu hat, kann dazu gelangen, er sei, wer er wolle; jedoch thun es nur diejenigen, die alle Gesetze eingesehen, der heiligen Leute Unterricht gehört und dessen Heimlichkeit und Geschmack erkannt haben. Solche Leute erlangen die Weisheit und werden tüchtig, den heiligen Betrachtungen obzuliegen."

Was diese Heiden unter solchen heiligen Betrachtungen verstehen, denen Büsser, Propheten und alle Ordenspersonen obliegen sollen, solches berichtet gleichfalls einer von ihnen: „Derjenige, welcher der Betrachtung Σωβωσατώ (Siva-Meditation) Siva-dhyâna obliegen will, muss ein reines und heiliges Herz haben. Er muss ohne Lust und Liebe zu weltlichen Dingen sein und seinen Sinn auf nichts anders, als allein auf Gott das höchste Wesen richten. Wer so beschaffen ist, kann den heiligen Betrachtungen obliegen. Hiernebst muss er die bei sich wohnen habenden 5 Elemente und den durch selbige gehenden Athem einschliessen, dass nur zu Einem Nasenloch etwas weniges in der Stille aus- und eingehen kann. Auch muss er die 5 Sinne einschliessen und die allenthalben herumlaufende Phantasie zur Stille bringen, also dass er von sich selbst nichts mehr fühlt. Wenn nun alles in ihm zu Einem Sinne geworden ist, der auf nichts anders als einzig und allein auf Gott das höchste Wesen gerichtet ist, so fängt er an mit Gott in der Stille zu reden und sagt: „Herr, ich verlange eine gute Seligkeit, lass mich zu deinen heiligen Füssen aufgenommen werden, tilge die Sünden, die ich gethan habe, schenke mir die Seligkeit; sieh Weib, Kinder, Freunde und Verwandte, Haus, Hof, Acker, Vieh, Geld, Ehre und dergleichen sind nichts als betrügliche Eitelkeiten. Solches alles verlängne ich, traue allein auf dich und glaube, dass allein die Seligkeit ein wahrhaftiges Gut ist. Gieb mir Weisheit und lass mich zu dir versammelt werden." In diesen und dergleichen Dingen besteht alsdann seine Betrachtung, wobei er den Athem an sich hält, die Augen zuschliesst und das Herz einsam macht. Einige können zwei Stunden nach einander in solcher Eingeschlossenheit des Gemüths den Betrachtungen obliegen; einige können auch wohl drei Stunden also den Athem an sich halten und in solcher Betrachtung stehen. Solchen Betrachtungen liegen nicht nur diejenigen ob, die Propheten, Büsser, Yôgis, Njânis und Sannjasis heissen und die in diesen oder jenen Orden getreten sind, sondern auch diejenigen, die mit Opfern umgeben und die Weib, Kinder und weltliche Handthierung haben; denn diese, wenn sie ihre Opfer verrichten und aus einem Buche einige Loblieder gesungen haben, so begeben sie sich in die Stille, schliessen die Augen zu und stehen ein wenig in solcher geistlichen Betrachtung."

Alle diese Ordensleute, die bis dato unter diesen Heiden in grosser Menge gefunden werden, ahmen in diesem und jenem den obgedachten Propheten nach, tragen auch meistentheils eine Kleidung von Tigerfellen und solche Instrumente, welche die Propheten bei sich zu führen pflegen, gedenkend dass sie durch diese und jene Uebungen und Bussarten Propheten werden und grosse Gaben erlangen wollen. Gleichwohl aber hört man jetzt von gar wenigen, die da Propheten genannt werden, und obgleich einige den Namen führen und zugleich einige Wunder vorgeben, so bekennen doch diese Heiden selbst, dass es zu diesen Zeiten Niemand denjenigen Propheten nachthun könnte, die in vorigen Zeiten auf der Welt gewesen und in die Zahl der Rischis gekommen wären. Gleichwohl aber sagen sie, dass durch solche Propheten in der Welt *Dhyana* und *Njana* angerichtet worden, welche zwei Stücke noch stets unter den Menschen geblieben wären. Das erste bedeutet die jetzt gemeldete geistliche Betrachtung, die mit Gebet verknüpft ist: das andre bedeutet Weisheit, wovon einer aus diesen Heiden in einem Briefe schreibt: „Derjenige hat die Weisheit erlangt, der sich weder das Gute, noch das Böse zu einiger Sünde verleiten lässt, der weder auf Haus, Aecker, Weib, Kind, noch auf andre in der Welt befindliche Dinge einige Liebe wirft, sondern solches alles verläugnet und als unnöthig erkennt, item der keinen Unterschied macht unter den Geschlechtern der Menschen, als nur unter den beiden Geschlechtern Weib und Mann, der auch nicht mehr glaubt als nur Einen Gott, und der nicht die geringste Begierde auf Dinge wirft, die zur Welt gehören, der ganz ohne Affecte, ohne Hochmuth und ohne alle andre Sünde ist. Ein solcher heisst ein Weiser, und so viel bedeutet das Wort Njana. Hiernebst ist auch eine Weisheit, welche diejenigen erlangen können, die noch im Ehestande leben, diese und jene Profession haben und mit Opfern umgehen. Solche besteht in folgendem: wenn man auf Essen und Trinken keine Liebe wirft, wenn man im Umgange mit Menschen kein Ansehn der Person gelten lässt, wenn man barmherzig und mitleidig ist, wenn man ganz ohne Stolz und Hoffart ist, wenn man keine Lügen noch Falschheit hegt, wenn man wissentlich keine Sünde begeht, wenn man betet und meditirt, wenn man sich selbst recht erkennt, wenn man nach dem Gesetz Gottes wandelt und dabei sein Amt und Arbeit verrichtet. Wer von denen, die in der Ehe und weltlichem Stande stehen, also thut und lebt, der kann auch weise genannt werden. Ueberhaupt ist der ein Weiser, der da weiss, was Gott befohlen hat und darnach lebt."

Die verwickelte Genealogie der Rischis steht nach der einen Seite
hin in Zusammenhang mit der Anschauung von den 14 grossen Perioden
Manuvantaras, nach der andern ist ein leichter Uebergang zu den
Pitris oder Ahnen. Die im vorigen Kapitel gegebenen speciellen chro-
nologischen Berechnungen aus dem Buch Trikâla-chakra müssen wohl
dem im Süden gebräuchlichen Vâkya-System angehören, denn die
Zahlen des nördlichen Siddhanta-Systems sind ganz andre. Die lichte
Hälfte eines Brahmatages wird Kalpa genannt, das Kalpa zerfällt in 14
Manuvantaras. Jedes Manuvantara hat einen andern Herrscher oder
Manu, andere Götterordnungen mit einem andern Indra und andre sie-
ben Rischis, welche die göttlichen Offenbarungen bekannt machen. Der
Manu unsers gegenwärtigen siebenten Manuvantara ist der Sonnensohn
Vaivasvata mit dem Beinamen Satyavrata, seine Vorgänger waren
Svayambhuva, Svârochischa, Auttami, Tâmasa, Raivata und Châkschu-
scha. Unsere sieben Rischis sind Vasischtha, Kâsyapa, Atri, Jama-
dagni, Gautama, Visvâmitra und Bharadvâja. Da ist ein merkwürdiges
Zusammentreffen mit den Namen der ursprünglichen sieben Rischis, den
Geist gebornen Brahmasöhnen, freilich wohl erklärlich, da die Rischis
jedér Periode als Nachkommen der ersten sieben Rischis gedacht werden,
deren Namen Bhrigu, Angiras, Visvâmitra, Vasischtha, Kâsyapa, Atri,
Agastya. Setzt man nun für Bhrigu den Namen seines Nachkommen
Jamadagni und für Angiras die beiden Gautama und Bharadvâja, wie es
mit bleibender Ueberordnung der zwei so elidirten Rischis stets geschieht,
so haben wir die Pitris oder Patriarchen der 8 das heilige Feuer bewahrenden Götras oder Brahminenstämme, die sich weiter in 49 Familien ver-
zweigt haben, deren genaue Kenntniss zum Verständnisse mancher geschicht-
licher Vorkommnisse viel beiträgt. Die Zahl 48,000 scheint eine tamulische
Eigenthümlichkeit zu sein, bekannter ist die Eintheilung in 7 Klassen :
Satrarschi, Kândarschi, Paramerschi, Maharschi, Râjarschi, Brahmarschi und Devarschi. Rischis ohne weiteren Beisatz ist gewöhnlich
gleichbedeutend mit Brahmarschi, zu welcher Klasse alle sieben Rischis
gehören ; so wird es verständlich, warum Visvâmitra ein zweites Mal
Busse thut, um aus einem Râjarschi ein Brahmarschi zu werden.
Eine andere Eintheilung kennt nur die drei Klassen Dêvarschis, Râjar-
schis und Brahmarschis und wendet den Ausdruck Maharschi auf die
sieben eigentlichen Rischis an. Erwähnung verdient noch die Zusammenstellung der Sieben mit den Sternen des grossen Bären. ἄρκτος
Bär und rikscha kommen von derselben Wurzel rich schelnen, riktâ
bedeutet *glänzend* und wurde ein Name der Sterne, speciellter des glänzenden Nordgestirns, und des Bären, als des Thierkönigs des Nordens.
Inder aber wie Griechen und Römer vergassen die Ableitung des
Wortes, dass es auch Stern bedeute, und so wurde der treulich' auf-
bewahrte Name des Gestirns Rikschas in Europa zu einem Bären,
obwohl die grösste Phantasie keine Aehnlichkeit entdecken kann; und
die Hindus, gewohnt ihre Vorfahren an das Firmament zu versetzen,
theilten die herrenlosen Rikschas den Rischis zu. Es sind demnach

sowohl der Bär, als die sieben Rischis nur durch eins jener sprachlichen Missverständnisse, die in der Mythologie eine so grosse Rolle spielen, an den Himmel gekommen. Rischi, wahrscheinlich von *rischa* gehen, der über die Gränzen irdischen Lebens und Wissens hinausgehende, bezeichnet in der vedischen Periode die Heiligen oder Seher, denen die einzelnen Hymnen offenbart sind, also deren Verfasser. Sehen wir uns das Rigveda an, so wird Visvâmitra als Sänger der Hymnen des dritten Buches genannt, im sechsten Buch gehören fast alle Bharadvâja, im siebenten Vasischtha, im zweiten Gritsamada, im vierten Vâmadêva, im fünften Budha und anderen Nachkommen Atri's. In den noch übrigen Büchern sind der Autoren viele: Agastya, Kâsyapa der Sohn Marichi's, Angiras, Jamadagni der Sohn Bhrigu's, Pavâsara der Vater Vyâsa's, Gotama und sein Sohn Nôdhas, Vrihaspati, Nârada, besonders auch Kanva mit seinen zahlreichen Nachkommen, wie auch Söhne und Enkel anderer der genannten berühmten Rischis, auch viele vom königlichen Geschlecht (Colebrooke, Essays Lond. 1858 p. 10 on the Védas). Darnach ist es denn wohl erklärlich, dass in der epischen Zeit der Ehrentitel Rischi allen gegeben wird, die in die Geschichte des religiösen Lebens thätig fördernd eingreifen.

Es erübrigen nur noch einige Bemerkungen über die von Ziegenbalg besonders hervorgehobenen Rischis. Nachdem was früher über den für die Geschichte des Dekhan so wichtigen *Agastya* gesagt ist, wird es hier genügen, nur noch einige Notizen aus Lassen und dem Tamil Plutarch zu geben: Rama fand auf seinem Kriegszuge im Süden des Vindhya schon in einsamer Einsiedelei den Agastya vor, der den Vindhya überredet hatte nicht sich aufzuschwellen, damit er ihn überschreiten könne, um ein Geschäft im Süden zu besorgen; wenn er zurückgekehrt, dürfe der Berg wieder wachsen, er war aber seitdem im Süden geblieben, hatte die Râkschasas, welche die Brahmanen tödteten und verzehrten, vernichtet und war so Oberhaupt der Einsiedler des Südens geworden, ja später der Regent der südlichen Weltgegend und des Sternes Canopus. Es heisst von ihm im Mahâbhârata: „Von diesem, heilliges wirkenden aus Liebe, nachdem er zum Heile der Menschen den Tod gefesselt hatte, wurde die südliche Weltgegend zugänglich gemacht; durch seine Macht wird diese Südgegend von den Râkschasas mit Furcht angesehen, nicht mehr besessen. Seitdem von ihm diese Gegend eingenommen worden, sind die Nachtwandler beänstigt und ohne Feindschaft; unter dem Namen dieses Heiligen wird die Südgegend in den drei Welten gepriesen als eine verehrte, der sich die grausamen Wesen nicht zu nahen wagen." Er hat viele Namen, unter andern Pitâbdhi der Oceantrinker, weil er auf Bitten der Götter den Ocean austrinkt, damit die Götter ihre dort versteckten Feinde die Danavas tödten können. Da der Name jener Danavas *Kâlakêya* schwarz bedeutet, scheint diese Erzählung eine Beziehung zu haben auf die Entdeckung des Seeweges nach dem Süden und die Verbreitung der Götterverehrung bei den schwarzen Bewohnern des Landes. Der Name

Aurvaséya macht ihn auch zu einem Sohn der Apsarase Urvasi, aber Maitravâruni und Vâruni geben ihm als Vater Mitra, den Sonnengott, und Varuna, den Gott des Meeres. Sein Weib Lopâmudra (Anusya) gilt als Muster ehelicher Treue, Beider Sohn ist Sagaren. Agastya's 12 Schüler durch welche er die Künste und Wissenschaften verbreitete, heissen: Tolkappiyanâr, Adankôtâsiriyanâr, Turâlinganâr, Sempûtchêyanâr, Vaiyabiyanâr, Vaippiyanâr, Panambâranâr, Karhârambanâr, Avinayanâr, Kâkeipâliniyanâr, Nattattanâr. Die religiösen Ueberzeugungen Agastya's, zum wenigsten die ihm zugeschriebenen, finden nicht uneben ihren Ausdruck durch folgende Strophen des Agastya-Aschtaka: „Ich grüsse dich, grosser Lehrer, Geber göttlichen Glückes und höchster Seligkeit, Bild vollkommener Weisheit, von allen Leiden frei, repräsentirt durch das Himmelsgewölbe, der du als Wahrheit und mit vielen andern Namen bezeichnet wirst. Einer, ewiger, fleckenloser, beständiger, allwissender, unbegreiflicher, der du keine Leidenschaft, Parteilichkeit oder Thorheit kennst. 2, Er, der auf Erden sitzt am Fuss des Feigenbaums, der allen devoten Einsiedlern, die ihn umgeben Weisheit verleiht: Herr und Lehrer des Weltalls, dich o Gott, das verkörperte Gute, grüsse ich als Erlöser von den Fesseln des Lebens und des Todes."

Nârada, von dem im nächsten Kapitel noch einmal die Rede sein wird, wird in der Geschichte des Patriarchen Daksch erwähnt. Daksch, begierig ein sich selbst fortpflanzendes Geschlecht entstehen zu sehen, erzeugte mit Asikni 50,000 Söhne, die Harasyavas; aber Nârada brachte sie durch Lehren der Sankhya-Philosophie von dem Gedanken an Nachkommenschaft ab, und sie zerstreuten sich nach allen Seiten, die Höhe, Tiefe, Breite und Länge der Welten zu erforschen. Aehnlich erging es dann mit den 1000 Savalásavas, einem neuen Geschlecht von Daksch-Söhnen. Daksch verflucht dann Nârada, dass er nie einen Ruheplatz finden soll; bei ähnlicher Gelegenheit wird er auch von Brahma verflucht, Haupt der Gandharber zu werden, und erscheint seitdem als Musicus.

Gautama wurde schon früher in Indra's Geschichte genannt, an vielen Plätzen Indiens werden Einsiedeleien als ihm gehörig bezeichnet; wie weit er mit dem Begründer der Nyâya-Philosophie oder streng dialectischen Schule, der Gautama und Gôtama genannt wird, zusammenhängt, ist uns unbekannt. Hochberühmt ist *Vêdavyâsa*, der Ordner der Vêdas, der Gründer der Uttara-Mimansa oder Vêdânta-Philosophie, ein auf die Vêdas gegründetes psychologisches System, welches bis zur Läugnung der materiellen Welt fortschreitet. In jedem dritten d. i. Dvâpara-Yuga erscheint (nach dem Vischnupurâna) Vischnu in der Person Vyâsa's, um das Gute der Menschen zu befördern, und wenn er deren beschränkte Fähigkeiten bemerkt, so theilt er das ursprünglich einheitliche Vêda in vier Theile, um das Verständniss zu erleichtern. In dem gegenwärtigen Vaivasvata-Manuvantara haben wir schon 28 gehabt, zumeist bekannte Namen, die wirklich in den Vêdas als Autoren verschiedener Hymnen und Gebete bezeichnet werden, so dass wahrscheinlich alle wirkliche Personen und Lehrer gewesen. Wie *Pundarika* (Lotus, höchster Ruhm) mit Vèdavyása zusammenkommt, muss hier dahingestellt bleiben, er ist der Elephant des Südostens; da er auch in den Sagen über die sieben Pagoden vorkommt, scheint alles darauf hinzuweisen, dass er, wie auch der Correspondent oben ausspricht, eine dem Tamulenlande angehörige historische Persönlichkeit ist.

Die Historie, dass die Ameisen sich auf *Valmiki* niedergelassen, ist wohl aus Zusammenklang der Namen entstanden, da valmika Ameisenhaufen bedeutet. Eine Erinnerung an sein Jägerleben ist der Bericht, dass er den Gesang eines Vogels in Zeichen fasste und niederschrieb, und siehe es bildete eine slóka und so war ihm das Versmaass für sein Ramayana gegeben. Ueber die Autorschaft Valmiki's bemerkt übrigens Lassen: „Valmiki erscheint zwar als Zeitgenosse Ráma's, doch wird dieses nicht mehr bedeuten, als dass die Entstehung des Heldenliedes in die Zeit des Helden zurückversetzt wird, die wirkliche Verfasserschaft des Valmiki und die unveränderte Ueberlieferung des Gedichts vom Anfange an wird die kritische Forschung nicht gelten lassen können (Ind. Alt. I, 484).”

Zwischen *Vasischtha* und *Visvamitra* ist beständiger Hader, und überall werden sie zusammen erwähnt. So waren sie auch beide Puróhitas oder Priester eines Königs Sudá. Vasischtha begleitete Sudá's Armee, als er gegen 10 Könige zog, welche die Paruschni oder Hydraotis überschritten hatten, und verschaffte ihm den Sieg. Visvámitra ist mit dem Könige bei dem Uebergang über den Hyphasis. Zahlreicher noch, als des Königs Kriege sind aber die heftigen Kämpfe beider priesterlicher Familien um die erbliche Priesterwürde; selbst als Vögel, verwandelt in Staar und Storch, kämpfen sie noch fort. Am Hofe von Ayodhyá finden sich beide wieder zusammen. König Trisanku von Vasischtha verflucht nahm Visvámitra als erblichen Priester an, welcher es auch unter dem Sohn Haris-chandra blieb, der jedoch auch seinem Lehrer Vasischtha Einfluss vergönnte, daher Visvámitra's Einspruch gegen Vasischtha's Lob über Haris-chandra. Die Erzählung nun, wie Visvámitra den König ins Unglück stürzt, ist fast so populär wie Nala und Damayanti. Er erbat vom König eine Summe Goldes, überliess sie ihm aber dann wieder zur Verwahrung. Als nun alle Versuche ihn durch Frauenspersonen zu einer Unwahrheit zu verleiten, gescheitert, fordert er das Geld mit Zins und Zinseszins zurück und berechnet so, dass weit der Werth des Königsreichs überschritten wird. Haris-chandra verkauft alles und giebt sich selbst mit Weib und Kind zu Sclaven hin. Er wird von seiner Frau Satyavati getrennt, wird Hüter eines Brennplatzes. Da bringt ihm eines Tages seine Frau ihr eignes Kind zum Verbrennen, er erkennt sie am Táli, (Zeichen der Verheirathung, um den Hals getragen) welches er als Lohn verlangt, sie aber nicht geben will. Während sie so verhandeln, kommen Boten die Frau zu greifen, weil ihr Kind einem jüngst verlornen königlichen Kinde glich. Sie wird verurtheilt, und Haris-chandra beordert, ihr das Haupt mit einem Schwert abzuschlagen, er will gehorchen, aber das Schwert verwandelt sich in Blumen, das Kind wird von den Todten erweckt, und dem Königspaar wieder die vorige Herrlichkeit verliehen. Nach anderer Version wird Haris-chandra mit allen seinen Unterthanen in Indra's Himmel erhoben, aber von Nârada zum Selbstruhm verleitet, wieder ausgestossen, schnelle Busse aber hält seinen Niederfall mitten in der Luft auf, und daher soll noch zuweilen seine Stadt in den Wolken zu sehen sein.

Durvâsa ist böswilligen Characters, allezeit zum Fluch bereit. *Sûta*, genannt Lomaharschana oder Romaharschana, ist Vyâsa's Schüler in der historischen und erzählenden Litteratur, die Itihâsas und Purânas werden daher auf ihn zurückgeführt. Seine sechs Schüler sind Sumati, Agnivarchas, Mitrayu, Sânsapâyana, Akritavrana und Sâverni, die drei letzten sind Verfasser der drei eigentlichen Sanhitâs. *Kapila* ist Urheber der atheistischen und doch noch als orthodox passirenden Sankhya-Philosophie, in der die Wurzeln der buddhistischen Lehren zu suchen sind. Zu einem Verständniss der Persönlichkeit des so oft genannten *Kâsyapa* tragen am meisten bei die Worte Wilson's (Works of Wils. II, 8): „Kâsyapa scheint das Hauptwerkzeug in der Verbreitung der Civilisation in den Ländern am Himâlaya und der kaukasischen Bergkette gewesen zu sein, so weit wir aus den Traditionen Nepals und Kaschmirs und den vielen Spuren seines Namens in den Ländern am Fusse jener Gebirge urtheilen dürfen." Gelegentlich der schönen Sage von *Mârkandêya*, als deren Schauplatz gewöhnlich der Sivatempel in Benâres genannt wird, ist nur zu erinnern, dass der bei dieser Gelegenheit geschehene Todschlag Yama's Veranlassung zu der früher erwähnten Klage der geduldigen Erdgöttin Bhûmi ward, dass sie die Masse der Menschen nicht mehr tragen könne.

Das Büsserleben ist von den Indiern bis zu den geringsten Kleinigkeiten hinab classificirt und numerirt, sie zählen 8 Eigenschaften des Yogi, von der Einschränkung seines Appetits bis zum Sich selbst schauen; die zum Theil sehr lächerlichen Positionen werden auch genau beschrieben, aber die, welche einst die Götterwelt beherrschten, können sich jetzt der Thiere des Waldes nicht erwehren, nach Ward fallen zahlreiche Opfer. So ist die Herrlichkeit entschwunden, und es ist dann zum System erhoben, das Kaliyuga sei für solche Bussübungen nicht geeignet. Die Bewunderung der alten Büsser aber ist deshalb nur noch höher gesteigert. Hören wir den Dichter Tiruvalluver im Kural über Wesen und Erfolg der Busse:

> Sein Leid selber leidend, den Lebendgen
> Kein Leid thun—ist der Kasteiung Kern.
> Ganz wie Gold, wenn's Feuer loht, durchleuchtet
> Glanz die Büsser, wenn das Leiden loht.
> Wirst du erst der Bussmacht wirklich Meister,
> Kirrst du selbst dem Tod dir untern Fuss.

DAS DRITTE KAPITEL.

Von den Bedienten und Musikanten der Götter.

Es sagen diese Heiden, dass den Göttern zwar alle Creaturen zu Dienste stehen müssen, gleichwohl aber hätten sie daneben ihre besondern Diener, die stets um sie sein und sich zu diesen und jenen Verrichtungen gebrauchen lassen müssten. Von solchen werden nun in ihren Gesetzbüchern unterschiedliche namhaft gemacht als: 1, கின்னரர் Kinnaras 2, கிம்புருஷர் Kimpuruschas 3, கருடர் Garudas 4, காந்தர்வர் Gandharbas 5, தும்புரு Tumburu 6, நாரதர் Nárada 7, பன்னகர் Pannagas 8, ஸித்தர் Siddhas 9, வித்தியாதரர் Vidyâdharas 10, கணநாதர் Gananâthas oder தூதர் Dūtas und zwar: Siva-dūtas, Vischnu-dūtas, Yama-dūtas.

Diese setzen sie meist in die Götterwelt, jedoch schreiben sie dabei, dass sie sein könnten, wo sie wollten, bald in dieser, bald in einer andern Welt, bald im Himmel, bald auf Erden, bald in der Hölle, bald bei Isvara oder Vischnu, bei Brahma oder Devēndra und bei den andern Göttern und Propheten.

Die *Kinnaras* werden als Frauenspersonen abgemalt, die auf Instrumenten spielen und dazu singen, tanzen, mit dem Ball allerlei Künste machen und dieses und jenes agiren. Sie sollen vornämlich um Pārvati sein und Aufwartung bei ihr thun. Ihr Spiel auf der Laute und ihr Singen beschreiben sie gar vortrefflich. Sie sind mit allerlei Schmuck behangen und haben auf dem Haupte eine sonderliche Decke von Perlen. Weil nun die Heiden glauben, dass um die Götter und Göttinnen solche Sängerinnen und Tänzerinnen sind, so pflegen sie in ihren Pagoden gleichfalls einige zu halten, die da தேவதாசி *Dēvadāsī* genannt werden, welches so viel bedeutet, als Dienerinnen der Götter. Solche müssen täglich dreimal bei allen Opfern in der Pagode vor den Götterfiguren singen und tanzen, wozu die musikalischen Instrumente gerührt werden. Auch müssen sie öffentlich in den Strassen vor ihnen singen und tanzen, wenn an Festtagen dergleichen Figuren bei Tag und bei Nacht herumgetragen werden. Sie verheirathen sich mit der Pārvati Sohn Subhramanya und dürfen ihre ganze Lebenszeit unter den Menschen keine Männer nehmen. Sie werden von Jugend auf zu diesem Dienst vorbereitet und lernen lesen, singen und tanzen, wie sie denn diese ihre Sing- und Tanzkunst in ein gewisses Buch gebracht haben, das da பரதசாஸ்திரம் Bharatasāstra genannt wird und von einem, der நட்டுவன் (Cymbelschläger, Tanzmeister) Nadduven heisst, in jeder grossen Pagode gelehrt wird. Sonst giebt es auch Kinnaras, die sie als Mannspersonen abmalen und von ihnen sagen, dass sie um Isvara und um die andern Götter wären und vor ihnen musicirten, welche Musik beides eine Vokal- und Instrumentalmusik wäre.

Die இம்புருஷர் *Kimpuruschas* werden ebenso abgemalt wie die Engel(?). Sie sagen, dass ihrer eine grosse Menge sei, die da durch alle 14 Welten fliegen könnten, und in einem Augenblicke bald hier, bald da seien. Sie sollen stets um die Götter sein und sich in dieser und jener Sache von ihnen verwenden lassen. Auch sollen sie Gott das höchste Wesen und die Mummūrtis, nämlich Isvara, Vischnu und Brahma, stets loben, ihnen alle angenehmen Dienste thun und bei ihnen eine grosse Seligkeit geniessen. Wenn man diese Heiden fragt, woher sie doch wüssten, wie die Kimpuruschas und die andern Bedienten der Götter aussähen, so geben sie zur Antwort, dass alle solche Personen ehemals auf der Welt von den Menschen gesehen worden; denn so oft als Isvara sichtbarer Weise erschienen und diesen oder jenen mit Leib und Seele in die Seligkeit eingeführt hätte, so wären diese Kimpuruschas und alle andern Bedienten mit ihm zugleich erschienen und hätten sich in ihrer Gestalt sehen lassen. Alsdann wäre es in den Gesetzbüchern verzeichnet worden, wie diese und dergleichen Personen aussehen, nach welcher Beschreibung sie noch bis auf den heutigen Tag von den Menschen abgebildet würden.

Die கருடன் *Garadas* werden gleichfalls mit Flügeln und Kronen abgebildet. Sie sind stets am Vischnu, fliegen hin und her und verrichten seinen Dienst. Die Vischnuiten sagen, dass die Garudas Vischnu's Wagen seien, darauf er zu fahren pflege. Sie stehen in solcher Figur allenthalben mit in Vischnu's Pagoden, sonst nennen sie auch eine Art Vögel, die wie Habichte aussehen, Garudas und sagen gleichfalls von ihnen, dass sie Vischnu's Wagen seien. Solchen Vögeln darf Niemand unter diesen Heiden einiges Leid anthun, und wenn etwa Christen solche Vögel schiessen, prophezeien sie ihnen viel Unglück und Unfall.

Die கந்தர்வர் *Gandharber* haben gleichfalls Flügel und sind nach Gestalt, Amt und Verrichtungen den Garudas gleich, wie sie denn gern zusammengezogen und கருட-கந்தர்வர் *Garuda-Gandharbas* genannt werden. Von ihnen schreibt ein Heide folgendes: „Die Garuda-Gandharbas sind besondere Geschöpfe Gottes, welche sehr edel, schön und vortrefflich von Gott erschaffen worden. Sie sind von Brahma's Geschlecht. Ihre Leiber sind geistige Leiber, sie können sein, wo sie wollen, wo sie zu sein gedenken, da sind sie auch, sie können in wenig Zeit alle 14 Welten durchfliegen. Ihr Amt besteht darin, dass sie Gott allerzeit loben und verehren. Sie sind ohne Ruhe und ohne Schlaf, ohne Speise und ohne Trank. Ihre Verrichtungen sind Weisheit und Heiligkeit; sie sehen Gottes Angesicht und preisen ihn stets, thun auch, was er ihnen befiehlt."

Der தும்புரு *Tumburu* wird mit einem Pferdekopf abgebildet und soll vor den Göttern ein gewaltiger Sänger und Musicus sein. In der einen Hand hält er ein Instrument ஆம் Vina, darauf er bei seinem Singen zu spielen pflegt. In der andern Hand hält er eine sonderliche Art Hölzer, mit welchen er bei seinem Musiciren klappert und gleichsam den Tact schlägt. Von ihm berichtet einer dies : „Tumburu ist einer von denen, die harte Busse gethan, und als ihm in solcher Busse Isvara eines Tages erschien und nach seinem Wunsche fragte, sprach er zu Gott: ich will, dass mein Leib ein Menschenleib sei, mein Gesicht aber ein Pferdegesicht, auch will ich, dass ich stets, o Gott, um dich sein und dein Angesicht sehen möge. Ja ich will, dass du mir die Gabe der Unsterblichkeit und die Macht hinzugeben, wohin ich gedenke, geben und mich dabei tüchtig machen wollest, dass ich dich mit Singen und Musiciren stets verehren kann. Um diese Gabe von dir zu erlangen, thue ich allhier Busse. Hierauf gab ihm Isvara, was er begehrte, und von selbiger Zeit an verrichtet er seinen Dienst um Isvara und kann sein, wo er will."

അഴി Nārada ist einer von denjenigen Propheten, die im vorigen Kapitel angeführt worden. Nach seiner schweren Busse, die er im Feuer sitzend gethan hat, soll er sehr hoch erhoben worden sein. Und weil er bei seinem Prophetenamt auch zugleich ein vortrefflicher Musicus sein soll, so haben ihn die Götter stets um sich, dass er vor ihnen musicire, wie er denn mit einem Instrumente in der Hand abgebildet wird, welches Instrument Tumburuvina heisst. Wenn er die Saiten dieses Instruments rührt, pflegt er auch zu singen und zwar lauter neue Verse und Lieder, die er ex tempore zu machen und in eine anmuthige Melodie zu bringen verstehen soll. Von ihm sagen diese Heiden gleichfalls, dass er sein kann, wo er will; er wäre aber gewöhnlich stets in den Versammlungen der grossen und kleinen Götter.

ഉരഗങ്ങ് *(ഉരഗങ്ങൾ* Schlange) *Pannagas* sind Künstler, die vor den Göttern und in der Versammlung bei Devendra mit Schlangen allerlei Künste und Spielwerk machen, wie sie denn auch also abgemalt werden, dass um ihren Kopf, Hals, Leib, Arme und Füsse lauter Schlangen hängen. Unter allen Schlangenfängern und Gaukelspielern soll einer in der Götterwelt der vornehmste sein. Es bilden sich diese armen Leute ein, dass es bei den Göttern ebenso zugehe, als wie auf Erden bei ihren Königen und grossen Herren, als welche stets allerlei Musikanten, Sängerinnen und Tänzerinnen, Gaukelspieler und allerlei Künstler um sich haben und sich von ihnen die Zeit vertreiben lassen.

Die *ഋഷി Siddhas* sind solche Leute, die als unsichtbare Geister überall in der Luft herumfahren und sein können, wo sie wollen. Sie werden als Propheten mit grossen langen Haarschöpfen und mit weisser Haut abgebildet. Sie werden auf Tigern, Fischen und andern Thieren sitzend abgemalt, welche sie als ihr Gefährt brauchen sollen. Es werden sonderlich in den Büchern dieser Heiden neun solcher Siddhas gezählt, welche daher Nava-Siddhas heissen. Von ihnen vermeldet ein Heide in einem Briefe folgendes: „Die Siddhas sind Menschen aus dieser Welt, sie sind erstlich allenthalben wallfahrtend herumgegangen, haben sich zu den Propheten, Büssern und andern Heiligen und Weisen begeben, sind ihre Jünger geworden, haben ihnen gedient und sind mit ihnen allenthalben herumgezogen. Nachmals haben sie sich in

Einöden aufgehalten und dort ihren Leib zu allerlei Uebungen gewöhnt, auch durch ihre Heiligkeit von Gott grosse Gaben erlangt, dass sie endlich zu Siddhas geworden sind. Das Wort சித்தி Siddhas aber bedeutet solche Leute, die in die Luft fliegen und von der Erde in den Himmel gehen und aus dem Himmel wieder zur Welt kommen können. Ja es bedeutet Leute, die da Gabe und Macht erlangt haben, dass sie hin und wieder fliegen und sein können, wo sie wollen. Es sind also geistige und unsichtbare Menschen. Ihre Verrichtungen bestehen darin, dass sie allenthalben die Wunder Gottes beschauen und Gott preisen, auch sich dann und wann unter den Menschen sehen lassen, und diese und jene Wunder thun.

Die வித்யாதரர் Vidyādharas sind die Gelehrten in der Götterwelt, die da stets mit Büchern und mit Dociren der mancherlei Künste und Wissenschaften umgehen. An Gelehrsamkeit soll ihres Gleichen in keiner Welt gefunden werden; wenn die Götter und Propheten bei Dēvēndra versammelt sind, so sind diese Vidyādharas gewöhnlich auch zugegen und pflegen über gelehrte Sachen zu disputiren. Die 64 Künste und Wissenschaften, die auf der Welt nur stückweise von diesen und jenen gelernt werden, sollen sie vollkommen verstehn und practiciren. Auch sollen sie immer in dieser und jener Disciplin neue Erfindungen hervorbringen und durch Schreiben von allerhand Büchern die Götter, und Propheten angenehm unterhalten.

Die கணநாதர் Gananāthas sind Bedients um Siva und Vischnu, sie werden auch தூதர் Dūtas, das ist Gesandte, genannt weil sie hierhin und dorthin, zu diesem und jenem Dienst versandt werden. Siva's Gesandte werden சிவதூதர் Siva-dūtas, Vischnu's விஷ்ணுதூதர் Vischnu-dūtas genannt, auch Yama, der Gott des Todes und der König der Höllen, hat seine Gesandten, welche யமதூதர் Yama-dūtas genannt werden. Was die Siva-dūtas anlangt, so werden sie roth, kurz und dick wie die Bhūtas abgemalt. Ihre Haarzöpfe haben sie als eine Hauptbinde oben auf dem Kopf zusammengebunden, so dass die Enden herunter hängen. Zu ihrem Munde ragen ihnen zwei grosse Löwenzähne heraus. Sie haben vier Hände, in der einen halten sie eine Schlange, in der andern einen Strick பாசக்கயிறு Patschaikayiru, einen Dreizack und einen Weinkrug. Am Leibe sind sie mit allerhand Schmuck behangen. Dies sind nun die Gesandten, durch welche Isvara die Seelen seiner Jünger und Gläubigen durch den Tod aus der Welt in sein Paradies Kailāsa holen lässt. Es sollen ihrer eine grosse Menge sein und fast nichts anders zu thun haben, als dass sie nur stets um die Sterbenden sind und ihre Seelen zu Siva bringen. Und solches glauben die Sivaiten, dabei sagend, dass solche Gesandten nur allein die Seelen der Frommen, die nach Siva's Religion in der Welt rechtlich gelebt hätten, zu Siva in die Seligkeit einführten. Solche Einführung geschehe auf einem Wagen புஷ்பகவிமானம் (ein sich selbst bewegender Wagen) Puschpakavimāna. Die Poeten haben allerlei Historien von ihnen geschrieben.

Diejenigen Heiden, die an Vischnu glauben und seiner Religion zugethan sind, auch in diejenige Seligkeit zu kommen gedenken, die Vischnu giebt, haben andere Gesandte, die durch den Tod ihre Seelen abholen, welche sie *Vischnu-dútas* nennen. Sie malen sie grade wie Vischnu mit grüner (? blauer) Farbe ab, die Haare haben sie auf dem Haupte zusammengebunden wie eine Mütze, und haben Blumen darunter liegend. Auf der Stirn, an den Armen und auf der Brust haben sie Vischnu's Zeichen ௭௫௭௭௭ Tirunāma, aus ihrem Munde ragen auch Löwenzähne heraus. In den vier Händen halten sie Vischnu's Gewehr Sankha und Chakra, ein Beil und einen dicken Stock. Um den Hals haben sie nach Art der Vischnuiten eine Perlenschnur hängen, ௭௫௭௭௭ Tulasimani genannt. Welche nun in der Welt Vischnu's Religion ergeben gewesen und nach selbiger rechtlich gelebt haben, die werden ihrem Vorgeben nach von diesen Vischnudūtas durch den Tod in das Paradies Vŭikuntha zu Vischnu geholt.

Die ௭௫௭௭௭ Yamadūtas sind die Gesandten aus der Hölle, welche alle bösen Menschen, die in Sünden gelebt, sie mögen sein, von welcher Religion sie wollen, durch den Tod mit sich in die Hölle führen. Sie werden ganz schwarz wie die Teufel abgemalt. Sie haben ein schreckliches Gesicht und blecken ihre grossen Zähne. Sie haben einen Dreizack, einen dicken Stock und viele Stricke in den Händen und Armen, womit sie die Seelen der Sterbenden binden und nach der Hölle zuschleppen, auch haben sie Dolche in ihrem Leibgurt stecken. Ihr Herr, der sie aussendet, ist Yama, der sein Regiment in der alleruntersten Welt Pātāla oder Yamalōka hat, welche von diesen Heiden für die Hölle und den Ort der Verdammten gehalten wird. Jedoch dürfen sie Niemand eher aus der Welt abholen, als bis die bestimmte Lebenszeit verflossen ist. Auch dürfen sie die Seelen der Frommen nicht antasten. Wenn aber einige halb fromm und halb böse gelebt haben, so sollen sich bei ihrem Tode sowohl Yama's als Siva's Gesandte einfinden und oftmals mit einander um die Seelen streiten, wer sie als Beute davontragen soll. Sie haben viele Weisen, die Menschen aus der Welt zu holen, und ihre Zahl soll auch sehr gross sein. Man liest bei den Poeten viele Historien, wie diese Yamadūtas diese und jene auf allerlei Weise aus der Welt geholt.

Von diesen drei Sorten der Gesandten, welche die Seelen der Sterbenden aus dieser Welt holen sollen, schreibt ein Heide in einem Briefe folgendes: „Die *Sivadūtas* sind Diener bei Iswara, die sich von ihm hierhin und dorthin verschicken und zum Dienst gebrauchen lassen, sie erkennen seine Herrlichkeit, verehren ihn auf göttliche Weise und verrichten diejenigen Werke, die er ihnen befiehlt. Hiernebst wenn rechte Sivabhaktas, die zu Siva Liebe und Glauben haben und nach den Regeln seines Gesetzes einhergehen, dem Tode nahe sind, so kommen diese Sivadūtas zu ihnen und holen ihre Seelen ab auf dem Wagen ௭௫௭௭௭ Puschpakavimāna, zu ihnen sagend: Ihr habt in der Welt solche Werke gethan, die Siva wohlgefällig sind, daher sind wir gekommen, um euch zu ihm zu holen; nehmen sie also und bringen sie ins Paradies Kailâsa. Dies ist das Amt und die beständige Verrichtung der Sivadûtas. In gleicher Weise werden Vischnu's Diener und Jünger von den *Vischnu-dûtas* in das Paradies Vaikuntha geholt, wo ihnen gleichfalls eine ihren auf der Welt gethanen Werken gemässe Belohnung gegeben wird. Die *Yamadûtas* sind Diener Yama's, sie empfangen die Seelen derer, die in der Welt Sünde gethan haben und bringen sie vor Yama. Hierauf wird ihnen gehörige Strafe zuerkannt und sie werden in der Hölle geplagt und gemartert."

Svarga, der Himmel Indra's, ist ganz in der Weise eines irdischen Königshofes eingerichtet gedacht. An die Stelle der vedischen Maruts und der Aptyas, der Wassergöttinnen, treten bei den epischen Dichtern die Apsarasas und Gandharbas. Die von Ziegenbalg nicht erwähnten *Apsarasas* scheinen in den Vēdas noch nicht vorzukommen. Sie müssen nach ihrem Namen, im Wasser wandelnd, anfänglich wie die älteren Aptyas Wassernymphen gewesen sein. Ursprünglich Brahmatöchter, werden sie beim Quirlen der Milchsee aufs neue geboren. Im gegenwärtigen Manvantara aber sind sie Kinder Kâsyapa's und Muni's, doch wird anstatt Muni's auch Vâch ihre Mutter genannt. Sie zerfallen in zwei Klassen Laukika-Apsarasas d. i. weltliche, von denen mit Namen 34 aufgeführt werden, darunter Rambhâ, Tilottamâ, Misrakesî; in der Daivika oder göttlichen Klasse ragen besonders sehn hervor, deren Hauptbeschäftigung, die Büsser um die Früchte ihrer Busse zu bringen, namentlich Menakâ, Sahajanyâ, Ghritâchî, Pramlochâ, Visvâchi, Pûrvachitti. Die hervorragendste von allen aber Urvasî steht als eine Tochter Nârâyana's* über beiden Klassen. Sonst werden auch unter Kâmadēva als Fürsten 14 Abtheilungen unterschieden, welche alle mit besonderem Namen bezeichnet sind als Ahûtas, Sobhayantis, Vegavatîs; sie alle sind die Tänzerinnen in Indra's Himmel.

Der Name *Gandharba* bedeutete wahrscheinlich zuerst die Sonne und scheint im Vēda nur in der Einzahl erwähnt zu werden („der himmlische Gandharba, der Reiniger der Geister, möge unsern Geist reinigen"). Die Gandharbas erscheinen wie die Apsarasas zuerst als Brahma-Kinder und sodann wird Kâsyapa ihr Vater genannt, und der Mutter entweder auch beiden Klassen gemeinsam Vâch, oder Prâdhâ, anderwärts auch Ariechta. Ihre Zahl wird auf nicht niedriger als 60 Millionen angegeben. An ihrer Spitze steht ein König (im Vischnupur. Vâyu und Chitraratha), vielleicht der Indrasohn Gandharbasena, von dem Ward eine ausführliche Geschichte mittheilt, wie er verflucht worden, auf die Erde verstossen zu werden und des Tags ein Esel, und nur Nachts ein Mensch zu werden, seine Rückkehr wird davon abhängig

---

* „Die richtige Erklärung dieses Namens ergiebt sich aus der Vergleichung mit dem Gebrauch des Wortes *purusha*, eig. Mann, für den höchsten Geist und Schöpfer; *nara* bedeutet auch Mann und durch das Affix *ayana* wird daraus Nârâyana gebildet." Lass. Ind. Alt. I, 692, 693.

gemacht, dass König Dhara ihn verbrenne. Er heirathet, da in dem Lande des Königs Hochzeiten nur Tags gehalten werden, des Königs Tochter in Eselsgestalt, den Spott der Hochzeitgäste überwindet sein treffliches Sanskrit, wie es unmöglich ein Esel sprechen könne. In der Nacht ward er dann wieder Mensch, und der kluge König kam auf den Gedanken, den Nachts wie todt daliegenden Eselskörper zu verbrennen und so Gandharbasêna als Mensch zu erhalten. So ward der Fluch gehoben.—Der Gandharber vorzüglichstes Besitzthum sind viel begehrte Pferde, hierin liegt (nach Lassen) eine Beziehung auf die frühere Bedeutung als Sonne, weil der Sonnengott auf einem mit Pferden bespannten Wagen fährt. Wahrscheinlich erklärt es sich daher, dass ganze Klassen von himmlischen Sängern mit Pferdeköpfen abgebildet werden, aus welchem Umstand sonst wohl auf nicht besondre musikalische Begabung der Inder geschlossen zu werden pflegte. Als solche mit Pferdeköpfen gezierte Sänger werden durch ihre Namen dargethan, die *Kimpuruschas* und *Kinnaras* (*hin* bedeutet irgend *was* im verächtlichen Sinn, *nara* und *puruscha* Mann). Während den Gandharbas ihr Wohnsitz im Norden in der Nähe des Mânasa-Sees nicht fern von Kuvêra's Residenz angewiesen ist, haben die Kinnaras und Kimpuruschas ihre Wohnung in Kuvêra's Himmel, und er ist ihr Fürst. Anders sind die Wohnungen gelegt in der Aufzählung der sieben Oberwelten. Der Erde nächst gelegen ist die Sphäre der Pitris, alle frommen Brahmanen und ehrenwerthen Hausväter werden zu ihnen versammelt, tapfere Kschatriyas kommen in die zweite Sphäre in Indra's Svarga, fleissige Valsyas in die dritte Sphäre die Diva-Lôka der Maruts, die vierte Maharlôka ist die Region der Gandharbas und Sudras, in der fünften Janslôka leben die Siddhas sammt allen Brahmanen, die ein specifisch religiöses Leben geführt, die sechste Tapalôka ist der Sitz der sieben Rischis, aller Einsiedler und Büsser, die siebente Brahmalôka ist für die Bettelmönche, die Yôgis aber stehen noch hoch über allen und finden nur In Vaikuntha oder Kailâsa Raum. Von allen in dieser Recapitulation erwähnten Wesen ist nur nöthig, über die schon früher erwähnten Siddhas aus dem Vischnupurâna Einiges hinzuzufügen: „Der Pfad der Götter liegt nördlich von der Sonnensphäre, nördlich von Nâgavîthi (Widder und Stier) und südlich von den sieben Rischis (grosser Bär). Dort wohnen die Siddhas mit unterdrückten Sinnen, enthaltsam und rein, nicht denkend an Nachkommenschaft und daher siegreich über den Tod. 88,000 dieser keuschen Wesen halten die Region des Himmels nördlich von der Sonne bis zur Zerstörung des Universums besetzt. Sie erfreuen sich der Unsterblichkeit, denn sie sind heilig, frei von Lüsten und Begierden, Liebe und Hass, nehmen nicht Theil an der Erschaffung lebendiger Wesen und decken die Unwirklichkeit der Eigenschaften der Elemente und der Materie auf."

VIERTES KAPITEL.

Die Aschtadikpalakas oder acht Welthüter.

Es beschreiben diese Heiden die Welt eirund und theilen sie in 8 Ecken, in die 8 Weltecken placiren sie 8 Hüter, welche die ganze Welt tragen und rund herum die Wache halten, dass alle Körper und Elemente ihren Lauf unverhindert haben mögen. Diese nennen sie nun mit folgenden Namen 1, இந்திர Indra 2, அக்கினி Agni 3, யம Yama 4, நிருதி Nirriti 5, வாயு Vāyu 6, வருண Varuna 7, குபேர Kuvêra 8, ஈசான Isâna. Von diesen sagen sie, dass sie allenthalben in der Welt wären und alles in guter Ordnung erhielten. *Indra* oder Dêvêndra hat neben seinem Amt als Götterkönig noch die Bestallung, dass er an einer Weltecke (Osten) Wache halten muss, damit nicht etwa die ungeheuren grossen Riesen oder die bösen Geister darin etwas verderben. Seiner Macht und Gewalt soll Niemand widerstehen können, als allein Isvara, Vischnu und Brahma. Nach deren Verordnung muss er solche Bestallung verwalten bis ans Ende der Welt.

Agni ist das Element Feuer oder vielmehr der König des Feuers, den diese Heiden sonst அக்கினிபகவான் (Feuer-Gott) Agni-bhagavân nennen. Er reitet auf einem grauen Bocke und wird ganz feurig abgemalt; er hat 2 Gesichter, 4 Hände und 3 Füsse, mit welchen sie den Triangel abbilden, den die Figur des Feuers machen soll. Auf den zwei Häuptern hat er eine Krone, die mit lauter Feuer umgeben ist, in den Händen hat er lauter Instrumente, die zum Feuer gehören als ein Behältniss, worin Butter ist, ein ander Behältniss mit Reiserchen und Hölzern, einen Kochlöffel, Blumen, die in Butter getaucht und ins Feuer geworfen werden. Solche Instrumente sind bei demjenigen Feueropfer nöthig, das diese Heiden யாகம் Yâga nennen und auf vielfältige Weise, auch zu vielfältigem Endzweck verrichten. Die Feuer-Versprecher geben allerlei Künste vor, die der König des Feuers sie gelehrt haben soll. Und weil das Element Feuer allenthalben in der Welt ist und nicht entbehrt werden kann, haben diese Heiden es mit zu einem Träger und Hüter der Welt gemacht und geben vor, dass solcher Welthüter alles lebendig und fruchtbar mache.

Yama ist der König in der allerunterten Welt, die nach seinem Namen Yamalôka genannt wird, sonst aber Pâtâlalôka heisst. Seine Unterthanen sind die Verdammten und die höllischen Geister, wie denn seine Residenz für die Hölle gehalten wird. Gleichwohl aber machen sie ihn mit zu einem Hüter der 8 Weltecken, darum weil er in der Welt unter den Menschen sehr viel zu thun hat und durch seine Gesandten, die Yamadûtas, täglich viele Seelen durch den Tod aus der Welt zur Hölle holen muss. Er wird schwarz abgemalt mit einem scheusslichen

Gesicht. Auf dem Haupt hat er eine Krone, welche mit lauter Feuer umgeben, das aus seinem Kopf brennt und ein Zeichen seines Zorns ist. Im Munde hat er Löwenzähne, in den vier Händen hält er einen dicken Stock, Stricke, Dreizack und Weinkrug, daraus er den Sterbenden einschenkt, um bei ihnen die Bitterkeit des Todes zu vertreiben. Er ist wie ein König mit allerlei Schmuck geziert und reitet auf einem schwarzen Büffelochsen. Er ist nach dieser Heiden Meinung gleichsam der Tod oder der König des Todes, der allenthalben in der Welt unter den Menschen hauet und die Bösen in die unterste Welt oder eigentlich in die Hölle führen lässt, da sie nach Beschaffenheit ihrer Sünden geplagt werden. Von diesem Yama haben die Poeten sehr viele Fabeln geschrieben, die aber von diesen Heiden als wahrhafte Historien angenommen werden. Und um deswillen hat er viele Namen: 1, சும் (*sama* ruhig sein, also wohl Yama als Richter) Samana. 2, தக்ஷெபாட்சி (*அடிசி* Gott mit தடிசெ*சி* rechtem Scepter) Senkölkadavul. 3, கூற (von கூ theilen, der Trenner von Leib und Seele) Kûddu. 4, தருமம் Dharma. 5, அசுசி (Zerstörer, Tödter) Antaku. 6, சாரூம் (der Zornige, gewöhnlich Name eines Dieners von Yama) Chanda. 7, சுசி (wohl nur dialectisch unterschieden von Yama) Nama. 8, அவைசுதம் (?) Avaisuta. 9, நீதிசி (Richter) Naduven. 10, தக்ஷிணகெசி (König des Südpunkts) Tendisaikkön. 11, யமா Yama. 12, ஹரி Hari. 13, மறளி (Verwirrer, Kämpfer, Tödter) Marali.

Nirriti ist eigentlich das Element Erde (?), denn weil dies Element gleichfalls allenthalben in der Welt zu finden und ein Unterhalt der erschaffenen Körper ist, so machen sie es mit zu einem Hüter der 8 Weltecken. Um aber solches Element in einer Menschenfigur präsentiren zu können, geben sie vor, dass Nirriti ein Riese sei, der durch seine Busse erhoben und zu einem Hüter der acht Weltecken eingesetzt worden sei. Er wird grün abgebildet. Auf dem Haupt hat er eine Krone, auf der Stirn das Zeichen von der gebrannten Kuhmistasche, sonst ist er wie die Götter geschmückt. Von seinen 4 Händen ist eine leer, in den andern hält er eine Fahne mit einem Fisch als Wappen, einen Ring und einen Weinkrug. Er reitet auf einem Krokodil. Sein Hüteramt erstreckt sich besonders auf alle Erdgewächse.

Vayu ist das Element Wind, denn dies Element erfüllt gleichfalls alles in der Welt und lässt kein Vacuum übrig, daher zählen diese Heiden den Wind mitunter die acht Welthüter und malen ihn schwarz-grau ab mit 4 Händen, welche Schwert, Schild, Bogen und Pfeil halten. Er hat eine Krone auf und ist mit allerlei Schmuck behangen. Sein Wagen, darauf er als ein Blitz einherfährt, ist ein Bhûta, der ihn tragen muss. Ein Heide schreibt von ihm: „Vâyu ist der König des Windes, er verursacht, dass der Wind aus allen acht Weltecken bläst. Es sind aber zusammen 32 Winde, die aus den 8 Weltecken kommen. Sie wehen wunderlich unter einander zu Wasser und zu Lande, jedoch haben alle ihre Ordnung, wie sie gehen sollen und werden von ihrem Könige dirigirt."

Varuna ist der König des Regens, worunter sie das Wasser als viertes Element verstehen, welches ebener Maassen allenthalben in der Welt zu finden ist. Dieser Varuna wird grünlich abgemalt, er hat nicht mehr als zwei Hände, die eine offen, in der andern ein Schwert. Auf dem Haupt ist er mit einer Krone geziert, allenthalben ist er mit Schmuck behangen, über den Achseln hat er Blumen. Er reitet auf einem gelben Hirsche. Von ihm wird uns vermeldet: „Varuna ist der König über den Regen, der da Wolken und Regen verursacht, dass die Erde befeuchtet werden kann. Auch kommt von ihm der Donner und Blitz, welcher bei starkem Regen gehört und gesehen wird. Man sagt zwar, dass der Donner von Arjuna komme und sein Ballspiel sei, item dass der Blitz ein Glanz von seinen hellglänzenden Zähnen sei. Jedoch ist solches nur eine Weiberrede und verhält sich in der That ganz anders. Varuna lässt aus allen 8 Weltecken Regen, Donner und Blitz kommen. Er thut aber alles nach Gottes Befehl, wie auch die andern Welthüter nichts für sich thun dürfen, sondern alles nach Gottes Befehl in ihrem Amte verwalten."

Kuvēra ist der König des Reichthums, in dessen Gewalt alles Gold, Silber, Edelsteine, Perlen und alle Schätze sein sollen, die er auf der Welt denjenigen zukommen lässt, welchen sie von Isvara bestimmt sind. Und damit nicht die Reichthümer der Welt Jedem in die Hände kommen möchten, so ist er einer der 8 Welthüter und disponirt so über die Schätze der Welt, dass sie, nach Proportion unter die Menschen vertheilt, besessen und gebraucht werden möchten. Er wird weiss abgemalt und fährt auf einer Careta. Auf dem Haupt hat er eine Krone und in der einen Hand einen dicken Stock. Er ist mit allerlei Geschmeide behangen und sitzt in der Careta auf einem Kissen. Wenn diese Heiden einen wegen seines Reichthums und seines Wohlstandes loben wollen, so vergleichen sie ihn mit Kuvēra, der alles vollauf hat und andern überflüssig geben kann. Die Poeten schreiben allerlei Mährlein von Kuvēra, daher hat er in ihren Schriften allerlei Namen als: 1, சிநேகன் (Hara's d. i. Siva's சிநேகன் Freund) Harandōrben. 2, ஈசன்ஈசன் (ஈசன் Herr) Kinnarerpirān. 3, அரசன் (Herrscher Alakā's, der Hauptstadt Kuvēra's) Alakāyāli. 4, புஷ்பரதன் (der einen Mann als Geführt hat) Puruschavāhana. 5, புஷ்பவாஹன (Besitzer des sich selbst bewegenden Wagens) Puschpakaviminamullaven. 6, இருநிதிஇயன் (இரு=Ou—ய ausgezeichnet, நிதி Gold, ஒயன் Eigenthümer) Irunidhikkirbaven. 7, மந்திரி (Rathgeber) Mantri. 8, பிங்கல (gold-gelb) Pingala. 9, மரகத (grün, Smaragd-farbig) Marakata. 10, தநத (Reichthum gebend) Dhanada. 11, வைசிரவண (Sohn Visrava's) Vaisravana.

Isāna ist Isvara selbst, der in der Welt 1008 mal zu sonderlichem Endzweck erschienen sein soll, unter welchen Erscheinungen auch diese ist, dass er sich als ein Hüter der acht Weltecken dargestellt und den Namen Isāna angenommen hat. Er wird stehend abgebildet mit 4 Händen, eine offen, in den andern die Trommel Damaru, Hirsch und Schwert

Auf dem Haupt hat er eine Krone und von oben bis unten ist er mit dem gewöhnlichen Schmuck behangen. Er hat einen Ochsen Rischabha neben sich stehen, welchen er als Wagen gebraucht. Er soll der vornehmste unter diesen acht Welthütern sein und alles in der Welt in seiner Ordnung erhalten und bewegen. Die Figuren solcher acht Welthüter pflegen diese Heiden gewöhnlich in grossen Pagoden auf die Ringmauer zu setzen und aus Kalk zu formiren. In einigen stehen sie auch aus Metall gegossen, wo nicht alle, doch einige oder zum wenigsten Agnibhagavân. Wenn sie nun in einer Pagode ein Fest von 9 Tagen halten wollen, so stellen sie erstlich auf den Platz der Pagode diese 8 Hüter in die 8 Weltecken, welches mit gewissen Ceremonien und Gebetsformeln geschieht. Alsdann thun sie ihnen zuerst Opfer und Verehrung, dass sie Wache halten sollen, damit ihr Fest und Opfer nicht etwa möchte zunicht und vergeblich gemacht werden. Wenn sie sich mit diesen 8 Welthütern wohl verschanzt haben, so richten sie in der Pagode ein Yâga oder ein Homa an, welches ein Feueropfer ist und beständig Tag und Nacht im Brennen muss unterhalten werden, bis alle Tage des Festes vollendet sind. Wenn alles zu Ende ist, lassen sie die um sich gestellten 8 Welthüter wieder von sich, welches gleichfalls mit Ceremonien und Gebetsformeln geschieht. Sie thun ihnen auch Danksagung, dass sie gute Wache gehalten und nichts Böses ihrem Vornehmen haben nahen lassen. Auf solche Weise bekommen die Aschtadikpalakas bei allen ausgezeichneten Yâga oder Homa-Opfern die erste und letzte Verehrung. Die Baumeister haben in ihrer Baukunst viele Vorschriften von diesen acht Hütern der acht Weltecken, nach welchen sie sich in Aufbauung neuer Gebäude richten müssen.

Ueber die Lôkapâlas oder Weltbeschützer herrscht nicht volle Einstimmigkeit, schon hinsichtlich der Zahl, gewöhnlich werden acht, zuweilen aber nur vier genannt. Die älteste Darstellung im Aitarêya-Brahmana ist in dem Bericht, wie Indra von den Dêvas in den verschiedenen Welttheilen zu ihrem obersten König geweiht sei, von den Vasus im Osten, den Rudras im Süden, den Aditya im Westen und den Visva Dêvas im Norden. So in der unmittelbar auf die vedische Zeit folgenden Periode. Im Gesetzbuche und den epischen Gedichten ist aber Indra nicht mehr Beherrscher der vier Weltgegenden, sondern nur unter den Lôkapâlas der vornehmste als Hüter des Ostens, während andere Götter dieses Amt in den übrigen Weltgegenden erhalten haben. Ursprünglich waren ihrer wahrscheinlich nur vier, da im Gesetzbuche in einer Stelle nur so viele genannt werden: Indra im Osten, Yama im Süden, Varuna im Westen, Indu oder Sôma im Norden. Ohne Zweifel aber ist die Festsetzung von acht Welthütern schon älter als der Anfang des Buddhismus, sie werden im Gesetzbuch namentlich aufgezählt: Indra, Agni, Yama, Sûrya, Varuna, Vâyu, Kuvêra, Soma. Anstatt Kuvêra's für den Norden wird auch Prithivî die Erde genannt. Die Reihenfolge ist leicht verständlich: Agni ist nach Indra der vornehmste Gott, weil er in der Liturgie der wichtigste war und die Götter zum Opfer herbeiführte; er führt sie daher auch an, wenn sie vor einem höhern Gott erscheinen. Die Unterwelt dachte man sich im Süden, der daher dem Yama zum Sitz gegeben worden ist. Varuna hat seinen Sitz im Westen erhalten, da hier das grosse Weltmeer Indien vorlag, Kuvêra aber im Norden, weil hier das goldreiche Land ist. Die Gründe, nach welchen den übrigen Lôkapâlas ihre Stellen sind bestimmt worden, sind nicht ersichtlich (Lass. Ind. Alt. I, 771. 772). Sûrya in der obigen Liste ist darnach bald vor Nirriti gewichen, und der ehrwürdige Name Sôma's, erst von Norden nach Nordosten geschoben, ist dann ganz von Îsâna verdrängt. Das Vischnupurâna (p. 153, 226) macht noch einmal einen Versuch auf die Vierzahl zurückzukommen: ,,Brahma setzte Regenten für die Beschützung der verschiedenen Weltgegenden ein. Er machte Sudhanvan, Sohn des Patriarchen Viraja, zum Regenten des Ostens; Sankhapâda Sohn des Patriarchen Kardama, Regenten des Südens; den unsterblichen Ketomat, Sohn Rajas, Regenten des Westens und Hiranyaroman, des Patriarchen Parjanya Sohn, zum Regenten des Nordens. Von ihnen wird die ganze Erde mit ihren sieben Continenten und ihren Städten bis auf den gegenwärtigen Tag wachsam behütet." Die Achtzahl aber war schon so fest etablirt, dass man vielmehr an eine Vermehrung dachte und Brahma als Regenten des Zenith, Sêschanâga oder Vasuki für den Nadir, und Rudra-Siva als Hüter des Mittelpunktes hinzufügte. Besprechen wir jetzt hauptsächlich *die* Namen unserer Reihenfolge, welche als vedische Götter einst den höchsten Rang einnahmen.

In Range der vedischen Götter folgt auf Indra unmittelbar *gleich Agni*, der Gott des Feuers, dessen Name, das lateinische *ignis*, stets für Feuer im gewöhnlichen Gebrauch geblieben ist. Dies Element und die Weise Feuer hervorzubringen zog in den vedischen Zeiten nach den erhaltenen detailirten Beschreibungen die genaueste Aufmerksamkeit auf sich. Man unterschied das irdische Feuer für religiösen und häuslichen Gebrauch und als Lebenswärme, das atmosphärische Feuer des Blitzes und das Feuer der Himmelskörper: möglich dass nach dieser dreifachen Auffassung das Feuer als dreifüssig gedacht wurde, andre verstehen den Gebrauch des irdischen Feuers bei den drei wichtigsten Veranlassungen: Hochzeiten, Begräbnisse, Opfer. Da nun der Dienst des Feuers so mannigfaltig ist, erscheint auch der Character des Gottes nach seinen Attributen nicht einheitlich. Als Opferfeuer ist er Diener der Menschen und der Götter, welcher Anbetungen und Spenden den Göttern zuträgt oder auch die Götter zum Erscheinen citirt. Als Gottheit ist er unsterblich, geniesst ewige Jugend, begabt mit unendlicher Macht und Herrlichkeit, Verleiher von Sieg, Wohlstand, Vieh, Speise, Gesundheit, Leben; er reist in einem von rothen Rossen gezogenen Wagen, er ist Quell und Verbreiter des Lichts, Zerstörer und Beleber aller Dinge. Seine zwei Gesichter bedeuten vielleicht (nach Moor) die zerstörende und belebende Kraft des Feuers, oder das irdische und himmlische Feuer. Statt der obigen vier Hände werden ihm gewöhnlicher sieben zugeschrieben, wie überhaupt die Zahl sieben in seinem Dienst eine grosse Rolle spielt. Bei der Ceremonie Visva-Dêvaç d. i. alle Götter wird folgendes Gebet gebraucht: „Feuer siebenfach ist deine Nahrung; sieben Zungen hast du, sieben heilige Weise; sieben liebe Wohnungen (Kâli, Karâli,* Manojavî, Sulohitâ, Sudhumravarnâ, Sphulinginî, Visvarupî); in siebenfacher Weise verehren dich sieben Opferer; sieben sind deiner Quellen. Sei befriedigt mit dieser geklärten Buttor: möge dies Opfer wirksam sein (Moor Hind. Panth. p. 211)."

Agni hat sieben Brüder, deren Namen alle Flamme bedeuten, von seinen neun Söhnen werden mit Namen genannt Uttama, Tamasa, Raivata. Eine seiner Gattinnen ist Svâhâ, im Rigvêda wird Agnâyî erwähnt. In der Verbreitung der Verehrung des Feuergottes scheint besonders der Rischi Angiras und sein Geschlecht sehr eifrig gewesen zu sein, wenigstens wird Agni häufig mit Angiras verwechselt. Bei Lassen findet sich folgende zusammenfassende Stelle: „Agni, der Gott des Feuers wird der erste Rischi, der erste, der die Götter anrief und ihr Opfer verrichtete, genannt. Er heisst der *Purohita* und Opferpriester *ritvij* des Opfers, er weckt die Götter und führt sie zu dem Opfer herbei, die sich dabei niederlassen auf den aus dem Kusa-Gras geflochtenen Polstern, auf seinem mit rothen Stuten bespannten Wagen. Er wird daher der Bote und Rufer genannt. Er führt den Göttern das Opfer zu, die ausgelassene Butter *ghrita*, von ihm beschützt gelangt es zu ihnen, und er ist daher der Vermittler zwischen den Menschen und den Göttern. Er ist der junge, weil er sich stets durch sich selbst erneuert und wohnt stets bei allen Menschen, weshalb er *Vaisvanara* genannt wird; er ist der Beschützer des Hauses *grihapati* und der Gemeinde *vispati*. Er bringt den Menschen von den Göttern die Schätze und besondere Nahrung und heisst deshalb *Jatavedas*, der reiche, beschützt sie gegen die Feinde und gegen die Rakschas, die er verbrennt. Sein Glanz reinigt die Menschen, und er wird daher *Pavaka* der Reiniger genannt."

So klar in der indischen Mythologie Character und Ursprung Agni's ist, so viel schwierige und verwickelte Momente bietet die Geschichte der Verehrung *eines Yama's*. Yama, der Bändiger, der Gott des Todes, wird in den bisher mitgetheilten Hymnen des Rigvêda nur selten erwähnt; den Weg des Yama wandeln, ist ein Ausdruck für Sterben und die Schlacht erhält den Beinamen Niederlage des Yama. Es

---

* Die beiden ersten Namen wurden in späterer Zeit personificirt und stellten Durga vor (die Gattin Siva's, der sich aus Agni entwickelt hat), welche Gegenstand blutiger Verehrung wurde unter dem Namen Kali (dunkel, schwarz), Karâli, Karâlavadanâ, Karâlânanâ, Karâlamukhî. Es liegt auf der Hand, dass beträchtliche Zeit erfordert wurde, um aus der Bedeutung „dunkle, schreckliche Feuerzunge" die Göttin Kali zu entwickeln. Nach Weber.

heisst: „es sind drei Himmel, zwei in der Nähe des Savitri, einer in der Wohnung des Yama, die (verstorbenen) Menschen aufnehmend." In einem Liede wird er der Sohn des *Vivasvat*, der Sonne, und Zusammenführer der Menschen (Sangamana) und König genannt. Diese Worte geben ihm den Character des Herrschers und des Ordners der menschlichen Zustände. Dieser im Vergleich mit Indra, Agni und Varuna seltenen Erwähnung ungeachtet, ist doch Yama einer der ältesten Götter, denn er gehört zu den wenigen, die Indern und Iraniern gemeinsam sind, ohne dass ihr Character ins Gegentheil verkehrt wäre, weist also auf eine gemeinsam verlebte friedliche Periode zurück. Yama ist der iranische Yima, der Jemschid der neuern Perser. In der alten Sage erscheint Yima als erster Stifter des Ackerbaues und des geordneten Lebens, als erster Vereiniger der Menschen zum geselligen Gemeinwesen, als erster König. Ahura Mazdâ erklärt dem Zoroaster, er habe den Yima von allen Menschen zuerst das Zarathustrische Gesetz gelehrt; doch lehnte Yima es ab, der Träger und Verbreiter dieses Gesetzes zu sein. Statt dessen richtet er die Erde ein; er führt die trefflichsten Bäume und nährenden Gewächse, die besten Thiere und Menschen, die glänzenden Feuer in die verschiedenen Bezirke ein; er leitet dahin die Gewässer und errichtet in ihnen Wohnungen; in diesen herrschte vollständige Ordnung, es war da kein ungerechter, kein verunstalteter Mensch. Er heisst daher der gute Versammler. Nach dieser für den Gott des Todes sehr wenig zutreffenden lebensvollen Schilderung, möchte man glauben, die Iranier hätten ihren oppositionellen Zug auch an Yama ausgelassen, denn dass dieser identisch mit Yima, daran ist kein Zweifel. Beider Vater wird mit demselben Namen genannt: Vivanghat, im Sanscrit Vivasvat. Vivasvat hat im brahmanischen System noch einen andern Sohn, der es durchaus mit der jetzt lebenden Welt zu thun hat. Der erste Gesetzgeber und Begründer geordneten Lebens, der Stammvater aller indischen Königsgeschlechter, der herrschende Manu der gegenwärtigen Periode heisst Vaivasvata und ist demnach ein Bruder Yama's. Noch mehr Vivasvat ist ein Name der Sonne; der Todesgott also ein Sonnensohn! Lassen (I, 319) sucht die Schwierigkeit in folgender Weise zu beseitigen: „Von der Sonne heisst es oft, sie überschaue und durchschaue alle Welten, sie heisst Zeuge der Handlungen der Menschen. Daher konnte der Sonnengott auch das Richteramt der menschlichen Handlungen erhalten; diese ethische Thätigkeit wird aber seinem Bruder Yama übertragen. Die Sonne ist weiter der Erzeuger und Ernährer; es begreift sich leicht, wie ihr ein grosser Antheil an der Schöpfung beigelegt werden konnte; auch diese Thätigkeit wird einem Sohne, dem Manu, zugeschrieben. Die Bedeutung Vivasvats als Sonne ist bei den Iraniern vergessen. Wenn die iranische Ueberlieferung Yama zum Begründer des geselligen Lebens macht und Manu's gar nicht gedenkt, scheint sie auf die Vorstellung einer frühern Zeit hinzuweisen, in welcher Manu und Yama, oder die zwei ethischen Thätigkeiten der Sonne, die als ihre Söhne gedacht wurden, das

Richteramt über die Handlungen, dann das Geschäft der Schöpfung, Gesetzgebung und der Gründung der Gesellschaft noch nicht scharf getrennt waren." Es will uns bedünken, als ob durch all diese feinen Bemerkungen der Schleier wohl etwas gelüftet, aber nicht abgeworfen sei und dass vielmehr die folgende Schlussbemerkung, statt die vorgeschlagene Lösung zu bestätigen, auf eine befriedigendere Erklärung hinweist: „Der Name *Bezwinger, Bändiger* für Yama verträgt sich sehr gut mit dem Amte des Yima als Ordner. Die Inder fassen Yama mitunter auch als Aufrechterhalter der Ordnung und des Gesetzes durch die Furcht, als Bezwinger des Unrechts. So z. B. Nala IV, 10. „der, aus Furcht vor dessen Scepter die Ordnungen der Wesen zusammengekommen sind und dem Gesetze sich fügen." Es kommt darauf an nachzuweisen, dass ursprünglich auch bei den Indern Yama selbst, nicht blos in seinem Vater oder Bruder, eine dem Iranischen Yima ähnliche Stellung gehabt. Den Beweis hat Max Müller angetreten (Lect. on the Science of Lang. II, 509 ff.). Zunächst giebt er die Nebeneinanderstellung mit Manu ganz auf, der wohl Vaivasvata, aber niemals Bruder Yama's genannt wird. Er meint, dass Vaivasvata den Manu ursprünglich nur als Verehrer der Sonne bezeichnete, und dass als dies später weiter als Sohn gedeutet, auch sein anderer Name Savarni d. i. Manu aller Farben oder Stämme, dazu dienen musste ihn zum Sohn der Savarnā zu machen, des zweiten Weibes von Vivasvat, mit welcher der niedergehende Sonnengott sich vermählt. Er geht dann zurück auf die erste Bedeutung des Wortes Yama und nimmt es als Zwilling. Die classische Stelle, von der auszugehen, steht Rigv. x, 17, 2: „*Tvaschtar* (Macher, Schöpfer) macht eine Hochzeit für seine Tochter, sprechend, die ganze Welt kommt zusammen; die Mutter Yama's, verheirathet, die Frau des grossen Vivasvat, ist vergangen.— Sie (die Götter) verbargen die Unsterbliche vor den Sterblichen, eine gleich ihr machend, die sie Vivasvat gaben. Aber sie gebar die Asvins, als dies geschah, und *Saranyū* liess zwei Paare zurück." Dies wird von den Commentatoren erklärt, dass Saranyū, nachdem sie die Zwillinge Yama und Yamī geboren, eine ihr an Gestalt gleiche Frau als Stellvertreterin (Savarnā) machte, die dem getäuschten Vivasvat den Manu gebar. Vivasvat seinen Irrthum entdeckend jagte in der Gestalt eines Rosses Saranyū nach, und sie gebar ihm die beiden Asvinen, die eher als alle himmlischen Götter noch vor Sonnenaufgang kommen.

Saranyū, das laufende Licht, scheint ein Name der Morgenröthe zu sein, die unter ihren verschiedenen Namen als Aditi Mutter der Götter, Apāl-yoschā das Wasserweib, Ahanā die helle, Arjunī die glänzende, Urvasī die weite, die Mutter aller himmlischen Mächte ist. Viele Kinder der Morgendämmerung d. h. viele vedische Gottheiten erscheinen nun als zusammengehörige Mächte, als Zwillinge, und sie haben ihr Prototyp in der Natur selbst: Tag und Nacht, Morgenröthe und Abendröthe, Morgen und Abend, Sommer und Winter, Sonne und Mond, Licht und Finsterniss, Himmel und Erde. Ausser den beiden Asvinen werden noch Indra und Agni als Indrâgni, Mitra und Varuna zusammengestellt. In demselben mythologischen Dialect ist dann Yama der Tag und seine Zwillingsschwester Yami die Nacht, oder näher Yama konnte gebraucht werden für die niedergehende Sonne. Wie der Osten den Denkern der Urzeit als Quelle des Lebens erschien, so war ihnen der Westen Nirriti, exodus, das Land des Todes. Die Sonne als jeden Tag untergehend oder sterbend gedacht, hatte zuerst den Lebenspfad von West nach Ost durchlaufen, der erste Sterbliche zuerst uns den Weg gezeigt, wenn unser Lauf zu Ende geht und unsere Sonne im fernen Westen untersinkt; dorthin folgten ihm die Väter, dort sitzen sie mit ihm und Varuna zu Festgelagen, und dorthin werden wir gehen, wenn seine Boten uns aufgefunden haben. Allmälig entsprechend der Lage des neuen Landes Indien verlegte dann Yama seinen Sitz in die unbekannten heissen Regionen des Südens, der König der Abgeschiedenen wurde zum Gott der Todten, ein Amt welches ursprünglich Varuna ein andrer Zwillingsgott führte, und Varuna diesen Theil seines Amtes verlierend blieb auf dem alten Wohnsitz im Westen, während Nirriti den Südwesten einnahm. Aus der puranischen Zeit liessen sich dann viele einzelne Erzählungen über den Palast des Todtenrichters, die Qualen der Verdammten, über die Kämpfe seiner Boten und die verschiedenen Narakas oder Höllen geben, auch wie die oben angeführten Sagen modificirt und geändert sind, wie Yami die Zwillingsschwester mit dem Flusse Yamunâ zusammengestellt wird, aber es muss hier der gegebene Einblick in die ganze Sagenbildung genügen, zu dessen Bestätigung bezüglich der letzten Wendung der Sage und zu einer Nachricht über gegenwärtige Gebräuche nur noch Dr. Grauls Worte (Ind. Sinnpflanzen p. 48. 49) Aufnahme finden mögen: „Den Sitz des Todtenreiches, wo die Manen wohnen, denkt sich der Hindu im Süden; denn als die Arier von Nord-Westen her in Indien einzogen, folgten sie hauptsächlich dem Strom des Ganges; die geheimnissvoll leuchtenden Schneegipfel des Himalaya im Norden wurden ihnen da zu Sitzen der seligen Götter, und—im Gegensatz dazu—der sogenannte grosse„Dandaka-Wald" im Süden mit Fieberluft, Gluthauch, wilden Thieren und Jägern zur Region des Todes. Daher heissen denn auch die Manen gradezu Südbewohner. Nach dem Süden also zieht die Seele, wenn sie diesen Leib verlässt; dort wird sie dann von den sogenannten Pitris des Väters aufgenommen d. i. zu ihren Vätern versammelt. Alle Gemeinschaft aber vermittelt sich dem Hindu durch Essen; es werden daher nur solche Seelen zur Gemeinschaft der Väter zugelassen, für die man den vorgeschriebenen Ritus mittelst der Todtenkuchen in gebührender Form vollzogen hat; die Vollziehung aber ist Pflicht des Hausherrn, der das hingeschiedene Geschlecht der Väter auf Erden fortzuführen berufen ist.

  Hast auf Fünf zu halten, Hausherr!—Manen,
  Gast, Verwandte, Gottheit und dein Selbst.
  War im Tugendweg ein Haus zuweg bringt,
  Der braucht nicht den Waldesweg zu gehen."

Der Regent der Südwestens *ᨠ Nirriti* hat der Bedeutung seines Namens nach sicherlich mit Erde nichts zu thun, das Lexicon löst ihn auf in die Negation *nir* und *riti* Glück und giebt die beiden sich widersprechenden Bedeutungen Unglück und Sicherheit vor Gewalt und Tyrannei. Andre nennen den Welthüter Nairritas, d. h. er ist Nachkomme eines *Nirrita*. Wieder andere haben Nirrita, dessen Frau Nirriti, welcher bei gewissen Verbrechen Nachts auf einem Kreuzweg von vier zusammenstossenden Wegen ein schwarzer oder einäugiger Esel geopfert wird. Die obigen Worte über Nirriti's Beziehung zum Element der Erde sollen wohl nur bedeuten, dass anstatt Prithivi's der Erde, die wir ja nach einer Aufzählung unter den Welthütern fanden, der bessern Darstellung halber als ihr Repräsentant der Riese Nirriti eingetreten sei.

Der Character *Varuna's*, welcher in der Aufzählung als Regent des Westens seine Stelle vor Vâyu einnehmen muss, und die Weise, wie die alten Arier mit ihren Göttern verkehrten, erscheint deutlich in einem Hymnus des früher als zur Opferung bestimmt erwähnten Sunahsepha (M. Müller Sansc. Lit. p. 535): ,,1. Wir brechen deine Gesetze von Tag zu Tag, da wir einmal Menschen sind, o Gott, Varuna, 2, überliefere uns nicht dem Tode, noch den Streichen der Wüthenden oder dem Zorn der Widerwärtigen! 3, Dich zu versöhnen, o Varuna, fesseln wir dein Herz mit Gesängen, wie der Wagenlenker ein beschwerlich Ross.—7, Er, der den Ort der Vögel kennt, welche durch den Himmel fliegen, der auf den Wassern die Schiffe kennt—8, er, der Aufrechterhalter der Ordnung, der die 12 Monate mit ihren Sprossen kennt und kennt auch den nach ihnen eingeschalteten Monat—9, er, der den Zug des Windes kennt, des weiten, glänzenden, mächtigen, und die welche wohnen in der Höhe— 10, er, der Aufrechterhalter der Ordnung, Varuna setzt sich unter sein Volk, er der Weise sitzt da zu regieren. 11, Von dort alle wunderbaren Dinge bemerkend sieht er, was gewesen ist und was geschehen wird. 12, Möchte er, der weise Sohn der Zeit, unsere Pfade grade machen all unsere Tage, möchte er unser Leben verlängern. 16, Lechzend nach ihm, dem Weitsehenden, strecken meine Gedanken sich vorwärts, wie Kühe, die zur Weide gehen. 17, Lass uns wieder zusammenreden, da mein Honig gebracht ist, du isst, was du liebst, wie ein Freund. 18, Jetzt habe ich den Gott gesehen, der von allen gesehen werden soll ; ich sah seinen Wagen über der Erde : er muss meine Gebete angenommen haben. 19, O höre dies mein Rufen, Varuna, sei nun gnädig, nach Hülfe verlangend habe ich dich gerufen. 20, Du, o weiser Gott, bist Herr aller Dinge, Himmels und der Erden, achte auf deinen Weg. 21, Damit ich lebe, nimm von mir den obern Strick, löse den mittlern und thu weg den untersten."

Dieser eine Hymnus an Varuna, so fügt der gelehrte und christlich denkende Sprachforscher hinzu, würde genügen den Irrthum derer darzuthun, die das Vorhandensein moralischer Wahrheiten in den alten Weltreligionen und directer in dem sogenannten Naturdienst der

Arier längnen. Welch ungeheurer Abstand trennt diese edlen Völker von den wilden Stämmen, denen unsere Missionare noch immer vergeblich die ersten Grundsätze der Religion beizubringen suchen. Die Sprache ihrer einfachen Gebete ist für uns verständlicher denn irgend etwas in der Litteratur Griechenlands und Roms, und hier und da finden sich kurze Aeusserungen des Glaubens und der Andacht, in die ein Christ recht wohl einstimmen kann. Wenn folgende Strophen nicht an Varuna, einen der vielen Namen der Gottheit, gerichtet wären, sie würden nichts unsern Ohren fremdes oder anstössiges zu enthalten scheinen: „1, Lass mich noch nicht jetzt, o Varuna, in dein Erdhaus eintreten; hab Erbarmen, Allmächtiger, Erbarmer. 2, Wenn ich zitternd dahergehe, wie eine vom Winde getriebene Wolke, hab Erbarmen, Allmächtiger, Erbarmen. 3, Aus Mangel an Kraft, starker und glänzender Gott, bin ich ans falsche Ufer gegangen, hab Erbarmen, Allmächtiger, Erbarmen. 4, Durst ergriff deinen Diener, obwohl er in Mitten des Wassers stand, hab Erbarmen, Allmächtiger, Erbarmer. 5, Wann immer, o Varuna, wir Menschen einen Fehl begehen vor den himmlischen Schaaren, wann immer wir dein Gesetz durch Unbedachtsamkeit brechen, hab Erbarmen, Allmächtiger, Erbarmen."

Das sind ja allerdings sehr schöne Worte und mehr als Worte, aber wir leben nun 3000 Jahre nach der vedischen Zeit und meinen auf ausserchristlichem Gebiet lässt die leidige Wirklichkeit Perfectibilitätstheorien nicht aufkommen. Wir glauben auch fest, dass dieser abgeschlossenste und eigenthümlich entwickelte, hochbegabte Stamm der indo-germanischen Familie in den Weinberg der Kirche durch den allmächtigen Lenker der Weltgeschichte, den Erzapostel, nach den vorbereitenden Arbeiten seiner Diener wird eingepflanzt werden, und dass damit ein neuer Abschnitt der Kirchen- und Weltgeschichte beginnen mag, wir meinen auch, dass mit plumpen und erbitternden Ausfällen auf den Götzendienst und mit der Bonifacius-Axt im heutigen Indien nicht viel ausgerichtet wird, aber darin müssen wir doch dissentiren, wenn der geehrte Gelehrte an anderm Ort nur das Beispiel des Apostels Paulus in Athen will beobachtet sehen und alle andere Missionsthätigkeit, auch der ältesten Kirche, für falsche Härte ansieht. Die Rede des h. Apostels in Athen ist doch nur ein einzelnes Vorkommniss, noch dazu von wenigem Erfolg begleitet, und darf man vergessen, dass der Apostel unmittelbar darnach in Korinth den entgegengesetzten Weg einschlägt, dass er in Niedrigkeit sich sein Brot mit Händearbeit verdient und nur mit thörichten und einfältigen Worten das Kreuz predigt? Und ist nicht auch in unsern Tagen zumeist ein einfältiges Zeugniss am wirksamsten, die Gelehrten für Christum zu gewinnen? Es ist überhaupt ein eignes Ding mit Rathschlägen, wie mit den Heiden umzugehen sei. Wohl mögen die Gelehrten in Europa, so lauten etwa Ziegenbalgs Worte, über diesen Gegenstand schreiben, wenn sie nur mit sich selbst zu thun haben, und

Einwürfe und Antworten sich selbst machen; sollten sie aber in einen nähern Discurs mit den Heiden gerathen, und ihre Einwürfe und Ausflüchte hören, sie würden sie nicht so baar an Argumenten finden, als man wohl denkt. Dass der Missionar seiner Gegner Denkweise wohl kenne und ihnen aus ihren Schriften und Systemen wohl antworten könne, hielt er selbst für gar nöthig, und darum hat er ausdrücklich für nachkommende Missionare dies Buch ausgearbeitet, und seine Nachfolger sind wie er den heimischen Gelehrten für alle Waffen, welche nicht die eigentliche geistliche Waffenrüstung überflüssig machen wollen, recht dankbar.

So fügen wir denn, um auf Varuna zurückzukommen, wie gewöhnlich, noch Lassen's Aussprache an: „Varuna, welcher in der späteren Mythologie der Gott des Meeres und der Gewässer geworden ist, nimmt unter den vedischen Göttern eine sehr verschiedene Stelle ein. Er ist der Gott des äussersten, die Luft umschliessenden Himmelsgewölbes und hat daher seinen Namen *Umfasser* erhalten (Varuna entstellt aus Varana von *vri* einschliessen). Es wird von ihm gesagt: Varuna hat der Sonne die Pfade gebahnt und die meergleichen Fluthen der Ströme hervorgetrieben, nach den Tagen hat er die langen Nächte gemacht, zwischen jenen unermesslichen Himmeln ruhen seine Gewalten. Diese Auffassung wird bestätigt durch den in der Ableitung und der Bedeutung übereinstimmenden griechischen Namen des Himmels Οὐρανός, welcher als Gott der Sohn des *Erebos* der Finsterniss und der *Gaia* der Erde ist: „Die Gäa zuerst erzeugte den selbst gleichen Uranos, damit er sie allenthalben einhülle." Es ergiebt sich aus dieser Uebereinstimmung eine beachtenswerthe Verwandtschaft auch in der ältesten Götterlehre der Griechen und der Inder. Er ist der Gott des Raumes, dessen Unermesslichkeit besonders in der Nacht den Menschen sich aufschliesst. Als Gott des Raumes hat er auch die Aufsicht über die Handlungen der Menschen. Varuna, der seine Gelübde treu hält, hat sich niedergelassen unter den Menschen zur Gesammtherrschaft, Gutes thuend; daher überschaut der Verständige alle wunderbaren Thaten, die geschehen sind und geschehen werden. Er wird angerufen, den Menschen nicht zu zürnen und sie auf den rechten Pfad zu führen und ihr Leben zu verlängern, die Nirriti (Unwahrheit, Unredlichkeit) weit von ihnen zu entfernen und sie von der Sünde zu befreien. Er ist der gefürchtete Gott, dessen Zorn man durch Gebete und Opfer abzuwenden sucht. Bei ihm treten also auch ethische Beziehungen hervor; er ist der geheimnissvolle Gott, dessen unsichtbares, allgegenwärtiges Walten in den Zuständen der Menschen sich bethätigt."

Vāyu, der Hüter des Nordwestens, häufig auch Pavana genannt, ist Gott des Windes, sofern dieser als Ein Gott aufgefasst wird, während die einzelnen Winde Maruts heissen. Da die Luft Indra's Gebiet ist, wird Vâyu oft zusammen mit ihm angerufen, ja fast mit ihm identificirt, so gleich im Anfang des Rigvêda-Sanhitâ: „1, Vâyu, lieblich anzuschauen, nähere dich. Diese Libation ist für dich bereitet, trink davon, hör unsere Anrufung. 2. Vâyu, deine Lobpreiser preisen dich mit heiligem Lobpreis, sie haben den Soma-Saft ausgegossen, wissend den Zeitpunkt. 3, Vâyu, deine zustimmende Rede kommt zu dem Geber und zu Vielen, von dem Soma-Saft zu trinken. 4. Indra und Vâyu, diese Libationen sind ausgegossen, kommt hieher mit Speise, fürwahr die Tropfen warten eurer. 5, Indra und Vâyu, wohnend im Opferritus, ihr kennt diese Libationen, kommt beide schnell hieher. 6, Vâyu und Indra kommt zu dem Ritus des Opferers, denn so, Mannhafte, wird schnell Vollendung durch's Opfer erreicht." Besonders bekannt sind die späteren Sagen von Vâyu-Pavana, wie er Hanumân's Vater geworden mit Anjeni-dêvi: obgleich seine Vaterschaft sich darauf beschränken soll, dass er durch einen seiner Diener einen Kuchen, den Dasaratha seiner Lieblingsfrau Kaikêyi zur Erzielung von Nachkommen gegeben und den ein Sperber fortgenommen, in Anjeni's Hände fallen liess, so nahm er sich doch des Sohnes kräftig an, als dieser eben geboren heisshungrig die Sonne für einen Kuchen nehmend sie verschlingen wollte, aber vom Sonnengott getödtet wurde. Die andre Sage ist wie er die Spitze des von Adi-Sêscha beschützten Götterberges abwehen will, welche Sage besonders in die Geschichte Tripetti's hineinspielt.

Kuvêra der Gott des Reichthums gehört nicht der vêdischen Zeit an, wird aber schon in den ältesten buddhistischen Sûtras erwähnt. Er gehört den Göttern der zweiten Reihe, denjenigen, die auf die Zustände des sittlichen Lebens Beziehung haben, und unterscheidet sich von den älteren auch darin, dass er nicht eine schöne Gestalt hat, sondern wie sein Name bezeugt, eine hässliche (*ku* verächtlich, *vêra* Körper; mit 3 Beinen und nur 8 Zähnen), um die Laster zu bezeichnen, die aus dem Besitze des Reichthums zu entstehen pflegen. Kuvêra und Râvana sind Brüder, Söhne Visravas'. Kuvêra mit seinen Dienern den Yakschas besass einst die reiche Insel Lanka, bis ihn Râvana von dort nach Kailasa vertrieb, wo er sich eine sehr prächtige Residenz eingerichtet, hat. Ueber *Isâna* als eine Gestalt Siva's ist nichts hinzuzufügen.

Hiermit müssen denn auch unsere Bemerkungen über die vêdischen Götter, über deren Bedeutung und Wesen die aus der vergleichenden Sprachwissenschaft hervorgewachsene vergleichende Mythologie so merkwürdige Aufschlüsse gegeben hat und täglich mehr Licht verbreitet, abgeschlossen werden. Im Allgemeinen aber scheint doch auch jetzt noch die Characteristik zuzutreffen: Das brahmanische System vergöttert die Naturkräfte, die südindische Urreligion dämonificirt die himmlischen Mächte.

DAS FUENFTE KAPITEL.

Aeusserliche Beschaffenheit der vornehmsten Feste.

Es sind zwar vorher schon in jedem Kapitel bei Beschreibung der Götter die vornehmsten Feste, die ihnen gefeiert werden, mit angeführt worden, gleichwohl aber jedesmal nur ganz weniges davon gedacht; so wird vielen ein Genüge geschehen, wenn man die äusserlichen Umstände solcher Feste etwas weitläuftiger beschreibt, dass man wissen könne, was sie eigentlich an ihren Festtagen vornehmen, und wie sie selbige zu feiern pflegen: welche Materie nebst den vielen Opferarten dieser Heiden bei Beschluss solcher Götter-Genealogie ganz füglich abgehandelt werden kann.

Ihre Feste bestehen vornämlich darin, dass täglich, so lange jedes Fest währt, die Figuren ihrer Götter und zwar jedesmal derjenigen Götter, welchen zu Ehren dies oder jenes Fest gefeiert wird, in den Strassen prächtig mit Gesang und Klang wohl ausgeschmückt herumgetragen werden, welches gewöhnlich Abends und öfters ganz spät in der Nacht geschieht. Wenn Isvara ein Fest gefeiert wird, so halten sie auf den Strassen mit den Götterfiguren folgende Procession: *Erstlich* tragen sie den *Vighnesvara* oder *Pülleyār*, welcher in einem metallenem Reife பிரகாசம் (Heiligenschein, *tiru* heilig, *vāsi* Feuer) Tiruvāsi auf einer grossen Ratte ஒப்பேறி Perutschāli sitzt. Vor ihm her gehen einige, die ein Tuch in den Händen haben und selbiges immer in die Höhe werfen, aber bei einem Zipfel festhalten. Solche Leute haben auch die hiesigen Könige vor sich hergehen, wenn sie ausgehen. Hinter ihm werden grosse Fackeln getragen, auch ein Sonnenschirm. *Dann* bringen sie *Subhramanya* mit seinen zwei Weibern getragen. Sie stehen alle in einem metallenen Reif auf einem Pfau, der eine Schlange im Munde hat. Ganz vorn vor ihm her gehen die Musikanten und die Götterdienerinnen, die ihr Gesicht gegen Subhramanya kehren und vor ihm tanzen und singen. Hierauf tragen sie viele Fackeln vor ihm her, desgleichen auch einen Sonnenschirm und ein Rauchfass. Hinter ihm werden gleichfalls einzelne grosse Fackeln getragen, und weil er ein General gewesen in dem grossen Kriege wider Sūrapadma, so pflegt eine grosse Menge mit Partisanen hinterher zu gehen. Nach ihm folgt *drittens Isvara* selbst, der auf einem Ochsen sitzt und seine Frau neben sich hat. Vor dem Ochsen Rischabha sitzt ein Brahmane, der nichts anders thut, als dass er Gebetsformeln recitirt. Er hat die eine Hand in einen Beutel gesteckt, worin er eine Perlenschnur hält, nach welcher er dem Isvara eine Gebetsformel 1008 mal zuzählt. Vor Isvara her wird vorn ein sonderlicher Sonnenschirm getragen, der அலவட்டம் Alavaddam heisst. Die Musikanten gehen gleichfalls vor ihm her und rühren allerlei Instrumente, wozu die Dēvadāsis oder Götterdienerinnen singen und tanzen, das Gesicht gegen Isvara's Figur gekehrt. Ganz nahe vor ihm her tragen sie viele Fackeln, besonders eine உஷ ஸ்ரீப Pagelvartti,* welche wie die Sonne einen weisshellen Glanz von sich giebt; desgleichen auch eine andre von 5 brennenden Lichtern, welche Siva's fünf Gesichter vorstellen sollen, und die deshalb von ihnen அஞ்சுமுகத்தீப (Fünfgesichts-Feuerfackel) Anjumukhativartti genannt wird. Sie tragen auch ein Rauchfass, welches voller Rauchwork ist. Zum *vierten* wird Isvara's Weib *Parvati* oder Ammai allein getragen. Sie steht auf dem Vogel Annam (?) Gans, vor und hinter ihr werden gleichfalls Fackeln getragen und ein Sonnenschirm. Die Musikanten gehen auch mit den Sängerinnen und Tänzerinnen voran. Den ganzen Trupp beschliesst *Tundesvara*, der stehend getragen wird. Hinter der Procession gehen viele Brahmanen, die da Loblieder singen und messingne Instrumente in Händen haben, womit sie den Tact schlagen, auch pflegen sie wohl bei ihrem Singen zu tanzen. Nach ihnen folgen viele Pandárams, die gleichfalls Loblieder singen und dabei tanzen und springen.

Solcher Aufzug mit den Göttern geschieht alle Abend, so lange ein Fest währt. Die Figuren, die herumgetragen werden, sind alle von Metall gegossen. Sie werden allezeit immer auf einem andern Wagen herumgetragen. Das Geschrei und Gettümmel des Volks bei solchem Herumtragen ist sehr gross und erfüllt eine ganze Stadt, zumal weil das Singen der Brahmanen und das Spielen auf mancherlei Instrumenten dazu kommt. Wenn solche Götterfiguren entweder bei Tag oder bei Nacht herumgetragen werden, sind in allen Strassen die Häuser vorn mit welchem Kuhmist bestrichen. Auch sind über die Gassen Seile gezogen, die auf beiden Seiten an hohen Stangen befestigt und mit lauter grünen Blättern umwunden sind. Solches nennen sie சரணம் Torana. Weiber, Männer, Kinder und das andre Volk steht in den Gassen oder am Eingang der Häuser und machen Salam vor solchen Figuren. Und weil dergleichen Aufzüge viel Unkosten verursachen, welche die Pagode nicht zahlen kann, so wenden gewöhnlich die mancherlei Zünfte solche Unkosten daran, so dass an einem Tage alle Zimmerleute zusammentreten und die Unkosten darbieten, die zu solchem Aufzug erfordert werden, den andern Tag lassen etwa die Schilderer solche Figuren herumtragen, den dritten Tag etwa die Kaufleute und so fort. Wenn einer ein reicher Mann ist und sich sehen lassen will, so lässt er allein auf seine Unkosten solche Figuren ein oder zwei Tage herumtragen. Je mehr sich nun eine Person oder eine ganze Zunft sehen lassen will, je prächtiger stellt sie solchen Aufzug der Götter an. An grossen Festtagen kommen gewöhnlich viele Brahmanen, Pandárams und Paradésis von andern Orten herzu, welche alle ihren Profit davon haben.

* Tagfackel, welche die Nacht als Tag erscheinen lässt, eine blaue Flamme producirt aus Salpeter, Schwefel, Operment, Indigo, Autimon, Kampher s. Winslow's Lexicon.

Es pflegen diese Heiden die schweren Figuren ihrer Götter nicht nur allein auf den Achseln mit saurer Mühe an den Festtagen herumzutragen, sondern sie haben ihnen auch aller Orten grosse Careten gemacht, welche sie jährlich ein- oder zweimal köstlich ausschmücken und auf selbigen die Figuren ihrer Götter in den Strassen herumführen. Eine solche Götter-Careta hat sechs Räder, vorn und hinten vier grosse und in der Mitte zwei kleine. Alle sind sehr dick und von festem Holz gemacht. Der unterste Satz der Careta ist von lauter Schnitzwerk, das stückweise zusammengeschraubt ist. Auf allen vier Seiten sieht man lauter ausgeschnitzte Bilder, die allerlei Historien ihres Gesetzes darstellen. Auf solchem Satz stehen rund herum Säulen in die Höhe, die mit bemaltem Kattun umwunden sind. Zu allen Seiten sind Feigenbäume gesetzt mit Blumen und Früchten, desgleichen auch Kokosnüsse, Lemonen und Arekanüsse. Mitten inne steht Isvara mit zwei Weibern auf erhabenem Thron, welcher von zwei Thieren *urs* Yali (Löwe) getragen wird. Die zwei Weiber präsentiren die einige Pârvati unter den Namen Ammai und Gauri, welches beide Namen Pârvati's sind und nur zwei unterschiedene Historien in sich fassen. Auf beiden Seiten stehen zwei Thürwächter Dvârapâlakas, auch sitzen rund herum auf der Careta die Dêvadâsis oder Götterdienerinnen und die Musikanten. Auf allen Seiten stehen welche, die ein Tuch in die Höhe werfen und an dem einen Zipfel es wieder zurückziehen. Es sind auch Brahmanen mit auf der Careta, die den Götterfiguren auf dem Wege im Fortziehen unaufhörlich opfern und ihre Gebetsformeln recitiren. Eine solche Careta geht oben spitz zu wie ein Thurm. Inwendig ist es mit Holzwerk ausgelegt, auswendig aber alles mit buntem Kattun behangen und umbunden. Mitten inne gehen auf allen vier Seiten zwei sonderliche Streifen hinauf, die mit lauter messingnen Spiegeln belegt und *உறுதரைவடி* Makura (Spiegel)-tôranam genannt werden. Auch sind an allen vier Ecken viele Fahnen herausgesteckt, unter welchen an einer jedweden oben eine Schelle gebunden ist. Die Spitze ist gleichfalls nach Proportion gemacht und schön geziert, und ganz oben über der Spitze steht ein Sonnenschirm. In solcher Zierde und Pracht ziehen sie dergleichen Careta in den grossen Strassen herum. Es sind vorn 5—6 grosse Schiffsseile angemacht, an welchen 500, 800 bis 1000 Menschen die Careta fortziehen müssen. Unter ihnen gehen Taliaren (Policisten), die da zuschlagen, wenn die Leute nicht mit Ernst ziehen wollen. Solche Carota bleibt oft an einem Ort zwei und mehr Stunden stehen, weil sie selbige nicht fortziehen können. Vorn werden unter die Räder grosse Keile gelegt und hinten wird sie durch grosse Bäume, die dazu passend gemacht sind, fortgeschoben, welche sie unter die Räder stecken und nachmals zu zehn bis zwanzig daran hinaufsteigen und das Gewicht geben. Auf der Erde stehen Leute, die Stangen in Händen haben, an welchen sich diejenigen anhalten, die hinauf laufen wollen. Die armen Leute lassen es sich überaus sauer werden, eine solche Careta oder Götterwagen fortzuziehen und müssen allezeit die Leute aus den herumliegenden Dörfern zu Hülfe nehmen. Bei Isvara's Feste werden allezeit fünf solcher Caretcn auf einmal hinter einander in den Strassen herumgezogen, die da weit über die Häuser hervorragen. Bei Vischnu's Feste aber wird allezeit nur einer gezogen. Vor und neben solcher Careta gehen Brahmanen und die Obersten der Stadt, welche vor den Figuren ihre Devotion machen. Auch stehen von ferne hier und da Pandárama und andere Leute, die alle mit aufgehobenen Händen ihr Salam machen. Desgleichen stehen auch hie und da von ferne in den Thüren der Häuser viele Weibspersonen und thun mit aufgehobenen Händen ihre Anbetung. Einige legen sich ganz auf die Erde und thun den Götterfiguren einen Fussfall, einige wälzen sich um die Careta herum. Hinterher gehen die Musikanten; ein Paukenschläger, der auf einem Ochsen reitet, beschliesst den Zug.

Von einem dieser Heiden ist bei uns ein weitläuftiger Brief eingelaufen, In welchem die äusserlichen Umstände der vornehmsten Feste berichtet werden. Iu selbigem schreibt der Correspondent also: „Diejenigen Feste, die hie und da unter uns Malabaren gefeiert werden, sind vornämlich diese: 1, die Hochzeit Isvara's mit Pârvati திருக்கல்யாணம் Tirukalyâna. 2, மார்கழிதிருமஞ்சனம் Mârga-tirumajjana oder திருப்புகழ்ச்சி Tirupugarhtschi. 3, ஆதிபூர்வ Adipûrva der Pârvati zu Ehren. 4, சிகந்தசஷ்டி Skanda-schaschti oder சுப்பிரமண்யத்திருநாள் Subbramanya-tirunâl. 5, பெருமாள்திருநாள் Perumâl-tirunâl zu Ehren Vischnu's. 6, சயந்தி Jayanti oder கிருஷ்ணப்பிறப்பு Krischna-pilrappu der Geburtstag Krischna's. 7, மகநாள் (grosses Fasten) Mânônbu oder ஆயுதபூஜை (Opfer der Geräthe) Ayudhapûja zu Ehren der Sarasvati. 8, அஸ்வினி (அச்சுவதி Asvini) Arpasi-tulâm ein jährliches Waschfest, das den Monat October hindurch dauert. 9, தைப்பூசம் Tai-pûschya, welches jährlich im Januar kommt. 10, மாசிமகம் Mahâmurhukku, an welchem Feste die Menschen sich in der See baden. 11, மாமகம் (மஹாமகம் Mahâmagha) Mâmanga, welches alle 12 Jahre einmal kommt. 12, கிரஹணம் (Eklipsen-Bad) Grahanamurhukku, welches bei allen Mond- und Sonnenfinsternissen im Jahre kommt, da sich Jedermann in der See wäscht. 13, மாபலிராஜதிருநாள் Mâbalirâja-tirunâl und 14, diejenigen Feste, welche jährlich den கிராமதேவதை Grâmadêvatas als Ayenâr, Pûdâri, Mâriammen, Ellammen, Ankâlammen u. dgl. gefeiert werden. Dies sind die vornehmsten Feste, die unter uns Malabaren gefeiert werden.

1. திருக்கல்யாணம் Tirukalyâna.

Beim Beginn dieses Siva-Festes werden die Hüter der acht Weltecken in die acht Ecken der Pagode gesetzt, welches mit den gehörigen Gebetsformeln geschieht. Alsdann richten die Brahmanen in solcher Pagode ein Homa Opfer an, mit welchem es folgende Bewandniss hat: man gräbt eine Grube, thut Spähne von fünferlei Holz hinein und zündet sie an, wobei gewisse Gebetsformeln und Ceremonien beobachtet werden müssen. Die Brahmanen, Priester und Gesetzesgelehrten sind um solche Feuergrube herum, haben einige Halme von dem Darbha-Gras zusammengewunden, tauchen sie in Butter und thun solche Butter unter Recitirung von Gebetsformeln ins Feuer. Das Feuer darf niemals ausgehen, sondern muss Tag und Nacht bis zu Ausgang des Festes mit Spähnen und Butter unter Recitirung der Gebetsformeln unterhalten werden. Sobald das Homa angezündet ist, wird die Flaggenstange in der Pagode aufgesetzt und das Darbhagras herumgewickelt. Hierauf forscht man nach, ob selbiger Tag für den Ort ein guter Tag ist und steckt die Flagge auf die Stange. Wenn sie dies thun, sind viele Brahmanen gegenwärtig, welche die dazu gehörigen Gebetsformeln recitiren und einige Passagen aus den alten Puranen lesen. Alsdann kommt der grosse Priester derselbigen Pagode und steckt die Flagge auf. Von dem Tage an, da die Flagge aufgesteckt worden, beginnt das Fest. Von Anfang bis zu Ende des Festes müssen die Priester derselbigen Pagode täglich fasten, und von diesem ersten Tage an werden die Figuren der Götter in den Strassen herumgetragen. An einigen Orten feiern sie dies Fest 9 Tage, an andern 18 Tage und an einigen auch wohl gar einen ganzen Monat, je nachdem eine Pagode reich oder arm ist, und viel oder wenig Beiträge empfängt. Wenn solches Fest ist, pflegen sie in selbiger Pagode weit reichlicher Speis-Trank- und Rauchopfer zu bringen als an den andern Tagen. In den drei ersten Tagen solches Festes tragen sie auf den Strassen Isvara in einem solchen Wagen herum, der aussieht wie ein Himmelbett. Den vierten Tag tragen sie ihn auf einem ܫܝܚ Pitha sitzend herum, am fünften Tage wird er auf einem Ochsen herumgetragen; an diesem Tage kommen viele Menschen von ferne und verehren ihn, denn es steht geschrieben, wer ihn an diesem Tage, da er auf dem Ochsen reitend herumgetragen wird, verehrt, der erlange einen grossen Lohn und würde von seinen Sünden befreit. Am sechsten Tage tragen sie ihn auf einem Elephanten herum, am siebenten auf einem Löwen, am achten auf dem Berge Knilâsa d. h. einem Thron, der wie ein Berg aussieht und von einem mit 10 Häuptern und 20 Händen getragen wird; darauf sitzt Isvara und wer ihn an diesem Tage verehrt, hat eine besondere Belohnung zu hoffen. In solchen 8 Tagen tragen sie nicht allein Isvara, sondern auch Pârvati, Subhramanya, Vighnêsvara, Tandêsvara herum, und zwar sowohl Abends bei Fackeln, als des Morgens früh bei Tage. Am neunten Tage werden diese fünf Personen auf fünf Careten herumgezogen, am zehnten setzen sie Isvara und Pârvati geschmückt in ein offenes gewölbtes Ruhehaus der Pagode, schlagen ein Zelt dabei auf, behängen es mit Blumen und Aesten von Kokosbäumen, desgleichen auch mit Feigen, Kokosnüssen und dergleichen Früchten mehr. Ist etwa an selbigem Ort ein vornehmer Mann, der in der Stadt solch ein gewölbtes Ruhehaus hat und einige Unkosten daran wenden will, so werden sie erstlich in den Strassen noch einmal herumgetragen und alsdann in das gewölbte Ruhehaus gesetzt. Daselbst versammelt sich eine grosse Menge Volks, die Musikanten spielen auf ihren Instrumenten und die Götterdienerinnen stellen singend und tanzend diese und jene Historien vor. Sie singen und tanzen auch an den übrigen Festtagen unter Begleitung der Instrumente, so oft als Abends in den Strassen die Figuren herumgeführt werden. Ja es werden an dergleichen Festtagen bei Aufstellung und Heruntragen der Götter vorn viele Raqueten in die Luft geworfen, viel Trommeln und Pauken gerührt und Flinten abgeschossen. Die Procession nimmt oft grosse und lange Strassen ein. Hinten kommen viele Brahmanen, Priester, Gesetzesgelehrte und weise Leute. Selbige haben in beiden Händen messingne Instrumente *மத்தளம்* (Hand-Cymbel) Kaittâla, mit selbigen schlagen sie den Tact und singen Loblieder von Isvara, wobei sie auch tanzen und springen. Hinter ihnen kommen abermals eine grosse Menge Pandârams und Aelteste, welche Lobsprüche und Historien singend hersagen. Wenn nun auf solche Weise das ganze Fest zu Ende ist, so werden die 8 Hüter der 8 Weltecken durch gehörige Ceremonien und Gebetsformeln wiederum von ihren Stellen hinweggenommen und die Flaggenstange niedergelassen. Wenn solches geschehen, so haben den Tag darauf die Dêvadâsis oder Götterdienerinnen ein Spiel mit Kunkuma (Saffran), nämlich sie thun solches ins Wasser und zerreiben es darin, dass das Wasser gelb wird, alsdann gehen sie in den Strassen herum und begiessen sich und andre mit solchem gelben Wasser. Eine solche Bewandtniss hat es mit Isvara's Fest, welches Tirukalyâna d. i. heilige Hochzeit heisst und seinen Ursprung daher hat, dass ehemals Isvara sein Weib Pârvati dem Daksha zur Tochter geboren werden lassen, und sie nachmals, als sie 12 Jahr alt geworden, geheirathet und wieder mit in sein Kailâsa eingeführt hat.

2. *மார்கழித்திருமஞ்சனம்* Mârga-tirumajjana oder *திருப்புகழ்த்தீர்த்த* Tirupugarhtychi.

Im December-Monat werden ganzer dreissig Tage bei den heiligen Teichen Purânen oder Historienbücher gelesen. Bei solchem Lesen finden sich viele Malabaren ein und fasten an selbigen Tagen, auch waschen sie sich täglich in solchen Teichen, bestreichen sich mit der heil. Asche Tirunîru und hören so lange zu, bis ein Purâna zu Ende ist. Hiernebst werden diese 30 Tage über in der Pagode von Morgens sehr früh an viele Speis-Trank- und Rauchopfer verrichtet, wozu gesungen, getanzt und auf Instrumenten gespielt wird. Es geht in solchen 30 Tagen alles herrlich zu in der Pagode. Am 31. Tage werden Aufzüge gemacht in den Strassen und alsdann kommt die Ammen oder Pârvati an selbigen Teich in die Pagode, wo die Purânas gelesen und die Wasserreinigungen verrichtet worden sind und giebt ihnen Tirumajjana-tîrtha, welches das Bad ist, darinnen aller Nutzen dieses Festes enthalten. Wer alsdann an selbigem Teiche mit gegenwärtig ist, der bekommt grossen Lohn und alle seine Sünden, die er selbiges Jahr in 365 Tagen begangen hat, werden ihm vergeben, und stirbt er im Jahr darauf, so hält man dafür, dass er ganz gewiss selig wird. Der 81. Tag dieses December-Monats wird jährlich allenthalben, wo Malabaren gefunden werden, als ein heiliges Fest gefeiert, das da grossen Nutzen giebt.

3. ஆதிபூரவ *Adipūrva*.

Dies Fest fällt jährlich ein im July und wird der Pārratī oder Isvari zu Ehren gefeiert. Wenn die Flagge aufgezogen wird, so geschieht es mit denselben Ceremonien wie an Isvara's Festen. Von dem Tage, wo die Flagge aufgezogen wird, nimmt das Fest seinen Anfang und währt neun Tage. An den ersten drei Tagen trägt man sie auf dem ordinären Wagen herum சடகம் Chētaka genannt. Am vierten Tage wird sie auf einem Papagei, am fünften auf dem Vogel Annam (Gans) am sechsten auf einem Pfau, am siebenten auf einem Stuhl und am achten auf einem Ochsen in den Strassen herumgetragen, am neunten aber wird sie auf einer Carete bei Tage herumgeführt. Wenn sie also an solchen Tage Nachts in den Strassen herumgetragen wird, so begleiten sie auch andre aus der Pagode, bei welchen Aufzügen viele Instrumente gerührt werden. Die Dēvadāsis singen und tanzen vor ihr her, es werden auf allen Seiten viele Fackeln getragen, die Strassen sind voll Volks, das gegen sie als eine allgemeine Mutter Devotion bezeugt. Ganz hinten kommen viele Priester und Brahmanen, die auf Isvari Loblieder singen und dabei jauchzen und springen. Nach ihnen kommen die Pandāraus und singen die Historie, die sich an solchem Ort von den Göttern zugetragen hat. Wenn solche neun Tage zu Ende sind, setzt man sie am zehnten wohlgeschmückt in ein gewölbtes Ruhehaus, bringt allerlei Baumfrüchte, desgleichen auch Butter, Milch, Rahm, rohen und gekochten Reiss und allerlei Confect herzu, von welchem ihr Speis- und Trankopfer gebracht werden, dabei werden singend, spielend und tanzend diese und jene Historien dargestellt, die mit der Isvari vorgegangen sind, wie solches auch an den Festen der andern Götter zu Ende geschieht. Dies währt bis mitten in die Nacht, worauf sie in der Pagode herumgetragen und wieder an ihren Ort gestellt wird. Den andern Tag darauf ist ein Fest, தருபைத்திருநாள் (heiliger Tag des தருபை Darbhagrases) Darbha-tirunāl heisst. Man ziert den Teich in der Pagode um und um mit vielen und mancherlei Blumen und mit allerhand Früchten. In selbigem Teich ist ein breiter கட்டுடம் Kaddumaram oder Floss von zusammengefügten (கட்டும்) Bäumen (மரம்). Auf selbiges wird Isvara und Isvari gesetzt, auch setzen sich die Götterdienerinnen und Musikanten darauf, welche da musiciren, tanzen und singen. Auf solche Weise fahren sie mit Isvara und Isvari dreimal im Teiche herum, welches bis spät in die Nacht währt. Alsdann führen sie beide im äussern Platz der Pagode herum und setzen sie an ihren gehörigen Ort. Hierauf wird die ausgesteckte Fahne, welche das ganze Fest über wehte, wieder herunter genommen, welches mit vielen Ceremonien und Gebetsformeln geschieht. Und auf solche Weise wird das Fest geendigt Solches kommt jährlich im July (ஆடி) am Tage, wenn der Stern

சமயபுரம் (11. Mondhaus) Adipûrva einfällt, und zwar an allen Orten zu Einer Zeit und auf einerlei Weise allenthalben gefeiert. Die Ursache, worum der Isvari solches Fest gefeiert wird, ist diese, dass sie bei Isvara für uns Menschen intercediren und so viel bei ihm auswirken soll, dass er uns alles dasjenige widerfahren lassen wolle, was wir jedesmal von ihm bitten. Um deswillen wird solches Fest auch mit Fasten zugebracht. Die andern Festtage, die Isvara, Subhramanya, Vischnu und andern gefeiert werden, kommen des Jahrs nicht an allen Orten zu Einer Zeit. Die Ursache ist diese, dass solche Götter an einem Orte diesen, an andern jenen Namen führen, nach welchen man sich in Erwählung der Festtage richtet. Auch richtet sich jeder Ort nach seinem Purâna oder Historienbuche und verlegt die jährlichen Feste auf solche Tage, an denen die Götter daselbst besondere Dinge verrichtet haben. Daher findet sich ein grosser Unterschied bei unsern Festen, was die Zeit anlangt, da sie hie und da gehalten werden.

4. ஸ்கந்தஷஷ்டி Skanda-schaschti oder சுப்பிரமணியதிருநாள் Subhramanya-tirunal

Zum Anfang dieses Festes werden gleichfalls in der Pagode die 8 Welthüter in die gehörigen 8 Weltecken gesetzt, dabei die Gebetsformel திக்குபந்தம் Dik-mantra recitirt wird. Hierauf wird ein Homa oder Feueropfer angerichtet nach Art und Weise, wie oben bei Isvara's Feste beschrieben worden, welches das ganze Fest über im Brennen erhalten werden muss. Mit Aufsteckung der Flaggenstange und der Flagge geht es eben so zu. Die Priester derselbigen Pagode müssen das ganze Fest über fasten. Bei Tag und bei Nacht wird Subhramanya mit den andern Figuren in den Strassen prächtig herumgetragen, welches 9 Tage lang währt. An solchen Tagen werden in der Pagode weit häufiger Speis- Trank- und Rauchopfer verrichtet, als es an andern Tagen gewöhnlich ist. Drei Tage tragen sie Subhramanya auf dem ordinären Wagen herum, der aussieht wie ein Himmelbett, am vierten wird er auf einem Pfau, am fünften auf einem rothen Schafbock, am sechsten auf einen Elephanten, am siebenten auf einem Pferde, am achten auf einem பீடம் (Stuhl, Thron) Pîtha herumgetragen. Wenn er so diese acht Tage über in den Strassen herumgetragen wird, gehen vor ihm viele Götterdienerinnen her, die da singen und tanzen, desgleichen auch viele Musikanten und viele mit Flinten und Raqueten. Hinter ihm her gehen eine grosse Menge Brahmanen und Pandârams, die da auf ihn Loblieder singen, dazu den Tact mit messingnen Instrumenten schlagen und zugleich hüpfen und springen. Am neunten Tag wird er auf einer Careta herumgezogen, am zehnten Tag wird er in das Rubehaus gesetzt, da ihn Jedermann sehen und seine Devotion vor ihm machen kann, dabei gewöhnlich die Historie vorgestellt wird, wie er Sûrapadma überwunden. Alsdann werden die 8 Hüter der 8 Weltecken wieder hinweggenommen, und die Flagge streicht man auch ein. In unserm Gesetz steht geschrieben, dass diejenigen, die an diesem Fest dem Subhramanya zu dienen kommen, grossen Lohn erlangen. Und dieses ist die Ursache, warum an Festtagen die Götter wohlgeschmückt bei Nacht und bei Tage auf den Strassen herumgetragen werden, nämlich dass sie Jedermann sehen und Devotion und Anbetung vor ihnen machen könne. Der Ursprung des jetztgedachten Festes kommt daher: Ein grosser Riese erlangte vor alten Zeiten durch strenge Busse die Macht, über alle 14 Welten zu regieren. Nachmals tyrannisirte er sehr und plagte sogar auch die Götter und Propheten, welche dann bei Isvara mit Klagen einkamen und sehr harte Busse thaten, dass endlich Isvara bewogen wurde, ihnen aus solcher Sclaverei zu helfen. Hierauf sandte er seinen eigenen Sohn den Subhramanya wider die mächtigen Riesen in den Krieg, welcher über sie den Sieg errang und den Monarchen über die 14 Welten erlegte. Um dieser Ursache willen wird nun dem Subhramanya jährlich ein solches Fest gefeiert und darin solche Historie Gleichnissweise vorgestellt.

5. ஒடுமாக்ஷே௲ Perumal-tirunāl.

Dies Fest wird Vischnu zu Ehren von den Vischnubhaktas in ihren Pagoden gefeiert. Wenn es seinen Anfang nimmt, so werden gleichfalls in der Pagode die 8 Hüter der 8 Weltecken mit Gebetsformeln in die 8 Pagodenecken gesetzt, wobei die Brahmanen ein Homa oder Feueropfer anrichten, die Flaggenstange aufrichten und die Flagge aufziehen, von welchem Tag an solches Fest neun Tage nach einander gefeiert wird. Die ersten zwei Tage wird Vischnu auf einem Palanquin, den dritten Tag auf dem Vogel Garuda, den vierten auf dem Affen Hanumān, den fünften auf dem wilden Thier (Löwen) *und* Yāli, den sechsten in einem kleinen messingnen Reif ஜெ௸ (Heiligenschein) Tiruvāsi genannt, den siebenten Tag auf einem grossen Reif, den achten auf einem Pferde in den Strassen prächtig herumgetragen. Am neunten ziehen sie ihn auf einer grossen Careta herum. An einigen Orten währt dies Fest 18 Tage, da sie ihn an einem jeden Tage auf etwas anderm herumtragen. Dergleichen Processionen geschehen mit grosser Pracht und Herrlichkeit. Des Vischnu Brahmanen, die da *சையா விச௳* (Sri-) Vaischnavas heissen, gehen in solchen Processionen häufig hinter Vischnu her, singen auf ihn Loblieder, schlagen den Tact dazu und tanzen dabei. Niemand unter den Brahmanen, die sich mit der heiligen Asche bestreichen, kommt zu Vischnu's Feste, und Niemand von denen, die sich mit Tirunāma bezeichnen, kommt zu Isvara's Feste. Wenn die Processionen der neun Tage zu Ende sind, so wird Vischnu am zehnten Tage ganz früh noch einmal herumgetragen. Dieser Tag heisst *சாப்ரெ௳மாம்* (Bogen) Sastrabāna und wird für sehr heilig gehalten, und wer dann Vischnu zu dienen kommt, von dem wird gesagt, dass er die Seligkeit erlange. Den Tag darauf ist das Fest Darbhatirunāl. An selbigem wird im Teiche der Pagode ein Kaddumaram ausgeschmückt und Vischnu mit Lakschmi darauf gesetzt. Auch sitzen die Sängerinnen, Tänzerinnen und Musikanten darauf. Mit selbigem fahren sie dreimal im Teich herum. Um den Teich sind allenthalben viele brennende Lampen gesetzt, und alles ist mit allerlei Blumen und Früchten ausgeziert. Hiermit wird das ganze Fest beschlossen.

6. ஜயந்தி *Jayanti* oder கிருஷ்ணபுரப்பு *Krischnapūrappu*.

Dies Fest fällt jährlich im August ein und wird an allen Orten an demselben Tage, nämlich an dem Tage, da Krischna geboren worden (*பூய்* Geburt) gefeiert. An diesem Feste werden in der Geburtsnacht Krischna's alle Begebenheiten dargestellt, die sich bei seiner Geburt zugetragen haben. Auch setzen sie in der Pagode das Kind Krischna in eine Hängewiege und schaukeln es. Und weil dieser Krischna als ein kleines Kind in eines Hirten Hause erzogen worden, und in selbigem Hause einmal Butter gestohlen und gegessen, um weswillen der Hirte ihn an eine Reiss-stampfe gebunden und geschlagen hat, so wird solche Historie an diesem Feste zugleich mit agirt. Alle Krischnabhaktas fasten an selbigem Tage. Es werden der Pagode gegenüber und zwar gewöhnlich an einem Kreuzwege vier Bäume in die Erde gesteckt und über selbige ein Pandel aus Aesten von Kokosbäumen gemacht, an welches Kokosnüsse und Feigen gebunden werden. Wenn nun Krischna aus der Pagode in die Strasse getragen wird und vor solchem Pandel kommt, läuft ein Hirte herzu und schlägt nach den Früchten. Alsdann begiessen sie ihn von oben herunter mit Buttermilch oder mit Wasser, das mit Saffran gelb gemacht ist.

7. மகோற்சவ *Manōtsvu* oder ஆயுதபூஜை *Ayudhapūja*.

Dies Fest fällt jährlich im September ein und wird sowohl von Sivabhaktas als Vischnubhaktas zu Einer Zeit gefeiert. In Isvara's Pagode wird die Ammen oder Pārvati in ein offenes Gewölbe gesetzt und wohl ausgeschmückt. Daselbst giebt sie 10 Tage vor diesem Feste Jedermann Audienz. In diesen 10 Tagen sitzen auch die Könige unter den Malabaren in ihrem Audienzsaal und geben Audienz. Diese 10 Tage über werden der Pārvati in ihrem Audienzsaal sehr viele Speis- Trankund Rauchopfer gebracht. Auch werden die Instrumente in grosser Menge gerührt und die Dēvadāsis singen und tanzen dazu. Wenn solche 10 Tage vorbei sind, wird am 11. das Fest Manōtsvu gefeiert. Es werden vor Isvara's Pagode Feigenbäume gesetzt; unter selbige bringen sie Subhramanya, auch kommt Vischnu aus seiner Pagode herzu. Ein Brahmane schiesst drei Pfeile mit einem Bogen ab. Die zu Krieg dienen, bringen alle ihre Gewehre herzu und werfen sie daselbst nieder. Die Vischnu's Religion zugethan sind, werfen sie vor Vischnu nieder, und die Siva's Religion zugethan sind vor Isvara und Subhramanya. Die Poeten, Schreiber, Lehrer und Schulkinder widmen ihre Bücher und Griffel der Sarasvatī, machen ihr ein Bildniss und einen Wagen, auf welchem sie selbige in den Strassen mit grossem Jubiliren herumführen, daher wird auch solches Fest Sarasvatipūja genannt.

8. அற்பசிதுலா *Arpasitula.*

Dies Fest kommt jährlich im October und währt den ganzen Monat über. Es wird unter uns Malabaren allenthalben gefeiert, wo heilige Flüsse sind, sonderlich aber zu Mayaveram, wo viel 1000 Menschen aus andern Orten zusammenkommen. Es besteht solches Fest blos in Wasserreinigungen; denn es pflegt sich ein Jeder, Männer und Weiber, mit gehörigen Ceremonien im Flusse zu baden. Am Flusse sitzen auf beiden Seiten Brahmanen und lesen die alten Gesetzes-Historien, zu denselben versammeln sich diejenigen, die gebadet haben und hören zu. Alle diejenigen, die diese 30 Tage zu ihrer Reinigung erwählt haben, pflegen zugleich alle 30 Tage vom Morgen bis auf den Abend zu fasten. Wohlhabende Leute theilen an diesem Tage ihrer Reinigung viele Almosen an Geld, Speisen und Kleidern aus. Da steht nun in unserm Gesetz geschrieben, dass diejenigen, die sich in diesem Monat also reinigen, die Gesetzes-Historien mitanhören, dabei fasten und Almosen mittheilen, einen grossen Lohn und eine solche Seligkeit zu hoffen hätten, daboi sie weder wiedergeboren werden, noch zu sterben haben. Am 31. Tage dieses Monats kommt Isvara zum Flusse und giebt allen das Bad அநுப்புத்தீர்த்தம் Anupputtirtha. Nämlich es wird die Figur Isvara's im Fluss untergetaucht, da sich zugleich alle, welche die Reinigungstage ausgehalten, mit untertauchen und von Isvara Licenz bekommen, sich in Frieden und Segen nach Hause zu begeben (அநுப்பு entlassen).

9. தைப்பூசம் *Taipüschya.*

Im Januar, wenn das Sternbild பூசநக்षத்திரம் Püschya-nakschatra einfällt, pflegen viele unter uns zu fasten und sich in dem heiligen Teich der Pagode zu waschen. Alsdann kommt Isvara an den Teich und lässt sich von Jedermann sehen; solches Fest wird Taipüschya genannt, darum weil es im Januar an bemeldetem Stern einfällt. Wer an solchem Tage fastet und in dem Teich der Pagode sich wäscht, der hat nach Aussage unsers Gesetzes grossen Nutzen und Belohnung zu hoffen.

10. மகமுருக்கு *Maghamurhukku.*

Dies Fest kommt jährlich im Februar an demjenigen Tage, wo das Sternbild Magha-nakschatra einfällt, und weil es im Baden besteht, wird es Magha-murhukku, das Magha-Baden, genannt. Wenn solcher Tag kommt, gehen die Malabaren allenthalben zahlreich an den Seestrand, wo der einem Jeden am nächsten ist und baden sich im Seewasser. Die Götter werden gleichfalls von dem Orte, der bei jeder Versammlung der See am nächsten liegt, aus ihren Pagoden an den Strand geführt, wo sie unter eine Laubhütte gestellt werden. Die Menschen kommen zahlreich aus dem Lande an die See, wo sich sonderlich viel Brahmanen einfinden, denen reichliche Almosen gegeben werden. Einige geben ihnen Esswaaren, einige geben ihnen Geld, einige geben ihnen Kleider, einige geben ihnen Kühe, je nachdem ein Jeder vermögend oder unvermögend ist. Wenn nun die Götter im Wasser untergetaucht werden, so baden sich alle, die da gegenwärtig sind, zugleich in der See; solches geschieht längs dem Seestrande. Der vornehmste Ort, wo solches Baden die meiste Gültigkeit hat ist ஆறஞ்சி பட்டணம் Kavēripatnam. Dieses Fest wird überhaupt die heilige Zeit genannt. Wer sich dann badet, soll reines Herzens werden und Tugenden erlangen. War zu solcher heiligen Zeit Almosen spendet, empfängt reiche Belohnung.

11. மாமாங்கம் Māmāngam.

Dies Fest besteht gleichfalls im Wasserbaden und fällt alle 12 Jahre einmal ein. In der Stadt கும்பகோணம் Combaconum* ist ein Teich, der da மாமாங்ககுளம் Māmāngakula heisst, in selbigem badet und reinigt man sich von Sünden. Wenn solches einfällt, so kommen viele aus fernen Ländern zu diesem Teiche gewallfahrtet, welche oftmals einen Weg von sechs Monaten weit gehen, um sich in diesem heiligen Wasser zu baden. Das Wasser wächst an selbigem Tage zusehends in dem grossen Teich. Zu selbigem wird Iavara gebracht, der sich von allen sehen lässt. Wenn sie sich alsdann waschen, so gehen dadurch alle Sünden hinweg, die man von dem Tage der Geburt bis dahin begangen hat. Wer dann bei einem so heiligen Wasser den Brahmanen, den Yogis und andern Ordensleuten reichlich mittheilt, dessen Sünden werden nicht nur alle hierdurch alle getilgt, sondern er erlangt auch Tugenden und die Gabe, ein gut Leben zu führen und die Seligkeit zu erlangen. Diese Zeit ist unter allen heiligen Zeiten die heiligste. Solche kommt alle 12 Jahre einmal, von welcher Jedermann Monat und Tag kennt. Solches Fest ist vor Alters eingeführt worden und nach selbigem wird in unsern Rechenbüchern eine Zeit von 12 Jahren Māmāngam genannt.

12. கிரகணமூர்த்தக்கு Grahana-murhukku.

Es sind 2 Schlangen Rāhu und Kētu, selbige bedecken mit ihren Häuptern des Jahrs gewöhnlich einmal die Sonne und einmal den Mond, woher denn die Sonnen- und Mondfinsternisse entstehen. Wenn nun eine solche Sonnen- oder Mondfinsterniss kommt, so pflegen wir Malabaren zahlreich an den Seetrand zu gehen und im Seewasser zu baden. Diejenigen aber, die wegen der Ferne oder aus andern Ursachen nicht an den Seetrand gehen können, waschen sich in den Teichen der Pagoden. Solches Waschen geschieht in derselbigen Stunde, da der Mond oder die Sonne verfinstert wird und dauert so lange, bis solche Finsterniss vorbei ist. Bei solchem Waschen werden den Brahmanen

* Bis ins vorige Jahrhundert wurde auch auf der Westküste auf einer sandigen Insel am Ausfluss des Ponani bei dem uralten Tempel Tirunavai solch ein alle 12 Jahr wiederkehrendes Fest gefeiert.

viele Gaben gegeben. Dies Waschfest wird um deswillen allezeit bei
Finsternissen angestellt, weil dadurch die Sünden getilgt und die
Tugenden erlangt werden sollen.

13. மகாபலிராஜ திருநாள் *Mābalirāja-tirunāl.*

Dies Fest kommt jährlich im November und wird dem König
Mābalirāja zum Gedächtniss gefeiert, denn als Vischnu in seiner achten
Verwandlung (als Zwerg) diesem Könige die Herrschaft der Welt
benahm und ihn in die Hölle hinunterirat, bat er, dass jährlich die
Menschen auf der Welt den Tag seiner Höllenfahrt feiern sollten, damit
sein Name auf der Welt nicht vergessen werden möchte ; auch begehrte
er, dass er alsdann die Menschen auf der Welt zu sehen bekommen
möchte, um zu erfahren, ob es ihnen auch noch so wohl ginge, wie es
bei seiner Regierung ihnen gegangen sei. Dies gewährte ihm Vischnu,
daher wird ihm jährlich an allen Orten und zu Einer Zeit von allen
Malabaren ein Fest gefeiert. An solchem Feste werden in allen
Pagoden viele Lampen angesteckt, und vor allen Pagoden wird ein
grosser Palmyrabaum in die Erde gesetzt, um welchen rund herum ein
Geländer von Holz gemacht und mit dürren Palmyrablättern bedeckt
wird. Dies wird mit einer Fackel angesteckt und verbrannt, womit
abgebildet wird, wie Mābalirāja hinunter zur Hölle gefahren sei.
Solches Fest hat keinen andern Nutzen, als dass es ein Gedächtniss
dieses Königs ist.

14. *Die jährlichen Feste der Grāmadēvatās.*

Ayenār, Pūḍāri, Māriammen, Ellammen, Ankālammen, Bhadra-Kāli,
Chamunda, Durga: diese alle haben unter uns eigene Pagoden und
Feste, die hie und da zu unterschiedlichen Zeiten gefeiert werden.
Ihre Feste aber kommen fast in allen Stücken mit einander überein.
Wenn es erst an einem Ort ausgemacht ist, dass an diesem oder jenem
Tage dem Ayenār oder der Pūḍāri, Māriammen und so fort den andern
ein Fest gehalten werden soll, so werden 15 Tage vorher viel Blumen
herzugebracht und über die Figuren in der Pagode in Haufen gestreut,
nebst reichlichem Speis- Trank- und Rauchopfer. Am 15. Tage kommt
der Todtenverbrenner selbigen Orts zur Pagode, wo das Fest gehalten
werden soll. Selbigem binden sie um die rechte Hand einen Faden, der
mit Kunkuma (Saffran) gelb gemacht ist, behängen ihn um den Hals
mit Blumen und bestreichen ihn mit Mehl von Sandelholz. Darauf
richten sie die Flaggenstange in die Höhe und ziehen die Flagge auf.
Von dieser Zeit an währt das Fest 8 Tage. In solchen 8 Tagen muss
der Todtenverbrenner des Tags beständig fasten und den Faden um
seine Hand behalten. Morgens und Abends werden in den Strassen
Aufzüge gehalten, am 8. Tage wird eine Careta herumgefahren. An
solchen Tagen wird Abends ein Tanzen angestellt, das die ganze
Nacht durch währt. Hierfür wird ein gewisses Geld gegeben und die

Einwohner kommen herzu und sehen solches mit an. Abends nehmen sie auch an einigen Orten während der Zeit viel Spielwerke vor. Einige lassen sich am Leibe durch das Fleisch einen Haken und Strick stecken und daran sich in die Luft ziehen. Die Musikanten, die zu diesen Festen gebraucht werden, sind Parier, die Tänzer und Tänzerinnen sind auch aus besonderm Geschlecht. An den 8 Tagen kommen die Einwohner zahlreich zur Pagode und bringen Böcke und Hähne herzu, denen sie den Kopf abhacken. Hierbei sitzen die Weiber mit ihren Töchtern zahlreich um die Pagode herum und kochen Reiss, den sie theils selbst dort essen, theils zum Opfer hinschütten. Auch sind viele, die an selbigen Tagen allerhand neue Figuren aus Thon herzubringen und rund um die Pagode setzen. Wenn der letzte Tag des Festes vorbei ist, so wird dem Todtenverbrenner der Faden wieder von seiner Hand genommen und die Flagge heruntergelassen. Auf solche Weise werden alle Feste der Grâmadêvatâs gefeiert etc."

So viel schreibt der gedachte Heide von der Beschaffenheit ihrer vornehmsten Feste, welches sich denn in der That also verhält, nur dass es an einem Orte immer prächtiger dabei zugeht als an den andern. Aus diesem kann man genugsam schliessen, wie es bei den übrigen Festen unter diesen Heiden zugeht, also dass es nicht nöthig ist, ein mehreres davon allhier anzuführen.

Es sind jedesmal bei Behandlung der einzelnen Gottheiten auch ihre speciellen Feste genannt, so dass nun nach dieser schliesslichen Zusammenstellung das Nöthigste gesagt erscheint und für speciellere Erforschung dieses Gegenstandes auf eine ausführliche und ganz vortreffliche Abhandlung Wilson's verwiesen kann : The Religious Festivals of the Hindus, zuerst erschienen im Journal of the R. Asiat. Soc. 1846 und wieder abgedruckt Works of Wilson II, 151—246. Ein Fest aber wird so allgemein gefeiert und hebt sich so aus dem Kreis der übrigen heraus, dass ein gänzliches Uebergehen an diesem Ort nicht erlaubt wäre : das *Pongelfest* oder alte tamulische Neujahr. Es ist ein Sonnenfest, und soll die Wendung der Sonne nach Norden oder ihren Eintritt in Capricornus feiern, welcher aber von den Hindu-Astronomen anders berechnet wird als in Europa und auf den Beginn des Monats Tal d. i. den 11. oder 12. Januar festgesetzt ist. Es währt drei Tage oder, wenn man den Vorabend mitrechnet, welcher bei diesem, wie bei andern Festen Bhôgi heisst und am Pongel Indra gewidmet ist, 4 Tage, welche auch wohl zu einer Woche sich verlängern. Am Bhôgi-Pongel werden die nächsten Verwandten zu der Festlichkeit des folgenden Hauptfesttages eingeladen, welcher ஒரும்ஒருகோள் Perumpongel das grosse Pungel genannt wird und der Sonne geweiht ist. Die verheiratheten Frauen, nachdem sie sich in voller Kleidung gebadet, nehmen neue

Töpfe, denn alles thönerne Hausgeräth ist vorher zerschlagen, und kochen im Freien den ersten Reiss mit Milch, und sobald es aufkocht, wird ein Freudengeschrei erhoben: Pongel, Pongel. Dies Wort bedeutet eben *aufkochen* und wird dann hauptsächlich vom Kochen des Reisses gebraucht. Dann werden die gegenseitigen Glückwunschsvisiten gemacht, wobei nach Dubois der gegenseitige Gruss: Hat die Milch gekocht? Sie hat gekocht. Der nächstfolgende Tag மாட்டுப்பொங்கல் Mâdduppongel, Pongel des Viehs, speciellcr der Kühe, ist dem Hirtengotte Gopâla oder Krischna geweiht. Sie färben Wasser mit Saffran, thun Baumwollensamen und Mergosablätter hinein, gehen um alle Kühe und Ochsen des Haushalts mehreremal anbetend herum, sie mit dem Wasser besprengend, wiederholen viermal Sâschtângam d. h. die Ausstreckung und Anbetung mit 8 Gliedern. Dann werden die Kühe mit Blumen, Kokosnüssen und andern Früchten geschmückt durch das Dorf getrieben und können den Rest des Tages ohne einen Hüter in völliger Freiheit weiden, wo sie wollen. Der nächstfolgende Tag soll den Namen கன்றுப்பொங்கல் Kandruppongel, Pongel der Kälber führen. Die Zeit der Wintersonnenwende, vom heiligen Abend des Weihnachtsfestes bis aufs hohe Neujahr und weiter hinaus (auf fixirte Data kann hier nicht reflectirt werden, da ja der Kalender noch in neuerer Zeit so grosse Aenderungen erfahren) ist bei allen indo-germanischen Nationen eine grosse Freudenzeit, und unter dem Schutz von Weihnachts- und Neujahrssitten haben sich viele alte Gebräuche bei den christlichen Nationen erhalten; auch die Tamulen haben sie nicht aufgegeben, obgleich seit etwa 700 Jahren der Jahresanfang in den Frühling verlegt worden. Der grosse freudige Character dieser Festzeit wird durch den dunkeln Hintergrund noch besonders gehoben. Wir sahen oben den Monat மார்கழி Mârga, 11. December—11. Januar, durchweg als Bademonat bezeichnet. Jeder Tag dieses Monats ist unglücklich. Um die bösen Einflüsse abzuwenden, gehen Morgens 4 Uhr eine Art Sannjasis von Haus zu Haus, schlagen auf Kupferplatten, und erinnern so die dadurch erweckten Schläfer, sich durch Opfer und andere Vorsichtsmaassregeln zu schützen. Zu dem Zweck legen die Frauen an jedem Morgen vor der Hausthür einen Platz von zwei Quadratfuss, ziehen mit Mehl mehrere weisse Linien und legen kleine Kügelchen von Kuhdung darauf, in welche Citronenblüthen gesteckt sind. Die hoffende Aussechau auf den folgenden Freudenmonat mag dann wohl bei Einigen sich zur Erwartung eines künftigen Erretters weiter bilden und die ganze Zeit dem Character der christlichen Adventszeit näher bringen. Gewiss hat die christliche Mission auch in Indien genau zu prüfen, wie viele rein volksthümliche Elemente der vorgefundenen Feste mit der Feier der christlichen Feste verbunden und veredelt werden können, um auch diese zu Volksfesten zu machen, wie es den Glaubensboten gelungen ist, die unserer Heimath das Evangelium gebracht haben.

SECHSTES KAPITEL.

Von den Opfern.

Ungeachtet dass die Götter dieser Heiden nur Stein, Holz und Metall sind, so thun sie ihnen doch grosse Verehrung an. Solche Verehrung besteht hauptsächlich in den vielen Opferarten, die sie auf vielfältige Weise theils privatim für sich, theils öffentlich in den Pagoden verrichten. Die öffentlichen Opfer in den Pagoden verrichten allein die Brahmanen, nur dass in den Pagoden der Grâmadêvatas auch Pandârams und Leute von anderm Geschlecht zugelassen werden. Die Privatopfer aber verrichten allerlei Leute, die aber vorher durch gewisse Ceremonien haben dazu privilegirt werden müssen, auch müssen es lauter solche Leute sein, die kein Fleisch der lebendigen Thiere essen. Diese pflegen kleine Figuren der Götter um sich zu haben und vor selbigen ihre Opfer zu verrichten. Die vornehmsten Opferarten aber, darin fast alle andern hineinlaufen, sind sechserlei: 1, அபிஷேகம் (Bad, aus *abhi* über und *sya* besprengen) Abhischêka. 2, தூபமு (*Dhūi* Lampe, *ārādha* Verehrung) Dîpa-ârâdhana. 3, நைவேத்தியம் (Opfer essbarer Sachen von nivêda darreichen) Naivêdya. 4, ஹோமம் (Brandopfer) Hôma. 5, பலி (Thieropfer, entweder von *bala* leben oder *badha* tödten) Bali. 6, சர்வபூஜை Sarverpûja.

Das erste *Abhischêka* ist gleichsam ein Salb- oder Trankopfer, womit die steinernen und messingnen Figuren der Götter gesalbt werden. Hierzu werden folgende Species gebraucht: Lemonensaft, Saft vom Zuckerbaum, Wasser aus den Kokosnüssen, Feigen, Honig, Zucker, Oel, Pappbrei aus Mehl von Sandelholz. Solche Species setzen die Brahmanen vor die Figuren, denen sie opfern wollen. Der Priester der das Opfer verrichtet, hat allezeit einen andern Brahmanen bei sich, der ihm alles zulangen und in die Hände geben muss, was er nöthig hat. Es stehen auch Wasserkrüge dabei, weil sie zu solchem Trankopfer sehr viel Wasser von nöthen haben. Die metallenen Figuren werden alsdann entkleidet, wenn sie mit solchem Trankopfer gesalbt werden; nach gethanem Trankopfer aber werden sie mit aller Herrlichkeit wieder angekleidet und mit ihrem Zierrath behangen. Es pflegt der Priester nicht nur die gemeldeten Species allein zusammenzumengen und gleichsam einen Trank daraus zu machen, mit welchem die Götterfiguren begossen werden, sondern er pflegt diese und jene weiche Frucht zu nehmen und die Figuren damit zu bestreichen. Unter solcher Verrichtung recitirt der Priester die dazu bestimmten Gebetsformeln und beobachtet die gehörigen Ceremonien.

Wenn solches Trankopfer verrichtet, die Figuren mit Wasser wohl gereinigt und vom Priester wiederum angekleidet sind, so fängt das *Dipa-ârâdhana* an. Solches ist ein Rauchopfer und wird deswegen auch ச௴ (Rauch, Rauchwerk von dhūpa heiss machen) Dhūpa genannt. Es werden in eine Rauchpfanne Spähne von Sandelholz und andern wohlriechenden Holze, nebst einem harzigen Rauchwerk சாம்பிராணி Sâmbirāni genannt, gethan und mit Feuer angesteckt. Hiermit werden die Figuren in der Pagode beräuchert. Bei der Figur Linga wird allezeit der Anfang gemacht, weil diese unter ihnen die grösste Verehrung hat. Der Priester hat Lampen von vielen brennenden Lichtern in Händen, welche er vor die Figur hält und um sie herum geht, dabei seine Gebetsformeln recitirend. Ein Brahmane steht hinter ihm und reicht ihm alles dar, was er nöthig hat; denn bald nimmt er einen Sonnenschirm in die Hand und geht um die Figur herum, bald thut er solches mit einem Wedel, bald mit einer Lampe und so fort.* Bei solchem Rauchopfer bewirft er auch die Figuren mit Blumen, bei einer jedweden Blume recitirt er ein Gebet, da denn jedesmal der hinter ihm stehende Brahmane mit einer Handglocke ein Zeichen geben muss. Auf solche Weise recitirt er eine Gebetsformel oft 108— 1008 mal, nämlich so viel mal als Isvara Namen hat, wenn er das Opfer Isvara verrichtet. Verrichtet er es aber Vischnu, so richtet er sich hierin gewöhnlich nach der Zahl von dessen Namen. Einige recitiren

* Das Umwandeln einer Person oder heiliger Oerter und Geräthe nimmt im indischen Ceremonial eine hervorragende Stellung ein. Wir citiren im Folgenden einige Stellen des Salva Samaya V. V.: „Was ist die richtige Weise der ceremoniellen Umwandlung? Personen, welche Segen in der Gegenwart erlangen wollen, müssen sie an der rechten Handseite machen, aber zur Erlangung künftigen Glückes linksum, gegenwärtiger und zukünftiger Güter rechtsum und linksum. Eine schwangere Frau muss sehr langsam gehen, als ob sie einen Topf mit Oel auf dem Kopf trüge und an den Füssen gefesselt wäre. Die Gedanken müssen unablässig auf den Fuss des grossen Siva fixirt werden, und den Rosenkranz in der Rechten muss das mystische Gebot der 5 Buchstaben beständig wiederholt werden. Und wenn der Anbetende sich der Gegenwart Gottes nähert, muss er beide Hände flach auf die Brust legen.—Wie oft nach einander muss die Umwandlung geschehen? 3, 5, 7 mal oder eine andere höhere hiermit multiplicirte Zahl.—Die durch Umwandlung zu erlangenden Gaben wachsen mit der Entfernung des umwandelten Einschliessungen von der Einschliessung des eigentlichen Heiligthums des Sivalinga. Dieses selbst darf nur von den Adi-Salva Brahminen umwandelt werden. Es werden sechs Umwallungen gezählt, und zwar gilt als sechste die Stadtmauer. Wer so eine von der Heimath mitgebrachte Gewohnheit, einen Spaziergang rund um die Stadtwälle zu machen, in Indien regelmässig fortsetzen würde, könnte sich den Ruf eines Heiligen bald erwerben. Freilich drei Stunden ist die eigentlich für eine Umwandlung erforderte Zeit. „Wenn sie eine solche Zeit hindurch geübt ist, so entrinnen die Verehrer dem Unglück nachfolgender Geburten und Tode und erlangen auf einmal Zulassung in Siva's Himmel." Nur muss ausser bei ausserordentlichen Processionen darauf geachtet werden, dass der Umgang um eine solche Umwallung gemacht wird, welche nicht vom Schatten der Tempelthürme oder der Flaggenstange getroffen ist. Eine andre Art der Umwandlung mit Besuchung verschiedener Götterfiguren, einem Hin- und Herwandeln zwischen Nandi und Chandradēva heisst Sonra-sutra Pratakschaka.

auch auf einmal alle Namen her. Während solches Opfers pflegen im vordersten Gewölbe die Musikanten zu musiciren und die Dēvadāsis zu singen und zu tanzen.

Wenn solches Opfer zu Ende ist, so nimmt das dritte *Naivēdya* seinen Anfang, welches ein Speisopfer ist. Hierzu werden folgende Species gebraucht als Butter, Milch, Rahm, gekochter Reiss, gebratene Feigen, allerlei Pfannkuchen, Kürbisse und dergleichen Esswaaren, die aus der Erde und auf Bäumen wachsen und die von zahmen Thieren kommen. Solche Esswaaren werden zusammen auf einen niedrigen Tisch gethan, auf welchen ein Tuch gedeckt ist. Alsdann legt man sie vor die Figuren der Götter und weiht es ihnen durch gewisse Gebetsformeln. Hierbei haben die Priester ihre Schüler und andre, die ihnen an die Hand gehen und alles darreichen und wieder wegnehmen müssen. Andere stehen von ferne, heben ihre Hände auf und thun ihre Anbetung. Wenn alle Ceremonien verrichtet sind, so isst der Priester mit den übrigen Dedienten der Pagodo die Spoisen selbst, die den Figuren geopfert worden. Solche drei Opfer, nämlich Trank- Rauch- und Speisopfer, werden allezeit auf einmal verrichtet und können niemals von einander getrennt werden, weder ausser den Pagoden, noch in den Pagoden. In jeder Pagode des Isvara geschehen sie Tags dreimal: Morgens, Mittags und Abends. Allezeit brennen Lampen dabei, sonderlich aber werden bei den Abendopfern sehr viele Lampen angesteckt.

Das vierte Opfer heisst *Homa* und ist ein Feueropfer. Dazu haben sie in der Pagode eine Grube in die Erde gegraben, die mit gebrannten Ziegelsteinen ausgemauert und dazu passend gemacht ist. In selbige werfen sie Spähne von fünferlei Holz und zünden sie an. Rund herum stehen und sitzen Brahmanen, die unter Recitirung gewisser Gebetsformeln immer mehr Spähne hinzuwerfen. Sie werfen auch Körner von dem neuesten und vornehmsten Getreide hinein und haben Blätter oder Pinsel von Gras in Händen, welche sie in Butter tauchen und dann damit die Butter ins Feuer spritzen. Solches alles geschieht mit vielen Ceremonien, unter welchen nicht das geringste verfehlt werden darf. Wenn in einer Pagode ein Fest beginnen soll, so muss zu allererst ein Homa oder Feueropfer angerichtet werden, welches die Brahmanen so lange Tag und Nacht im Brennen erhalten müssen, bis das Fest geendigt worden, sollte es auch 18—30 Tage währen. Hiernebst werden auch ausser den Pagoden in Häusern bei den Trauacten und bei den Gestorbenen solche Brandopfer angerichtet und zwar bei jenen von den Brahmanen und bei diesen von den Pandárams. Auch sind grosse Feueropfer, welche nach dieser Heiden Meinung grosse Dinge erwirken können. Ein solches grosses Feueropfer wird உசம் (von yaj verehren) Yāga genannt, dabei es fast zugeht als wie bei einer Hexerei. Ein solches Yāga machte Daksha, als er Isvara absetzen und einen andern Gott einsetzen wollte. Man liest gar viele Historien in dieser Heiden Bücher, dass die Götter, die Propholen, die Riesen, die Könige und andre solche Opfer angerichtet und dadurch grosse Wunder erwirkt haben. Die Könige und grossen Herren, die dergleichen Historien lesen, wollen ihnen hierin nachahmen und spondiren oftmals sehr viel Geld an ein solches Yāga, wobei die Brahmanen allezeit den besten Profit davon tragen.

Das fünfte Opfer *Bali* ist in den Pagoden der Grāmadēvatās ein Schlachtopfer, denn neben der Flaggenstange steht ein Altar سَالِبُ (سَالِبُ Stuhl, Thron; سَالِبُ ist auch in christlichem Gebrauch) Ballpitha, vor welchem sie Böcke, Hähne und Schweine opfern und ihnen die Köpfe abhauen, welches gewöhnlich die Soldaten verrichten, weil die Brahmanen nichts tödten, was Leben hat. In Isvara's und Vischnu's Pagoden sind zwar auch neben der Flaggenstange solche Altäre, die gleichen Namen führen, aber es wird nichts andres darauf geopfert, als nur solche Esswaaren, die oben bei dem Speisopfer aufgezählt sind, und solches thun die Brahmanen und Priester derselbigen Pagode.

Das sechste Opfer heisst *Saiverpūja*. Saivas sind diejenigen, welche kein Fleisch der lebendigen Thiere essen und die da privilegirt sind, dass sie in Ihren Häusern, in Gärten, an Teichen und Flüssen den Göttern Opfer bringen dürfen. Diese Opfer sind wiederum mancherlei und begreifen fast all das Opferwesen in sich, das da von Göttern ausserhalb der Pagoden verrichtet wird. Sie haben fast alle die Götterfiguren, die in den Pagoden stehen, ganz klein aus Metall gegossen, welche sie in einem Opferkästchen, das sie ہمَروُقبِـپ (قبِـپ سَبِ Pita Kasten) Pūjapöddi nennen, verwahrt haben. Solche Leute, welche sowohl Männer wie Frauen sein können, stehen Morgens sehr früh auf, gehen zu Stuhl, reinigen sich den Mund und die Hände, waschen sich das Gesicht und machen den ganzen Leib rein, bestreichen sich mit heiliger Asche, gehen in die Gärten und holen gute Blumen herzu. Hierauf gehen sie zu einem Teiche und baden sich, nach welchem Bade sie sich abermals unter Recitirung der Gebetsformeln mit heiliger Asche bestreichen. Alsdann verrichten sie entweder in ihren Häusern oder an einem Flusse oder an einem Teiche auf freiem Felde oder in einem Garten ihr Opfer. Sie bringen nämlich die kleinen Götterfiguren herzu: das Linga, Isvara, Dēvi oder Pārvati, Vighnēsvara, Subhramanya, Bhairava und dergleichen mehr. Solche setzen sie nach der Ordnung vor sich auf einem Thron von Brettern gemacht. Neben sich haben sie alle Opfergeräthe und alle Species zum Opfer stehen, als Milch, allerlei Früchte, allerlei Säfte, Oel, Honig, Zucker, einen gelben Stein von Kühen கசௌரஷ் (Kuh-Bezoar) Göröchana genannt, Blumen, Wasser von Kokosnüssen, Lemonen und allerlei wohlriechende Species, womit sie solchen Göttern ein Trankopfer bringen. Nach diesem verrichten sie ihnen ein Rauchopfer und alsdann ein Speisopfer von allerlei Früchten und Esswaaren. Hierauf recitiren sie vielmals ihre Gebetsformeln und singen Loblieder, welches gleichsam ein Dankopfer ist. So oft als sie einmal ihre Gebetsformel recitirt und dabei eine Blume auf die Figuren geworfen, wird mit einer

Handglocke geklingelt und ein Zeichen gegeben. Endlich stehen sie im Wasser und verrichten die Ceremonie ⸻ Jalasthpana, nämlich sie gedenken an Gott das höchste Wesen und sagen: „Alles Opfer und alle Anbetung, die jetzt diesen Göttern angethan worden nebst dem Lobe, das über sie gesprochen worden, wollest du dir angenehm sein lassen und annehmen, als wäre solches alles dir selbst geschehen. Dabei recitiren sie abermals ihre Gebetsformeln, und zum Zeichen, dass solche Opfer Gott das höchste Wesen als wohlgefällig aufgenommen habe, besprengen sie alles mit Wasser. Endlich werden die Götterfiguren unter Recitirung gewisser Gebetsformeln nach der Ordnung hinweggenommen und wiederum in der kleinen Opferlade verwahrt. Diejenigen, welche solche Opfer täglich verrichten, essen gewöhnlich des Tags nur einmal und zwar in der Regel nur das, was sie den Göttern geopfert haben. Gegen Abend waschen sie sich wiederum, bestreichen sich von neuem mit der heiligen Asche und verrichten die Ceremonie ⸻ (Uebung der vorgeschriebenen religiösen Riten von ⸻, anu in Gemässheit mit) Anustána, welches gleichsam Betrachtung und Gebet ist, das in der Stille verrichtet wird. Wenn der Abend kommt, setzen sie in ihren Häusern dergleichen Götterfiguren an einen bestimmten Ort und stecken Lichter an, die neben ihnen brennen müssen, auch legen sie Feigen und andre Früchte vor ihnen hin und verrichten diese und jene Ceremonien. Dies alles thun diejenigen, die unter den Sivabhaktas Saivas genannt werden, unter den Vischnubhaktas aber thun es diejenigen, die ⸻ ⸻ Tirunâmatîrthapannugiraver (die Verrichter des Heiligen-Namens-Bades) heissen.

Die Opfer haben unter diesen Heiden verschiedene Namen, theils wegen der vielen Götter, denen sie gebracht werden, theils wegen der der Personen, welche die Opfer verrichten, theils auch wegen der unterschiedenen Verrichtungsarten. Man hat die unterschiedlichen Benennungen solcher Opfer aus ihren eignen Büchern zusammengetragen und an einen Heiden gesandt, der sie dann umständlich beantwortet hat in der Ordnung, wie er darnach gefragt worden ist. Es sind lauter solche Opfer und Verehrungen, die ausserhalb der Pagoden geschehen. Und weil hieraus solcher Heiden Dienst gegen ihre Götter umständlich erkannt werden kann, so ist dienlich, dass wir die Antwort auf 21 Opferarten allhier anführen, so wie sie von dem gedachten Heiden an uns in einem Briefe überschickt worden ist.

1. ⸻ *Lingapūja*.

Die göttliche Verehrung, die wir Lingapūja nennen, besteht in folgendem: „Es sind unter uns Leute, welche die Figur Linga entweder auf dem Haupt oder um die Arme oder auch um den Hals stets mit sich herumtragen; diese nun, wenn sie des Morgens früh aufstehen, verrichten erstlich ihre Nothdurft, alsdann reinigen sie ihre

Zähne und waschen sich am ganzen Leibe. Wenn solches geschehen, waschen sie das Linga mit einem Trankopfer von Milch, Butter, Zucker, Oel u. dgl. m. Hierauf thun sie ein Rauchopfer, zünden Lichter an und lassen vor selbiger Figur Kampfer brennen, bestreichen sie mit pulverisirtem Sandelholz und hehängen sie mit Blumen, haben dabei Lampen von vielen Lichtern in Händen und recitiren viele Gebetsformeln dabei. Nach diesem verrichten sie ein Speisopfer und bewerfen das Linga mit Blumen, wobei sie ihre Anbetung haben. Bei einer jeden Blume sagen sie ein Gebet und geben mit der Glocke ein Zeichen. Wenn solches alles verrichtet, lesen und singen sie ein Stück aus dem Lobbuche Dêvâram, recitiren wiederholt und wiederholt das kleine Gebet Panchâkschara (die fünf Buchstaben oder Sylben : Sivâya namah) Alsdann stellen sie eine Betrachtung an, reden in ihrem Sinne mit Gott und sagen : „Nicht diese Figur, sondern du bist es, dem ich diese Verehrung thue. Alle Sünden, die ich täglich bis hieher gethan habe, wollest du tilgen und mir zu meiner Sterbenszeit einen heilsamen Tod geben, auch mich zu deinen Füssen in die Seligkeit aufnehmen. Auf solche Weise stellt sich ein Jeder bei solchem Opfer Gott selbst vor und bittet von ihm, was er nöthig hat. Wenn alles zu Ende ist, nimmt er das Linga, wickelt es in etwas ein und bindet es wiederum um den Hals oder Arm oder auch auf den Kopf. Wenn dergleichen Personen, die täglich mit solchem Opfer umgehen, essen wollen, so pflegen sie gewöhnlich ein oder zwei Fremdlinge und arme Leute mit sich in ihr Haus zu nehmen und ihnen zugleich Essen zu geben. Ein Jeder richtet sich hierin nach seinem Vermögen.

2. Sivapûja.

Die Opferart, welche Sivapûja genannt wird, verrichten nicht allein die Pandarams und Andis, sondern auch die Saivas und alle die, welche von den Priestern für rein und tüchtig erkannt werden, mit Opfern umzugehen. Diese nun stehn des Morgens sehr früh auf, thun ihre Nothdurft und reinigen alle Glieder des Leibes, bestreichen sich mit heiliger Asche und gehen in die Blumengärten, pflücken mit gehörigen Ceremonien die Blumen ab, gehen hin und baden sich in einem Fluss oder Teich, bestreichen sich abermals mit der heiligen Asche und setzen alle die Figuren, die in Siva's Pagoden sind, vor sich hin als: das Linga, Isvara, Ammen oder Pârvati, Vinâyaka oder Vighnêsvara, Subhramanya, Siddambarêsvara, Tandêsvara, Nandi, Sûrya die Sonne u. dgl. m., als welche ganz klein aus Metall gemacht sind. Diesen allen bereiten sie einen Thron und setzen sie nach der Ordnung darauf. Auch machen sie ihnen von einem Brett einen Altar und setzen sie darauf. Hierauf bringen sie ihnen erstlich ein Trankopfer, nachmals ein Rauchopfer und endlich ein Speisopfer. Alles, was sie vom Morgen bis zum Opfer und unter dem Opfer thun, geschieht mit Recitirung ihrer Gebetsformeln und muss mit grossem Bedacht verrichtet werden.

Die Götterfiguren werden nach dem Trankopfer köstlich angekleidet, mit Schmuck und Blumen behangen und mit Mehl von Sandelholz bestrichen. Nachher werfen sie Blumen oder Blätter von dem Baume விள்வம் (Crataeva religiosa) Vilva zu den Füssen der Götterfiguren, wobei sie so viele Gebetsformeln recitiren als sie Blätter zu ihren Füssen werfen. Während solcher Anbetung klingeln sie mit einer Handglocke und blasen in eine Meerschnecke. Nach verrichtetem Speisopfer gehen sie dreimal um die Götterfiguren herum, thun vor ihnen allen einen Fussfall und wenden sich gegen die Sonne, vor welcher sie 108 oder 1008 mal eine Verbeugung machen. Hierauf stehen sie mit den Füssen im Wasser, besprengen die Figuren mit Wasser und sprechen: Gott ist nicht mehr als Einer. O du einiger Gott, alles was wir jetzt vor diesen Figuren stehend gethan, geredet und verrichtet haben, das wollest du aufnehmen als dir selbst gethan und dir es wohl gefallen lassen." Alsdann nehmen sie mit grosser Devotion unter Recitirung der Gebetsformeln solche Figuren wiederum hinweg und verwahren sie in dem Opferkästchen. In ihren Häusern ist ein kleines Häus-chen apart gebaut, worein sie das Kästchen mit solchen Figuren legen und ganz behutsam verwahren, dass nichts Unreines dazu komme. Unter solchen Leuten sind einige, die des Tags zweimal speisen, und auch einige, die des Tags nur einmal speisen. Wer unter ihnen ein wenig wohlhabend ist, der ruft allezeit zwei oder vier Fremdlinge in sein Haus und lässt sie mit sich essen, welches Essen சாட்சிபோஜனம் Sākschi-bhōjana genannt wird und so viel als Speise des Zeugnisses heisst. Die andern, welche arm sind, pflegen jährlich ein- oder zweimal die Brahmanen zu speisen; denn wenn einer gegen den Nächsten gar keine Wohlthat ausübt, so haben seine täglichen Opfer keinen Nutzen. Dies alles, was jetzt gesagt ist, wird bei uns Sivapūja genannt, darum weil es Siva zu Ehren verrichtet wird.

3. சக்திபூஜை Saktipūja.

Die Opferart Saktipūja hat ihren Namen von der Sakti, welcher solche Verehrung angethan wird. Wie aber viele Göttinnen sind, welche den Namen Sakti führen, so sind auch die Opfer vielfältig, die unter dem Namen Saktipūja verstanden werden. Man pflegt die Göttin vor sich zu setzen und einen grossen Haufen von Blumen zu machen, auch Sandel, Diesseme (? Desend?), Kunkuma, eine fremde Art Blätter சமுத்திரப்பச்சை (Meergrün) Samudra-patschai und dergleichen wohlriechende Sachen mehr herzuzubringen und sie damit zu bestreichen. Hierauf bringt man Fleisch von Böcken, Schweinen und Hähnen, allerlei Kraut, Eier, eine Art Fische, gekochten Reiss, Wein u. dgl. m. herzu, welches alles auf die reichlich gestreuten Blumen gelegt wird. Dabei recitirt man die Gebetsformeln, die für diese und jene Sakti geschrieben sind, lässt alle Leute im ganzen Hause sich waschen und baden, sicht weisse Kleider an, stellt sich vor die Figur und richtet ein Rauchwerk an. Wenn der Sakti alle solche Opfer und Verehrungen angethan worden, so nimmt man den geopferten Wein und lässt ihn von allen nach der Ordnung austrinken. Nachmals nehmen sie den gekochten Reiss und alles Fleisch und! Zugemüse und verzehren es gleichfalls mit den Leuten im Hause und mit den Freunden und Bekannten. Um was sie denn nun die Göttin bei diesem Opfer anrufen, das erlangen sie. Dies soll ihnen auf 12 Jahre allerlei Glückseligkeit geben. Solch Saktipūja bleibt stets im Geschlecht, so dass wer sie einmal zu verrichten angefangen hat, sie nachmals von seinen Kindern und Kindeskindern, so lange sein Geschlecht währt, verrichten lassen muss. Einige Leute pflegen bei solchem Opfer kein Fleisch, sondern lauter Feld- und Gartenfrüchte zu kochen und anstatt des Weins Honig vorzulegen; denn es geht hierin nicht nach Einer Manier, sondern nach unterschiedlichen Weisen. Es wird dies Opfer auch auf solche Art verrichtet, dass dadurch Hexerei getrieben werden kann.

4. విష్ణుపూజ *Vischnupūja.*

Vischnu hat viele Pagoden unter uns, wo er, sein Weib die Maha-Lakschmi, seine 12 Jünger die Pannirendu Arlvār, der Affe Hanumān und dergleichen Personen mehr stehen. Diejenigen nun, die zu seiner Religion gehören und die Würdigkeit erlangt haben, dass sie Opfer verrichten dürfen, lassen solche Figuren entweder aus Gold oder aus Silber oder aus Erz oder auch aus Messing ganz klein machen und verwahren sie stets bei sich. Wenn sie nun opfern wollen, so setzen sie alle solche Figuren vor sich auf einen Altar oder auf einen Thron. Solche Leute stehen des Morgens sehr frühe auf, thun ihre Nothdurft, reinigen den Mund und die Zähne, waschen sich das Gesicht, die Hände und die Füsse. Alsdann bezeichnen sie sich auf der Stirn mit dem heiligen Namen Tirunāma, gehen hinaus in die Gärten und holen allerhand Blumen und Blätter herzu, baden sich im Wasser und bezeichnen sich abermals unter Recitirung der Gebetsformeln auf ihrer Stirn. Hierauf fangen sie an zu opfern, setzen die Figuren nach der Ordnung auf den Opferaltar und auf den Thron, der über dem Altar steht. Derjenige, der das Opfer verrichtet, stellt vor ihnen, hat alle Species zum Trank- Rauch- und Speisopfer neben sich stehen und verrichtet diese drei Opfer nach der Ordnung mit den festgesetzten Ceremonien und Gebetsformeln. Es geht hierbei alles so zu als wie bei Siva's Opfern, nur dass die Gebetsformeln andere sind und nicht an Siva, sondern an Vischnu und an diejenigen, die mit in seiner Pagode stehen, gerichtet sind. Auch sind die Lobbücher andere, die bei solchen Opfern gelesen und gesungen werden. Es wird gleichfalls dabei mit einem Glöckchen geklingelt und in eine Schneckenmuschel geblasen, welchen Schall man von weitem hören kann. Auch wird dabei an ein messingnes Becken geschlagen. Wenn alles vollbracht ist, steht der Opfernde im Wasser und besprengt alle Figuren und Opferwaaren mit Wasser, dabei sagend: „O du grosser Vischnu, es ist alles dein Spielwerk, und du bist der einzige Gott, lass dir solches alles gefallen." Nach solcher Betrachtung werden die Figuren wiederum in das Opferkästchen gethan. Dies nun wird Vischnupūja genannt.

5. பிரம்மபூசை Brahmapūja.

Brahma hat keine Opfer und seine Figur findet man weder in den Pagoden, noch in den Häusern. Unter dem Wort Brahmapūja aber hat man zu verstehen die Verehrung der Brahmanen, die von Brahma's Geschlecht sind. Diesen thut man allerlei Verehrung an. Wenn man ihrer ansichtig wird, bezeigt man sich sehr ehrerbietig und demüthig. An Tagen, wenn man sich von Sünden reinigt oder sonst heilige Handlungen vor hat, giebt man ihnen nöthige Kleider, speist sie ein- oder mehrmal und theilt ihnen Schätze und Häuser mit. Man lebt so, dass sie sich nicht betrüben dürfen, sondern erfreuen können. Man hört ihre Vermahnung und Lehre mit Ehrerbietigkeit an, man wandelt nach selbiger und geht mit ihnen in Liebe um, wirft dann und wann zu ihren Füssen Gold und Blumen und thut ihnen einen Fussfall. Alles dies heisst Brahmapūja, weil hierdurch Brahma in den Brahmanen verehrt wird.

6. பிள்ளையார்பூசை Pillayarpūja.

Die Art und Weise, wie man dem Pillayār oder Vighnēsvara opfert, ist folgende: Es wird ihm aus den oft gedachten Fruchtarten பஞ்ச துவ்ய Panchadravya ein Trankopfer dargebracht, und wenn man ihn mit Blumen behangen, verrichtet man vor ihm ein Speisopfer. Es hat Vighnēsvara sonderlich 5 Gebetsformeln, welche bei solchem Opfer recitirt werden, wobei man Kokosnüsse vor ihm zerschlägt und seine Devotion ablegt. Solches geschieht allenthalben, wo in Pagoden oder auf den Wegen oder unter den Bäumen oder auch in Häusern die Figur Vighnēsvara's steht. Besonders pflegen sie in jeder Woche des Freitags solche Kokosnüsse vor ihm aufzuschlagen und den Kern zu opfern, welchen sie aber selbst wieder hinweg nehmen und essen. Einige pflegen auch jährlich ein- zwei- oder mehrmal vor Pillayār's Pagode ein Pandel aufzuschlagen und es mit Blumen zu zieren. Sie bringen gekochte Reissklumpen, Rahm, Milch, Baumfrüchte, Gurken, ungekochten Reiss, Kern und Wasser von Kokosnüssen und dergleichen Sachen mehr herzu und legen es vor ihn, zünden Lichter an und räuchern. Alsdann kommen viele dahin und thun ihre Verehrung vor Pillayār. An solchem Tage wird bei der Pagode bis spät in die Nacht musicirt, gesungen und getanzt von den Dēvadāsis. Solch Pillayārpūja wird um deswillen verrichtet, dass man Verstand bekomme und in allen Dingen, die man anfängt, guten Erfolg haben möge.

7. குமரபூசை *Kumarapuja.*

Kumara ist Isvara's Sohn, der sonst Subhramanya heisst. Diejenigen, die ihm zu opfern pflegen, haben seine Figur in ganz kleiner Gestalt. Sie stehen des Morgens sehr früh auf und verrichten die gehörigen Reinigungsceremonien, bestreichen sich mit heiliger Asche und holen aus den Gärten Blumen herzu, wobei sie mit Niemand reden dürfen. Wenn sie sich dann in einem Fluss oder Teich gebadet haben, so verfügen sie sich an denjenigen Ort, wo sie solch Opfer verrichten wollen. Solchen Ort bestreichen sie mit Kuhmistasche und reinigen ihn dadurch. Alsdann setzen sie den Subhramanya vor sich auf einen Thron, setzen sich vor selbigem, blasen auf einer Seeschnecke und schlagen auf ein Becken, dass es Jedermann hören kann. Hierauf thun sie ein Trank- Rauch und Speisopfer, wobei sie ihre Gebetsformeln recitiren. Wenn solche vollbracht, singen sie auf ihn einige Loblieder und lesen etwas aus den alten Puranen. Zuletzt bitten sie Gott, dass er solches annehmen wolle, als ihm selbst gethan und besprengen alles mit Wasser, endlich thun sie die Figur wieder in ihr Opferkästchen und verwahren sie in demjenigen Häus-chen, das sie dazu eigens aufgebaut haben. Solche Leute essen des Tags nicht gern mehr als einmal, wozu sie dann einige Fremdlinge mit einladen. Sie pflegen gewöhnlich sich des Abends noch einmal im Wasser zu baden und nach solchem Baden den Betrachtungen obzuliegen, worauf sie in die Pagode gehen und den Göttern ihre Devotion bezeugen. Des Abends pflegen sie auch in ihren Häusern die Götterfiguren aufzustellen und vor ihnen Lichter anzuzünden, wobei sie ihre Gebetsformeln recitiren und einige Loblieder singen.

8. தேவிபூசை *Devipuja.*

Dēvipūja ist ein Opfer, das derjenigen Göttin geschieht, welche von diesen oder jenen zu ihrer Geschlechtsgöttin erwählt ist. Solche pflegen ihr Bildniss sich entweder aus Gold, oder aus Silber, Erz, Messing, oder auch Holz machen zu lassen. Wenn sie sich nun erst nach den festgesetzten Ceremonien wohl gereinigt haben, verrichten sie vor solcher Figur Trank- Rauch- und Speisopfer, welches alles auf das Herrlichste zugehet. Es werden dazu alle diejenigen Opfergeräthe gebraucht, die in jeder Pagode zu finden, nur dass sie kleiner sind. Eine jedwede Göttin hat ihre gewissen Gebetsformeln und Loblieder, die dabei recitirt und gesungen werden. Alles, was geopfert wird, essen sie nachher selbst.

9. அன்னாநேர்ப்பூசை *Andanerpuja.*

Andanerpūja (அன்னம் das höchste Wesen, Brahmane aus நேர் Schönheit, நேசம் Freundlichkeit) ist das Opfer, welches die Brahmanen täglich in ihren Häusern verrichten. Sie stehn des Morgens sehr früh auf, thun ihre Nothdurft, reinigen die Zähne, spülen den Mund aus, waschen sich die Hände und Füsse, bestreichen sich mit der heiligen Asche, holen in den Gärten Blumen und baden sich in einem Teiche oder Flusse. Solches alles verrichten sie mit festgesetzten Ceremonien und Gebetsformeln. Wenn sie sich abermals mit Asche bestrichen haben, gehen sie an den Ort, wo sie täglich ihre Opfer zu verrichten pflegen, bestreichen selbigen mit Kuhmist, dass er rein werde und alsdann setzen sie die Figuren derer, welchen sie opfern wollen, vor sich auf einen Thron, nehmen Oel, Honig, Zucker, Lemonensaft, Sandelmehl, etwas von dem weichen gelben Kuhstein, Milch, Baumfrüchte, Wasser aus den Kokosnüssen, allerlei Balsam, Desend und dergleichen Specereien mehr, die sie in einander mengen und den Figuren aufs Haupt giessen, welches ein Trank- und Salbopfer ist. Alsdann zünden sie Lampen an, die da von allerlei Gestalt sind und viele Lichter haben und präsentiren sie vor den Figuren. Auch haben sie Sonnenschirme, köstliche Wedel und andern Zierrath, mit welchen sie vor den Figuren ihre Ceremonien machen. Hiernebst bezeugen sie ihre Verehrung mit allerlei Blumen. Sie recitiren dabei ihre Mantras oder Gebetsformeln und singen Loblieder. Wenn die Verehrung mit Blumen zu Ende ist, so tragen sie Rahm und gekochten Reiss, gebratene Baumfrüchte, Kraut, Kohl und andere Erdgewächse vor die Götterfiguren und machen ein Speisopfer, welches sie dreimal umgehen und mit Wasser besprengen. Während nun solches alles vor den Figuren steht, sitzen sie und recitiren ihre Gebetsformeln, singen auch dabei ihre Loblieder aus den Büchern, die Dévarams heissen. Auch blasen sie mit Schneckenmuscheln, schlagen an messingne Becken, klingeln mit den Glöckchen und machen ein gross Getöse. Zum Beschluss stehen sie mit den Füssen im Wasser und verrichten die Ceremonie Jalastápana, nämlich sie stehn im Wasser, thun dabei ihr Gebet und sagen : O Gott, lass dir solches angenehm sein, was wir jetzt diesen Figuren angethan haben, und nimm es an, als wäre es dir selbst angethan, denn du bist alles in allen." Hierauf heben sie die Götterfiguren wieder auf. In dem Häuschen, darin sie solche verwahren, stellen sie selbige auf, stecken Lichter vor ihnen an und thun ihnen alsdann auch einige Verehrung an. Gegen Abend, wenn die Sonne untergeht, verrichten sie die Ceremonie Anustâna, welche darin besteht, dass sie an irgend einem Orte ihre Gebetsformeln vielfältig recitiren und einige Betrachtungen anstellen ; gewöhnlich thun sie solches an den Flüssen und Teichen.

10. ஆண்டிபூஜை *Andipûja*.

Dies ist das Opfer, welches die Andis (die sivaitischen Bettelmönche entsprechend den Dâsas der Vischnuiten) täglich verrichten. Sie haben entweder aus Stein oder aus Krystall ein kleines Linga um den Hals, oder um den Arm oder auch auf dem Haupte. Diese nun, wenn sie des Morgens früh aufgestanden sind, sich gereinigt haben und in einem Flusse oder Teiche gewaschen, auch mit Asche bestrichen haben, nehmen sie das um sich habende Linga hervor, legen es auf eine Treppenstufe desselben Teiches, giessen mit Händen Wasser darauf und baden es. Alsdann bewerfen sie es mit Blumen und sagen, es ist alles Siva's Spielwerk, beten das Linga an, wickeln es darauf wieder ein und binden es an ihren Hals, Arm oder auf den Kopf. Wenn solches verrichtet ist, gehen sie in die Stadt oder Dorf, fragen in den Häusern nach Almosen, nehmen solches und essen es. Alsdann legen sie sich auf die Piäle (gleich புறம் Tinnai, Verandah, ein über den Boden erhöhter Platz zu Seiten des Hauseingangs zum Ruhen) vor den Häusern oder in den Ruhehäusern nieder, und gehen des Abends gleichfalls vor den Häusern herum, schlagen an ein messingenes Becken, singen ein sonderliches Lied und bekommen aus diesem und jenem Hause gekochten Reiss zum Almosen. Selbigen nehmen sie, legen ihn vor das Linga zum Speisopfer, verrichten ihre Gebete und Ceremonien dabei und alsdann essen sie erst solches Almosen. Dies heisst Andipūja.

11. மணியாறிபூஜை Maniyāripūja.

Ein மணியாறி Maniyāri hat fast einen eben solchen Bettelorden (ஶ்ரீ Vortrefflichkeit ist ein Titel der Choladynastie, மணி hat entweder dieselbe Bedeutung, oder ist Glocke) wie ein Andi. Er verrichtet auch sein tägliches Opfer vor dem Linga auf gleiche Weise. Wenn solches verrichtet, geht er betteln und singt vor den Häusern in den Strassen Lieder. Hierneben haben diese Maniyāris in vorigen Zeiten von den Königen aus dem Hause சோழர் Chōla dies Privilegium bekommen, dass sie jährlich einmal im ganzen Königreich herumgehen und aller Orten aus einem jeden Hause 2 Kas (5 Kas = 1 Pie; 19 Pie = 1 Anna oder 1 Ggr.) zum Almosen bekommen sollten. Nach solcher Licens gehen sie noch bis dato jährlich einmal allenthalben in den hiesigen Ländern herum, siegen an Einem Orte 3—4 Tage und holen dann ihr Bestimmtes aus jedem Hause. Sie ziehen absonderliche Kleider an, haben Mützen auf ihrem Haupt und Glöckchen in ihren Händen, mit welchen sie sich zu erkennen geben.

12. அறதேசிபூஜை Aradēsipūja.

அறதேசி (um mit Paradēsi zusammen zu klingen ist அ corrumpirt aus அகம் agam innerhalb, der im eignen Heimathlande bettelnd herumgeht) Aradēsis und பரதேசி (பர anderes; சேர் = ஒன்றைச் Dēsika von dēsa Land, der Fremdling, Wanderer) Paradēsis sind Pilgrime und Fremdlinge, die nirgends eine ständige Wohnung haben, sondern allenthalben herumziehen und von Almosen leben. Solche Leute gedenken in ihrem Gemüth, dass nur ein einiger Gott ist und dass ausser ihm kein andrer ist. Sie glauben dabei, dass alles andere nur Gleichnisse von dem einzigen Gott seien. Wenn sie des Morgens früh aufstehen, bestreichen sie ihren ganzen Leib mit heiliger Asche, wenden sich gegen die Sonne und machen ihre Verehrung. Alsdann gehen sie, wo sie was bekommen, und legen sich hin, wo sie hinkommen können. Ausser den Ruhehäusern, die ihnen offen stehen, haben sie in dieser Welt keine eigene Wohnung. Wenn Hunger sie ankömmt, gehen sie in drei oder vier Häuser, betteln Almosen, essen und trinken, was sie bekommen, und gehen immer von einem Ort zum andern. Sie lassen sich niemals an Einem Ort beständig nieder. Alle Länder stehen ihnen offen, sie mögen gehen, wohin sie wollen. Auch wird ihnen allenthalben, so viel dargereicht, als sie nöthig haben. Wer ihnen etwas giebt, der hat ein Opfer gethan, und solches Opfer wird ஆரதிபூஜை Aradêsipûja genannt. Solche Pilgrime werden gewöhnlich von denen zur Mahlzeit gerufen, die den Göttern nach festgesetzten Ceremonien geopfert haben. Sie selbst aber verrichten niemals ein Opfer vor den Figuren, sondern glauben, es ist nicht mehr als Einer, und sagen, alles andere sind Schatten und Gleichnisse. Einige sind solche Pilgrime, die von Jugend auf ohne Ehestand und Hauswesen also herumgewandert sind. Einige aber haben Weiber, Kinder, Freunde und Verwandte nachher verlassen und sind in solchen Pilgrimsstand getreten.

13. குருஜனபூஜை Gurujanapûja.

Dies ist ein Opfer, welches ein Jünger seinem Lehrer und Priester anthun muss, welches darin besteht, dass ein Jünger seinem Priester neue Kleider und solche Perlenschnur und Ohrringe giebt, wie sie die Priester an sich zu tragen pflegen. Item wenn er an ihn als ein Jünger und Schüler allerlei Dienste thut, ihm und den Seinen Essen giebt und nach seinem Vermögen ihm allerlei Wohlthaten erzeigt, auch seine Füsse wäscht und das Wasser trinkt, zu seinen Füssen Gold und Blumen wirft, ihn verehrt und ihm einen Fussfall thut; ferner wenn er in allen Stücken seinem Willen gemäss wandelt, seine Lehre mit Ehrerbietigkeit aufnimmt, seinen Vermahnungen nachkommt und so lebt, dass sein Priester Freude und Wohlthat davon habe. Dies alles wird als குரு ஜனம் (குரு Priester, ஜனம் Volk, Klasse) Gurujanapûja als ein Opfer angesehen, welches Opfer ein jeder Jünger des Jahres einmal oder zweimal gegen seinen Priester zu verrichten hat.*

* Die Gurus werden als der höchste gesellschaftliche Stand betrachtet, freilich nur innerhalb der eignen Secte, und wenn sie nicht Brahminen, sondern wie bei den Sivaiten häufig Sudras sind, innerhalb der eignen Kaste. Sie sind in eine Art Hierarchie gegliedert, die Residenz der höchsten Gurus heisst Simhâsana Thron, der ihnen zunächst stehenden Pitha, das Heer der niedern lässt sich nieder, wo es Nahrung findet. Zum Unterhalt dieser zahllosen Geistlichkeit, wenn der Ausdruck gestattet ist, werden nicht nur bestimmte Gebühren bei der Dikscha oder Initiation, bei Hochzeiten, Begräbnissen und vielen andern Gelegenheiten erhoben, sondern der Hauptguru des Districts hält auch noch jährlich, dreijährig oder fünfjährig einen feierlichen Umzug mit allem Pomp und treibt mit grosser Strenge, dass Niemand entrinnen kann, seine Gebühren ein, welche பாதகாணிக்கை Pâda-kânikkai Fuss-Geschenk genannt werden. Die Härte, mit der diese Gebühren eingetrieben werden, bezeichnet folgender oft gebrauchter Vers: Meine Kuh kalbte, der Regen goss nieder, mein Haus fiel ein, mein Weib wurde krank, mein Diener starb, die Felder gesättigt mit Wasser und ich rannte den Samen zu säen, unterwegs wurde ich wegen Schulden arretirt, der Gerichtsbote traf mich mit dem Haftbefehl, ein Gast, der nicht abgewiesen werden konnte, stand an meiner Thür, eine Schlange biss mich, sie kamen die Steuern einzufordern: *der Guru kam und forderte seine Gebühren.* Dubois Manners and Customs Madr. edit. p. 49 ff.

14. *ஸ்ரீடாண்டவம்* *Tāndavapūja*.

In der Stadt Sidambaram (Chellambram) führt Isvara den Namen *திருமுற்சபை* Sidambarēsvara, welcher daselbst mit der Bhadra-Kāli um die Wette getanzt hat. Bei seinem Tanzen haben sich die 330 Millionen Götter, die 48,000 Propheten, alle Kinnaras, Kimpuruschas, Garuda-Gandharbas und alle Göttinnen, wie auch Vischnu, Rudra (sic!) und Brahma eingefunden. Brahma spielte auf dem Instrumente *மத்தளம்* (Trommel) Marddala, und Vischnu schlug mit dem messingnen Instrumente *தாளம்* (Cymbel) Tāla den Tact dazu. In solcher grossen Versammlung nun tanzte Isvara. Alsdann stand die Bhadra-Kāli auf und sagte im Hochmuth: ich will auch tanzen. Alsdann tanzten sie beide. Die Bhadra-Kāli aber konnte mit ihm nicht aushalten und wurde überwunden. Da wird nun Isvara so in den Pagoden abgebildet, dass er einen Fuss in die Höhe hält, davon er den Namen *ஸ்ரீடாண்டவமூர்த்தி* (*ஸ்ரீடாண்டவம்* Tanz) Tāndavamūrtti bekommen. Solche Historie wird jährlich in selbiger Pagode einmal agirt. Wenn nun Jemand Isvara in in solcher Figur entweder von Gold oder Silber oder Metall oder aus Stein machen lässt und vor solcher Figur seine Opfer verrichtet, so wird solches Tāndavapūja genannt, welches ebenso verrichtet wird wie ein ander Opfer, nur dass es wegen der Figur einen andern Namen bekommen hat.

15. *மகேச்வரபூஜை* *Māyēsvarapūja*.

Dies ist ein Opfer, das da in reichlichem Almosen besteht, die in dem Namen Gottes, der Māyēsvara heisst, ausgetheilt werden. Es pflegen einige in Folge eines Gelübdes oder aus Dankbarkeit gegen Gott 50, 100, 1000 oder auch wohl 2000 Pandārams und Andis zu sich zu rufen und zu speisen an einem Freitage, Montage oder Dinstage. Solche Pandārams geben vorher in ein Stift und verrichten daselbst für den Wohlthäter ihr Gebet und Opfer. Alsdann speisen sie, wobei derjenige, der sie speist, ihnen die Füsse wäscht, sie mit Sandel wohl bestreicht und zugleich Betel austheilt. Auch giebt er ihnen wohl gar etwas Geld dazu. Dies heisst Māyēsvarapūja, weil solches Almosen für Māyēsvara ein angenehmes Opfer ist und in seinem Namen verrichtet wird. Die Pandārams verrichten dabei ihre Anbetung und geben demjenigen, der sie speist, den Segen, wünschen ihm alles Gute und bitten Gott, dass er es ihm wolle wohlgehen lassen, und ihm und den Seinigen langes Leben schenken. Wenn er sie nun gespeist hat und wieder von sich lässt, so geben sie ihm noch einmal alle den Segen.

16. *அசுவமேதயாகம்* *Asvamēdhayāga*.

In vorigen Zeiten haben die heiligen Könige den Pferden die Augen zugebunden und sie hingeben lassen, wohin sie gewollt. Hinter ihnen her haben sie so viele Yāga, Hōma und *வேள்வி* (*யாகம்*) Yagna anrichten lassen, als Fusstapfen vom Pferde gesehen wurden. Dies heisst in unserm Gesetz அசுவமேதயாகம் (அசுவம் Pferd, மேதம் und யாகம் Opfer) Asvamēdhayāga. Es darf keine Fuss-spur übersehen werden. Daher gehen viele 1000 Brahmanen hinterher, welche Passagen aus dem Gesetz lesen und mit Recitirung ihrer Gesetzformeln und Observirung der gehörigen Ceremonien bei jeder Fuss-spur ein Feueropfer anrichten und völlig vollziehen. Hierauf werden auf einmal 20—30,000 verwandt. Dabei theilt man den Brahmanen häufig Gaben aus an köstlichen Perlen, Corallen, Edelsteinen und Gold. Ein solches Pferd mag gleich noch so weit gehen, so muss in allen seinen Fusstapfen ein Yāga gemacht werden, bis es stille steht. Hinterher werden auf Wagen grosse Schätze von viel tausend mal tausend geführt, denn es müssen dabei nicht allein so viel tausend Brahmanen gespeist und so viel Unkosten an die Materialien so vieler Feueropfer gewendet werden, sondern derjenige, der solches anstellt, muss auch alle Pilgrime und Fremdlinge speisen und darf Niemand nichts versagen, sie mögen von ihm zu solcher Zeit so viel bitten, als sie wollen. Wer nun solches Asvamēdhayāga ohne Mangel auf vollkommene Weise erfüllen kann, der wird hierdurch König in der Götterwelt und erlangt Dēvēndra's Herrschaft. In dieser Weltzeit Kaliyuga findet sich Keiner auf Erden, der dergleichen verrichtet, aber im Trētayuga und Dvāparayuga sind heilige Könige gewesen, die es verrichtet und vollzogen haben.

17. வைரவபூசை *Bhairavapūja.*

Bhairava ist Isvara's Thürhüter. Denselben pflegen die Hexenmeister zu ihrem Stamm- und Geschlechtsgott zu erwählen, und haben sein Bildniss in kleiner Figur, vor welchem sie opfern. Sie stehen alle Morgen sehr früh auf, reinigen sich, machen ihre Ceremonien und thun Trank- Speis- und Rauchopfer, wobei sie den Bhairava anrufen, dass er ihnen in ihren Hexerei-Verrichtungen behülflich sein wolle, und thun ihm bei diesen und jenen Verrichtungen Gelübde, denen sie nachmals nachkommen müssen.

18. சூரியபூசை *Sūryapūja.*

Dies ist ein Opfer, das der Sonne geschieht und also verrichtet wird: Man macht einen Haufen von rothen Blumen, wäscht und badet sich, bestreicht sich bei Recitirung der Gebetsformeln mit heiliger Asche und hält fest dafür, dass dieser Haufe von rothen Blumen die Sonne selbst sei, geht um solchen Haufen 108 oder 308 oder auch 1008 mal rund herum, je nachdem einer vermögend ist, es weniger oder öfter zu thun, macht 1008 Complimente, die bei Aufhebung der Hände in Verbeugungen und Fussfällen bestehen, wendet sich mit dem Gesicht gegen Morgen und hat eine Schnur von Rudrākschas, nach welcher er seine Gebetsformeln recitirt. Wenn auch dieses verrichtet ist, so nimmt er die Blumen, zeigt sie der Sonne und wirft sie ins Wasser. Er selbst tritt ins Wasser, schöpft das Wasser mit den Händen und thut dabei sein Gebet, Gott bittend, dass er sich alle solche Opferart wolle angenehm sein lassen. Nachher speist er und verrichtet seine Arbeit. Sie pflegen solches ohne Unterlass alle Morgen bei Aufgang der Sonne zu thun.

19. அக்னிபூஜை *Agnipūja*.

Agni heisst das Feuer, welchem niemals geopfert wird, jedoch hat der König des Feuers Agnibhagavān einige Verehrung unter uns. Unter Agnipūja werden eigentlich die Feueropfer verstanden, die da Hōma, Yāga und Yagna (beide letzteren scheinen sich nur zu unterscheiden, wie das Ganze und ein Theil) heissen. Denn wenn Freudenoder Traueractus angestellt werden, so werden mit Feuer solche Opfer verrichtet, nämlich bei Hochzeiten und Leichen, desgleichen auch bei Festen und andern Begebenheiten, welche Freudenopfer mit füoferlei Art Spähnen angesteckt und unterhalten werden müssen. Auch werden die fünf Species Panchadravya, die zum Trankopfer gehören, mit ins Feuer gethan, wobei denn die Brahmanen aus dem Gesetz lesen, viele Ceremonien verrichten und viele Gebetsformeln recitiren, welches alles in ihrer Brahmanensprache Grantha geschieht.

20. இருளபூஜை *Irulapūja*.

இருளை (der schwarze) Irulen ist ein gewaltiger Teufel, der mit in den Pagoden der Grāmadēvatās steht. Die nun seine Sclaven sind und etwa solche Krankheiten haben, die nicht curirt werden können, bringen ihm Böcke, Schweine, Hühne, gekochten Reiss und allerlei Esswaaren, welche sie in Körbe legen und von 10 bis 15 Personen auf den Köpfen zu der Pagode, wo Irulen steht, tragen lassen. Diese breiten sie vor ihm aus und verrichten allerlei Ceremonien. Nachmals nehmen sie alles wieder hinweg, versammeln sich bei 20 oder 30 Mann, giessen Butter in einen Napf, der nach Irulen benannt wird, thun einen brennenden Docht hinein und zünden die Butter an. Diesen Feuernapf nehmen sie vor sich, gehen alle um die zubereiteten und geopferten Speisen herum und halten mit blossen Schwertern Wache, dass die Teufel selbige nicht hinweg rauben. Wenn sie anderthalb Stunden also gethan, nehmen sie alles von dannen hinweg, tragen und legen es an den Ort, wo die todten Leichname verbrannt werden. Alsdann versammeln sich daselbst haufenweise die Teufel und fressen solches alles auf. Dies nun wird Irulapūja genannt, welches ein angenehmes Opfer für die Teufel ist, wodurch solche Krankheiten curirt werden, die von dem Teufel herrühren und von keinen Aerzten vertrieben werden können.

21. வருணபூஜை *Vāruṇapūja*.

Varuna ist der König des Regens. Wenn nun lange kein Regen kommt, pflegen die Könige die Gesetzesgelehrten zu rufen und heissen sie ein Yāga machen. Dabei speisen sie viele Brahmanen und

geben auch einer grossen Menge Andis und Pandárams zu essen. Die
Menge der Gelehrten, die dazu berufen werden, beläuft sich oft auf
1000—2000 Personen, die alle an solchem Yāga mitarbeiten helfen,
dabei Loblieder singen und Gebetsformeln recitiren müssen. Auf solche
Weise thun sie 40 Tage ihre Anbetungen und unterhalten in solchen
Tagen das Feueropfer beständig. Wenn die Könige solches Yāga
anstellen, so sollen dadurch die Sünden, die in ihrem Königreiche
begangen worden, vergeben werden, worauf es alsbald zu regnen
anfängt. Dies heisst Varunayāga, welches die Könige so verrichten,
wie es im Gesetz beschrieben steht.

Das Opfern zu bezeichnen, dienen im Sanskrit zwei Wörter: *hu* und
yaj. Das erste bedeutet das Opfer im Feuer und findet sich wieder in
dem einer nicht mehr erhaltenen Sanskritform *dhu* entsprechenden
θύω und im Lateinischem *fio* (zu unterscheiden von *fio* werden). *Yaj*
bezeichnet das Opfern im Allgemeinen, und die Götter durch Opfer zu
verehren, das entsprechende Zendwort *yaz* hat die Bedeutung von
Opfern mit Gebeten und die damit verbundene Verehrung; das
griechische ἅγιος heilig drückt diesen allgemeinern Sinn des Wortes
aus. Es lässt sich hieraus schliessen, dass die Verehrung der Götter
durch Opfer bei den Indogermanen ein uralter Gebrauch war. Das
Opfer ist den Ariern eine Speise, welche den Göttern vorgesetzt wird,
die Götter sind hungrig und durstig, sie wollen essen und trinken: noch
mehr die Götter bedürfen des Opfers zum Kampfe, es giebt Muth und
Kraft, vermehrt die Stärke, die Götter sollen durch Opfer und Lieder
wachsen, und werden daher, weil sie des Opfers nicht entbehren können,
gezwungen herab zu kommen und hülfreich zu sein.

Bei den arischen Indern und den östlichen Iraniern war das *Sōma-Op-
fer* das älteste und ist in der vēdischen Zeit das heiligste. *Sōma* von
su, welches ausser der Bedeutung *erzeugen, gebähren* im Vēda auch
die besondere *den Saft auspressen* hat, bedeutet zuerst den Saft der
Gebirgspflanze *Sōma*, welcher nachdem er mit Molken, Gerstenmehl
und einer wildwachsenden Kornart gemischt und gährend gemacht
worden ist, eine starke berauschende Aufregung bewirkt. Gleichbedeutend mit *Sōma* ist *Indu* Tropfen, welches zunächst den in das Gefäss
bei der Zubereitung herabträufelnden Saft bezeichnet. Sōma aber, weil
er die Götter ernährte und göttlichen Segen verschaffte, wurde auch
selbst als Gott angesehen und mit den höchsten göttlichen Eigenschaften begabt gedacht. In folgerechter Weiterbildung wird der Ernährer
der Götter auch zu ihrem Erzeuger. „Der Sōma strömt, heisst es in
einigen Gesängen des Vēda, des Himmels Zeuger und der Erde Zeuger,
des Agni Zeuger und der Sonne Zeuger, der Zeuger Indra's, der Gedanken Zeuger." Noch später und jetzt gewöhnlich, ist dann Sōma auf den

Mond als die befruchtende Kraft der Natur übertragen, während das
Sôma-Opfer selbst ganz früh ausser Gebrauch gekommen ist. Nach dem
Gesetzbuch gehört der Verkäufer des Sômasaftes zu denen, welche
nicht zu den Festen für die Verstorbenen eingeladen werden dürfen.
Das Hôma-Opfer war in die Stelle eingetreten.

Im Feuer wurde die ausgelassene Butter, *havis* oder *havya*, geopfert.
In der ältesten Zeit ihres Hirtenlebens musste den Indern der Besitz der
Rinder der wichtigste von allen Reichthümern sein, und durch dieses
Opfer brachten sie den Göttern das werthvollste dar, was sie besassen.
Auch in der nachfolgenden Zeit bestand der Hauptbesitz der Brahmanen
in Kühen, und Milch, Butter und die damit zubereiteten Speisen bildeten ihre vornehmste Nahrung. Nach dem Aufhören des Sôma-Opfers
wurde daher dieses Opfer das wichtigste und ihnen ist es im Gesetzbuche vorgeschrieben, täglich das *Hôma-Opfer* an die Götter zu
verrichten. Die Kuh, welche ihnen dieses Opfer lieferte, musste daher
frühe bei ihnen eine grosse Heiligkeit erhalten, und schon im Vêda
finden wir Anrufungen der Opferkuh unter dem Namen *Gharmadhug*,
die die warme Milch gebende, und *Aghnyâ* die nicht zu tödtende. In
der epischen Zeit ist sie die *Kâmadhenu* oder *Kâmaduh*, die alle
Wünsche gewährende, geworden und vertritt den ganzen Besitz der
Brahmanen. Die Mythologie kennt eine göttliche Kuh, die *Surabhi*,
welche die Mutter der Kühe ist.

Thieropfer kommen im Vêda, wenn überhaupt, wenigstens sehr
selten vor. Ein *Pferdeopfer* wird allerdings im Yajurvêda beschrieben,
jedoch als ein symbolisches Opfer von Pferden und andern Thieren,
welches ein König, der nach allgemeiner Herrschaft strebte, unternahm,
eine Vorstellung, welche erst im weiten Gebiet des innern Indiens
entstanden sein kann. Das Pferdeopfer muss in der ältesten Zeit
jedenfalls sehr selten gewesen sein, da Erwähnungen von wirklich
verrichteten Pferdeopfern in den ältesten Schriften zu fehlen scheinen.
Das Zendavesta giebt dagegen die Nachricht, dass es bei den turanischen
Königen Gebrauch war, Pferde zu opfern, um Sieg zu erhalten. Bei
den deutschen Völkern war das Pferdeopfer das vornehmste, wie bei
mehreren finnischen und slavischen. Es entsteht daher die Frage, ob
das Pferdeopfer nicht von den letzten Einwanderern aus dem Norden
ein mitgeführtes war, welches erst am Schlusse der vedischen Zeit den
Indern bekannt und von ihnen angenommen wurde. Es wäre dann von
den epischen Dichtern von den Pândava auf frühere Könige übertragen
worden, wie auf den Dasaratha. Es ist dabei zu beachten, dass bei
diesen beiden Opfern die Pferde wirklich geopfert wurden, und daher
dieses gewiss der älteste Gebrauch war (Lass. Ind. Alt. I, 788—793;
Duncker Gesch. des Alt. II, 27 ff. über das Rossopfer 245 ff.).

Man findet noch viel mehr Opferarten in den Büchern dieser Heiden benannt, welche aber nicht angeführt zu werden brauchen, weil man an den angeführten schon zur Genüge sehen kann, wie sie diese und jene Opfer verrichten, und was für Mühe und Unkosten solche Opfer erfordern. Auch kann man hieraus und durchgehends aus diesem ganzen Buche erkennen, wie diese Heiden aus einer falschen Einbildung, die Seligkeit zu erlangen, sich weit mehr Mühe und Unkosten machen, als wohl die Christen bei der Wahrheit ihrer Religion zu thun pflegen. Man wünscht also, dass diejenigen, die solches Buch lesen und den mühsamen Götzendienst dieser Heiden daraus erkennen, sich ihrer Schläfrigkeit im Christenthum wollen überzeugen lassen und anfangen dem lebendigen Gott einen ernstlichern Dienst zu erweisen, als diese Heiden ihren todten Götzen thun. Gott, der da nicht will, dass Jemand verloren werde, sondern dass sich Jedermann zur Busse bekehre, erbarme sich der Blindheit solcher Heiden und thue ihre Augen auf, dass sie sich bekehren von der Finsterniss zu dem Lichte und von der Gewalt des Satans zu Gott, zu empfahen Vergebung der Sünden und das Erbe sammt denen, die geheiliget werden durch den Glauben an JESUM CHRISTUM. Es werde demnach gedacht aller Welt Ende, dass sie sich zum HErrn bekehren, und vor ihm anbeten alle Geschlechter der Heiden. Denn der HErr hat ein Reich und Er herrschet unter den Heiden.

SOLI DEO GLORIA!

TAMULISCHE BUCHSTABIRTAFEL.

	a	ā	i	I	u	ū	e	ĕ	ci	o	ō	au
	அ	ஆ	இ	ஈu,ஈ	உ	ஊ	எ	ஏ	ஐ	ஒ	ஓ	ஔ
k	க	கா	கி	கீ	கு	கூ	கெ	கே	கை	கொ	கோ	கௌ
n	ங											
s	ச	சா	சி	சீ	சு	சூ	செ	சே	சை	சொ	சோ	சௌ
nj(gn)	ஞ	ஞா	ஞி	ஞீ	ஞு	ஞூ	ஞெ	ஞே	ஞை	ஞொ	ஞோ	ஞௌ
t (d)	ட	டா	டி	டீ	டு	டூ	டெ	டே	டை	டொ	டோ	டௌ
n	ண	ணா	ணி	ணீ	ணு	ணூ	ணெ	ணே	ணை	ணொ	ணோ	ணௌ
t	த	தா	தி	தீ	து	தூ	தெ	தே	தை	தொ	தோ	தௌ
n	ந	நா	நி	நீ	நு	நூ	நெ	நே	நை	நொ	நோ	நௌ
p	ப	பா	பி	பீ	பு	பூ	பெ	பே	பை	பொ	போ	பௌ
m	ம	மா	மி	மீ	மு	மூ	மெ	மே	மை	மொ	மோ	மௌ
y	ய	யா	யி	யீ	யு	யூ	யெ	யே	யை	யொ	யோ	யௌ
r	ர	ரா	ரி	ரீ	ரு	ரூ	ரெ	ரே	ரை	ரொ	ரோ	ரௌ
l	ல	லா	லி	லீ	லு	லூ	லெ	லே	லை	லொ	லோ	லௌ
v	வ	வா	வி	வீ	வு	வூ	வெ	வே	வை	வொ	வோ	வௌ
rh*	ழ	ழா	ழி	ழீ	ழு	ழூ	ழெ	ழே	ழை	ழொ	ழோ	ழௌ
l	ள	ளா	ளி	ளீ	ளு	ளூ	ளெ	ளே	ளை	ளொ	ளோ	ளௌ
r	ற	றா	றி	றீ	று	றூ	றெ	றே	றை	றொ	றோ	றௌ
n	ன	னா	னி	னீ	னு	னூ	னெ	னே	னை	னொ	னோ	னௌ

* Ein Laut zwischen r, l. und dem französischen j. Jeder nicht mit einem Vocal verbundene oder durch einen Punkt als vocallos bezeichnete Consonant wird mit kurzem a gesprochen.

Aus dem Sanscrit entlehnte Buchstaben: ஸ s, ஷ sch, ஜ j, ஜ்ஷ ksch ஹ h.

VERBESSERUNGEN.

(Die erste Zahl zeigt die Seite, die zweite die Zeile, u. von unten, o von oben, *N.* = Note).

5, 14, u. und ff. Pancha.
" 12, " " Mâyîsvara.
7, 17, " [illegible]
8, 4, o [illegible]
" 11, " [illegible]
" 24, " [illegible]
" 8, u Asva.
9, 15, o [illegible]
10, 2, " Anairudra (?).
" 6, " und ff. [illegible]
12, 4, " [illegible]
13, 9, " [illegible]
" 21, " [illegible]
" 17, u [illegible]
14, 5, o. und ff. Aachta.
29, 13, " [illegible]
" 14, " [illegible]
" 15, " [illegible]
" 16, " [illegible]
" 17, " [illegible]
" 29 u. N. [illegible]
30, 5, " N. genauer—listig.
35, 4, " [illegible], namô.
41, 17, o. [illegible]
42, 12, " [illegible]
" 14, u. N. Pharoah,
49, 19, o. [illegible]
" 10, u. [illegible]
" 3, " [illegible]
50, 3, o. [illegible], [illegible]
" 19, " [illegible] oder [illegible]
51, 2, u. N. [illegible] Vâma,
53, 21, " N. berühmte.
55, 6, " und ff. [illegible]
56, 14, o. [illegible]
57, 20, " [illegible]
" 23, " [illegible]
58, 16, 19, o Sati.
59, 9, " [illegible]
62, 5, o [illegible] Bhavâni.
63, 4 " [illegible]

63, 21, o. [illegible]
63, 1, u. [illegible], Isvari.
66, 22, o. [illegible]
67, 9, " [illegible]
68, 6, " [illegible] Gôdâvari.
69, 6, " [illegible]
76, 2, " [illegible]
76, 15, " [illegible]
" 1, u. und ff. Schaachti.
77, 1, " N. Plut.
81, 26, o ? [illegible]
83, 9, u Jetri (Sieger).
93, 10, o [illegible]
98, 9, u [illegible]
99, 6, " [illegible]
99, 4, " [illegible]
109, 1, " [illegible]
110, 4, o. [illegible]
110, 8, " [illegible]
" 11, " [illegible]
112, 2, " [illegible]
113, 27, " [illegible]
114, 7, " [illegible]
" 9, " [illegible]
121, 12, " [illegible]
123, 4, u [illegible]
124, 17, o. [illegible]
138, 12, u [illegible] Manpothuttandal.
" 5, " [illegible]
139, 4, o [illegible]
" 20, " [illegible]
142, 23, " [illegible]
147, 8, u [illegible]
150, 9, " [illegible], Trikarsûri.
152, 21, o [illegible]
164, 11, u [illegible]
180, 6, o. [illegible]
184, 16, u. 24.
" 1, " 37.
184, 1, u. [illegible] Sudukâddurâippây
224, 12, o. [illegible]

Printed by H. W. Laurie, at the Christian Knowledge Society's Press, Madras, No. 16, Church Street, Vepery.

www.ingramcontent.com/pod-product-compliance
Lightning Source LLC
Chambersburg PA
CBHW030119240426
43673CB00041B/1327